U0939586

作者简介

易兰，1978年生，湖南株洲人。2005年获复旦大学历史学博士学位。现为湖南师范大学历史文化学院副教授。主要研究方向为西方史学史、史学理论。

著有《兰克史学研究》，发表学术论文十余篇，其中多篇为《中国社会科学文摘》、《人大复印资料》转载或选摘，主持国家社科基金项目及教育部人文社会科学项目各一项，参与国家社科基金项目及教育部人文社会科学项目多项。

西方史学通史

第五卷　近代时期（下）

19世纪

19th Century

主　　编　张广智

本卷作者　易　兰

复旦大学出版社

本卷提要

本卷阐述被称为“历史学世纪”，即19世纪西方史学的发展与演变，以其时盛行的诸多思潮为背景，探讨这一时期异彩纷呈的浪漫主义史学、客观主义史学、兰克史学、实证主义史学、历史主义史学等，揭示纷繁多姿的史学流派与思潮的内在实质及其相互之间的联系与区别；以史家、史著以及历史教学、史学刊物的发展为线索，展示19世纪西方史学专业化与科学化的进程，凸显19世纪西方史学巨擘及其思想，昭示19世纪西方历史学的新趋势，力图完整、系统地呈现“历史学世纪”的全貌。

本卷遵循“人详我略，人略我详”的原则，尽可能吸收前人的研究成果，以史学思潮为经、国别为纬，编织19世纪西方史学的鸟瞰图，重点突出德、法、英等国的史学；同时注意史论结合，广泛运用德、法、英等国外文资料，以此展现史学思潮、史学流派以及历史学家的思想与特征。

目　录

导　论

19 世纪被誉为“历史学的世纪”。在这一个世纪里，各具特色的史学流派繁衍、惊才绝艳的史家辈出、玄妙睿智的史学思想喷涌、流芳千古的史著纷现，将整个 19 世纪演绎成历史学无与伦比的盛世华章；在这一世纪里，德国史学、英国史学、法国史学，以及大洋彼岸的美国史学异彩纷呈，为西方史学的发展带来了新色彩与新气象。特别是德国史学，以兰克为代表的客观主义史学流派取得了举世瞩目的成就，对其他诸国史学发展影响至深，成为 19 世纪西方史学中难以逾越的丰碑。

历史学之所以能在 19 世纪的西方尽情绽放，正是因为它植根于 19 世纪西方深厚社会土壤之中。19 世纪的历史学应 19 世纪之时势、借 19 世纪时代之东风、驭西方思潮之巨浪，由身份未明的一门学问一跃而成为一门独立的学科、一门科学；在 19 世纪里，史学工作者依托社会革命、思想变革的浪潮，借助各大高等学府、科研院所的兴盛与发展，由退休的将军政客、学识驳杂的博物学者等业余人士转变成经过史学专门训练的史学专业人才；史著由充斥着个人回忆录、未经考证材料的作品，转变成严格建立在经过查证考订史料或第一手档案文献基础之上的著作；历史专业期刊杂志从无到有，再到蔚然成风；史学思潮由相互决然对立转变成既各具特色又有千丝万缕联系。此外，哲学与历史学之间也由此前的主从关系转变成相辅相成的关系等。所有的这一切都昭示着 19 世纪这一新世纪孕育了历史学的新发展，而 19 世纪历史学的每一点滴的转变都是根源于新世纪这一特定的时代。

一、19 世纪的西方社会

19 世纪资本主义经济发展迅速，给整个欧洲社会带来了翻天覆地的变化。

1. 资本主义的世纪

19世纪的欧美世界正处于资本主义蓬勃发展的时期。这一时期欧美等国资本主义工业化逐步普及,生产效率大幅增长;资本主义经济势力逐步壮大,并最终主宰着整个19世纪的西方经济。

在这一时期,始于18世纪60年代的英国工业革命向纵深发展,英国经济在18世纪的基础上继续前进,取得了令人瞩目的成就。农业方面,1830年的棉花产量比1796年增长了16.5倍。英国工业中居于统治地位的纺织工业方面,纺织工厂从1787年的143家发展到1835年的1 263家[①]。矿冶方面,生铁产量从1796年的12.5万吨增加到1840年的142万吨。煤产量则在1800—1840年期间共增长了12.8倍[②]。到1851年,英国的煤产量已占世界煤产量的四分之三,棉纺织品产量和生铁产量均占世界产量的一半以上[③]。1841年英国工业总收入就已经达到15 550万镑,位居世界第一[④]。由于科技进步及机械生产的普及,英国的工业劳动生产率逐年攀升,从1803—1812年期间的38.4英镑攀升到了1885—1894年期间的75.0英镑[⑤],居世界首位。

肇始于18世纪的法国工业革命也带来了经济飞速发展,但法国革命后社会动荡不安曾一度使得经济发展减速。到19世纪后,法国经济又出现较强增长势头,特别是从1815年开始,法国经济增长加速。其中,1815—1860年时期,法国工业生产年平均增长高达2.5%—3%;1820—1860年国内生产总值增长将近2倍[⑥]。虽然1847年法国爆发的经济危机曾在一定程度上抑制了经济增长,但是并没有改变法国经济发展的总体趋向。在1850年之后二三十年里,棉花消费量增加1倍,生铁、煤的产量增加2倍,铁路里程长度增长4倍;法国工业产值的年平均增长率为2.7%,工业总产值增长了2倍[⑦];

① David C. Douglas, *English Historical Documents (1783 - 1832)*, Vol. 11, London, 1959, p. 512.

② D. H. Willsen, *A History of England*, New York, 1972, p. 551.

③ 王明元:《新编世界近代史》(上),四川社会科学出版社1989年版,第283页。

④ Phyllis Deane, W. Cole, *British Economic Growth, 1688 - 1959*, Cambridge, 1962, p. 366.

⑤ Caglar Keyder, Patrick O'Brien, *Economic Growth in Britain and France 1780 - 1914s: Two Paths towards the 20th Century*, London, 1978, p. 91.

⑥ Beltran Alain, Griset Paseal, *La Crossance économique de la France 1815 - 1914*, Paris, 1988, p. 10.

⑦ 钱乘旦:《现代文明的起源与演进》,南京大学出版社1991年版,第311页。

法国国民收入年平均增长率高达 1.8%，国民收入增加 1 倍[①]。随着工业化进程的推进，法国工业劳动生产率由 1803—1812 年的 48.3 英镑攀升到 1885—1894 年的 74.3 英镑[②]，仅次于英国，位居世界第二。

即便经济上比较落后的德意志地区在 19 世纪也开始步入工业化道路。特别是在 19 世纪 20、30 年代的产业革命中，德意志在新材料、新动力等方面急剧发展[③]，为经济的进一步发展打下了坚实的基础。就工业生产发展重要指标——生产资料增幅而言，1830—1840 年德意志工业中生产资料增长 61%[④]。其中，1825—1835 年，煤产量年增长率将近 31%，1835—1869 年期间煤产量增长了 16 倍，整个 1830—1900 年煤产量共增加了 106 倍[⑤]；生铁产量方面，从 19 世纪 50 年代起开始飞速增长，1869 年达到 131 万吨，1900 年达到 755 万吨[⑥]。德国统一之后，经济加速发展，1870—1900 年，德国全部工业产量年平均增长达到 3.7%[⑦]。

远在大洋彼岸的美国在 19 世纪工业生产迅猛增长。1810—1860 年半个世纪里，美国工业总产值增长将近 10 倍。到 19 世纪 60 年代，美国在世界工业总产量中所占的比重和煤、棉纺织品产量，都仅次于英国而居世界第二位。南北战争以后，由于国内社会政治环境逐步平稳以及科技的发展与应用，美国工业生产快速增长。从 1859 年之后的四十余年间，美国工厂总数增长了 3.65 倍，从 14 万个激增到 51.2 万个；煤产量增长 7.9 倍，从 1820 万吨增为 1890 年的 14 300 万吨；铁产量增长 9.35 倍，从不足 100 万吨上升到 935 万吨；钢产量增长 435 倍，由 1 万吨增到 435 万吨；美国工业生产总

① Beltran Alain, Griset Paseal, *La Crossance économique de la France 1815 - 1914*, Paris, 1988, p. 12.

② Caglar Keyder, Patrick O'Brien, *Economic Growth in Britain and France 1780 - 1914s: Two Paths towards the 20th Century*, London, 1978, p. 91.

③ Franz F. Wurm, *Wirtschaft und Gesellschaft in Deutschland 1848 - 1948*, Opladen, 1969, S. 59.

④ Toni Pierenkemper, *Die Industrialisierung europäischer Montanregionen im 19. Jahrhundert.* Stuttgart, 2002, S. 211 - 221.

⑤ Colin Heywood, *The challenge of industrialization*, Themes in Modern European History (1780 - 1830), edited by Panela M. Pilbeam, Routledge, 1995, pp. 151, 169.

⑥ Brian R. Mitchell, *European historical Statistics (1750 - 1970)*, London, 1978, pp. 325 - 327.

⑦ Alan Milward, *The Development of the Economies of Continental Europe 1850 - 1914*, Harvard, 1977, p. 26.

值增加 4 倍，并于 1894 年超过英国，跃居世界首位[①]。

经济上一直处于欧洲末流的俄罗斯在 19 世纪也实现了经济的大幅度增长。1804—1830 年棉纺企业增加 1.7 倍，工人数量增加 8 倍，产量增加了 14 倍[②]。1850 年之后，俄国手工作坊式工业过渡到机械化工业生产后，生产能力大幅提高。特别是俄国 1861 年改革在一定程度上满足了生产力对生产关系调整的要求，促进了俄国资本主义经济的发展。其中，1860—1879 年，俄国机器制造企业增加近 1 倍，产值增加了 5.5 倍，平均每个企业产值增加了 7 倍[③]。此外，意大利、波兰、瑞典等国也陆续步入资本主义经济增长的大潮之中，或多或少推动了工业化的进程，促进了资本主义经济的发展。

工业革命带来经济的迅猛发展，不仅使资本主义这一先进的生产方式在欧美国家得以确立，而且还使其经济、军事实力不断增强，逐步积累了向外扩张的物质力量与军事力量。工业革命完成之后，甚至早在工业革命进行时，欧美资本主义经济迅速发展的国家对外展开大规模的侵略与扩张；在其坚船利炮冲击之下，亚非拉经济落后的国家纷纷沦为殖民地半殖民地，成为资本主义生产的原料产地、劳动力供应地，从而以附庸的形式进入了国际资本主义经济系统，成为资本主义世界经济体系的组成部分。必须指出的是，西欧列强在对外殖民过程中，把一些先进的生产技术、科学知识甚至先进思想观念带入这些国家和地区。马克思曾说："英国在印度要完成双重的使命：一个是破坏性的使命，即消灭旧的亚洲式社会；另一个是建设性的使命，即在亚洲为西方式的社会奠定基础。"[④]亚非拉各国原有的以封建农业经济为基础的社会经济结构、社会体制都受到了强烈冲击，甚至从根本上动摇了其政治经济体系，从而使得其资本主义生产关系在一定程度上得到发展。

大体而言，欧美列强的对外扩张，一方面为本国资本主义经济的进一步发展提供基础，另一方面以武力打破亚非拉等落后国家的经济状态，使之被纳入资本主义的世界市场体系之中，客观上促进了整个世界生产力的发展，推动了世界资本主义经济的前进步伐。

---

① G. C. Fite, J. E. Reese, *An Economic History of the United States*, Boston, 1956, pp. 187 - 370.

② 张广翔：《19 世纪俄国工业革命的前提》，《吉林大学社会科学学报》1994 年第 3 期，第 69 页。

③ 张广翔：《19 世纪俄国工业革命的特点》，《吉林大学社会科学学报》1996 年第 2 期，第 13 页。

④ 〔德〕马克思：《不列颠在印度统治的未来结果》，《马克思恩格斯选集》(第 2 卷)，第 70 页。

通过对内的工业革命、对外的殖民扩张，资本主义经济在19世纪成为压倒一切的经济力量。正如马克思所说，资本主义工业革命使得“一切生产工具的迅速改进，由于交通的极其便利，把一切民族甚至最野蛮的民族都卷到文明中来了。它的商品的低廉价格，是它用来摧毁一切万里长城、征服野蛮人最顽强的仇外心理的重炮。它迫使一切民族——如果它们不想灭亡的话——采用资产阶级的生产方式；它迫使它们在自己那里推行所谓的文明，即变成资产者。一句话，它按照自己的面貌为自己创造出一个世界”①。换言之，19世纪在经济上最显著的标签就是“资本主义”。

2. “民主革命的年代”

19世纪资本主义经济的迅猛发展，随之而来的是社会阶级结构发生了根本性的转变，最终导致整个19世纪的政治局势发生翻天覆地的变化。首先，资本主义世界里民主革命风起云涌，法国大革命、拿破仑对外征服、法国七月革命、意大利的统一运动、德意志的统一战争、俄国1861年的改革、美国内战蓄势喷涌；而资产阶级在革命斗争中不断扩充力量，一步步击溃封建势力并最终取得了政治上的统治权；资本主义制度在动荡中逐步取代封建主义制度，奠定并进一步夯实其统治基础。其次，随着资本主义经济的发展，无产阶级的人数不断增多，新兴的资产阶级、无产阶级之间的矛盾日益突出。英国宪章运动、西里西亚纺织工人起义、1848年欧洲革命、巴黎公社等无不彰显着无产阶级的力量。在斗争中，无产阶级实现了由自发斗争到自觉革命的转变，从以单纯经济上的诉求为斗争的目的，发展到捍卫自身的政治权利，再上升到追求共产主义社会的高度。再次，资本主义经济对外的扩张激发了备受奴役民族国家的反抗，这些国家高举民族解放和民主革命的大旗，与欧美列强展开殊死搏斗。在19世纪里，拉丁美洲的独立战争、亚洲民族解放运动、东欧民族解放运动、爱尔兰民族解放运动等跌宕起伏，引发了19世纪民族独立运动的高潮。

工业革命及其带来的经济发展的最重要后果就是新兴资产阶级的形成与发展。在产业革命中孕育、成长的这一新兴阶级——资产阶级随着其经济实力的增强而在政治上日益凸显出其重要性②。资产阶级的发展壮大，

① 〔德〕马克思、恩格斯：《共产党宣言》，《马克思恩格斯选集》(第1卷)，第276页。

② 关于19世纪资产阶级的变化，具体可参见 Jürgen Kocka, *Bürgertum im 19. Jahrhundert: Einheit und Vielfalt Europas*, Vandenhoeck & Ruprecht, 1995，或者 Jürgen Kocka, Allan Mitchell, *Bourgeois society in nineteenth-century Europe*, translated by Gus Fagan, Berg, 1993。

资本主义经济在19世纪步入发展的高潮，这些都与欧洲原有封建贵族、封建制度存在着尖锐的矛盾。资产阶级与封建势力两者之间的较量成为这一时期社会斗争的主要内容，不仅左右着国家的政治生活，而且还是影响整个19世纪欧洲政治格局的最重要因素之一。

这种影响在政治上最突出的表现便是法国革命[①]。法国革命最初实际上是把持着僧侣会议的教士阶层和掌控着各高等法院和省三级会议的贵族们发动的；法国封建特权阶级意图利用政府危机，夺回被卡佩王朝剥夺的政治权利[②]，但法国革命而后的发展趋势却脱离这些特权等级的掌控，背离了其初衷。随着革命不断向纵深方向演进，法国资产阶级借助其在经济上的统治地位，或是通过腐朽封建机器的卖官鬻爵而进入统治阶层[③]，或实现由自发参与革命到自觉引导革命这一转变，借助革命的狂潮清扫封建特权阶级，最终取代了封建特权阶级而获得政治上的统治权。法国大革命爆发之后，此前多为特权阶级把持的显贵阶层的构成发生了显著的变化——越来越多的富有阶层跻身于显贵阶层[④]。1801年法国宪法就规定，各省选举团成员必须从纳税最多的公民中选拔，当选者即为当地的显贵；中央政府则从各省选拔提交的显贵名单中遴选相关官员[⑤]。于是，手上聚集越来越多财富的新兴阶层——资产阶级凭借其财富而晋升为显贵，从政治上谋求统治地位以确保其经济利益。应该看到的是，法国大革命直至1875年通过法兰西第三共和国宪法、确立了共和政体这近百年时间里，整个国家政局动荡不安，但粉墨登场的各党派中都以新兴资产阶级为主干力量，所倡导的政治主张多是从资产阶级的立场出发。此后虽然法国各派政治势力依然围绕政权

① 英国史家艾瑞克·霍布斯鲍姆曾在其《革命的年代》中将英国工业革命、法国大革命称为“双元革命”(dualrevolution)。参见〔英〕艾瑞克·霍布斯鲍姆:《革命的年代》，王章辉译，江苏人民出版社1999年版，第1页。

② Georges Lefebvre, *The Coming of the French Revolution*, translated by R. R. Palmer, Princeton, 1975, pp. 1 - 2。中译本可参见〔法〕乔治·勒费弗尔:《法国大革命的降临》，洪庆明译，格致出版社、上海人民出版社2010年版，第2页。

③ 详情参见 Elinor G. Barber, *The Bourgeoisie in 18th Century France*, Princeton, 1955, pp. 25, 123 - 127; Albert Soboul, *La France à la veille de la Révolution*, Paris, 1974, p. 108; Georges Dupeux, *French Soeiety 1789 - 1970*, London, 1976, pp. 46 - 62。

④ Jeremy J. Whiteman, *Reform, Revolution and French Global Policy (1787 - 1789)*, Ashgate, 2003, pp. 15 - 42.

⑤ 具体情况可参见 Fernand Braudel, Ernest Labrousse, *Histoire économique et sociale de la France*, Tome I, Paris, 1976, p. 131; Fernand Braudel, Ernest Labrousse, *Histoire économique et sociale de la France*, Tome. III, Paris, 1976, pp. 841 - 866。

形式问题不断进行斗争,但资产阶级在工业革命中经济力量的增强,从而使得其政治上的统治地位日益巩固。这一切都源自法国资产阶级在这场民主革命中逐步掌握了革命的主导权,逐步清算、驱逐封建势力的影响,政治地位不断上升,从而使得革命朝着有利于资本主义的方向发展。

不仅如此,法国大革命的影响远远超出了国界,成为左右着整个欧洲的重大事件。这不仅是指几乎所有的欧洲列强都卷入了这场声势浩大的革命之中,而且主要还是指拿破仑政权的对外征服活动。拿破仑的军队横扫欧洲,法国军队在侵入他国的同时,也将法国的一些革命思想传入这些国家,促进了这些国家封建制度的瓦解、资本主义制度的确立与发展。在拿破仑金戈铁马的蹂躏下,整个欧洲的政治、经济局面都发生了翻天覆地的变化①。这既是指欧洲大陆的封建专制制度受到毁灭性的打击,也是指欧洲的均势被彻底摧毁,欧洲各个国家之间的矛盾与斗争在19世纪初更加复杂化、激烈化。

在法国大革命期间,与法国毗邻,又和法国有着复杂恩怨纠葛的德意志地区所受的冲击是最大的。拿破仑的军事入侵,加速了神圣罗马帝国体系的瓦解。经过拿破仑的军事征服,德意志地区的小邦数目大大减少,而残存的邦国大多按照法国的利益需要而建设其政权,德意志地区旧有的封建制度在这一革命风暴中受到了沉重的打击②。此外,拿破仑的入侵及其推行的"大陆封锁"政策,使整个普鲁士陷入空前危机之中。在这种情况下,普鲁士政府意识到,"旧世界已失去魔力,它已不再适合我们了,这个流尽鲜血的国家要想继续生存,就必须适应时代的新要求,用类似的方式将自己组织起来,进行自我更新"③。于是,普鲁士试图通过自上而下的改革来消除阻碍资本主义发展的封建藩篱,实现国家的强盛,从而进入了"改革时代"④。在施泰因、哈登堡的力主下,普鲁士从政治、经济、文化等方面实行新政,这不但使整个普鲁士"国家机器的中央集权程度大大提高"⑤,具有了明显的资产阶级政权色彩,为普鲁士资本主义的发展开拓了道路,还使得

① 拿破仑对外战争的影响,参见 Alexander Grab, *Napoleon and the Transformation of Europe*, New York, 2003, pp. 19 - 188。
② 吴友发、黄正柏主编:《德国资本主义发展史》,武汉大学出版社2000年版,第59、61页。
③ 同上书,第60—61页。
④ 〔英〕佩里·安德森:《绝对主义国家的系谱》,刘北成译,上海人民出版社2001年版,第281页。
⑤ 同上书,第282页。

普鲁士在欧洲的政治地位逐步上升，开始成为决定各种欧洲事务的重要力量之一。

法国资产阶级在波澜壮阔的革命风暴中成长，德意志地区资产阶级在反法斗争带来的改革中觉醒，而英国资产阶级则是在相对和风细雨的民主革命中在政治上不断壮大。英国光荣革命之后，土地贵族执掌政权，而资产阶级只是作为其政权盟友①。随着工业革命带来财富大幅增长，随着英国工业资产阶级经济实力不断壮大、社会经济地位日益提高，他们越来越难以容忍土地贵族对政权的垄断、政府对工商业的诸多限制②，他们热切地希望主导国家事务，掌控国家政权。“1830 年革命将温和的自由中产阶级宪法(反民主的，但同样是反贵族)，引进了西欧的主要国家”③，英国资产阶级特别是新兴的工业资产阶级在此风潮下，经过反复的抗争与妥协，最终借由 1832 年国会改革而跻身于统治阶层，取得了与世袭贵族、乡绅阶层共同统治英国的权利④。到维多利亚时代，英国工业革命进入鼎盛时期⑤，工业资产阶级的经济实力也因工业革命所带来的举世瞩目的经济成果而空前强大，其政治上的影响力也随之水涨船高⑥。到了 19 世纪 50 年代，英国工业资产阶级不但在经济上居于统治地位，在政治上也居于统治地位。在 1851—1874 年间，代表工业资产阶级利益的自由党曾执政长达 19 年之久⑦。

此后，欧洲主要国家曾一度在 1848 年革命中风雨飘摇，但审时度势的各国资产阶级在这次革命浪潮中纷纷夺得革命胜利果实，强化了其在政治上的统治地位。不仅如此，欧美各国的资产阶级在 19 世纪 50、60 年代资产阶级民族民主运动与改革运动的浪潮中都进一步增强了自身政治经济力

---

① Pérez Zagorín, *Culture and politics from Puritanism to the Enlightenment*, California, 1979 pp. 205 - 216.

② Patricia Hollis, *Class and conflict in nineteenth-century England, 1815 - 1850*, London, 1973, pp. 102 - 117.

③ 〔英〕艾瑞克·霍布斯鲍姆:《革命的年代》,第 408 页。

④ John Collingwood Bruce, *The hand-book of English history*, London, 1857, pp. 158 - 159.

⑤ K. Theodore Hoppen, *The Mid-Victorian generation (1846 - 1886)*, Oxford &New York, 2003, pp. 275 - 315.

⑥ Alexandra Köhler, *Social Class of the Mid-Victorian Period and Its Values*, Grin Verlag, 2008, pp. 5 - 6.

⑦ K. Theodore Hoppen, *The Mid-Victorian generation (1846 - 1886)*, Oxford &New York, 2003, pp. 198 - 254.

量，以各自的方式确立了资产阶级在政治、经济上的统治地位。意大利人民高举民族解放旗帜，驱逐外国势力实现了国家的统一，实现资产阶级性质的改革，建立了统一的民族市场，为资本主义的进一步发展奠定了基石，为资产阶级政治统治权的稳固夯实了基础；德国则以军事改革为铺垫，历经“宪法纠纷”，通过王朝战争完成国家统一。在此过程中，铁血政策表面上似乎是不顾代表资产阶级利益的进步党人、无视资产阶级的诉求；实际上在这一系列的纠葛中，德国资产阶级的力量在政治上得到确认，而国家的统一大大促进了德国资本主义经济的发展，从而又在经济上确保了资产阶级的利益；俄国则通过 1861 年改革废除了农奴制，自上而下地实行了资产阶级性质的改革，为资本主义经济的发展扫除了一部分障碍，使资产阶级在政治、经济上有了一定的发展空间；美国则通过南北战争击溃了南部种植园主的政治势力，借由“南部重建”进一步清算种植园主经济的政治影响，大力推进资本主义经济的发展，为工业资产阶级夺取全国的统治权奠定了良好的基础。19 世纪的欧美资产阶级这些民主革命促进了资本主义经济发展，也进一步巩固了资产阶级在政治上的统治地位。

另外，19 世纪欧洲资本主义的蓬勃发展使得阶级关系发生了根本性的变化，资产阶级与无产阶级的矛盾逐步凸显出来，两者之间矛盾的不可调和性日趋明显。工业革命带来经济规模扩大，这一方面使得资产阶级财富增长、社会地位提高、权力膨胀，另一方面使得人数不断增多、队伍壮大的无产阶级遭受沉重剥削，变得一无所有。1875 年，普鲁士有机器制造厂 1 169 家①，职工人数 162 000 人②，仅克虏伯公司在 19 世纪 70 年代初雇佣工人就达到了 7 000 人③；英国 1835 年雇佣工人就达到 221 169 人④；美国到 1899 年工人数达到 5 317 000 人⑤；1860 年，俄国自由雇佣工人共 456 000 人⑥，1880 年有 125 万产业工人⑦，1900 年工人人数达 1 400 万人⑧。仅 19

---

①② Toni Pierenkemper, *Die Industrialisierung europäischer Montanregionen im 19. Jahrhundert*. Stuttgart, 2002, S. 211 - 221.

③ Colin Heywood, *The challenge of industrialization*, Themes in Modern European History (1780 - 1830), edited by Panela M. Pilbeam, Routledge, 1995, p. 169.

④ David C. Douglas, *English Historical Documents (1783 - 1832)*, Vol. 11, London, 1959, p. 512.

⑤ G. C. Fite, J. E. Reese, *An Economic History of the United States*, Boston, 1956, p. 369.

⑥ 张广翔：《19 世纪俄国工业革命的发端》，《吉林大学社会科学学报》1995 年第 2 期，第 26 页。

⑦ 张广翔：《19 世纪俄国工业革命的特点》，《吉林大学社会科学学报》1996 年第 2 期，第 14 页。

⑧ 张广翔：《19 世纪俄国政府工商业政策基本趋势》，《西伯利亚研究》2000 年第 4 期，第 46 页。

世纪60、70年代,欧洲工人人数就已达847万人,手工业工人1 123.5万人。而从事工业生产的工人阶级的生存状况却随着资产阶级财富增加、政治地位上升而日益恶化。对此恩格斯曾说过,“生产领域每前进一步,同时也就意味着被压迫阶级即大多数人的生活状况后退一步。对一个阶级的利益,必然是对别一个阶级的灾难,一个阶级的任何新的解放,必然是对别一个阶级的新的压迫”①。不堪压迫的工人自发地参与到英国宪章运动中,懵懵懂懂地谋求政治权益,或是以西里西亚纺织工人起义等“毫不含糊地、尖锐地、直截了当地、威风凛凛地厉声宣布,它反对私有制社会”②,或是以主力军的姿态在1848年欧洲革命中彰显自身巨大力量,谋求政治、经济权利。在1871年,法国无产阶级主导的巴黎公社革命,“不是为了把国家政权从统治阶级这一集团转给另一集团而进行的革命,它是为了粉碎这个阶级统治的凶恶机器本身而进行的革命”③,建立了人类历史上第一个无产阶级政权。到了19世纪晚期,在斗争中不断成熟的无产阶级自觉地组建工人团体,发起社会主义运动,向私有制社会全面宣战。

资本主义国家不断对外扩张激起了波澜壮阔的民族民主及民族解放运动。东欧民族解放运动、爱尔兰民族解放运动、意大利民族解放运动等与亚非拉等国的反对资本主义剥削和反对殖民主义的斗争汇合,形成一股强大的力量不断冲击着资本主义制度,将整个19世纪演绎成真正的“民主革命的年代”。

3. 自由与保守的时期

19世纪资本主义经济迅速发展,但在19世纪中叶资产阶级取得政治经济绝对统治地位之前,传统经济及传统政治势力仍很强大④;即便之后资本主义在政治、经济方面占据了绝对统治地位,传统力量的作用依然不可小视。这一态势使得整个19世纪的欧美世界在矛盾中前行:一方面19世纪无论是政治、经济,还是思想、文化都带着旧世界的痕迹与影响,保守力量、保守的思想观念无处不在;另一方面新兴力量所特有的锐意进取使得自由

① 〔德〕恩格斯:《家庭、私有制和国家的起源》,人民出版社1961年版,第170页。
② 〔德〕马克思:《评“普鲁士人”的“普鲁士国王和社会改革”一文》,《马克思恩格斯全集》(第1卷),人民出版社1956年版,第483页。
③ 〔德〕马克思:《“法兰西内战”初稿》,《马克思恩格斯全集》(第17卷),人民出版社1976年版,第587页。
④ 罗荣渠:《现代化新论——世界与中国的现代化进程》,北京大学出版社1993年版,第133页。

成为19世纪最为时尚的口号。于是，自由与保守共存成为这一时期典型的思想特征。

这种矛盾的状态首先体现在19世纪的农民身上。在19世纪历次革命运动中，农民既能冲锋陷阵、高举革命的旗帜，同时又表现出极端的保守性。这一点在法国大革命中表现得尤为突出。当农民遭受封建迫害之时，他们成为最激进、最革命的力量，扫荡一切封建主义的残余——抗缴国王及贵族强征的赋役、焚烧封建契约文书、乡村暴动①，不遗余力地摧毁封建贵族的经济力量与政治势力。当农民的赋税、土地要求得到满足后，他们就转变成为抗拒任何变迁的保守势力。特别是当革命触及他们的部分利益之时，他们转身成为最坚定的保守力量，顽固地阻挡革命前进的步伐。1847—1848年间，法国中部西南和东南部地区的农民曾发动了多起大规模的、攻击资本主义的、反对革命的骚动叛乱。正如勒费弗尔所指出的那样"农民革命是一把双刃的利剑"②，清除封建主义的同时，也伤及资本主义。可以说，"极端保守的农民形象和作为革命力量的较为现代化的农民形象是同时并存的"③。

其次，自由与保守的思想观念也同时出现在资产阶级的世界里。从19世纪资产阶级的构成来看，欧美国家的这一新兴阶层并非是一个完全根植于某种经济利益的社会阶层，其构成是有多种来源的。在法国，大革命推翻了贵族的统治之后，尚处于未成熟状态的资产阶级还无法独立支撑并引导整个社会变革，于是融合了新旧时代各种势力，集中了自由与保守各色人等的显贵成为国家政治、经济生活的主心骨④。从本质上而言，显贵虽然保留了部分旧的政客权贵，但1830年之后越来越多的新兴阶层凭借财富上升为显贵，使得这一特殊阶层越来越具有资本主义代言人的性质⑤。在英国，依靠工业革命而壮大起来的工业资产阶级在19世纪初力量依然是相当弱小的，无法独立占据整个国家的政治经济统治地位，只能依附于土地贵族、乡绅等旧世界的力量参与国家政治生活；而传统的土地贵族、乡绅也在工业化

---

① 〔法〕乔治·勒费弗尔：《法国大革命的降临》，第86—100页。

② 〔法〕勒费弗尔：《法国革命史》，顾良译，商务印书馆1989年版，第113页。

③ 〔美〕塞缪尔·亨廷顿：《变革社会中的政治秩序》，李盛平、杨玉生等译，华夏出版社1988年版，第286页。

④ 具体情况可参见 Fernand Braudel, Ernest Labrousse, *Histoire économique et sociale de la France*, Tome I, Paris, 1976, p. 131。

⑤ Guy Chaussinand-Nogaret, *Une Histoire Des Elites*, *1700 - 1848*, Paris, p. 223.

的浪潮中转变角色，成为带有新世界资本主义性质的新阶层。此外，德国经济、政治生活中的容克地主阶层与新兴富裕阶层之间角色的融合、美国工业资产阶级与种植园主之间的相互妥协等，这些都进一步促成了19世纪资产阶级的构成呈现出新旧驳杂的局面，而这种构成使得19世纪的资产阶级在思想上兼具追求自由又顽固保守这样矛盾的特点。

在这种状况下，19世纪的欧美世界精神生活比“以往任何时代的精神生活都要复杂”①：一方面是不断地创建新的思想文化，另一方面又保留了一些历史特性，在思想文化上呈现出独特的风貌。

其中最具有代表性的便是德国的精神生活。德国固有的保守主义倾向在整个德国精神生活中地位独特。德国自三十年战争之后，残酷的战争促成了德意志地区一种奇怪的心理习惯——对权威的绝对顺服。早在中世纪早期，德国就被称为“顺服之土”，三十年战争无疑又促成了这种服从权威的习惯的滋长。战争的残酷性促使人们“心甘情愿去服从任何权威，只要这个权威看起来强大得足以制止他们身受过的恐怖，使之不再重现。他们毫无批判地接受他们的王侯的骄傲自大和狂妄的主张，并怀着遗传性的恐惧，生怕现存的社会关系一旦解体可能会带来后果；久而久之，这种甘心接受的态度似乎是正常的并起了传统的作用”②。这股保守主义倾向反映在思想文化上就是对以往生活的留恋与追慕，理查·瓦格纳曾经说过，“德国人在思慕渴望‘德国的荣耀’中通常所能梦想的不外乎类似恢复罗马帝国那样的东西”③。弥漫在德国思想界的这股守旧风气，经法国大革命的洗礼之后，在政治、思想上又转化为反对激烈变革的改革，而主张最大限度地维护社会现状。例如，普鲁士的改革派代表人物施泰因就曾说，“我们无需去摧毁所有的老传统，而是必须对它们进行合乎时代精神的改造”④。总体上而言，这种保守的倾向在19世纪初是德国最为明显的思想特征之一，也是影响德国人思想行为的重要因素。德国思想家不由自主地流露出来的保守性，都可以在其中找到精神的根源。

综上所述，19世纪欧美世界在经济、政治、思想等层面上所有的情形及其特点，势必会深刻影响整个时代的方方面面。

---

① 〔英〕罗素：《西方哲学史》(下卷)，马元德译，商务印书馆1997年版，第263页。

② 〔美〕戈登·A·克雷格：《德国人》，杨立义、钱松英译，上海译文出版社1998年版，第21页。

③ 同上书，第26页。

④ 转引自吴友发、黄正柏主编：《德国资本主义发展史》，武汉大学出版社2000年版，第61页。

二、时代进步与史学发展

18世纪末19世纪初欧洲社会经济、政治方面的巨大变革以及思想上的特性必然对该时期史学的发展产生深远的影响。

1. 社会变革与史学契机

19世纪社会政治的重大变革给史学带来新的发展契机。特别是“法国革命和法国革命以后的拿破仑政权无疑从根本上改变了历史研究、写作和阅读的状况”①，对19世纪历史学的发展影响巨大。

首先，法国大革命扩充了历史研究的视野，并赋予很多旧历史问题以新的意义，促使人们再次将目光聚集在这些问题上。比如，“与法国大革命时代相比，以往时代的历史是否有意义，法国大革命之前的时代与之后的时代之间有何联系”②。法国大革命引发了欧洲整个思想界的思考。关于这一点，德国浪漫主义的旗手施莱格尔曾经说，法国大革命是“民族国家的历史上最值得注意的现象”③。这一特定的历史事件成为众多学者思索的主题；法国大革命时期各个国家之间的军事、政治、外交成为社会生活的中心内容，同时也成为学者们研究的主题。在这一重大历史事件的影响下，哲学家、文学家、历史学家等都从不同的角度来思考这场声势浩大的革命运动、从各个不同的视角对这一事件本身展开的研究。特别是19世纪历史学家纷纷著书立说，或是探讨法国革命中彪炳史册的革命伟人与思想巨子；或是总结法国独特的民族性；或是研究法国革命期间的社会政治；或是分析法国革命中的法律制度；或是阐述法国革命时期的经济文化；或是将法国革命与英国光荣革命进行比较，辨析两种变革方式的优缺点；或是结合本民族的需要，探求符合民族国家的政治制度或变革方式。比如，柏克的《法国革命论》、费希特的《法国革命史》、卡莱尔的《法国革命史》、米什莱的《法国革命史》、米涅的《法国革命史》、梯也尔的《法国革命史》、托克维尔的《旧制度与大革命》等。甚至是而后强调研究文化史的布克哈特也曾经以“法国时代的

---

① 〔美〕格奥尔格·伊格尔斯、王晴佳：《全球史学史》，杨豫译，北京大学出版社2011年版，第71页。

② Felix Gilbert, *History: Politics or Culture? Reflections on Ranke and Burckhardt*, Princeton, N. J., Princeton University Press, 1990, p. 3.

③ 转引自〔德〕卡尔·施米特：《政治的浪漫派》，冯克利译，上海人民出版社2004年版，第35页。

历史"为题展开对历史的论述①。在19世纪,几乎所有的历史学家都或多或少关注过法国革命。当时整个学术界对法国大革命这一重大历史事件的普遍关注,致使更多的学者投身历史研究中。这样一来,历史学界就呈现出一派欣欣向荣之势。此外,历史研究中的专题研究也在这些史学实践的基础上逐步发展起来。

其次,法国大革命所带来的整个欧洲社会身份认同的变化也深刻地影响了史学的发展,并为历史研究确立了新的研究方向。长久以来,欧洲社会都是以"阶级"作为"身份认同"的主要原则,不同等级各安其分,形成相对稳定的"封建秩序"。这一切都被法国大革命打乱了。革命带来的自由、平等、博爱精神鼓舞着全欧洲人民去猛烈冲击森严的等级制度。这种对欧洲封建社会固有的秩序造成严重威胁的革命虽然很快遭到奥地利、普鲁士、俄国所组成的联军的镇压,但是其革命精神深入人心。法国大革命赢得了欧洲各国知识分子的好感,他们大声讴歌法兰西式的自由②,而奥、普、俄的镇压行为也招致批评迭起。随后拿破仑军队横扫欧洲,这位"革命之子"恢复帝制,登上了法兰西皇帝的宝座,并将革命时期所标榜的精神弃之如敝屣。这些引起了知识阶层的反感,知识分子开始重新反思法国大革命,对"阶级认同"产生了怀疑,转而强调"民族",而身份认同也由此从水平的"阶级认同"转变成垂直的"国家认同"③。民族、国家等观念在知识分子心中,乃至整个欧洲人民心中的地位日高。不仅如此,法国大革命拿破仑政权的征服战争以及被征服国家的反抗这一过程,也向人们证明了民族主义的情感以及精神、信仰的结合是不会为外在压力所征服的。这一意识促使人们去关注民族国家过去的历史,从而进一步推动了历史研究的发展。而变化了的身份认同方式也进一步引发了这一时期的历史研究倾向于以民族国家为中心。

这些现象在德意志地区表现尤为突出。从马克思主义"民族"观念的角度来看④,19世纪的德意志民族与欧洲其他民族相比是非常特殊的:在构

---

① Jacob Burckhardt, *Jacob Burckhardt's Vorlesung über die Geschichte des Revolutionsyeitalters*, Vol. 13, reconstructed by Ernst Ziegler, Basel, 1974.

② 当时在整个欧洲思想界颇具影响的康德、黑格尔、费希特、谢林等学者都纷纷表示对法国大革命的支持。

③ 周惠民:《兰克与"普鲁士中心论"的形成》,《辅仁历史学报》2005年第16期,第9页。

④ 斯大林在《马克思主义和民族问题》一文中,把民族看作为"一个历史产生的稳定的人的共同体",它具有四个特征,即共同的语言、领土、经济生活和在共同的文化中形成的共同心理特征。斯大林主张,民族不仅由他们互相生活条件的不同来区别,而且也通过他们文化中的精神特征来分别,并且这四个特征是相互联系、缺一不可的。(〔苏〕斯大林:《马克思主义和民族问题》,《斯大林全集》[第2卷],人民出版社1953年版,第294页)

成“民族”的四大特征中，由于特定社会历史的原因，德意志民族在共同的地域和共同的经济生活方面发展缓慢，甚至停滞不前；与此同时，德意志民族在共同的语言以及表现在文化上的共同心理素质方面却膨胀发展。这种不平衡性虽然使得德意志民族的发展如同先天不足的畸形婴儿一般，但也使得“德意志民族”这一问题始终是德意志地区人民所关注的中心①。

法国大革命中，拿破仑的军事征服进一步强化了德意志地区民族间的认同，并“使德意志人敏锐地意识到了国家”②。拿破仑的入侵激发了德意志地区民族主义的复兴，人民之间的共同感情被唤醒，“甚至连最显贵的人物现在也大谈德意志民族性来了，谈论共同的德意志祖国，谈论基督教——日耳曼种族的联合，谈论德国的统一”③。历经异族统治和解放战争的德意志人民逐渐意识到“自己的同属性”④，并开始运用这种同属性来强化民族内部的统一。1807—1808 年，费希特发表的《对德意志民族的演讲》就是这一状况下的产物。费希特从宣扬德意志民族的独特性、优越性来鼓舞民族情绪⑤，这也反映了在拿破仑战争刺激下德意志人民逐渐有了一种民族认同感与自豪感。1815 年基尔大学举办纪念滑铁卢战役大会时，“哥廷根七子”中的重要领袖达尔曼提出“德意志重生”，号召德意志人民复兴德意志。这一思想很快得到德意志学者、学生的响应。一时之间，民族复兴的思潮风起云涌。这股思潮的冲击，加之拿破仑战争给德意志人民带来的惨痛经历，促使全德意志人认识到迫切需要建立起在政治、经济、文化等方面都独立而统一的民族国家。

在当时的情况下，通过发掘历史，重塑德意志民族的自信心是建立强大统一的德意志民族国家最现实的，也是最有效的途径。于是，“透过历史研究表述民族情感也逐渐成为风潮”⑥。作为这一思潮的领军人物，达尔曼不仅大力提倡研究德意志本民族的历史，还自己亲自上阵，参与编辑德意志史的档案材料，编成了影响深远的《德意志史料集成》。斯泰因男爵则组建了

---

① 刘新利：《基督教与德意志民族》，商务印书馆 2000 年版，第 1 页。

② 〔美〕帕尔默·科尔海顿：《近现代世界史》(中)，孙福生、陈敦全、周颖如译，商务印书馆 1988 年版，第 546 页。

③ 〔德〕亨利希·海涅：《浪漫派》，薛华译，上海人民出版社 2003 年版，第 38 页。

④ 〔德〕卡尔·艾利希·博恩等：《德意志史》(第三卷，上)，张载扬等译，商务印书馆 1991 年版，第 110 页。

⑤ 〔德〕费希特：《对德意志民族的演讲》，梁志学、沈真等译，辽宁教育出版社 2003 年版。

⑥ 周惠民：《兰克与“普鲁士中心论”的形成》，《辅仁历史学报》2005 年第 16 期，第 12 页。

“德国古代史料学会”，其目的就是“唤起对德国历史的兴趣，促进德国历史的基本研究，从而保持对祖国的热爱和伟大祖先的怀念”①。在他的组织下，该学会出版了大量中世纪德意志史料来激发民族热情。

此外，拿破仑帝国的兴衰及其耀眼的军事外交活动，使得历史学家们关注英雄人物、重视政治军事史。拿破仑的军事入侵及其失败之后塔列朗在外交上的杰出作用，使人们意识到军事力量是重要的，具有很强大的威力；同时外交也是具有决定意义的。这些认识强化了研究政治外交史的重要性。于是，这一时期很多的历史研究在内容上偏重于政治、军事、外交事件。再者，拿破仑的功业也让人们认识到个人的意图与想法能够左右事件的发展，重要历史人物在整个历史发展中起到的作用是不可估量的。这一认识打破了以往只是依据某种预设的发展历程来看待历史过程的观念。在这一时期的历史学家看来，历史未来的趋势不再是依据人们的理性本质中推导出来的某种猜想，或者是依据普遍的理性原则来发展的；那种先验的世界历史发展的观念变得越来越没有意义了②。具体说来，这一时期的历史学家更多是关心具体历史事件本身的研究，特别是比较关注英雄人物在历史事件中的作用与地位，以及人类历史本身发展演变的规律。

可以说，19 世纪社会的重大变革带来思想观念的剧烈冲击，也为 19 世纪历史学的发展提供了一个难得的契机。

2. 资本扩张与史学视域

19 世纪工业革命纵深发展、社会生产力飞跃前进，资本对外扩张的速度进一步加快，这“使脱离了本国基地的大工业完全依赖于国际市场、国际交换和国际分工”③；不仅如此，“由于开拓了世界市场，使一切国家的生产和销售都变成了世界性的了”④，资本对外扩张的范围也不断拓宽，亚非拉等国家都被纳入资本主义体系内。对此，马克思、恩格斯曾指出，资本主义工业革命“首次开创了世界历史，因为它使每个文明国家以及这些国家中的

---

① 〔美〕D·W·汤普森：《历史著作史》(下卷，第三分册)，孙秉莹、谢德风译，商务印书馆 1996 年版，第 224 页。

② Felix Gilbert, *History: Politics or Culture? Reflections on Ranke and Burckhardt*, Princeton, N. J., Princeton University Press, 1990, p. 8.

③ 〔德〕马克思：《政治经济学的形而上学》，《马克思恩格斯选集》(第 1 卷)，人民出版社 1995 年版，第 133 页。

④ 〔德〕马克思、恩格斯：《共产党宣言》，《马克思恩格斯选集》(第 1 卷)，第 254 页。

每一个人的需要的满足都依赖于整个世界，因为它消灭了以往自然形成的各国的孤立状态”①。这种变化一方面有利于先进科学技术和先进生产方式的传播，另一方面有助于国际间的人口流动和资本流通，人与人、国与国之间的关系日趋密切。这正如法国史学家保尔·芒图所说的那样，“大工业在其发源地继续发展下去的同时，全世界大工业也已经开始发展。它在大陆上出现了，它的历史不再是英国的历史，它的历史正成为欧洲的历史了，后来又成为全世界的历史”②。

随着工业革命的发展，“过去那种地方的和民族的自给自足和闭关自守状态，被各民族的各方面的互相往来和各方面的互相依赖所代替了。物质的生产是如此，精神的生产也是如此。各个民族的精神产品成了公共的财产，民族的片面性和局限性已日益成为不可能，于是由许多民族的和地方的文学形成了一种世界的文学”③。大工业所带来的不仅是经济全球化，也促进了国家地区之间的思想文化交流，从而拓宽了认知视野、深化了思想维度。当西方列强轰开亚非拉诸国国门之时，一方面是经济上落后的国家地区被迫“放眼看世界”，另一方面是西方列强自觉或不自觉地试图进一步了解异域他乡的思想文化。虽然自文艺复兴时代起，西方世界就对东方世界充满好奇，不断有人醉心于探讨东方世界的文化艺术，甚至到 18 世纪欧洲思想界将神秘的东方思想文化视为文人雅士必谈的话题，但真正意义上开始全方位解读和介绍东方思想文化还是 19 世纪后的事情。

1814 年，法国的法兰西学院开设“汉语和鞑靼-满语语言与文学”讲座，法国著名的汉学家儒莲曾长期在此主持讲座，翻译、介绍东方世界的思想文化，其学生德理文则专门翻译介绍中国古典诗词歌赋。19 世纪中叶起，法国国立东方近代语言学院在安东尼·巴赞、哥士奇、德维利亚等人的倡导下，大力推广汉语教学，翻译介绍中国、越南、印度等东方国家的思想文化。在英国，1825 年伦敦大学开始设汉语课，1875 年牛津大学、1888 年剑桥大学正式开设汉语讲座，介绍中国及其他东方国家的思想文化。除了法国、英国外，19 世纪之初的德国、荷兰、意大利等国汉学家们也纷纷大力翻译、介绍、推广东方思想文化。另外，随着资本对外扩张，欧美大批学者、考古学家

① 〔德〕马克思：《德意志意识形态》，《马克思恩格斯选集》(第 1 卷)，第 114 页。

② 〔法〕保尔·芒图：《18 世纪产业革命：大工业初期的概况》，杨人楩译，商务印书馆 1983 年版，第 389 页。

③ 〔德〕马克思、恩格斯：《共产党宣言》，《马克思恩格斯选集》(第 1 卷)，第 276—277 页。

踏上域外古老文明发源地，深入发掘、释读远古文明，埃及学、亚述学等兴起。这些都意味着经济上遥遥领先的西方世界正视东方文明，西方对东方文化了解不断深入，也在一定程度上表明西方视野在扩展、拓宽，狭隘的欧洲中心论的陈词滥调变得不合时宜。

在这种状况下，19 世纪历史的视野比 18 世纪更加宽广而深远，史学家们所谓的世界不再是局限于一国一地区的"小世界"，而是囊括东西方的"大世界"。无论是偏重于思辨历史哲学的黑格尔，还是醉心于为每一欧洲民族国家撰史的兰克，都有心将世界历史定义为包括东西方所有的民族与国家的宏大历史画卷。至此，资本主义的出现及其飞速发展使得"各个互相影响的活动范围在这个发展进程中愈来愈扩大，各民族的原始闭关自守状态则由于日益完善的生产方式、交往以及因此自发地发展起来的各民族之间的分工而消灭得愈来愈彻底，历史也就在愈来愈大的程度上成为全世界的历史"，在这一"历史向世界历史的转变"①的过程中，史学视域也进一步扩展。可以说，19 世纪历史视域因资本的扩张而拓宽。

3. 科技进步与史学发展

18、19 世纪自然科学得到迅猛发展，自然科学发展为人类揭示了一个全新的自然世界，人对世界的认识越是深入，就越感到人的独特性与优越性，意识到人之为人的伟大，坚信人定胜天。这便是盛行于 19 世纪之初的科学主义思潮所带来的一种乐观主义精神。这种乐观主义情绪成为 19 世纪欧洲人的一种普遍心理。在这种乐观主义情绪的影响下，他们认为欧洲的发展是完美无缺的，是整个世界的发展所应该参照的范型。此外，在这种科学主义思潮的影响下，其他学科的研究也充满了这种乐观主义情绪。研究者们满怀信心地积极探索各自领域，因为他们相信自己能够认知所在领域的全部事物。

这种科学主义带来的乐观主义情绪在历史学领域也有所体现。在这种科学主义的影响下，历史研究中出现了两种趋势：一是，历史学家坚信自己通过研究能够认知发生在过去的历史；二是，这一时期西方资产阶级所取得的辉煌成就使历史学家们相信，"人类的历史问题已经解决，以欧洲为中心的无穷进步已经是不可移易的准则，历史学家只要根据新发现的客观材料，对若干枝节问题修正补缀，使历史的写作更严谨、更客观，也就够了，此外已

① 〔德〕马克思：《德意志意识形态》，《马克思恩格斯选集》(第 1 卷)，第 114 页。

经不存在可供历史学家讨论的问题”[1]。在这种极度乐观主义思想的影响下，19 世纪的历史学家们相信历史的整体虽然尚未被发现，但只是尚待被发现而已；历史学家信心十足地认为研究者完全可以探知历史的真相。因此，在这种乐观主义情绪的渲染下，当时很多历史学家认为，历史研究的任务仅仅在于收集更多史料而已。

不仅如此，科学发明运用于实践所带来的巨大收益，以及对日常生活的深远影响，使当时的人们切实感受到了科技的巨大力量。因而，这一时期的人们不但在精神上是高度自信的，而且他们尊重科学，追求科学真理，甚至对科学异常崇拜。尽管对真理的追求并不是 19 世纪的新事物，但是这种追求在 19 世纪得到迅猛的发展，其中最主要的原因就在于科学革命，正是科学革命拓展了人类的知识视野，促使人们在每一个研究领域都注重真理的重要性[2]。在这种情况下，整个欧洲的宗教信仰意识开始逐渐淡薄，“神学让位于科学”[3]，科学成了新时期的一种新的信仰。

在科学这一新信仰的影响下，19 世纪的人们习惯于以科学作为评判事物的标准。达尔文的进化论在 19 世纪得到认可，并受到空前的欢迎。除了达尔文为这个学说提供了大量具有说服力的证据之外，主要还是因为在科学主义的影响下，19 世纪的人们相信科学、崇拜科学，也坚信人类按照科学的方法是能够认识一切。于是，科学研究的方式成了人们认知事物的标准；人们依据科学证据的方式来认知事物。凡是具有科学证据的便是正确的，反之，就是错误的。这种讲究科学证据的做法影响是深远的。1874 年，英国政治家约翰·莫利勋爵曾经说，“近世以来，人们一谈到一种信仰或者一个故事时，就会问，这是真的吗？”[4]强调科学证据的观念深入人心，并引发了一种普遍怀疑思绪，而这无疑是有助于深化对事物的认知。

这种自然科学研究对证据的信仰也波及社会科学领域的研究，特别是对历史研究产生了深远的影响。历史学家们从自然科学所取得的丰硕成果中看到了研究事物根源的重要性。在他们看来，“科学的主要成就是通过追

---

① 吴于廑：《巴勒克劳夫的史学观点与欧洲历史末世感》，《吴于廑学术论著自选集》，首都师范大学出版社 1995 年版，第 246 页。

② Thomas Albert Howard, *Religion and the Rise of Historicism: W. M. L. de Wette, Jacob Burckhart, and the Theological Origins of Nineteenth-Century Historical Consciousness*, Cambridge University Press, 2000, p. 105.

③ Ibid., p. 19.

④ Ibid., p. xi.

溯事物的根源而取得的”。于是,他们认为,“在近代史研究方面,完全可以做出与之相同的努力。……追查各种制度的起点和原意。对先前被传说和神话所占领的那些古老岁月都进行耐心的研究”[①]。这样一来,19世纪的历史学研究也追求自然科学研究一样的目标——认知历史中的真理,揭示历史真相;并且在科学主义信仰的影响下,历史研究也特别注重证据,强调研究的切实可信性。19世纪德国著名史学家兰克在描述自然科学进步对当时史学研究的影响时,曾指出:

> 这种变化……和科学发现不可避免的进展有关。因为,虽然过去一切科学都可以从古人那里汲取,现在这样做就不行了。一方面,大量资料业已积累起来。……另一方面,一种深刻的探索精神也已经兴起。……那些开始时是在古人指引下进行研究的人,现在已经从他们的权威手里把自己解放出来了;许多东西是在古人规定的范围以外被发现的,这些发现又为进一步研究开辟了道路。……各种探索的范围日益扩大,日益活跃……既然在内容上,人们已经不再像过去那样带着憧憬的心情和信心研究古代,所以在形式上,古代也就不能像过去那样影响人们了。人们已经开始主要依据资料积累的多少来估量著作的渊博程度了。……不论什么原因——不管它是不是以人类思想本质为依据的一种变化——这样是很明显的,即一切著作都充满着一种新的精神。[②]

此外,自然科学领域最重要的成果之一——达尔文的进化论对19世纪的历史学研究也有着极为重要的意义。依据达尔文的进化论,很多学者将人类社会历史也看作是一个进步的过程,从而提出了社会进化论。这一思想表现在历史领域便是历史进化的思想。历史进化的思想产生于18世纪,在科学主义信仰的强化影响下,至19世纪最终确立[③]。受这种历史进化思想的影响,历史学家满怀欣喜地认定人类历史的发展是一个不断进步的历程,认定人类历史也如同自然界一般有着自身发展演变的规律。于是,历史

---

① Hugh Walker, *The Age of Tennyson*, London, 1900, pp. 110－111.

② Leopold von Ranke, *The History of the Popes*, translated by Mrs. Foster, edited by B. A. G. R. Dennis, London: G. Bell & Sons, Ltd., 1912. Vol. 1. pp. 386－390.

③ 张广智:《克丽奥之路:历史长河中的西方史学》,复旦大学出版社1989年版,第138页。

学家带着一种对人类历史发展的乐观主义情绪，以一种空前高涨的热情来研究历史，或坚信能以笔与墨还原历史真实，或相信通过科学的研究方法就可以寻求到历史发展的规律，使历史学成为一门独立的学科、一门与自然科学并驾齐驱的学科，甚至可以借助自然科学的研究方法解剖历史，使历史研究像自然科学一样的科学。可以说，19 世纪科技进步带来的乐观主义使得这一时期的史学研究有了强大的信心，从而引发了历史研究的新一波热潮。

4. 社会思潮与史学趋势

受法国大革命的影响，18 世纪末的浪漫主义运动兴起[①]。浪漫派起初是作为文学方面对古典主义的一种反叛而出现的。相比哲学家以隐忍的方式表达，浪漫主义者更为张扬。他们疾呼冲破古典主义的束缚，力主实现文学的创造性、自主性。19 世纪，这股浪漫主义思潮又是与哲学思想合流的。法国大革命后的动荡社会环境以及欧洲当时紧张的社会政治局面，促使早期浪漫主义者从哲学的角度来看待整个欧洲、整个时代，乃至整个世界。从这一点来说，浪漫主义，“那是对 18 世纪的理性主义和系统思想的反作用，特别是对启蒙运动时期神化理性、功利主义偏见（这种偏见拒不接受传统和规定的主张要求而赞成效率和实际作用）以及乐观的进步信仰的反作用”[②]。面对困顿不堪的社会现状，浪漫主义者们认为肇始于法国的启蒙运动及其所宣扬的理性主义是这些灾难的根源。另一方面，早期浪漫主义者虽然偏重于关注自己国家民族与整个欧洲、与整个世界的关系，但他们也主张公平地看待过去的时代以及各个民族国家，提倡尊重各个民族的传统与文化。在他们看来，每个时代都具有各自的价值与意义，每个民族也都是具有各自的独特精神与价值的。他们这种思想对推动民族主义的兴盛起到了一定的作用，也促进了 19 世纪民族史学的发展。就这一点而言，与 18 世纪史学那种侧重于“普遍史”、宣扬“世界公民”观念不同的是，19 世纪的史学更多是一种宣扬各民族国家独特性的“民族史”。此外，早期浪漫主义者从哲学的角度来考察各个民族、各个时代，这一做法对于深入理解历史事实是有所助益的。

浪漫主义发展到了晚期，逐渐呈现出一种逃避现实的趋向。晚期的浪漫主义者试图通过沉迷在过往之中来逃避当前的现实。在他们看来，“昔日

① 〔德〕卡尔·施米特：《政治的浪漫派》，第 35 页。
② 〔美〕戈登·A·克雷格：《德国人》，第 260 页。

是作为现在的更好基础而出现的”，而“现在变成了寄生于过去的东西”[①]。于是，此时的浪漫主义者用过去来否定现在，把称颂过去当作逃避现实的一种手段。在这种思想的主导下，浪漫主义者对过往的时代极为重视，他们喜好追溯事物的起源，主要是在民族、历史和神话记载中寻求事物的根源。这种对过往近乎迷恋的态度，是“探索历史秘密的钥匙”[②]。由此，大多数晚期浪漫主义者从文学转向了历史，浪漫主义史学流派逐渐成形，这在客观上也是有助于历史学进一步发展的。此外，19 世纪西方史学的演进，主要体现在历史思想的进步上[③]，这首先是历史主义的思想。而历史主义的思想是浪漫主义史学所提出的，历史主义的思想是浪漫主义史学的最主要成果之一。浪漫主义史学所倡导的那种历史主义的思想，“表示着一种历史研究的态度，承认在具体时空条件下的个别性”[④]。这为历史研究者以平等的态度对待以往所有的时代、民族国家，为史学工作者写作打破四帝国式的世界历史写作框架，为史学家清扫理性主义史学对中世纪的某些偏见，甚至为重创阴魂不散的西欧中心论奠定了基础，这些对推动 19 世纪的西方史学的前进都有着积极的作用与意义。

此后，19 世纪自然科学所带来的巨大成果引发了社会科学领域中的实证主义思潮。在此思潮的影响下，人们纷纷试图将自然科学行之有效的实证科学方法运用到社会研究上。法国哲学家孔德倡导建立起用实证方法来研究社会现象的社会学，主张将社会学的研究从玄奥神学及形而上学中解放出来，引入自然科学诸如化学、物理学、生物学的方法来研究社会现象，探求其中的因果关系，寻找到社会现象中的规律。

这一思潮波及史学领域，促成史学研究在注重史料考证的基础上寻求历史发展的规律，并从经济、政治、道德、宗教、科学技术等诸多方面和诸多角度去分析历史发展的动因。虽然这种实证主义使得史学研究偏重于共性而忽视了个性，甚至有将纷繁复杂的历史发展过程简单化、公式化的倾向，但是在实证主义思潮的作用下，史学在方法论上进一步强化了史料的重要性，并在此基础上致力于探求历史发展的原因以及整个历史进程的规律。

---

① 〔德〕卡尔·施密特：《政治的浪漫派》，第 74 页。

② 〔美〕戈登·A·克雷格：《德国人》，第 260 页。

③ 张广智：《克丽奥之路：历史长河中的西方史学》，第 135 页。

④ 〔美〕格奥尔格·伊格尔斯：《历史主义的由来及其含义》，王晴佳译，《史学理论研究》1998 年第 1 期，第 71 页。

这对历史研究而言，无异于打开了另一扇窗，推动史学家们对历史发展历程作更深层次的思索，最终促成历史研究在更高层面上进一步发展。

三、史学繁荣的“同盟军”

在谈到史学的新发展时，现代美国著名史家鲁滨孙曾在《新史学》中提到：

> 历史只是研究人类的方法中的一种。历史这门学问必须要承认：它同生物学、地质学以及其他学科一样，它的发展是以其他兄弟科学作根据的，它只有同它们一起取得发展后，它才能反过来在帮助人们了解人类过去做出一点贡献。①

是的，历史学的发展需要“新同盟军”，历史学的繁荣更需要“同盟军”。19世纪历史学的繁荣离不开当时哲学、神学、档案学等相关学科的发展，更离不开18世纪历史学的铺垫。

1. 哲学思想与史学进步

在论及19世纪史学时，柯林武德曾说过，“在历史学思想能作出更进一步的任何进展之前，有两件事是必要的：首先，历史学的视野必须放得开阔，以一种更同情的态度去研究被启蒙运动看作是未启蒙的或野蛮的并听任其默默无闻的那些过去的时代；第二，人性作为某种一致的和不变的东西这一概念，必须加以抨击”②。18、19世纪欧洲哲学特别是法国、德国哲学的兴盛恰好为19世纪历史学的发展准备了这两个条件。这一时期欧洲特别是法国及德意志涌现了像笛卡儿、伏尔泰、黑格尔、康德、赫尔德、马克思等一大批大师般的哲学家。这些哲学家的思想对整个法国、德意志社会乃至整个欧洲的发展产生了巨大的影响。不仅现实的社会政治生活或多或少地受这些哲学思想的影响，而且其他社会科学的发展，甚至自然科学中也都有这些伟人哲学思想的痕迹。作为社会科学组成部分之一的历史学也多多少少受这些哲学思想的影响。不仅如此，大多数哲学家都曾从哲学的角度来

---

① 〔美〕詹姆斯·哈威·鲁滨孙：《新史学》，齐思和等译，商务印书馆1997年版，第53—54页。

② 〔英〕柯林武德：《历史的观念》，何兆武、张文杰译，商务印书馆2003年版，第137页。

考察过历史,他们大体上都可以归于历史哲学家①。他们对历史发展的规律性的认知、对历史整体性的探索、对历史进步性的分析等历史观念,直接影响到19世纪历史研究的发展。

18世纪法国哲学人才辈出,在理性主义的旗帜下,建构出对19世纪史学发展影响深远的历史哲学体系,例如,笛卡儿的哲学。笛卡儿的信徒们一方面将自然界一般法则搬到了社会领域,用"自然法则"来解释说明社会事物;另一方面用理智来衡量一切事物、取代一切权威与一切传统。在这种理性主义的影响下,孟德斯鸠在《论法的精神》中运用笛卡儿式的理性主义来解释政治制度与法律的起源发展,试图在收集分析事实的基础上建立起一门解释社会现象的科学。虽然这一尝试陷于过于先验化的推理、机械化的分析,最终得出了过于公式化的结果,但他对社会历史现象所作的因果分析意义巨大。

一是,他将人类社会发展视为气候、宗教、法律、政府、历史、道德风俗等诸多因素共同作用的结果,这种系统分析方法及多因素论在历史哲学史上是一重大进步,因此他被誉为是"第一位把一系列复杂历史事件和制度形成的种种原因作为可以发现、可以理解的东西,明确而系统地进行深入研究的人";与相信非人力可以左右的、不可思议的天命或是盲目的定命论相比,孟德斯鸠的思想"前进了显著的一大步"②。二是,他主张一切社会现象都有自身的发展规律,而人类历史也是有规律地不断向前发展,这些思想对19世纪实证主义史学③,甚至对整个西方历史哲学的兴起都至关重要。

到18世纪中后期,信奉理性主义的伏尔泰、狄德罗、达朗贝尔等哲人们组织编写多卷本的《百科全书》。这部百科全书,"对历史写作而言,这意味

---

① 历史学逐渐成为一门的独立的学科是经历比较漫长时间的。文艺复兴之后,历史所依据的基础——"神学和哲学的伟大体系,已经不被人们所赞同了"(参见〔英〕柯林武德:《历史的观念》,第99页)。直到18世纪,历史研究仍旧是作为传统哲学的附属物而存在,并未能独立出来。虽然此时的历史学已有脱离哲学、独立化的倾向,但很多重要的思想家、哲学家依然将哲学与历史这两者结合起来,"作为探讨人类历史的基础"(参见周惠民:《兰克与"普鲁士中心论"的形成》,《辅仁历史学报》2005年第16期,第8页)。比如,康德依据哲学的普遍概念将人类历史视为"有一种合乎规律的进程"(〔德〕康德:《历史理性批判文集》,何兆武译,商务印书馆1997年版,第1页)。又如,德意志学者施莱格尔把历史主义看作是"一种特别强调历史的哲学"。从这一角度而言,此时的哲学家、历史学家是难以绝对地区分开来的——哲学家擅长用哲学体系、哲学概念来阐释人类历史,而历史学家习惯于借用哲学体系来研究人类历史。

② 转引自〔美〕汤普森:《历史著作史》(第三分册),谢德风译,商务印书馆1996年版,第86页。

③ 何平:《西方历史编纂学史》,商务印书馆2010年版,第128页。

着增强决心,要把历史叙事中的传说完全摒除,并忠于事实”[①]。这些理性主义哲学对19世纪史学的发展而言,都是弥足珍贵的精神营养——理性主义哲学对一切权威的否定,对理性的推崇,对社会科学的信心,对因果关系的深入探求等,都极大丰富了19世纪史学的内涵,为19世纪史学的发展扫除了精神上的障碍,推动了19世纪史学的发展。

此外,就历史学的发展而言,18、19世纪德国哲学也有着重大意义。虽然“德国哲学的繁荣虽只有半个世纪,但它丰富并革新了欧洲思想的特征;从此以后,欧洲思想便受惠于、某种意义上甚至服从于德国哲学”[②]。德国哲学家们对历史的整体性、进步性方面的探索对19世纪历史研究的发展意义重大。比如,黑格尔对历史的看法。他曾认为历史是揭示人类精神的真理,进而把历史发展看作是一个“绝对理性”施展其影响的过程:历史就是以恒定的方式,遵循特定的程序而演进的过程。在历史演进的过程中,理性由一种纯粹抽象的存在,逐步有了具体的形态,并最终在欧洲世界里获得充分的发展。虽然,黑格尔并未能对人性做更多深入的批判,而在不同阶段有着不同形态、在不同民族国家地区有着不同表现的“精神”横空出世,就意味着永恒不变的人性在历史中已无立锥之地。换言之,这一观点实际是用“绝对理性”将永恒人性与历史隔绝开来。另外,在《历史哲学》中,黑格尔还运用哲学思辨的方式将世界历史连成一个囊括众多东西方民族国家的整体,虽然这一观念依旧未能摆脱西欧中心论的阴影,但从其理论意义而言,黑格尔对历史的这一看法有助于形成一种整体的历史观念,促使历史研究者从整体上去考察历史。

再如,马克思认为是物质的法则在支配着人类社会。他认为,各个社会经济生产方式是整个社会生存发展的基础,也是社会发展的根本原因,这种生产方式规定了人类历史的一切方面。这既是指包括政治、军事、文化等,又是指社会的特定生产方式决定着各个社会内的社会关系和阶级斗争的性质。依据这一原则,马克思成功地解释了工业革命所带来的各种变化。在认知工业革命社会状况的基础上,马克思将这一原则推演开来,把整个人类历史都纳入到这一法则中。这样一来,历史哲学在马克思这里发展到了一

---

① 〔美〕格奥尔格·伊格尔斯、王晴佳:《全球史学史》,杨豫译,北京大学出版社2011年版,第23页。

② 〔意〕卡洛·安东尼:《历史主义》,黄艳红译,格致出版社、上海人民出版社2010年版,第60页。

个巅峰。另一方面,马克思又主张对动态的历史作动态的考察,反对将历史模式化、概念化①。马克思的这些认识是建立在深刻的历史研究的基础上的,也对历史研究产生了巨大指导作用,促进了世界历史研究的深入,是历史研究发展的重要理论基础之一。从总体上而言,黑格尔和马克思等人对世界历史的发展过程作出辩证性的论说,是19世纪西方历史思想的一项重大成果②。

18至19世纪这些哲学家对历史的思索,也进一步完善了历史研究的理论框架与研究范式。可以这样说,18至19世纪欧洲哲学的兴盛为历史学在19世纪史学的蓬勃发展打下了坚实的理论基础。

2. 档案管理与史学研究

历史研究离不开史料,而档案材料是史学研究最重要的史料来源。19世纪档案机构的设立以及档案的规范整理为史学的发展奠定了基础。欧洲档案机构的系统化以及档案工作的规范化始于法国大革命。法国大革命之前,法国及欧洲其他国家存在着诸如王室档案馆、政府主管部门档案馆、地方当局档案馆、教会档案馆、市档案馆、社团档案馆、私人档案馆、高等院校档案馆等各种各样的档案馆。这些档案馆所有权各自分属不同的阶层,彼此之间没有规范的隶属关系,甚至毫无联系;相应地,此时的档案管理与整理工作可以说是不系统、不规范,更没有建立档案的开放制度。档案馆及其档案只不过是其所属部门、个人的闲暇之余的收藏而已,并未能成为政治生活的重要依据,更谈不上作为学术研究的资料来源。

档案馆及档案管理工作这一状况在法国大革命后发生了重大的变化。1789年7月,制宪议会通过了组织条例,其中最后一章对档案工作做了详细的规定:成立隶属于制宪议会的档案馆,保管制宪议会的各种文件文本;从制宪议会代表中选举产生档案馆馆长。随后制宪议会投票选举卡缪为制宪议会档案馆馆长。1790年9月,制宪议会批准了卡缪提交的、接收保管旧档案的计划,并通过了《国家档案馆条例》。该条例明确规定:负责保管制宪议会以及新法兰西国家一切重要档案文件的法兰西国家档案馆(由制宪议会档案馆更名而来),每周向公众开放三天。于是,法国公民在每周三天的规定时间内,可以进入档案馆免费查阅档案文件。这是有史以来第一

① 启良:《马克思与历史主义》,《甘肃社会科学》1992年第4期,第106页。
② 张广智:《克丽奥之路:历史长河中的西方史学》,第136页。

个开放档案馆、让民众可以查阅档案的法令。1794 年 6 月，国民公会颁布《穑月七日档案法令》。该法令要求国家档案馆接收制宪议会及立法议会的文件、法律机关与政府部门的文件文本材料，勒令首都巴黎及各行政区限期对旧政权的档案进行整理和分类，并明文规定国家档案馆及行政区档案馆均应实行“对外开放”这一共同原则，并要对档案文件编制目录和索引以方便档案的利用①。虽然其后法国历经热月党人当政、督政府、执政府、第一帝国、复辟王朝、七月王朝，但档案管理系统化与规范化的传统一直延续下来，并且不断完善。

法国的档案管理系统化、规范化的改革，也推动了欧洲其他国家的档案改革。比利时、荷兰、意大利、瑞典、丹麦和挪威等国档案整理工作都深受法国的影响。特别是曾直接处于法国统治下的比利时、荷兰、意大利，其档案管理是完全依据法国的管理模式进行改革的。1796 年，比利时在布鲁塞尔等大城市建立了行政区级的档案馆，集中管理各行政区的档案。1830 年 11 月比利时独立后，继续参照法国档案改革的思想和原则革新档案管理。荷兰亦是如此，只不过在 1814 年独立后，在沿用法国档案管理模式的同时，也依据本国历史发展的特点完善档案管理。而意大利在法国式档案管理的基础上，兼顾自身分裂割据的历史状况，创建系统化、规范化的档案管理。大体而言，“就人们今天所理解的档案馆和档案管理，是从法国革命时期开始的。随着 1789 年国家档案馆及 1796 年省档案馆的建立，第一次有了统一的档案管理制度，包括现存档案的保存机构和编制案卷的机构”②。

档案馆的管理系统化、档案的收藏整理规范化后，欧洲各个国家出于各种各样的目的而允许市民(包括历史研究者)经过批准而使用档案文献材料，政府甚至还拨专款去整理刊印近代早期的档案文件。在当时，欧洲国家的首都大多设有近乎公开的研究室，其目的就在于“使人们能够在那里接触到官方历史档案”。在这种情况之下，历史学家可以比较自由地使用档案文献材料，并且他们由于使用了新的、未经人使用过的档案材料而揭示了一些此前不甚明了的历史事实。这样一来，“19 世纪的历史学家也像 19 世纪的

---

① Jean Favier, *Les Archives, détails et classification des fonds en France*, Paris, 1959.

② 简明大不列颠百科全书中美联合编审委员会编:《简明大不列颠百科全书》第二卷，中国大百科全书出版社 1986 年版，第 461 页。

自然科学家一样,颇为他们自己的发现而自豪"[①]。

这一时期欧洲各个国家都比较热衷于档案文献的整理工作。在政府的资助下,历史研究者们整理出来大量的史料;其中,囊括6世纪至15世纪以来德意志重要史料的《德意志史料集成》就是这一状况下研究整理出来的重要成果。受德国影响,各国纷纷汇编文献。如《波兰史料集成》、《葡萄牙史料集成》、《奥地利古史资料集》、《亨利八世国家案卷目录》、《法国王室法令汇编》、《英国主教登记录》、《契据登记簿》、《瑟洛公文汇编》、《特许状选集》、《意大利历史资料丛刊》、《拜占庭作家著作集》、《高卢和法兰西历史著作汇编》等。

值得一提的是英国在文献整理上的贡献。1816年,大不列颠博物馆馆长亨利·埃利斯依据大不列颠博物馆馆藏手稿文献编辑成《协会手稿目录》,1824年编辑成《英国史料汇编》[②];1836年英国成立档案委员会对以往馆藏手稿、文献档案进行分类整理,并于1857年编辑成《卷宗丛书》出版;学者约翰·米切尔·肯布尔收录大不列颠档案馆、各大学及教堂图书馆的手稿,编辑成六卷《撒克逊时期文献抄本》(1839—1848年间陆续出版);弗朗西斯·帕尔格雷夫编写《国会令状》等系列文献汇编于1827—1830年间出版等。档案文献材料的开放与整理,是历史学进一步发展的基础。有了这些档案材料,历史学家才能在新材料的基础上揭示出历史事实,从而推动历史研究的进步。

这一时期欧洲各国档案文献的开放与整理,是19世纪历史研究取得举世瞩目成就的重要原因之一。

3. *神学研究与史学勃兴*

神学研究的进步也为19世纪史学的勃兴提供了有利条件。一般认为,史学与神学是对立的,而19世纪的史学是摆脱了"神学的女仆"地位而成为"人文学科的主宰"的[③]。但是,19世纪的史学发展实际上是离不开这一时

---

① 〔英〕乔治·克拉克:《〈新编剑桥近代史〉总导言:史学与近代史学家》,庞卓恒译,《世界历史译丛》1980年第1期,第48页。

② 《英国史料汇编》(*Original Letters Illustrative of English History*)为系列丛书,分为三部分,分别于1824年(四卷本)、1827年(三卷本)、1846年(三卷本)出版。

③ Konrad Jarausch, "The Institutionalization of History in Eighteen-Century Germany", in Hans Erich Bödeker, Georg G. Iggers, Jonathan B. Knudsen, and Peter Hanns Reill, eds., *Aufklärung und Geschichte: Studien zur deutschen Geschichtwissenschaft im 18. Jahrhundert*, Göttingen: Vandenhoeck & Ruprecht, 1986, pp. 46 - 48.

期神学历史研究成果的。

在18世纪末19世纪初，欧洲特别是德国的神学研究进入一个新的领域。神学家威廉·马丁·雷柏勒希特·维特与弗里德里希·丹尼尔·恩斯特·施莱尔马赫关于神学问题的争论，导致神学研究者们对《圣经》文本的关注①。因精准的批判研究被誉为"摩西五书历史批判划时代的开创者"——维特在其《传道史之历史批判》一书中，从历史文本的角度对耶稣复活作了系统的研究②。在研究的过程中，维特将圣经的文本问题提升到解释事实真相的关键这一高度。该思想对当时的历史研究而言，也是很有助益的，它至少启示历史研究者们去关注文本的研究。此外，维特在研究中提出，圣经历代志的作者拿他自己所收集的早期资料，加之"重编、更换及伪造"③，以致造出这样一部貌似真实可信的历史文件、但实际上则为一无是处的作品。这种完全依据文本证据而批驳圣经的做法及其严谨的论证过程，为19世纪的历史研究树立了学习的榜样。

施莱尔马赫运用文本批判的方法来研究神学问题，出版了其代表作《耶稣的生平》。在书中，他指出圣经福音书内的耶稣生平只适合当时的处境及读者，今天的读者应该以今日的处境需要来阅读福音书。换言之，在他看来，那些不能通过现代理性思想检验的事物，即便是神迹也都是应该被舍弃的。他用大量的文本证明了圣经也只是一定历史时代的产物，其内容是当时社会历史的反映，因而也只是适应了当时历史的要求。施莱尔马赫并无意去贬损过去的时代，相反，他的研究表明他是充分尊重过去时代的，而不是从当前宗教信仰的要求或者其他利益需要的角度来看待过去历史的。这一研究本身突出了文本研究的巨大作用，表明了一种历史连续性的观点，类似于一种浪漫主义的主张。施莱尔马赫的这些思想对历史研究而言是有相当大的意义的。它至少表明：历史研究是应当以确信无疑的史料为基础，应当以揭示当时真实的历史情况为研究目标，应当从当时的角度来考察历史，而不应依据现今的需求来对待过去。

---

① Thomas Albert Howard, *Religion and the Rise of Historicism: W. M. L. de Wette, Jacob Burckhart, and the Theological Origins of Nineteenth-Century Historical Consciousness*, Cambridge University Press, 2000, p. 2.

② W. M. L. de Wette, *Historical Criticism of the Evangelical History*, Boston: Crosby & Nichols, 1956, p. 229.

③ Ibid., p. 245.

当代西方神学家布鲁斯提到19世纪初的这种"历史—文法"的解经法时曾经指出,"其实,当历史—文法解经法越客观时,那它就越容易被更多人接受"[①]。神学历史研究中的文本考证方法对神学研究而言是重要的,这一重要的研究方法对历史研究也是一种启发。

另一方面,神学思想中对整体性的强调对19世纪历史学的发展也有着重要的意义。关于这一点,有论者认为,"近代德国的历史思想既不与神学共存,也不与神学相冲突,但是它却长期处在神学所带来的相关问题之阴影中,特别是神学所强调的'整体'观念"[②]。早在18世纪末,德国哥廷根学派的创始人、史学家伽特勒以及施洛塞等就已经把一种"神圣的历史"转变成世俗世界历史研究,并且开始以一种摆脱四帝国分期法的方式来撰写世界历史[③]。伽特勒还曾经在哥廷根大学开设过世界史课程,提出将世界划分为古代、中世纪、近代三段[④]。这些思想对19世纪的历史研究是有很大影响的,促进了历史研究从整体的角度,甚至是从世界历史的角度来看待单个历史事实。这种影响是相当广泛的,以至于德国浪漫主义诗人诺瓦利斯也认识到了这一点,他在18世纪末写道:"历史总是世界史,只有在总的历史关系中才可领会个别史。"[⑤]既然如此,那么这种整体观念对历史研究的影响便是不言而喻了。

神学研究的深入发展,为19世纪史学的勃兴从研究方法、研究架构、研究理念等方面做了充分的准备。

4. 博学时代与史学兴盛

在18世纪末,历史学就已经发展到了一定的水平,历史学建立起一些关于历史学家研究对象以及评估其所使用的材料的基本准则。到了19世纪初,整个历史学界一般都认为,历史学家应该公正无偏私,其研究也应该是以真实为依据的。此时的历史研究比较注重历史事件参与者所写的回忆

---

① F. F. Bruce, "The History of NT Study", in *NT Interpretation: Essays on Principles and Methods' Marshall*, I. H. ed. Carlisle: Paternoster, 1985, p. 33.

② Thomas Nipperdey, *Germany from Napoleon to Bismark, 1800－1866*, translated by Daniel Nolan, Princeton University Press, 1996, p. 466.

③ Thomas Albert Howard, *Religion and the Rise of Historicism: W. M. L. de Wette, Jacob Burckhart, and the Theological Origins of Nineteenth-Century Historical Consciousness*, Cambridge University Press, 2000, p. 2.

④ 张广智主著:《西方史学史》,复旦大学出版社2000年版,第165页。

⑤ 转引自〔德〕汉娜·西斯勒:《世界史:理解现在》,邹建华译,《学术研究》2005年第3期,第83页。

录和历史专著等，历史学家一般比较信任前人所写的任何论著，对其不加批判地予以接受，并运用到自己的历史著作中①。虽然这些观念与其后的科学史学还有一段差距，但是此时的历史学家已经基本上明确了历史研究的目标——追求历史真实；虽然历史学家对史料的批判还不完善，但他们已经认识到了第一手材料的重要性，并在史料运用方面逐渐偏向于原始史料。这些观念都是有助于历史研究的发展与进步的。

当然，这些 19 世纪初的史学观念也不是凭空而出现的，它们都是建立在 18 世纪历史学发展的基础上的。其中最重要的是 18 世纪德国的哥廷根学派。哥廷根学派的创立人——伽特勒曾力图把历史建成一门严谨的科学。据此，他创立了历史研究专题研讨班，按照严格的方式来传授历史知识，从事历史研究。另一方面他又广泛涉猎历史学的各个领域，重视古文书学等历史学的辅助学科②。而后的施洛塞则在校勘手稿、修复原始版本、辨别史料真伪、追溯史料来源等方面取得了卓著的成绩。这些先行者奠定了哥廷根学派的基本学术传统，即尊重事实，注重考证。而 19 世纪的历史学家大多是依据哥廷根学派这一传统从事历史研究的。关于这一点英国历史学家卡尔曾经说过，“19 世纪是个尊重事实的伟大时代”，对于所有的研究者而言，“我所需要的是事实……生活之中所需要的只有事实而已”③。哥廷根学派的另一重要功绩就是它将理性主义历史思想与浪漫主义历史思想结合在一起④。大多数哥廷根学派的历史学家既注意吸收理性主义史学家的“世界主义”观念与文化史传统，又兼顾浪漫主义史学中的历史连续性这一观念，他们对中世纪的历史地位评价也较为公允。这为其后历史研究在时间、空间上进一步扩展奠定了理论基础。

此外，以伽特勒、施洛塞等为代表的哥廷根学派在史学实践中认识到：

> 历史学应当避免党派偏见，目的是“纯粹的、真正的真相”，同时又被“世界上事物间的普遍联系的概念”所引导，“因为世界上没有一个偶

---

① Felix Gilbert, *History: Politics or Culture? Reflections on Ranke and Burckhardt*, Princeton, N. J., Princeton University Press, 1990, pp. 16 - 17.

② 张广智主著：《西方史学史》，第 165 页。

③ 〔英〕爱德华·霍列特·卡尔：《历史是什么》，吴柱存译，商务印书馆 1981 年版，第 3 页。

④ 张广智主著：《西方史学史》，第 167 页。

发事件是孤立的，每件事都是相互联系的”。[①]

这种研究态度与研究理念，对19世纪史学注重客观公正，讲究从特殊到一般的研究而言，是最直接的理论来源，也是最可信的实践证明。

大体而言，哥廷根学派“回归了文艺复兴和宗教改革人文主义者的学术传统。其文献观念依然存留在利奥波德·冯·兰克和希奥多·蒙森的科学历史学中。但是专业性的基础奠定了其历史研究、教学和写作方式，自觉地与吉本或伏尔泰表现出的伟大文学传统有所不同，与本笃会僧侣的博学实践和新近的学术也有所不同”[②]。哥廷根学派在史学方面的这些成就都是19世纪历史学进一步发展的重要基础。

其次，18世纪博学派的史学研究为19世纪史学的进一步发展扫清了障碍。博学派非常注重对史料的真伪进行考证，常借助文书学、钱币学、碑铭学、年代学等工具性学科方法辨析文本的真伪。到了18世纪，博学派开始将文本置于更为广阔的历史文化背景中进行考察，研究方法转向了语言学。这一研究方法上的转向，“使历史研究超越了博学派所关注的范围以及他们对文本的字面解读，进而把文本看作是档案，反映了产生它们的那种文化”。换言之，就是脱离了博学派那种只就文本而文本的做法，研究的范围与研究的视野都得以拓宽；研究者开始从历史的角度来理解史料，将文本还原到其产生的时代去理解，以准确地弄清文本的意义，了解文本作者的意图，从而进一步将文本作者放在他们各自特定的历史文化背景中去考察。简言之，就是依据片段的文本看历史，依据历史理解片段的文本。这样一来，历史研究者有可能沿着这一研究思路，致力于理解各个片段文本，从而将所有片段文本依据时间顺序排列、连接起来，最终展现整个历史真相。这是一种由研究方法转向一种诠释学而带来的史学研究的思路与信心，“这就为一种比英国历史学的宏大叙事更具考证性的史学奠定了基础”[③]，即，为19世纪重考据的史学奠定了基础。

再次，18世纪启蒙主义影响下的理性主义史学也为19世纪史学的兴盛奠定了良好的基础。理性主义史学信奉理性是衡量一切的最高权威。在

① Georg G. Iggers, “The University of Göttingen 1760 - 1800 and the Transformation of Historical Scholarship”, *Historiographie*, No. 2, 1982, p. 28.

② Ibid., p. 11.

③ 〔美〕格奥尔格·伊格尔斯、王晴佳：《全球史学史》，第26—27页。

理性主义旗帜下,理性主义史学家们将自然科学中的乐观主义情绪引入社会科学领域,坚信运用理性即可寻求到人类历史不断前进演化的规律。实际上,这其中就包含着他们对历史进步观的偏好。早在杜尔阁那里,法国历史哲学家们就明确提出历史发展的进步性。杜尔阁在其《人类精神进步》中就曾提到:

> 在一名哲学家看来,人类,从其起源起,就是一个像单个人一样有童年和成长阶段的巨大整体。①

在理性主义哲学家们看来,人类历史作为一个整体,是一个不断向前发展的进步历程;而且在这一发展历程中,各个民族虽然各自发展因"人性的不平衡发展"而有所差异,但发展的道路是相同的,都是沿着"理性从蒙昧、谬误中脱离出来"②这样一条进步的道路。而孔多塞则进一步完善这一历史进步观念。他在《人类精神进步史表纲要》中提到:

> 历史上所曾有过的一切民族,都是处于文化的这种程度和我们仍可看到野蛮部落所处于其中的那种程度这二者之间;……于是在历史时代的开始和我们所生活的世纪之间、在我们所知道的最早的各民族和欧洲今天的各民族之间,便形成一条绵延不断的链索。③

孔多塞认为人类历史延绵不绝地前进发展,"呈现为一幅人类精神进步的史表",并且"这种进步也服从于我们在个人身上所观察到的那些能力之发展的同样普遍的规律,因为它同时也就是我们对结合成为社会的大量的个人加以考察时那种发展的结果"④。换言之,人类历史进步是有规律可循的,并且只要对人类历史进行细致的研究,就可以掌握这一规律。在这种情况下,孔多塞自信地说,"假如能有一门预见人类进步、能指导进步、促进进

① Anne-Robert-Jacques Turgot, *On the Progress of the Human Mind*, Translated by McQuilkin De Grange, Hanover, 1929, p. 5.

② Ernst Breisach, *Historiography*, The University of Chicago Press, Chicago & London, 1983, p. 206.

③ 〔法〕孔多塞:《人类精神进步史表纲要》,第 6 页。

④ 同上书,第 2 页。

步的科学，那么人类所已经做出了的进步的历史就应该成为这门科学的主要基础”①。这一历史进步观念体系对于历史研究而言，“恰当地名之为历史的那种历史，只有在历史本身找到了一种方向感，而且接受这种方向感的人来写作”②。简言之，历史进步观及其在史学上的实践，使得历史写作有了科学的假设，也使历史学有了足够的信心上升为一门科学。

由此，19世纪的史学是在18世纪史学的基础之上发展起来的。

① 〔法〕孔多塞：《人类精神进步史表纲要》，第9页。
② 〔英〕爱德华·霍列特·卡尔：《历史是什么》，第145、133页。

第一章 “历史学世纪”新气象

德国著名哲学家卡西尔曾对19世纪之初的西方历史学发展有过这样的论断：

> 在十九世纪以前，在尼布尔和兰克以前，还没有任何新的批判概念出现。然而，正是从十九世纪开始，近代的历史观牢固地树立起来了，并且把它的影响扩展到了人类知识和人类文化的全部领域。①

实际上，18世纪史学的发展为19世纪史学的兴盛奠立了良好的基础。19世纪历史学既是建立在18世纪历史学基础上的，又是具有独创性的，代表着一个史学新时代的开始。

一、史学思潮与流派的纷呈

与以往时代的史学不同的是，19世纪的历史学流派繁衍而纷呈。从西方史学史来看，古典史学以希罗多德、修昔底德两种范式为主，中世纪史学以教会史学为中心，文艺复兴时期的史学以人文主义史学为标杆，启蒙时期以理性主义史学为主旋律，唯有19世纪的史学很难以一种或几种史学思潮、史学范式来标注②。奉行诗化的情感与浓烈的民族主义情绪的浪漫主义史学，讲求“无色彩”、超然公正的客观主义史学，探寻历史发展规律的实证主义史学，主张历史唯物主义的马克思主义史学等不断涌现出来，将19

---

① 〔德〕恩斯特·卡西尔：《人论》，甘阳译，上海译文出版社2003年版，第302页。

② 当代著名史学史家伊格尔斯在《全球史学史》中将19世纪的西方史学称为“科学的历史学”，并且这一科学的历史学分为实证主义范式、德国历史学派的范式、马克思主义范式（参见〔美〕格奥尔格·伊格尔斯、王晴佳：《全球史学史》，第126—135页）。

世纪的历史学演绎成变化灵动的多幕剧。

1. 史学流派的繁衍与驳杂

与18世纪史学以及之前的史学相比，19世纪史学不但流派繁多、史家辈出，而且各个流派、各个史家之间的关系驳杂。

首先表现在史学流派之间的复杂关系。浪漫主义史学、客观主义史学、实证主义史学、马克思主义史学等史学流派或史学范式，从来都不是简单的、前后相继的关系。这些史学流派之间或是长期并存、相互影响，或是此消彼长、兴衰罔替，或是在某些方面具有共性而有各自精彩的赓续，或是同一源出而发展路径截然不同。

比如，19世纪的浪漫主义史学几乎贯穿整个19世纪，虽则其中有高潮低落之起伏，但浪漫主义思潮中的民族主义始终是19世纪史学中不褪色的旗帜；其后的客观主义史学、实证主义史学等史学流派都高举这一民族主义的旗帜。例如，以兰克为代表的客观主义史学最初深受早期浪漫主义思潮的影响，其后一直秉承、彻底贯彻浪漫主义所宣扬的民族主义，以具体的史学实践为各个民族国家撰史传世。虽然有部分实证主义史家致力于引入科学研究方法解析历史，但实证主义史家们所关注的历史重点内容依然是民族国家的历史与文化。巴克尔的《英国文明史》，泰纳的《英国文学史》、《近代法国之由来》，古朗治的《古代法国制度史》，布克哈特的《意大利文艺复兴时期的文化》，兰普勒希特的《德意志史》等都是立足于从制度、文化等角度来展现民族国家的发展历程。

又如，浪漫主义史学、客观主义史学与马克思主义史学都与历史主义有着深刻的渊源，马克思主义史学从历史主义史学中跳脱出来，站在了历史唯物主义这一更高的史学高度，俯视19世纪所有的史学流派。另外，法国及英国的浪漫主义史家在将阶级斗争用于分析历史，是马克思主义阶级斗争学说的重要来源。与马克思主义阶级斗争学说相比，英法浪漫主义史家们因其阶级立场的局限无法揭示阶级产生及其存在的真正根源，从而无法对社会历史中经济关系本质形成科学的认知。不仅如此，英法浪漫主义史家们还把阶级斗争现象仅仅局限于封建社会向资本主义社会转变的这个历史时期内，将资本主义社会视为阶级斗争消亡的阶段，而并未如马克思主义阶级斗争学说那样，将阶级斗争看作是贯穿于整个阶级社会全部过程的历史现象。

再如，客观主义史学与实证主义史学在追求史料的确证可信方面是有着共同旨趣的，都相信历史学是一门独立的学科、一门科学。然而，客观主义史学或将历史研究定位止步于史料考证层面，或将对历史规律的探索诉诸神秘的上帝；而实证主义史学将自然科学的研究方法引入史学研究，坚信在正确方法的作用下能将历史发展的规律展现出来。在获得确证史料方法方面，客观主义史学目光主要集中于文献文本的校勘，而实证主义史学更看重是像自然科学一样来分析验证历史事实。客观主义史学与实证主义史学之间相同及相似点颇多，表面看起来区别不甚大，以至于在一段时间内，国内外的研究者大多将这两种史学流派混为一谈①。这也在一定程度上说明了 19 世纪史学流派之间复杂而微妙的关系。

其次，19 世纪史学家错综复杂的关系。19 世纪的史学家处于由历史爱好者转向专业研究者这一重大历史时刻之中，史学家们的身份是多重而复杂的。有的史学家本身就是政治家或外交家，比如，梯叶里、基佐、梯也尔等。有的史学家在历史研究上取得瞩目成就，借助史学上的名声而介入政治生活，比如兰克以及普鲁士学派的史家们。有的史学家兼具文学家的身份，如麦考莱、卡莱尔、米什莱等。有的史学家同时也是哲学家，比如赫尔德、施莱格尔、洪堡、德罗伊森、马克思等。还有的史学家亦是神学家，比如施莱尔马赫、约翰·理查德·格林等。此外，各史学流派之间的驳杂也体现在史学家之间的纷繁芜杂关系之上。比如，赫尔德是浪漫主义史学的代表人物，兰克是客观主义史学的代表人物，德罗伊森是普鲁士学派的代表人物，而这三位史学家又都是历史主义思潮的弄潮儿。又如，深受兰克史学影响的法国史家摩诺，从其师从以及早期学术主张来看，大体可以划归于兰克为代表的客观主义史学之列；晚年的摩诺一方面秉承兰克史学的原则，但另一方面在一些具体史学观念方面又与法国实证主义史学有了相近的主张。再如，强调史学研究如同生物学、化学一般的实证主义史家泰恩，在历史认知方面又有众多与浪漫主义史学相同的地方，因此法国著名史家亨利·贝

---

① 比如，姜义华、赵吉惠认为“兰克学派的所谓科学史学以及在法国孔德和英国约翰·穆勒的实证主义影响下的史学”都是实证主义史学(参见姜义华、赵吉惠等:《史学导论》，陕西人民出版社 1990 年版，第 30—32 页)。有论者虽是笼统地称以兰克为代表的史学为“实证史学”，认为“实证史学在西方包括兰克史学、实证主义史学以及其他以客观、实证为主要追求目标的史学”，实际上就是将兰克史学归于实证主义史学之类(参见侯云灏:《传入日本的西方实证史学及其对中国的影响》，《学术研究》2004 年第 12 期，第 90—95 页)。意大利史学家克罗齐将兰克及孔德、巴克尔等都归于实证主义史家一类(参见〔意〕贝奈戴托·克罗齐:《历史学的理论和实际》，傅任敢译，商务印书馆 1997 年版，第 230 页)等。

尔认为这位史家是浪漫主义史学的代表[①]。

这些复杂的情况是19世纪史学发展的结果,也是19世纪历史学进步的表现之一。

2. *史学流派与史学民族性*

一般大体受同一史学思潮影响的史家,其史学主旨大致相同或相似。实际上,由于各个史学家所处民族国家的具体社会政治经济状况迥异,从而他们导致在史学具体取向上,或者说是史学风格上有较大的差异。欧美国家资本主义发展历程各有特色,其各自的历史特点以及在19世纪的民族革命浪潮中各自的表现均有不同,这些都影响到各自史学的发展。德意志、意大利直至19世纪后半期才完成国家统一,成为真正意义上的民族国家。很显然,这样的发展历程与英、法等民族国家形成较早的列强是完全迥异的。不仅如此,"英国和法国之间在很大程度上也存在差异,资本主义和市民社会在英国或至少在英格兰地区最为发达,而在法国则不够发达,但在德意志却根本不存在"[②],立国不久的美国也是与传统的欧洲列强有天壤之别。

具体而言,英国资产阶级实现政治上的统治地位困难相对较小,实现资本主义方式比较温和,并且到19世纪英国的资产阶级在政治、经济上的统治地位早已稳如泰山,"英国的政治活动、出版自由、海上霸权以及规模宏大的工业,几乎在每一个人身上都充分发展了民族特性所固有的毅力、果敢的求实精神,还有冷静无比的理智"[③]。英国资产阶级唯一的理想就是进一步发展经济,并为实现这一经济理想而力图逐步完善资本主义政治制度。这体现在史学上,英国史学务实而又有实用主义倾向,探寻历史发展规律的实证主义史学在英国历史学界大有市场,而影响巨大的兰克为代表的客观主义史学在英国没有多大的反响;英国史学面向现实的市场,史学著作特别注重文辞优美,几乎可视作是文学作品;在英国"牛津大学和剑桥大学虽然设立了历史教席,但目的不是为了培养历史学家提供专业训练,而是为有远大前程的基督教绅士们提供文科教育"[④];英国的史学家大多并非学院派出身,诸如英国最为出名的史家麦考莱、卡莱尔等都对学术的严谨性不甚在

---

① Henri Berr, *La synthèse en histoire*, Paris, 1911, p. 239.

② 〔美〕格奥尔格·伊格尔斯、王晴佳:《全球史学史》,第27页。

③ 〔德〕恩格斯:《英国状况英国宪法》,《马克思恩格斯全集》(第1卷),人民出版社1956年版,第679页。

④ 〔美〕格奥尔格·伊格尔斯、王晴佳:《全球史学史》,第28页。

意。卡莱尔甚至还在其著作中虚构德利亚斯杜斯特教授，以讽刺致力于细致考证的学院派对史著文字优美的忽视①。

德国资产阶级力量弱小，又与传统势力纠葛不清，在政治未能大展拳脚，只能寄情于思想领域。表现在史学上，19 世纪的德国延续 18 世纪哥廷根学派的做派，历史研究以大学为中心，用史料考证方法进行历史研究，把史料考证当作历史研究的规范，从而在职业化学术研究和业务爱好者之间划出一道明显的界限。德国史学在 19 世纪是独特的，史学家固守历史学领域，精心耕耘史学，全心致力于史学科学化与专业化，在思想上谨慎而保守。对此，恩格斯曾说：

> 德国人是一些教授，是一些由国家任命的青年的导师；他们的著作是公认的教科书，而全部发展的最终体系，即黑格尔的体系，甚至在某种程度上已经被推崇为普鲁士王国的国家哲学！在这些教授后面，在他们的迂腐晦涩的言词后面，在他们的笨拙枯燥的语句里面竟能隐藏着革命吗？不正是那时被认为是革命代表者的人即自由派激烈反对这种使头脑混乱的哲学吗？②

19 世纪德国史学家保守而偏于严谨，但德国史学的这种严谨做派也使得其史学专业化发展加快，德国在史学科学化道路中始终走在前列。当时甚至在除德国之外的整个欧洲，绝大多数历史学家还是非职业的，历史学术著作大多被当作文学作品（诸如历史小说和戏剧）。风靡一时的英国司各特历史小说和法国巴尔扎克的《人间喜剧》都是这样背景下的产物③。而德国史家大多是学院派，受过严格的史学训练，掌握细致的文本分析方法，信奉严谨的史学研究；其史著注重史料考证、淡化文辞的作用，大多是专业人士所喜爱的、令人望而生畏的大部头。

---

① 〔美〕格奥尔格·伊格尔斯、王晴佳：《全球史学史》，第 78 页。

② 〔德〕恩格斯：《路德维希·费尔巴哈和德国古典哲学的终结》，《马克思恩格斯选集》（第 4 卷），第 210—211 页。

③ 关于巴尔扎克的小说，恩格斯曾说，“他在《人间喜剧》里给我们提供了一部法国‘社会’特别是巴黎‘上流社会’的卓越的现实主义历史，他用编年史的方式几乎逐年地把上升的资产阶级在 1816 年至 1848 年这一时期对贵族社会日甚一日的冲击描写出来，这一贵族社会在 1815 年以后又重整旗鼓，尽力重新恢复旧日法国生活方式的标准”（〔德〕恩格斯：《致玛·哈克奈斯［1888 年 4 月初］》，《马克思恩格斯选集》第 4 卷，第 462 页）。

在法国，法国资产阶级在面对强大而顽固的敌人不断进行斗争，历经艰辛、不断反复而建立起资产阶级政权，他们所希求的是建立一个完全属于资产阶级的政权。法国这一现实要求体现在史学上即是法国史家热衷于政治，在其史学著作中充斥着政治理想，充满了斗争性。对此，恩格斯曾说：

> 法国人同一切官方科学，同教会，常常也同国家进行公开的斗争；他们的著作要拿到国外，拿到荷兰或英国去印刷，而他们本人则随时准备着进巴士底狱。①

法国的史家大多有着诗人般的情怀，其史著情感浓烈，如同法国革命一样生动而宏大。例如，法国著名史家米什莱“更多的人是把他看作是一名诗人，而不是一位以考证见长的历史学家。他写的法国历史和法国革命的历史成为法国的民族史诗。他到档案馆去的目的不是让档案左右他的写作，而是为了他写作叙事史寻找灵感”②；而英国史家多是文学家（诸如卡莱尔、麦考莱等英国史家），史著基本上是面对市场、满足市民阶层的需要，更多是可视为文学作品，文辞优美而引人入胜；美国史家则从立国不久的美国现实出发，不断汲取欧洲先进史学的营养，糅合诸国史学的特点而建构自身史学的特质。

不仅如此，即便是属于同一史学流派的同一民族国家的史家在具体史学主张上亦有较大的不同。比如，同属于浪漫主义史学行列的德国史家因其各自理念存在一定区别而分为耶拿学派、海德堡学派；英国浪漫主义史家因各自政治立场不同而分为辉格派、托利派；同属于科学历史范畴的史学流派，因各自学缘关系的不同而分为剑桥学派与牛津学派等。19 世纪西方史学这一复杂状况正是这一时期史学发展、史学流派繁衍的必然结果。

二、史学杂志与协会的兴起

随着历史学发展而来的，是历史读物群体的变化。“在职业化之前，历

① 〔德〕恩格斯：《路德维希·费尔巴哈和德国古典哲学的终结》，《马克思恩格斯选集》(第 4 卷)，第 210—211 页

② 〔美〕格奥尔格·伊格尔斯、王晴佳：《全球史学史》，第 78 页。

史著作是针对外界的，供一般读者公众阅读。在与其他学科不同的是，职业化以后的历史著作愈益针对同行。”①历史学的发展使得历史著作水平逐步提高，越来越多的历史读物成为历史同行相互参阅的文本，成为学者们交流的基础。不仅如此，随着历史研究的进步，从事历史研究的学者渐渐形成学术小团体，创立专业学术刊物，扩大史学交流的平台，加快史学信息流通的速度。各种史学杂志及历史学协会创建，这是19世纪西方历史学的令人瞩目的特点，也是19世纪史学兴盛的表现之一，更是19世纪史学科学化的重要体现。

其中，19世纪史学杂志的兴盛是这一时期史学发展最为重要的表现。有学者认为，“十九世纪历史书籍的数量大约占整个出版物的6%—8%，十八世纪也是6%—8%，在十六世纪是9%—16%，十七世纪则是22%—32%”。因此，“如果从历史书籍占整个出版物的百分比来看”，19世纪或许算不上是历史学的世纪②。其实不然，以笔者掌握的数据来看，19世纪历史书籍出版数量是前所未有的，而且在整个出版物中的比重超过了其他类型的出版物。以法国出版物统计数据为例，历史读物在19世纪是特别受读者青睐的。具体情况如表1所示。

表1 各类出版物数量占出版物总数百分比(%)

出版物主题	1684	1897
宗教(Religion)*	26.6	8.3
历史(History)**	**25.9**	**23.4**
法律(Law)	6.4	7.1
自然科学(Natural science)	2.4	3.4
艺术及文学作品(Arts and letters)	4.0	6.4
哲学(Philosophy)	6.8	4.7
医学(Medical science)	7.8	4.4
语言、语法及修辞(Language, grammer, rhetoric)	4.8	2.5
诗歌(Poetry)	7.6	6.5

① 〔美〕彼得·诺维克：《那高尚的梦想——“客观性问题与美国历史学界”》，杨豫译，生活·读书·新知三联书店2009年版，第71页。

② 何平：《西方历史编纂学史》，商务印书馆2010年版，第141页。

（续表）

出版物主题	1684	1897
综合读物(Polygraphy and miscellany)	7.8	12.6
其他(Not comparable)	0	20.7
总计(Total)	100.0	100.0

* 宗教读物包括教会史及教会律法读物。

** 历史读物不包括教会史读物；若包括教会史读物的话，1684 年历史类读物占 30.7%，1897 年为 25.2%。

以上数据均来源于 Pim den Boer, *History as a Profession: The Study of History in France* (*1818 - 1914*), translated by Arnold J. Pomerans, Priceton, p. 7。

从出版物的情况来看，“19 世纪，历史读物是特别流行的——19 世纪不愧是历史学的世纪”①。实际上，具体到史学期刊杂志亦是如此。19 世纪史学期刊杂志的发展与繁荣是 19 世纪历史学的重要表征之一。此外，史学杂志期刊的创办一般与学术团体或协会的形成有着密切的关系，史学期刊杂志的繁荣在一定程度上就是史学学术团体或协会繁荣的结果。因此史学期刊杂志及史学专业协会的兴盛是 19 世纪史学繁荣的重要体现。

1. 文艺学术杂志中的史学

早在 17 世纪欧洲就有了学术性的杂志，但真正意义上的史学专业杂志是 19 世纪后才出现的。

1665 年法国学者德尼·德·萨洛在巴黎创办《学者杂志》周刊，介绍文艺作品。1672 年多诺·德维泽在里昂创办《文雅信史》刊载文艺作品。这些学术杂志多为文艺政治批评类刊物，所刊文章内容涉及诸多领域，是一种大而全的“杂志”。到了 18 世纪，在专业刊物上发表自己的学术见解成为一种常态。例如，康德在《历史理性批判文集》中所收录的文章最初大多都是在一些学术性期刊杂志上发表的。其中，《世界公民观点下的普遍历史观念》最初是刊载于 1784 年《柏林月刊》第 4 卷，与此同时《哥达学报》1784 年第 12 期的《简讯》对文章主要观点进行了评述；《答复这个问题：“什么是启蒙运动?”》、《人类历史起源臆测》、《万物的终结》、《论通常的说法：这在理论上可能是正确的，但在实践上是行不通的》等文也刊载

① Pim den Boer, *History as a Profession: the study of history in France* (*1818 - 1914*), translated and edited by A. J. Pomerans, Priceton, p. 8.

于《柏林月刊》;另外,《评赫尔德〈人类历史哲学观念〉》则最先刊载于耶拿《文学通志》①。

18世纪末期的这些学术杂志刊载的大多是文学或哲学领域的研究成果,特别是富有正义性、论战式的成果,而创刊目的中的史学倾向并不明确,并没有非常鲜明的史学学术立场。但正是这些非历史专业学术杂志刊载了当时历史哲学家们的最新研究成果,使得18世纪末19世纪初的学者们能通过这些杂志一睹为快。因而,这些非历史专业学术杂志也在一定程度上体现并推动了19世纪历史学的发展。

进入19世纪后,一些学术杂志开始设立与历史或历史哲学有关的专栏,刊物的学术立场与主旨逐渐开始明确,并且撰稿人除了文艺批评家之外,大多为专业的历史研究者或哲学家。此时学术期刊已经逐渐有了比较鲜明的学术或政治立场。1798年,德国施莱格尔兄弟创建《雅典娜神殿》,作为德国浪漫主义的机关杂志。同一年,德国书商、政治家科特创办《综合杂志》,宣扬浪漫主义,席勒、歌德是其重要撰稿人。1802年,德国的谢林、黑格尔等人创办《哲学批判杂志》,黑格尔在1802—1803年间还曾担任杂志的主编。在导言中,谢林、黑格尔这样写道:“本刊致力于对形而上学的本质进行彻底的批判,特别是其与目前达观之间的关系”②,声称要刊载哲学家们最新研究成果,其中就不乏涉及历史哲学的相关内容。

19世纪的出版物中,文艺类期刊种类繁多,其刊载的内容涉及广泛,不少历史研究的成果最先是通过这一类期刊杂志呈现在世人面前的。表2所列刊物为19世纪刊载史学类论文较多的文艺学术类期刊:

表2 19世纪刊载史学论文较多的文艺学术类期刊

期刊杂志名称	时间	史学论文内容例举	备 注
《雅典娜》	1828	对古希腊史学研究成果及史家的介绍述评	英国著名的文学杂志

① 参见〔德〕康德:《历史理性批判文集·评赫尔德〈人类历史哲学观念〉》,何兆武译,商务印书馆1997年版,第1、22、32、59、164页下注。

② Wilhelm Joseph Schelling, Georg Wilhelm Friedrich Hegel, Einleitung, *Kritische Journal der Philosophie*, Tübingen, 1802, Vol. 1, S. 1.

(续表)

期刊杂志名称	时间	史学论文内容例举	备　注
《匈牙利科学》	1840	1893 年对泰纳的介绍	匈牙利科学研究院主办。曾多次变更刊名,《学术期刊》(1840－1859 年),《匈牙利社会科学简报》(1860－1867 年),《匈牙利社会科学期刊》(1867－1889 年),《社会简报》(1890－1955 年),《匈牙利科学》(1956 年以后)
《大西洋月刊》	1857	对实证主义史家以及蒙森等人的评述	美国著名的文学、文化评论杂志
《麦克米伦杂志》	1859	1861 年对巴克尔的评述、介绍	爱丁堡大学英国文学教授大卫·马森创刊,并担任第一任主编
《斯克里布纳杂志》	1870	介绍文笔优美的历史学及其作品,比如麦考莱、卡莱尔、蒙森等	美国文学期刊,1881 年停刊
《国际教育杂志》	1875	1885 年第 10 卷对实证主义史家的评述	法国高等教育协会主办
《新教评论》	1889	介绍并评述 19 世纪晚期的教会史研究成果	匈牙利新教文学协会主办
伦敦《学者》	1891	19 世纪末期出版的史学著作内容简介,如蒙森等人的作品	刊载学术界最新出版物简介、广告及插图
纽约《学者》	1895	对泰纳、蒙森等史学家的评述	原为刊载文学及文艺批评类论著
《社会学年鉴》	1898	涂尔干	社会学杂志①

① 关于这一杂志对法国历史学专业化的影响参见 Pim den Boer, *History as a Profession: The Study of History in France (1818－1914)*, translated by Arnold J. Pomerans, Priceton, p. 202。

从表格所列内容可以看出，19 世纪文艺批评性的学术杂志中刊载了不少与史学、史学家有关的内容。虽然这些介绍是比较零碎的，在整个杂志中所占的份额不大，但就非历史专业的学术期刊而言，史学内容的出现，表明 19 世纪史学发展的强劲势头使得非历史专业的学术期刊也无法忽视历史研究的成果。

2. 市民期刊杂志的史学化

19 世纪西方学术繁荣，学术性专业刊物发展迅速，影响日趋扩大，历史专业期刊杂志从无到有，连面向市民阶层的非专业学术期刊杂志也逐渐刊载历史类文章。比如，1802 年创刊、在 19 世纪学术界与政治界影响巨大的《爱丁堡评论》。这一贯穿整个 19 世纪的季刊最初刊载一些文学、政治评论文章，一度成为辉格党历史学家的阵地，英国历史学家哈兰、卡莱尔、麦考莱等人都曾在此刊物上发表了不少政治、历史方面的文章。此外，1809 年创刊的伦敦《评论季刊》最初创立是为了应对辉格党人把持的《爱丁堡评论》。在 19 世纪中后期后，伦敦《评论季刊》刊载的历史评论文章逐渐增多，很多重要的史家、史著正是通过这一刊物被介绍给读者。格罗特、巴克尔等史家及其著作都曾出现在刊物的专栏上。另外，1815 年创刊的《北美评论》原本是文艺批评类刊物，19 世纪中叶之后则开始致力于介绍欧洲历史学家，评论其历史著作与思想，特别是德国史学家及其著作。该杂志曾花费大量篇幅介绍和评析德国著名史学家蒙森及其著作。这一刊物在美国历史学界颇有盛名，众多美国史家如班克罗夫特、亚当斯等都曾是其主要撰稿人。

事实上，在 19 世纪初并没有真正意义上的史学专业杂志，19 世纪早期西方众多学术刊物多为政治性刊物或涉诸多学科的综合性刊物。比如，1832—1836 年期间，兰克就曾担任《历史政治杂志》的主编和主要撰稿人，目的是对抗法国革命所带来的自由主义影响。担任主编期间，兰克在刊物上发表一系列反映其政治立场的文章，如《列强》、《政治对话》等。此外，英国史学家约翰·理查德·格林最初是为托利党把持的《牛津年鉴》、《星期六评论》[①]刊物撰写专栏。诸如此类有一定学术或政治立场的学术刊物还有《德国科学与艺术年鉴》、《德国科学和艺术哈雷年鉴》、《小金虫，文人雅士的杂志》、《文艺论坛，文学、科学和艺术问题杂志》、《欧罗巴评论》、《康科迪亚》等。

① 全名为《政治、文学、科学及艺术的星期六评论》，1855 年由霍普创刊。

这些刊物主要是出于特定的政治立场的需要而创立的、面对市民阶层的刊物，涉及史学的内容不多。虽然这些刊物对促进 19 世纪学术发展曾起到了积极作用，但还不算是真正意义上的史学专业刊物。这一时期涉及史学信息及史学研究成果较多的刊物如表 3 所示。

表 3　19 世纪涉及史学信息及史学研究成果较多的刊物

期刊名称	时间	史学论文内容例举	备　注
《辩论杂志》	1789	夏多布里昂、基佐等史学家都是这一杂志的主要撰稿人	1814—1815 年期间改名为《文学与政治辩论杂志》
《爱丁堡评论》	1802	1830 年第 51 卷对尼布尔的评论；1836 年对劳麦的评述；1856 年第 104 卷对史学家格奥尔格·康沃尔·刘易及其著作的介绍；1858 年第 107 卷对史学家巴克尔的评述；1874 年第 139 卷对谢里曼及其希腊考古发现的介绍	1929 年停刊。最初是文学政治评论刊物，是辉格派把持的舆论阵地之一
伦敦《评论季刊》	1809	1834 年第 13 卷对劳麦的评述；1835 年第 54 卷介绍劳麦的《霍亨斯陶芬王朝史》、第 54 卷刊载劳麦《巴黎书简》的英译本、55 卷对尼布尔的评论；1856 年第 98 卷对史学家格奥尔格·格罗特著作的介绍；1859 年第 12 卷对史家巴克尔的评述	最初是文学政治评论刊物，托利派的宣传阵地之一
伦敦《外国评论季刊》	1827	1828 年第 2 卷对尼布尔《罗马史》的评论；1841 年第 26 卷对伯克《雅典海军史》的评论；1843 年第 31 卷对施罗塞尔的评论	1846 年停刊
《北美评论》	1815	1823 年第 16 卷对尼布尔的评论；1831 年第 32 卷对伯克《雅典国家经济》的介绍；1838 年第 43 卷对劳麦的评述；1873 年第 116 卷对赫尔德的评述	文艺批评类刊物，每年两卷

（续表）

期刊名称	时间	史学论文内容例举	备注
《巴黎评论》	1829	1899年第4期对泰恩的评述	文学杂志，法国书商费若创刊
《都柏林评论》	1836	1839年第6卷对赫尔德《人类历史哲学》的评述，第7卷对尼布尔的评论	奎因、怀斯曼、康奈尔等创刊，基督教期刊，主要包括宗教、文学、历史三个专栏，月刊，是《爱丁堡评论》在学术上的“应声虫”
《布达佩斯评论》	1840	1895年对泰纳《古代政治制度》一书的介绍	致力于匈牙利犹太人的解放
《北不列颠评论》	1844	1852年第17卷对尼布尔的介绍；1867年第47卷对英国史家托马斯·巴克尔的评述	苏格兰自由教会成员创刊目的是回击《爱丁堡评论》、伦敦《评论季刊》。初期主要刊载教会史成果
《双周评论》	1865	对尼布尔、蒙森等罗马史史家的评述	特罗洛普等人创刊，英国19世纪著名杂志，自由主义者的宣传阵地
《国际评论》	1874	1875年第2卷对历史学家蒙森、米勒等人的介绍	
《德国评论》	1874	1897年第93卷评述德国著名史家蒙森	罗登贝格创办，德国文学、社会科学杂志；每年4卷
《苏格兰评论》	1877	1897年第30卷对自然科学家保罗·撒皮以及实证主义史学的评述	
《犹太评论季刊》	1889	1890年第5卷、1892年5卷对史学家亚伯拉罕·库恩及其研究成果的介绍	犹太研究

值得一提的是，19世纪史学发展的兴盛，不但学术期刊杂志刊载历史论文或文献，就连原本纯粹面对小市民阶层的休闲报纸也刊载历史文稿。1895年德国畅销报纸《逸亭》第51期第874页上刊载了德国著名史学家兰

克未经刊印的书信，并且编者还在文尾特意附上了一则短小的说明："据未公布的记录辑出的列奥波德·冯·兰克的回忆录……"①活跃于19世纪后期史坛的史家，诸如蒙森、泰纳、布克哈特等人的名字频繁出现在面向社会小市民的《泰晤士报》上，而《泰晤士报》还特设《文学副刊》以刊载介绍文学、史学方面的最新成果。

这些情况至少表明：19世纪历史学已经不仅仅只是历史研究学术圈内部人在关注了，一般的市民阶层也开始关注历史、历史学家。而只有历史学的兴盛成为全体国民共同认识的事情，才有可能出现这一局面。因此，这也说明了19世纪历史学发展的盛况。

3. 史学杂志与协会的发展

随着史学的繁荣与发展，19世纪史学家们在史学科学化的历程中，历史研究者们不断意识到史学专业化的重要性，推动史学的发展。这其中很重要的一个方面就是史学专业杂志的创办与学术机构的创立。如前所示，无论是文艺批评性的学术期刊中的史学内容，还是市民期刊杂志的史学化，都说明19世纪史学向纵深方向发展。就历史学本身而言，代表着学科成熟、规范科学的史学专业杂志以及专业协会的出现，才是最能体现史学科学化追求的。

虽然文艺批判性杂志、市民期刊杂志有不少史学的内容，但这些都还没有涉及历史本身的专业杂志的认知。真正通过专业杂志表达对历史本身认知的是德国历史法学派的萨维尼。

1815年，萨维尼、埃克霍恩、格森创办《法律史杂志》。在发刊词中，萨维尼在对人类历史连续性分析的基础上确立历史学派的主旨：

> 究竟过去对现在的影响是什么呢，现在和将来之间的关系又是什么样的呢？
>
> 关于这类问题，或许有人会告诉你，每个世代都是在其各自世界里自由而独立地依据各自思想的好坏或力量的大小，或快乐而精彩地活着，或者苦恼而默默无闻地活着。这种体系对过去的研究也并非绝对被鄙视轻贱，因为过去会让我们知晓它们施之于我们祖先的行动带来

① 《逸亭》，1853—1937年德国知名市民杂志，1853年创刊后成为深受德国读者欢迎的杂志，19世纪50—70年代发行量超过383 000份。

> 了什么样的结果。因而，历史是一种榜样中的教化与政治；但是在这种体系下，历史只不过是一种可有可无的研究而已……
>
> 倘使每一个时代真的不是任意妄为地采取行动、自以为是、特立独行，而是以共同的、不可分割的纽带将过去整个连接在一起的话，那么每个时代都应该接纳某些过去的因素，而且这种接纳是必要的，不仅如此，还应当是自愿主动的。所谓的必要，是指接纳这些过去的因素是不需要依赖当前的意志与独断性；所谓自愿主动是指这种接纳不是由外来意志强加的(就好比是主人的意志强加于奴隶那样)，而是作为一个整体考虑的民族本身所赋予的——这种民族是在连续不断的发展中维持并保存自身的。而今的民族只不过是永恒民族中的一部分而已。民族的意志和行动都是在这一永恒民族整体之中，并且是和这个民族整体一起实现的。因此，无论民族整体施诸何种强制，则都是由各个民族部分自然而然地完成的。①

这是德国，甚至整个西方史学史上首次在历史类专业学术刊物上明确表达对历史本身的认知与思考②。

其后，1827年德国历史学家尼布尔创办《莱茵博物馆》专门探讨希腊罗马历史以及考古学方面的研究。这一刊物是西方史学上以历史研究为主的专业刊物的肇始，表明19世纪历史研究的进步与发展。

到了19世纪中叶，史学专业刊物逐渐增多，史学专业的学术组织也颇具规模。具体情况如表4、表5所示③。

表4 19世纪中后期主要史学专业杂志创办情况

刊物名称	时间	创刊者	主旨	备注
《历史杂记》	1829	劳麦	刊载历史小品文、书评	德国第一个历史评论性刊物，1892年停刊

① Friedrich Carl von Savigny, *Über den zwed dieser Zeitschrift*, Zeitschrift für geschichtliche Rechtwissenschaft, Berlin, Band. 1, 1815, S. 2 - 4.

② 萨维尼对历史发展整体性(或者历史进步)的阐释，此前早有学者论述类似观点，比如康德、赫尔德等，但在历史专业期刊上发表这样的见解，萨维尼当属第一人。

③ 因所收罗材料及语言限制，表中所列内容难免挂一漏万。

（续表）

刊物名称	时间	创刊者	主旨	备注
《皇家亚洲协会杂志》	1834	皇家亚洲协会	刊载关于南亚历史、语言、文学、宗教等方面的研究成果	多次改名，1824—1834年，《大不列颠、爱尔兰皇家亚洲协会会报》；1835—1990年，《大不列颠、爱尔兰皇家亚洲协会杂志》；1991—2004年《皇家亚洲协会杂志》
《女神》	1837	挪威贝尔根博物馆	刊载馆藏手稿文献材料及相关研究成果，包括文学、历史等方面内容	威廉·弗里曼·科伦·克里斯提任主编
丹麦《历史杂志》	1839	丹麦历史协会	刊载丹麦皇家图书馆珍藏文献及中世纪相关研究成果，弘扬丹麦民族精神	首任主编是丹麦历史学家克里斯汀·莫伯赫（1839—1852年担任主编）
《意大利历史文库》杂志	1842	维索任主编	专门出版珍贵或未曾刊载的著作、文献，特别是关于中世纪的著作文献	1855年后转变成历史评论性质的杂志
德国《史学杂志》	1844	阿道夫·施密特	兰克学生创办的刊物，模仿兰克的《历史政治杂志》结合历史研究针砭时弊	1848年欧洲革命而被停刊
《普鲁士年鉴》	1858	霍亨斯陶芬王室杂志，特赖齐克等人任主编	批判以兰克为代表的超然派历史学家，主张历史为现实政治服务。代表德国资产阶级、容克地主的利益	是普鲁士学派重要的机关刊物

（续表）

刊物名称	时间	创刊者	主旨	备注
德国《历史杂志》	1859	聚贝尔	德国历史学家的全国性机关刊物，以影响德国的“生活、舆论和一般教育”，使史学像“20年前的哲学曾起过的作用那样”在德国起作用。《历史杂志》只刊载“和当前生活有某些联系的”文章	此杂志是西方历史学界最重要的刊物
《法国历史协会年鉴》	1863	法国历史协会	刊载法国历史最新研究成果简介，以及包括编年史、回忆录、书信、杂志、财政法律档案文献	
《历史档案》	1866	芬兰历史协会、芬兰文学协会、历史联谊会	刊载芬兰历史、文学研究成果以及手稿	1875年后更名为《历史档案》
匈牙利《世纪》	1867	匈牙利历史协会	出版匈牙利馆藏文献及其研究成果	
挪威《历史杂志》	1871	挪威历史协会	专注研究本国历史	
法国《历史评论》	1876	杜罗伊的学生和追随者们（摩诺、拉维斯）创办	以兰克的研究范式为榜样，立志成为“实证科学”、“自由讨论”的园地	倡导以事实为依据
《教会史杂志》	1876	赫尔曼·罗伊特	刊载教会史方面的研究成果	主要是新教方面的研究
《希腊研究杂志》	1880	希腊研究促进协会	涉及古希腊语言、历史、文学、考古方面的研究，以及评述希腊研究重要的成果	
瑞典《历史杂志》	1881	瑞典历史协会	专注本国历史文化	

(续表)

刊物名称	时间	创刊者	主旨	备注
《西德历史与艺术杂志》	1882	兰普勒希特	反对传统政治军事史,主张文化史	
《意大利复兴史》杂志	1884	里劳多、维拉里等任主编	宣称要体现史学的科学性,致力于研究几乎所有的主要的史学领域,包括古代史、近代史、现代史,涉及地区史与全球史	分春、夏、冬三卷
《政治学年鉴》	1885	政治科学自由学派主办	刊载自由派观点的论著以及相关评论	
《英国历史评论》	1886	阿克顿等人	刊载古代以来的英国、欧洲、世界历史的研究成果	
《法国革命》	1888	奥拉德及其弟子	专门刊布关于法国大革命的文献资料和论著	月刊
《犹太评论季刊》	1889	亚伯拉罕、蒙蒂菲奥	实行同行评论。主要关注犹太研究	
《拜占庭杂志》	1892	卡尔·库姆巴赫	刊载拜占庭有关研究成果	
《犹太研究》	1893	伍尔夫等	刊载中世纪以来英国犹太人历史的相关论著	每年一卷
《巴黎评论》	1894	拉维斯任主编	评述文学、历史等研究成果	摩诺等为主要撰稿人
《美国历史评论》	1895	美国历史协会	“提升美国历史研究的水平,整理和收集历史文献与文物,推广和传播史学研究成果”	以德国兰克史学为师,每年出版5卷

表 5 19 世纪主要史学专业协会创立情况

协 会 名 称	时间	创会者或主要参与者	备 注
德国古代史料学会	1819	斯坦因	组织出版大量中世纪德国史料
法国历史协会	1833	基佐	再现法国历史，特别是浪漫主义时期的法国历史
英国记录委员会	1836	1800 年，沙伦·特纳推动下，英国政府成立记录委员会，但一直未能有效开展学术活动。1836 年哈里斯·尼古拉斯倡议下，政府再度成立委员会	整理、出版英国各处档案
丹麦历史协会	1839	克里斯汀·莫伯赫	整理出版丹麦 15 世纪以来（特别是 17 世纪）手稿或未刊印的文献①
意大利皇家历史委员会	1839	查理·阿尔伯特	出版各种文献、编年史和记录
巴伐利亚社会科学历史学会	1859	马克西米利安·约瑟夫	“目标是宣扬历史的方法，在巴伐利亚建立一个像北德一样的历史学派”，出版《帝国议会法令集成》、《德意志人物传记集成》、《德国中世纪城市编年史集成》
匈牙利历史协会	1867		促进匈牙利本民族历史的研究
英国皇家历史协会	1868	格罗特任第一届主席（1872－1873 年）	前身是 1838 年成立的卡姆登协会

① Christian Molbech, *Den danske historiske Forenings Vedtægter*, Historisk tidsskrift, 1840, Bind. 1, rænkke. 1, S. 18 - 23.

(续表)

协会名称	时间	创会者或主要参与者	备注
《蒙哥马利历史与考古收藏》	1868	波尔斯派创办	主要刊载历史文献卷宗、考古发掘材料
挪威历史协会	1869	法理学家、历史学家迈克尔·伯克南第一任主席	提升挪威历史研究水平，促进历史教育
历史手稿委员会	1869	杜福思·哈蒂推动政府建立手稿委员会	整理、出版英国馆藏手稿
芬兰历史协会	1875	最初发起者为科斯基宁，原机构类似于历史俱乐部，而后在1875年得到亚历山大二世亲王的支持而改名重组，机构性质也转变成国家历史协会	前身为1864年成立的芬兰文学协会、历史联谊会。目的是传递芬兰民族文化，特别是通过本民族历史研究来传递芬兰民族精神
希腊研究促进协会	1879	佩林第一任主席	提升有关希腊语言、文学、历史、考古方面研究，涉及古希腊、拜占庭时期和近现代希腊
瑞典历史协会	1881		促进瑞典历史研究的进步
莱因历史研究会	1883	兰普勒希特	研究莱茵河地区的历史
美国历史学会	1884	兰克为荣誉会员，第一任主席为历史学家、外交家、教育家安德鲁·迪克森·怀特。班克罗夫特、亚当斯都曾担任主席	以德国史学为科学史学，信奉兰克客观主义史学。目的是促进美国历史研究、历史教育，保存与使用历史文献
巴黎革命时期历史研究委员会	1887	奥拉德	出版与巴黎革命有关的论文

（续表）

协会名称	时间	创会者或主要参与者	备注
法国革命史学会	1888	奥拉德	专门研究法国大革命史的学会
英国犹太历史协会	1893	伍尔夫、莫卡塔、罗思、伯林等人	从事中世纪以来英国犹太人历史的相关研究
德国历史学家协会	1895	1893年为反对1892年开始实施的普鲁士历史课程新方案，德国的历史学家、学者、教师在慕尼黑召开议会，共同商讨国家意识形态下的历史课程设置	1913年曾改名为《德国历史教师协会》，1848年改回原名

从众多史学家所创办的史学专业杂志以及各国史学协会创立情况来看，19世纪史学家们对历史学已经有了较为深刻的认知，对如何实现史学的专业也有了明确的方向。特别是在创立史学专业期刊杂志方面，史学家们已经很清楚地认识到专业历史杂志的作用以及创办专业历史期刊杂志的必要性。

1876年1月，法国史学家摩诺、古斯塔夫·法尼埃等人创办《历史评论》。在创刊号上，摩诺发表《16世纪以来法国历史研究的进步》一文，文中对创立历史学期刊的立意作了明确的阐释：

在我们这个时代，历史研究日益重要。在整个广阔的学术领域里，每天都会有很多新的发现和新的认知，要及时掌握这一切，即使是以历史为职业的学者，也日益感到困难。所以我们相信，我们创办《历史评论》这个刊物是有助于历史各个领域具有独创性作品出版的，并且刊物还将提供外国和法国历史研究动态方面准确而完整的报道。即，我们为了满足学术界一大部分人的需要而创办这一杂志。①

这是19世纪的史学家对历史专业期刊杂志的认知，他们希望通过专业

① Gabriel Monod, "Du progrès des ètude historiques en France depuis le XVIe siècle", *Revue Historique*, 1876, Tome. 1, p. 30.

学术杂志为史学工作者创造一个演绎“实证科学”、提供“自由讨论”的园地。19世纪史学家对史学专业杂志的这一认知，昭示着19世纪历史学的成熟，这也是19世纪西方历史学的一个重要特点。

4. 史学中的“特洛伊木马”

19世纪兰克史学为代表的德国史学的巨大影响下，整个欧洲大多史学专业刊物和专业协会都带有德国史学的痕迹，绝大部分史学家响应兰克史学的号召，专注于历史文献的考证，侧重于描述历史事件与历史人物，撰写传统的政治军事史著作。虽然19世纪后半期西方历史研究在希腊罗马史、教会史等专题研究方面取得不俗的成绩，虽然有不少历史学家试图摆脱兰克史学模式的影响，运用多学科的研究方法，从分析概括的角度研究制度史与社会经济史①，从而使得历史研究具有一种“综合”的倾向，但这些并未动摇兰克史学模式在19世纪西方史坛的绝对地位——绝大部分史学家的目光仅仅盯在近代以来的欧洲民族国家的历史，倾心于描述各个民族国家的政治军事史。

打破这一局面的是一位法国史家及其创办的一份历史专业杂志、创立的一个历史学术组织。1898年，巴黎高等师范学院毕业的亨利·贝尔将其学位论文《综合知识与历史学：论哲学的未来》②出版。1899年，贝尔以《哲学的未来：一种基于历史的综合知识》③为名再度将其学位论文出版。在这篇学位论文中，贝尔反复强调的是一个词——“综合”。贝尔的“综合”就是“历史综合”，是与过去的传统史学截然不同的一种新史学。

在贝尔看来，传统史学并非真正科学的史学。一方面，传统史学注重史料考证，但这种研究“只不过是对原始史料进批判性考订与鉴别。在19世纪后半期的观念里，历史学家像自然科学家一样从事研究工作，他们收集史料、做实验、公布结果”④；而所谓的史料考证“都只是挖掘历史的一个角落”，使得史学被所有的毗邻研究孤立了起来，造成了传统史学的狭隘性与封闭性。另一方面，传统史学只关注历史上发生的事件，只讲述个别历史事

① 吴于廑：《世界史学科前景杂说》，《内蒙古大学学报(人文社会科学版)》1985年第4期，第4页。

② Henri Berr, “La Synthèse des connaissances et l'histoire”, *Essai sur l'avenir de la philosophie*, Paris, Hachette, 1898.

③ Henri Berr, “L'Avenir de la philosophie”, *Esquisse d'une synthèse des connaissances fondée sur l'histoire*, Paris, Hachette, 1899.

④ John Barker, *The Superhistorians*, New York, 1982, p. 159.

件以及与事件有关的历史人物，是一种“事件史”。这种事件史“只是叙述历史事件或人物，偶尔有一点说明，其研究是一种探索性的叙述，甚至根本没有严密的方法，也没有解决问题的明确意识”；而研究“事件史”的史学家从来不思索“历史学科的本质是什么”，即便是这类型史学下的历史哲学家对历史的反思也不过是在掩饰“事件史”的缺陷而已[①]。

“事件史”的缺陷在于它无法解释历史。贝尔认为，在人类的社会和历史中三类因果关系对应三种因素：简单连贯的关系，即一些事实取决于另一些事实，对应偶然性；经常性的关系，即一些事实和另一些事实之间的必然联系，对应必然性；内在的关系，即事实之间合理的联系，对应逻辑性。其中，偶然性是简单的秩序联系，必然性是不变性或重复性，逻辑性是长期性、趋势性[②]。而“历史就是各种因素的相互作用”。在贝尔看来，专注于个别事实的传统史学是无法解释多重因素相互作用的历史的。“事件历史”是历史之中多因素的相互作用如同“液体一般流动”。面对这种水乳交融的多因素、面对复杂的历史，传统史学是举手无措的；只有采用“历史综合”的新史学才能通过运用多学科跨学科的观点与方法，打破传统史学的这种闭塞现象，将历史学与其他学科统一起来，完成解释历史这一任务[③]。“历史综合”借用社会学、心理学等多学科方法，拓宽史学研究的范围，在偶然性、必然性的丛林中披荆斩棘，最终触及历史内在的逻辑性，从而把握历史，解释历史。

贝尔认为，要是历史学成为真正的科学，历史学家既不必为孔德的说教所迷惑，也无需像伯纳德[④]做实验一样去研究历史；“历史综合”是“真正有效”的，运用“历史综合”就能使“史学工作者谨慎地对待历史之中各种因素的作用”，促使“不同领域的工作者从不同的方向”来研究历史，真正做到使“过去一次次再现、重演”，实现“更好地理解行为的意义，以及行为的可能性”[⑤]，使历史研究成为真正科学的史学。

为了实现这一目标，也为了克服传统史学中的狭隘性和封闭性，加强史学与毗邻学科之间的联系，使史学各领域的专家能加强彼此之间的联系与合作，1900 年贝尔创建“国际综合中心”，并于同年创办《历史综合评论》杂志。

---

① Henri Berr, “Préface”, La synthèse en histoire, Paris, 1911, pp. 3 - 4.

② Henri Berr, *La synthèse en histoire*, Paris, 1911, pp. 45 - 227.

③ Ibid., pp. 228 - 229.

④ 19 世纪法国著名生理学家。

⑤ Henri Berr, *La synthèse en histoire*, pp. 232.

贝尔创办《历史综合评论》杂志、组建国家综合中心的目的就是要创立一种与传统史学相异的新史学。事实上,在贝尔的号召下,一大批才华横溢的史学工作者纷纷向传统史学宣战,掀起了史学界的新革命。对此,《历史综合评论》主要撰稿人、年鉴学派代表——费弗尔称赞贝尔创办的《历史综合评论》是安放在传统史学阵营中的一匹"特洛伊木马"①。

确实,19 世纪末 20 世纪初传统史学面临巨大挑战,西方史学面临又一次重大的转型,即将迎来一个新的时代,这其中贝尔功不可没。通过这一杂志、这一协会,贝尔将形成于 19 世纪后期的"历史综合"思想推广开来,为 20 世纪史学突破 19 世纪的传统史学,获得新发展奠定了坚实的基础,特别是 20 世纪影响深远的年鉴学派,可谓是脱胎于贝尔的"历史综合"。

三、科学化与专业化的追求

从表现上来看,19 世纪史学最大的特点就是对史学科学化的追求,力图使历史学成为一门独立、科学的学科。纵观这一个世纪的史学,无论是客观主义史家,最初的浪漫主义史家,还是其后的实证主义史家,都以史料的确信无误为历史研究的基本前提;无论是最严谨的德国史家,还是最文艺的英国史家及最激情的法国史家、最晚熟的美国史家,都意图将历史学建设成为一门有科学研究方法的、不折不扣的专门学科。

1. 史学性质的科学定位

美国历史学家诺维克在谈到 19 世纪历史学的科学化时,曾这样说道:

> 19 世纪末的职业历史学家们在追求科学的权威性的同时,始终让他们自己与"历史学即文学"或"历史学即艺术"的立场保持着一定的距离,或者根本否定这一观点。②

史学科学化首要的任务就是对史学本身的认知,对历史学的性质定位。因而,19 世纪史学科学化还体现在对历史学科学性质的定位问题上。具体说来,19 世纪史学家逐渐厘清历史学与文学之间、历史学与艺术的关系,从

---

① Lucien Paul Victor Febvre, *Combats pour l'histoire*, Paris, 1953, p. 394.

② 〔美〕彼得·诺维克:《那高尚的梦想——"客观性问题与美国历史学界"》,第 53 页。

而为历史学确立学科的性质。19 世纪之初的史学著作与文学作品的区别不大。在一般人看来，历史著作就是文学作品，历史小说比历史著作更能吸引人，“在整个欧洲，很多历史著作依然被当做小说和戏剧来阅读”。史学工作者也未能意识到历史著作与文学作品的区别，即便是在历来严谨的德意志大学里，“历史写作也不是纯粹针对学术圈，作者脑子里想到的还有更广大的公众读者”①。而这一情况随着 1824 年兰克的处女作——《拉丁与条顿民族史》的出版而发生改变。兰克在其著作中宣称要“如实直书”，要用确定无误的史实来征服读者，而不是靠虚构的内容、华丽的文辞来吸引人。

在兰克那里，历史研究不同于文学创作。历史研究追求的是以确定可靠的史料，排除个人的主观性，客观公正地来描述发生在过去的历史事实。涉及历史内容的文学作品，实际上只是以特定历史时代作为情节发生的背景，文学创作的内容不需要确切性和真实性，甚至作者还可以对历史真实存在过的历史人物事件进行虚构或再创造，至于具体的细节则有时是完全错误的。而历史著作和文学作品完全不同。历史研究的主体是已经发生了的、真实的过去，而历史研究的结果——历史著作的目的是“说明事情的本来面目”，真实性、客观性是其起码的要求②。依据这一要求，历史著作不能有任何主观性的成分，更不能有任何虚构的成分。因此，“历史著作的写作，至少在理论上是不可能有写文学作品那样自由地对材料进行发挥”③。

对历史著作而言，每一个人都会喜欢“既包含精神的内容又有纯粹的形式的诗情画意的著作”。对真实性的追求与优美的表现形式，这两者是一部杰出的历史著作所必须具备的；所以对一个历史学家而言，撰写历史著作“既要做到博学，又要做到有文采”，写出来的历史著作“像最有造诣的文学作品那样，给有教养有学识的读者带来同样的愉悦”④。在具体的史学实践中，兰克也不止一次宣称自己要使历史著作具有优美的叙述形式，甚至还表

① 〔美〕格奥尔格·伊格尔斯、王晴佳：《全球史学史》，第 77 页。

② Leopold von Ranke, *Französische Geschichte*, Vol. I, Herausgegeben von Willy Andreas, Wiesbaden-Berlin : Emil Vollmer Verlag, 1957, p. 5.

③ Leopold von Ranke, “Vorrede der ersten Ausgabe”, *Fürsten und Völker: Geschichten der romanischen und germanischen Völker von 1494 - 1514*, Herausgegeben von Willy Andreas, Wiesbaden : Emil Vollmer Verlag, 1957, p. 7.

④ Leopold von Ranke, “Einleitung”, *Englische Geschichte*, Herausgegeben von Willy Andreas, Wiesbaden-Berlin: Emil Vollmer Verlag, 1957, p. 4.

示他宁愿历史著作的阅读者是普通的大众而非专业的研究人员①。虽然兰克也希望历史著作具有文学作品一样有广泛的影响,但他并不认为这值得牺牲历史著作最根本的特征——真实性;兰克的文风也因此饱受卡莱尔、麦考莱的讥讽。虽然为文辞优美而牺牲历史真实吸引部分读者一时之兴趣,但长远来看,就历史著作的影响而言,兰克的历史著作比那些专注文辞、不谨慎对待史实的史著地位更高。19 世纪兰克史学独步欧洲就是强调史学不同于文学这一原则正确性的最好佐证。

兰克学派除了在清算史学与文学之间关系,还对史学与艺术做了全面的分析,从而从理论上为史学进行了科学定位。历史研究是按照严格的史料考证方法,依据客观公正的撰史原则,将史料转化为历史著作的过程。在这一过程中,历史研究通过史料考证方法确保了收集、整理、辨别史料的科学性,通过"消灭自我"排除了主观性,其表现符合一门学科的科学要求。与此同时,这一过程也是一个再创造、描述的过程——在历史研究的过程中,历史学家要对所找到的史料以及所认识到的事件进行再创造和描述;而其他的科学只是简单地记录它所发现的事实。在兰克看来,历史学这种再创造的能力,使之成为一门艺术。由此,历史学不仅仅是一门不同于文学的科学,而且还是一门不同于其他科学的独特学科——它同时也是一门艺术。

虽然兰克认为,"历史是科学,同时也是艺术。历史从来不是只有其一而没有其二的"②,但这并不表示历史就等同于艺术。这只是强调历史学科是一门独特的科学(Wissenschaft)③,表明历史在作为一门科学的同时具有艺术的某些特征。但历史研究毕竟不等同于艺术创作。兰克认为,"作为一门艺术,历史学与诗歌有关",这种相关性主要是指像诗歌创作一样,历史研究需要历史学家运用再创造的能力,将确实可信的史料转变成历史著作。但是两者在本质上是不同的,"诗歌是需要充分运用观念或者想象的力量",诗人是借用一个想象、虚幻的世界来抒发浓烈的情感;而"历史则不得不依

① Leopold von Ranke, *Das Briefwerk von Leopold von Ranke*, Hrsg. von W. P. Fuchs, Hamburg, 1949, pp. 107, 252.

② Leopold von Ranke, "On the Character of historical Science", *The Theory and Practice of History*, edited by Georg G. Iggers and Konrad von Moltke, The Bobbs-Merrill Company, INC. Indianapolis & New York, 1973, p. 34.

③ "Wissenschaft"一词一般是指"对任何一种知识领域(包括人文学科在内)的一种为学者群所接受的调研方法在指导着的有系统的研究路数"(〔美〕伊格尔斯:《20 世纪的历史学——从科学的客观性到后现代的挑战》,何兆武译,辽宁教育出版社 2003 年版,第 20 页)。

赖真相而存在”①,历史研究则以确定无疑的史料为依据,拒绝任何虚构和伪造,排斥一切主观性,包括研究者的个人情感。

不仅如此,历史作为一门科学,具有精确的概念体系,并借用这一整套精确的概念体系说明其存在的合理性;而艺术只是“以其存在说明其合理性”②。具体说来,历史是一门科学,这一科学是以一系列理论、概念构建起来的体系,并且组成历史科学的各个部分是紧密联系在一起的。与之相比,艺术本身是没有严谨的概念和理论体系,只是以艺术成品的形式展现了艺术创作者的精神世界、情感等。从这一方面而言,历史不是诗歌,不是艺术,而是一门科学,是一门独特、独立的科学。

除了兰克学派关注和探讨历史学的性质之外,一心想将历史学建设成为像自然科学一样的实证主义史学在史学的科学化问题上更是倾注全部的心血。实证主义史家们相信社会精神领域的历史学也和自然科学一样具有内在的发展规律,而研究者只要方法得当就能将掩埋在事实之下的活生生的历史发掘出来、再现出来。不仅如此,实证主义史学家主张要像自然科学一样,运用自然科学的思维来研究历史,将语言学、文书学、碑铭学、金石学等史料考证方法看作是和生物学中的解剖学一样的研究方法,将考订史料以再现历史真实看作是和化学的化学实验一样卓有成效的研究路径。实证主义史家从不怀疑历史研究能再现掩藏在事实背后活生生的人、活生生的真实,坚信科学的方法必然带来科学的结果。由于史学家们在史学实践方面不断努力,在史学理论方面不断总结,在整个19世纪史学界,鲜有人去怀疑历史研究中的这种乐观结果,几乎无人会去思索历史研究中的主观性到底能不能消除这一问题。

在整个19世纪,几乎所有的西方历史学家都坚信历史研究并非想象、并非臆造,而是一种科学研究的结果,并且史学家们不断用史学实践来证明这一学科的科学性。19世纪西方史家中对史学科学化这一坚定信心至少做到了在思想上让人完全相信历史学确实是一门科学。

2. *历史哲学的科学探索*

在论及历史研究与历史哲学之间关系时,德国历史学家兰克这样说道:

---

① Leopold von Ranke, “On the Character of Historical Science”, *The Theory and Practice of History*, edited by Georg G. Iggers and Konrad von Moltke, The Bobbs-Merrill Company, INC. Indianapolis & New York, 1973, p. 33.

② Ibid., p. 34.

> 历史总是一再地被人所书写,就好像历史经常被评论一样。每一个时代都有着其主要的潮流趋势,并形成其自身的历史,有着它自己对历史的观念。因此,对某个时代历史进行赞美和指责是在所难免的。于是时代缓慢地向前发展……我们必须总是尽力对事件有一个更清楚的了解。这一最高尚的目标既是哲学研究的目标,也是研究人类历史的目的。①
>
> 有两种方式了解人类的事务:一种是通过对特殊的研究,另一种是通过对抽象一般的研究。前者是历史学,后者则是哲学。除此之外,再无其他的途径。甚至这两种方式之间还有着联系:都包含着抽象的原则和历史。……我认为应该号召历史科学在其自身内部实现自我完美,历史科学也有能力做到这一点。历史科学通过从研究探讨个别的事实到对事件有宏观普遍的把握这一过程,就能使自身升华成研究目前事件之间关系的客观知识,而历史科学则能够以自己的方式,从对个别事实的探讨研究,提升到对事件一种普遍的看法、从而对事件之间的关系有客观的了解。②

专注于反思历史本身的历史哲学发展,能推动历史研究的进步;而历史研究的发展也能促进历史哲学的发展。历史哲学和历史研究这两者是相互依赖、相辅相成的。因此,从历史哲学的发展状况中,可以得知历史学的发展情况。

就历史哲学而言,19 世纪历史哲学的繁盛体现了史学的科学化。“历史哲学”一词在 19 世纪是指一种“纯推理解释的宏大体系”,并且历史哲学“这种用法获得声誉,无论在美国还是在欧洲,都与建立历史学新的学术规范不可分割”③。19 世纪西方学者们在探求史学科学化的道路中不断对历史学本身的问题进行分析、总结,留下为数众多、影响深远的反思史学的论著。

---

① Leopold von Ranke, “Historical Research”, *The Secret of World History*, edited by Roger Wines, New York, Fordham University Press, 1981, p. 244.

② Leopold von Ranke, “History and Philosophy”, *The Secret of World History*, edited by Roger Wines, New York, Fordham University Press, 1981, p. 102.

③ 〔美〕彼得·诺维克:《那高尚的梦想——“客观性问题与美国历史学界”》,杨豫译,生活·读书·新知三联书店 2009 年版,第 39 页。

一方面是哲学家们思索历史，写下大量历史哲学著作。德国哲学家赫尔德在反思历史学时，除了1774年《另一种历史哲学：关于人类教育》、《人类历史哲学观念》等历史哲学著作之外，在其《德国近代文学片论》、《论语言的起源》等著述中亦有不少涉及历史哲学的片段。赫尔德对历史学的思索是杂乱而琐碎的，涉及内容繁杂，但都是史学研究的真知灼见。对此，康德曾这样评价：

> （赫尔德）他所称之为人类历史哲学的东西，就很可能是与人们通常所理解的那种名称全然不同的某种东西；它并不是某种观念上的逻辑准确性或者是对原理的绵密分辨和验证，而是一种转瞬即逝的、包罗万象的观点，一种在类比的发掘方面的丰富智慧；在这方面的运用上，大胆的想象力与巧妙的结合就通过感觉和感受而在支配着他那经常被保持在朦胧深处的对象。①

19世纪之初的哲学家对史学的反思大多还是停留在只言片语上，绝大部分论著还是如赫尔德的著作一样是一种“转瞬即逝的、包罗万象的观点”。这现象在德国文学家、哲学家施莱格尔亦是如此。1809年，施莱格尔写下《历史》，表达对历史的一些认知，1811年又出版《论最近以来的历史》，进一步阐发其历史哲学观点；其后1815年出版的《论新旧文学》、1828年出版的《生活哲学》以及《〈雅典娜神殿〉断片集》等都是一些零散的观点。严格来说，只有1829年出版的《历史哲学》一书才算是比较完整而系统展现了施莱格尔史学观念，但也只是零散演说稿汇集而成的，依据的主要是施莱格尔在维也纳讲学期间发表的十八篇演讲稿。在历史哲学史上，负有盛名的黑格尔的《历史哲学》也是依据黑格尔在柏林大学课堂演讲内容，由其学生爱德华·甘斯整理而成的。这一时期这些哲学家对历史的反思大多是有点零碎，远不如其哲学思想体系那样清晰、完整。

另一方面，不仅哲学家们对历史学的总结是如此，19世纪之初专心史学研究的史学家亦是如此。像尼布尔、缪勒、鲁登等人，都是致力于用具体的史学实践来表明其对历史的认知，无意构建史学体系。

---

① 〔德〕康德：《历史理性批判文集·评赫尔德〈人类历史哲学观念〉》，何兆武译，商务印书馆1997年版，第33页。

兰克之后，这一情况发生了较大的变化。虽然兰克对历史研究诸多论述如赫尔德等人一样散见于各种各样的笔记、随笔、书信以及史著的导言之中，但兰克已经开始有意建构、梳理历史研究的内在体系。他对史学研究的方法、理路、目的等已经形成比较完整的认知，并借助各种形式的文字系统表达其史学主张，例如，1830 年左右兰克写成的《论历史科学的特点》，1836 年兰克就任柏林大学正式教授之职发表的演说——《论历史与哲学的关系》，还有《历史哲学的缺陷》、《论近代历史时期》、《世界历史研究之中的“一般”与“特殊”》等①。

其后，像实证主义史家泰纳在其《英国文学史》、《智力论》、《历史批判文集》等中的表述也是意图通过具体的史学实践，更主要是通过对史学本身的思考，完善史学研究的内在理论体系，使其和自然科学一样——体系系统而完整。到了德罗伊森那里，这种系统表述史学观念的做法则更为成熟。1857 年德罗伊森《历史理论》(又名《历史知识理论》)出版，标志着德罗伊森站在更高的层次上对史学本身进行系统的分析，其后 1861 年德罗伊森对巴克尔的《英国文明史》发表评论，1868 年又出版《历史学纲要》进一步将其对历史学的理念宣告于世。

经过泰纳、德罗伊森等大批史家的努力，19 世纪末产生了批判的历史哲学。这时的西方历史哲学家对历史的反思就不再只是关注历史过程，而是进一步专注于历史学这门学科本身的问题，探讨诸如历史知识的性质、历史研究方法的批判等。1896 年，兰普勒希特《历史学中的新旧趋势》、《什么是文化史?》出版。与此同时，法国历史学家朗格诺瓦和瑟诺博斯的《历史研究导论》已经完稿，并于 1897 年出版。这些论著是专门讨论史学本身或史学方法方面的问题。这意味着西方史学家已经能自觉地对历史研究进行反思、总结历史研究的方法。1900 年，兰普勒希特的《文化史方法》一书问世，就标志着西方史学在历史哲学层面上达到了一个新的高度，昭示着新的进步、新的方向。

3. 史学研究者的专业化

19 世纪史学科学化还表现在历史研究者的专业化。19 世纪之前，历史研究大多是一些爱好历史之人的兴趣。18 世纪末 19 世纪初的英国历史依

---

① Leopold von Ranke, *The Theory and Practice of History*, edited by Georg G. Iggers and Konrad von Moltke, The Bobbs-Merrill Company, INC. Indianapolis & New York, 1973, p. 25 - 61.

然还是“一些闲情逸致的人写的，其中有少数还是妇女，比如凯萨琳·麦考莱①。他们写历史是面对市场”②。大体上，除德国之外，绝大多数的历史学家是非专业性、非职业性的，多为一些爱好历史的人。这一情况至少持续到19世纪中期。

改变这一状况，首先要做的就是确立史学研究的标准以推动历史研究者的专业化与职业化。在19世纪，打破历史研究者非专业性局面、推动史学研究专业化的则是德国大学的历史研讨班。特别是历史研讨班教学方式被大力推广之后，史学研究者专业化与职业化这一进程大大加快。虽然早在18世纪末期德国大学历史教学中就开始使用历史研讨班的形式，但这一教学培养方式真正发挥巨大作用则是19世纪20年代之后的事情了。正是德国著名史家兰克将这一教学方式进一步发扬光大。

经浪漫主义史家、客观主义史家、实证主义史家的深入研究以及大量的史学实践，19世纪的史学标准逐渐以客观公正的撰史原则作为整个领域的统一标准。而在历史学专业化与职业化中，“用以巩固客观性规范的手段之一是通过注意力集中在技术上。技术发展和技术标准化当然是专业化职业化训练的全部要点”，这种标准化不是为了“激发创造性和天才的火花，而是建立规则，批评和限制标新立异的行为，为研究工作设立标准并强迫人们去遵守”③。这一技术就是历史研究的技术。在兰克的研讨班中，史学研究的技术以及治史的标准，是培养历史研究的高级人才最主要的内容。在研讨班里，除了传授具体的历史语言学研究方法之外，兰克将客观公正的治史原则上升为历史学的最高标准，研讨班的学生依据这一原则进行研究，而研究成果的优劣也完全依据是否遵循客观公正这一原则进行判别。这样一来，历史研讨班一方面传授的是各种各样收集、考证史料的技术，如古文书学、古钱币学、古铭文学、金石学等；另一方面将史学研究中的“严谨性、一丝不苟的治学态度”以及“对史实进行辛勤而艰苦的考证”态度传递给学员。

可以说，以兰克为代表的客观主义史学理论体系为历史学研究提供了标准，而这种教学培养模式则使历史高级人才的培养实现了标准化。这种

---

① 英国历史学家，代表作八卷本的《英格兰史：从詹姆士一世继位到布伦瑞克世系》于1763—1783年间陆续出版。辉格派将此书视为对托利派大卫·休谟的《英格兰史》的回击。

② 〔美〕格奥尔格·伊格尔斯、王晴佳：《全球史学史》，第76页。

③ 译文参考〔美〕彼得·诺维克：《那高尚的梦想——“客观性问题与美国历史学界”》，第71页。原文中“profession”翻译成专业化或职业化均可，从上下文来看，翻译成“专业化”更恰当一点。

教学培养模式的推行，一来使得兰克的信徒遍及欧美各大高等学府的历史学系，让德国历史学派名扬天下，二来使得历史学摆脱了以往任由撰写回忆录的退休政客、搜罗古物手稿的博物学家把持的状况；促使历史研究者以通过艰苦准确的考订工作而成为受人尊敬的史学家作为奋斗的目标，使得有崇高目标的、探索历史知识的专门人士与“粗俗的从业人士”区分开来①。

19 世纪历史研究者的专业化是其职业化地位提高带来的必然结果。1824 年中学教师兰克因《拉丁与条顿民族史》一书声誉鹊起，这位史学新秀也因此被聘为柏林大学的“特聘教授”，成了一名具有教授资格的教师，可以在大学授课，但还不能算是正式“教授”，不能享受“教授”的薪水。即便只是“特聘教授”，其薪水以及很高的社会地位已经让兰克能专心从事历史研究。当时德国的教授在经济上非常富裕，“享有很高的社会地位。在 19 世纪末 20 世纪初，普鲁士大学的正教授平均工资达到 1.2 万马克，是小学教员工资的九倍，而小学教师在德国经济地位的阶梯上远非处于底层。最有声望的大学教师年薪甚至可以超过 4 万马克。成功的大学教授在德国社会地位系统中接近于部长。在那里的社会中，最受尊重的人往往不是贵族。教授们虽然没有贵族头衔，但受到了社会的最高尊敬”②。获得这样崇高的经济社会地位，靠的是其历史研究成果。诺维克曾说，在 19 世纪，“决定一位历史学家及其著作价值的、并在很大程度上决定其一生道路的不再是市场那只看不见的手，而是学术界可见的以及一致公认的判断”③。在这种情况下，历史研究者是专业的，也是职业的。受过历史专业训练的历史研究者的历史著作，是严格依据历史学的标准而写成的，主要是为了满足专业人士阅读的需要。因此，19 世纪历史著作与 18 世纪那种面向市民阶层，甚至迎合市场需要而撰写的历史著作截然不同。这是 19 世纪历史学科学化的一个重要成果，也是史学科学化的一个重要表现。

4. 史学交流与史著翻译

19 世纪史学科学化还表现在史学交流与史著翻译方面。19 世纪史学发展之所以取得巨大进展，其中很重要的一点就是 19 世纪西方史学的发展突破了国界，史学交流频繁，史著及史学思想得以迅速传播。

---

① 〔美〕彼得·诺维克：《那高尚的梦想——“客观性问题与美国历史学界”》，第 30 页。

② 同上书，第 29 页。

③ 同上书，第 73 页。

19世纪德国史学成为欧美史学中的翘楚，各国史学人才纷纷留学德国。以历史语言学、史料考证著称的哥廷根大学和柏林大学是这些年轻学者最向往的学术圣地，一些学者甚至足迹遍布德国各大知名的大学，法国史学家瑟诺博斯就曾游学哥廷根大学、柏林大学、莱比锡大学、慕尼黑大学。特别是19世纪中叶之后德国各大学、研究机构大多为兰克的弟子把持，兰克发扬光大的历史研讨班教学方法不仅为德国培养了大批史学人才，而且整个欧美史学都受益于这种史学人才培养模式。学者们在德国大学里不仅学到了历史语言学的方法，而且还领略了德国史学的思辨精神。1864年，法国摩诺写信给史学家泰纳，请教是否有必要到德国学习历史时，泰纳在回信中毫不犹豫地告诉摩诺：

作为一名聪慧、有志于从事学术研究的学者，一名受过最全面法国教育的人，是否有必要到德国完成其教育？我的回答是，当然有必要，这毫无疑问。

我们这个时代最出色的历史研究的源泉和中心都在德国。德国人在梵文波斯文研究、《圣经》诠释、拉丁及希腊历史以及语言学等方面所取得的成就都是无可争辩的。在近代史方面，德国史学则稍微差一点；因为每个国家，比如英国和法国，都有本国出色的历史学家。但在意大利、普罗旺斯或西班牙等这些异国历史研究方面，德国人所写的史著是可以与那些本国人所写的相媲美。

德国人在史学上所取得的瞩目成就主要就源自两个方面的原因。第一，他们大多都是语言学家，他们直接阅读原文；阅读手稿以及未经出版的文件；他们为了对比不同文本，甚至前往巴黎、牛津、都柏林去查找资料；他们研究的是第一手史料。大学教育的缺点是传授第二手的知识，学习的是一些指南手册、摘要、课堂讲授以及早已成书出版的知识。最重要的是，一位作家，一位历史学家，是必须直接地，而不要任何中间人介入其中地，面对未经任何改动的、原初的原始文献与遗物。

第二，因为这些德国历史学家是哲学家。他们中间绝大多数在大学或毕业之后都曾听过一到两门哲学课程。因而他们养成了把成批事务放在一起来看待，并从复杂情况中总结出一般规律的习惯。这样就形成了对整个文明的总体的、发展的观点。并且，正如你所知道的那样，远古那些时序不明的时代，诸如古代希伯来、古印度等，正是因为有了这种观念才使得文献被归类并在年代学时序上找到其相应的位置。

> 当你学成归来之时，你或许能在法国找到一些德国所欠缺的事物。你会看到艺术家、画家、游客、追逐时尚之人，特别是小说家，诸如福楼拜、圣佩甫。……他们会教会你什么是独特的、真正的、活生生的人……
>
> 先生，这就是最好的史学素养。在我看来：为了获得这种史学素养而努力是高尚而具有风险的事业。①

德国学术特别是史学方面的巨大成就吸引了欧美世界众多学者前往求学。法国、英国、美国的立志从事历史研究的年轻人纷纷涌向德国的大学。美国学者布利斯·佩里就曾说过：

> 德国人掌握学术的独有秘密，而我们 19 世纪的那些年轻人从不怀疑这一点。1814 年，当乔治·蒂克纳、爱德华·埃弗里特在波士顿登上客轮，驶往哥廷根去求学时，他们对此更加坚信不疑。②

19 世纪历史学发展历程中，历史专业研究人员的交流频仍，而且这一时期西方史学著作的翻译与交流也是非常频繁而迅速的。1829 年施莱格尔的《历史哲学》德文版发行，仅仅时隔六年，即 1835 年这部著作就由英国历史学家罗伯逊翻译成英文出版。而兰克的《拉丁与条顿民族史》出版后的第四年，即 1828 年 9 月，英国历史学家麦考莱就在其《论历史》一文中阐述了与兰克不同的史学旨趣。针对兰克对史学的科学性的强调，麦考莱指出，“历史学，是诗歌和哲学的混合物”，公开否认兰克的史学主张；1840 年麦考莱在《论兰克》一文中又称赞兰克 1836 年出版的《教皇史》是一部“既适合细微的研究又适合重大的考虑的思想著作”③。此外，《教皇史》从 1836 年到

---

① Hippolyte Taine, *Life and Letters of Taine*, translated by R. L. Devonshire, London, 1902, Vol. 2, pp. 264 - 265.

② Bliss Perry, *And Gladly Teach: Reminiscences*, Boston, 1935, pp. 88 - 89。彼得·诺维克在转引这一段话时，原文为“young fellows in the eighteen eighties”，指 18 世纪 80 年代左右出生的人，中文版诺维克的《那高尚的梦想》中译成“18 世纪的年轻人”。依据上下文翻译，译为“19 世纪的年轻人”更妥当一点(参见〔美〕彼得·诺维克：《那高尚的梦想——“客观性问题与美国历史学界”》，第 28 页)。

③ Lord Macaulay, *Historical Essays*, Oxford University Press, 1923, pp. 1, 475.

1857 年兰克退休不到 20 年间，共被翻印近百次，被译成英、法、西班牙、意大利、俄语等多种语言。而后名声日渐显赫的兰克的史学著作一经问世，便很快被翻译成英、法等诸国文字出版。当时史著的交流频繁而迅速，就连死后名声都不显的德国史家海格维希 1777 年出版的《查理大帝史》1805 年就被译成法文出版①。

19 世纪德国史学可谓独步欧美史坛，师法德国史学这一流行趋势使得德国史学著作一经问世便很快翻译流传于各国。实际上，19 世纪各国史学交流异常频繁，即便是德国之外的史学著作也很快被译成各国文字流传。如法国实证主义史家泰纳的著作。泰纳因在史学、文学方面多有创见，颇受众多国家读者的追捧，故其《英国文学史》、《艺术哲学》、《意大利游记》、《智力论》、《历史批判文集》、《比利牛斯山游记》、《19 世纪法国古典哲学家》等著作均在法文版出版不久就被翻译成英文（有的被翻译成德、意或西班牙等国文字）出版。其中：

1858 年出版的《历史批判文集》1882 年译成英文。

1863 年出版的《英国文学史》1873 年翻译成英文出版，1880 年译成德语，1883 年译成匈牙利语。

1864 年出版的《意大利游记》中的《意大利：佛罗伦萨与威尼斯》1866 年翻译成英文，《意大利：罗马与那不勒斯》1867 年译成英文。

1864 年出版的《英国实证主义：斯图加特·穆勒研究》1870 年翻译成英文。

1865 年出版的《艺术哲学》1865 年翻译成英文，1894 年译成西班牙语。

1858 年出版的《比利牛斯山游记》1874 年译成英文。

1867 年出版的《巴黎随笔》1888 年译成英文。

1876 年开始出版的《近代法国之由来》中的第一卷《古代政治制度》在 1876 年就有了英译本，《近代政治制度》1890 年译成英文等。

即便是当时在史坛属于非主流的兰普勒希特著作也在出版后不多久就被翻译、传播到欧洲其他国家。比如，兰普勒希特 1878 年《11 世纪法国经济史文集》，在 1889 年以《中世纪初法国经济状况研究》为名的法文版在法

① Dietrich Hermann Hegewisch, *Histoire de l'Empereur Charle magne*, Paris, 1805.

国出版发行。

这样迅速的史学论著交流,不但使其他国家的读者能尽早读到名噪一时的史著,而且还成就了一大批翻译名家,比如福斯特夫人、奥斯丁夫人、安塞沃斯等。1887年,年轻的安塞沃斯在完成兰克《拉丁与条顿民族史》一书的德译英工作时,这样写道:

> 有幸翻译这样一位举世闻名历史学家的著作,对我而言是非常荣耀的事情。不仅如此,这意味着我要与这位著名的历史学家进行一种面对面的交流——在翻译过程中,我不由自主地为其思想所左右,沿着他的梦想一路追寻。按照这位史学大师的要求,我力求翻译逐字逐句都忠实于原文。因此,当读者看到这本译著时,我能很肯定地说,此翻译确实是没有优美动人的文学语调,但完全是严谨地依据著者的原意来翻译的。①

很显然,安塞沃斯不仅仅是在翻译兰克的史著,而且他将兰克史学思想中的"如实直书"精神融入其译文之中。因而读者能通过译文体会到兰克原汁原味的史学思想,史学交流就不再受不同地域国家语言相异的限制,能畅通无阻地自由交流了。这对推动19世纪史学的交流发展是具有深刻意义的。另外,翻译者能严格依据原著翻译,准确地把握史学家的思想,这也在一定程度上反映了19世纪史学的发展与进步。

19世纪西方各国史学交流之频繁,史著转译之迅速与准确,是这一时期史学发展进步的重要表现。必须指出的是,只有史学发展到一定规模,史学得到重视,甚至只有史学反思达到一定程度、形成史学自身学理体系、史学评判了有一定的标准才有可能实现这一点。是故,这些都在一定程度上体现了19世纪历史学的科学化进程。

19世纪史学的科学化与专业化是19世纪史学各个史学思潮繁衍,史学家之间碰撞,国与国史学交流频繁的必然结果,也是史学专业杂志、历史学协会创建的内在动力,故,19世纪西方史学最大的、最重要的特征就是史

---

① Philip A. Ashworth, "Preface", *History of the Latin and Teutonic Nations from 1494 to 1514*, Translated by Philip A. Ashworth, London: George Bell & Sons, York Street, Covent Garden, 1887.

学的科学化与专业化。

综上所述,19 世纪史学特征是明显的,而内在构成却是异常复杂的。也正因为如此,在论述 19 世纪史学家、分析史学著作时,不能简单地脸谱化,更不能粗糙地削足适履,应当依据其史学主旨判别所属其史学流派,参比其所处具体社会历史环境,依照其具体史学主张进行研究分析。既体现史学思潮的影响,又兼及国别,还顾及其具体的史学主张,只有这样才能比较完整地、准确地描绘 19 世纪历史学这一盛景。

第二章　浪漫主义时代的先行者

现代德国哲学家伽德默尔在提到"历史学的世纪"时说,"19 世纪的历史科学是浪漫主义最骄傲的果实"①。19 世纪以来,浪漫主义思潮风行欧美各国。这股思潮可溯源到法国启蒙思想家卢梭。他赞美"自然状态"下的原始平等,否定近代文明,强调情感对人的支配作用等观点,无疑体现了后世浪漫主义者的基本精神,被誉为"浪漫主义之父"②。随着法国革命的推进,理性主义所期许的理想逐渐破灭;与理性主义相对立的浪漫主义伴随着民族主义在欧洲向纵深发展,逐渐渗透到了文化领域的各个学科之中,也深刻影响了 19 世纪初的西方史学。在这种思潮的浸淫下,浪漫主义史学登上了 19 世纪西方史坛,掀起了一波与理性主义史学风格迥异、宣扬浓烈情感的巨浪。

一、理性主义、民族主义与浪漫主义

始于 18 世纪末 19 世纪初的浪漫主义思潮是在人们对启蒙运动"理性王国"失望,对资产阶级革命中的"自由、平等、博爱"口号幻灭和对资本主义社会秩序不满的历史条件下产生的。

18 世纪启蒙运动时代的理性主义者秉持唯理论观念,坚信"理性万能"、"理性至上"。他们运用理性对一切事物展开批判:

> 他们不承认任何外界权威,不管这种权威是什么样的。宗教、自然

---

① 〔德〕加达默尔:《真理与方法:哲学诠释学的基本特征》(上卷),洪汉鼎译,上海译文出版社 1992 年版,第 353 页。

② 〔英〕以赛亚·伯林:《浪漫主义的根源》,亨利·哈代编,吕梁等译,译林出版社 2008 年版,第 14 页。

> 观、社会、国家制度,一切都受到了最无情的批判;一切都必须在理性的法庭面前为自己的存在作辩护或者放弃存在的权利。思维着的知性成了衡量一切的唯一尺度。……以往的一切社会形式和国家形式、一切传统观念,都被当作不合理性的东西扔到垃圾堆里去了;到现在为止,世界所遵循的只是一些成见;过去的一切只值得怜悯和鄙视。只是现在阳光才照射进来,理性的王国才开始出现。从今以后,迷信、非正义、特权和压迫,必将为永恒的真理,为永恒的正义,为基于自然的平等和不可剥夺的人权所取代。①

在这理性的王国之中,没有过去,更没有非理性化情感的立足之处,只有冰冷的理性。不仅如此,理性主义者相信世上存在永恒的真理、制度、价值等,并且这些事物适用于所有的时代,放之四海皆准。理性主义者认为只要以理性为出发点,就能寻找到适用于万事万物的法则,并且这些法则一旦扩展开来,便会固化成永恒的模式而无需再更改。他们把理性原则应用于一切社会领域之中,采取"实证"或"分析"的方式,分解之后再开始综合,并在分解之中抽取其本质,建立起普遍有效的原则。在这里,理性主义者否定的是个性独特的个体,强调的是普遍性。

这种强调普遍性的观点落到历史学上,造成了"历史不过是用实例说话的哲学"②,历史研究成了理性主义思想家证明普遍性的一种方式。理性主义史家伏尔泰抛开政治军事史传统,将历史研究的中心从个别君主、征服者、船长等精英人物转向了人的德行、服饰、习俗以及司法制度等。然而所有这些努力只是"说明多数时代的人们是如何相同,相同的原因如何导致相同的结果"。于是历史研究不过是"搜集那些使普遍的观点得以建立的数据",告诉人们如何通过寻求理性化的生活,最终成为符合理性的人。为了突出理性和普遍性,理性主义者甚至对以往的历史时代都进行批判,将其视为非理性的,当作是理性发展的必然阶段。其结果是将多样性的历史变成了单一的推理,历史研究成了说明普遍性无处不在的一种有力方式;过于强调理性,使得情感这种被称为非理性的东西备受压抑。

---

① 〔德〕恩格斯:《社会主义从空想到科学的发展》,《马克思恩格斯选集》(第3卷),人民出版社1995年版,第719页。

② 〔英〕以赛亚·伯林:《浪漫主义的根源》,第35页。

与理性主义不同的是,“浪漫主义是对各种普遍性的激烈反叛”①。浪漫主义思想家并不认同世上存在永恒不变的事物,也不认可所谓适用于一切现象的永恒法则。浪漫主义思想家认为理性主义太过于专制,使得人类的情感受到阻碍,而这种非理性的情感正是人之为人的基础。“因此在浪漫派看来,这里有一座各种情调与联想的内容丰富的词汇贮藏室。……因为在浪漫派中间、综合在一起的不是客体的概念,而是各种心情、联想、色彩和声音的表达。……”②他们认为正是这个性张扬、各自独具一格的非理性情感,使得世界成其为世界。

浪漫主义从个体性出发,否定理性主义的普遍性,认为个体性才是真正有意义的,每一个体都是值得珍视的。在此基础上,浪漫主义者将历史上所有的时代都看作是各具特色的时期,都具有各自价值与意义的存在。由此,“浪漫主义对教堂、对中世纪、对贵族充满热情”③,他们对理性主义嗤之以鼻的中世纪并不排斥,甚至心向往之。浪漫主义者或是在其文艺创作中大肆渲染现实社会生活的重重矛盾以及个人内心的剧烈冲突,将中世纪描绘成充满尊严的等级制度、朴素宁静的社会生活、温情抚慰的宗教等构成的人间天堂,从而陷入中世纪“月华映照的魔力”之中④;或是破除前人对中世纪的偏见,将中世纪视为是具有自身价值与意义的一个重要时期,是构成人类历史整体性不可或缺的一个重要阶段,从而完善了人类历史整体性的构建。

无论是对非理性情感的青睐,还是比较公平地看待历史各发展阶段,围绕的一个核心就是“个人主义”和个体性。浪漫主义十分推崇神圣的自我主义,强调“个体性在人类中独一无二的,也是永恒的”,“培育和发展个体性为神圣自我主义的最高诉求”⑤。浪漫主义这一倾向在法国革命的浪潮中进一步深化,特别是在德国。法国革命时期,“同启蒙学者的华美诺言比起来,由‘理性的胜利’建立起来的社会制度和政治制度竟是一幅令人极度失望的讽刺画”⑥。

---

① 〔英〕以赛亚·伯林:《浪漫主义的根源》,第 15 页。

② 〔德〕卡尔·施密特:《政治的浪漫派》,冯克利、刘峰译,世纪出版集团、上海人民出版社 2004 年版,第 104 页。

③ 〔德〕卡尔·曼海姆:《保守主义》,李朝晖、牟建君译,译林出版社 2002 年版,第 146 页。

④ 〔德〕默林:《论文学》,张玉书等译,人民文学出版社 1982 年版,第 149 页。

⑤ Friedrich Schlegel, "Ideas", *The Early Political Writings of the German Romantics*, edited and translated by Frederick C. Beise, Cambridge University, 1996, p. 130.

⑥ 〔德〕恩格斯:《社会主义从空想到科学的发展》,《马克思恩格斯选集》(第 3 卷),人民出版社 1995 年版,第 722 页。

在法国，依据理性主义建立起来的理性社会和理性国家，不过是与旧制度相比稍有改进，根本还称不上是“绝对合乎理性的。理性的国家完全破产了”。由此，法国人一方面强调革命的精神，另一方面开始质疑理性主义的普遍性，将革命与浪漫主义联系在一起，“最终把革命等同于浪漫派”①。不仅如此，法国革命时期，对外军事行动，给邻国深重灾难，其中尤以德国为甚，德意志各邦国是在法国铁蹄下、军号声中才站在一起，高擎民族主义大旗。在德国，浪漫主义者则彻底否定其“与革命精神有任何关联”，在民族主义的口号下复兴德意志民族精神，重建德意志的辉煌。迈纳克曾说，德国的浪漫主义者是以德国民族感情传播者的面目出现的②。“在德国，与民族性格相仿，由于最高贵的力量在外部被束缚，绝对理性就转向内心”③，德国浪漫派对理性主义的清算更多的是体现在思想层面上，从精神上强化个体性，尤其是民族个体性的重要性。在“狂飙突进运动”中，德国浪漫派将德意志民族的个体性演绎得淋漓尽致，并从世界民族舞台大背景下来深化对本民族的理解。从这一点上来说，无怪乎当代学者约瑟夫·纳尔德认为浪漫主义是“一个民族的重生(eine völkische Wiedergeburt)，一场复兴运动”④。

虽然19世纪浪漫主义思潮可以追溯到法国卢梭，但真正意义上对浪漫主义进行系统探索与构建的，却是隐忍的德国浪漫派。赫尔岑曾说，“德意志性格中总有一种神秘主义的、热烈得做作的，爱好思辨，爱好卡巴拉式的东西——这是浪漫主义极好的土壤，因而它马上在德国得到了充分发展”⑤。德国这种民族特性在法国革命的推动下，迅速与浪漫主义结合，从而率先在德意志地区树起了浪漫主义的旗帜。

二、哈曼：世纪交替中的浪漫主义者

第一位给启蒙理性主义最沉重打击、启动了浪漫主义进程的思想家是德国的约翰·乔治·哈曼(Johann Georg Hamann，1730—1788年)。

---

① 〔德〕卡尔·施密特：《政治的浪漫派》，第24页。
② Friedrich Meinecke, *Weltbürgertum und Nationalstaat: Studien zur Genesis des deutschen Nationalstaats*, Münche & Berlin, 1922, S. 14.
③ 李伯杰：《施莱格尔：诗与哲学的综合》，周国平主编：《诗人哲学家》，上海人民出版社1987年版，第91页。
④ 〔德〕卡尔·施密特：《政治的浪漫派》，第10页。
⑤ 〔俄〕赫尔岑：《科学中华而不实的作风》，李原译，商务印书馆1962年版，第26页。

1.“时代最闪亮的星”

这位影响过赫尔德、雅各比、歌德、克尔凯郭尔等人的伟大学者[①]，并非“科班出身”，也未能完成大学学业；他一生都游离于“专业”学术圈子之外，也从未获得过任何大学的教职，但他以其博学而备受同时代人的尊重。

1730年哈曼出生于普鲁士科尼茨堡一个中产阶级家庭，其父是一位医术平平的医生[②]，母亲则负责接生。作为家中长子，哈曼并未享受到多少重视，并很早就中断了学校教育。对这样一段不愉快的童年，成年后的哈曼曾说，“我很早就辍学了……我们在学校里听到只是一些夸夸其谈、浪费时间的废话”。幼年的哈曼视德意志为罗马的赓续，为了更好地了解德意志，他一心想学好拉丁语、希腊语以便阅读古典著述。而学校教育难以满足其需要，所以提起启蒙教师，哈曼没什么好话——那些教师不是蹩脚的授课者就是故作高深的书呆子。在这种情况下，哈曼只能自学，“尽一切可能来学习历史、地理，以便最低限度能阅读古典作品与诗歌。然而，由于历史、地理知识比较匮乏，在古典文学方面我起步较晚。也正是因为这个原因，我在表达自己思想时感觉异常困难，只能用简单的语词来表达”[③]。

1746年进入科尼茨堡大学的哈曼遇上博学的塞尔森厄斯教授。在学校里，哈曼的修辞学、历史学、地理等学识也因而大幅提高，还涉猎了数学、神学以及希伯来语。哈曼非常感念这一段学习生活，曾说，“一个新的学习领域向我开放了，我如同走入了一个有着琳琅满目货物的露天杂货店”[④]。1752年哈曼未能完成学位就离开了学校，前往雷加的贝伦斯家族任职。而后因贝伦斯对理性主义的狂热让虔诚的哈曼极为难受，使得他不得不于1759年离开雷加返回家乡，因口吃等原因而找工作不顺，最后在康德的帮

---

① 除了同乡康德之外，哈曼与歌德、黑格尔、雅各比、赫尔德等名家一生都未曾见面，只是有书信往来，但哈曼在书信中所表达出来的学识渊博、见解新颖赢得了众人的认可与友谊。而克尔凯郭尔是在哈曼去世之后才读到哈曼的著作的，但他曾多次明确表示思想上深受哈曼著作的影响。具体内容可参见 Heinrich von Stein, *Johann Georg Hamann*, Schmerin, 1863, S. 9。

② 以赛亚·伯林说哈曼父亲是“柯尼斯堡的一个澡堂门房”(〔英〕以赛亚·伯林:《浪漫主义的根源》，亨利·哈代编，吕梁等译，译林出版社2008年版，第45页)，但19世纪作者写的传记都说哈曼的父亲是医生(参见 Carl Carvacchi, *Biographischen Erinnerungen an Johann Georg Hamann*, den Magus in Norden, Münster, 1855, 以及 Heinrich von Stein, *Johann Georg Hamann*, Schmerin, 1863, S. 9)。

③ Carl Carvacchi, *Biographischen Erinnerungen an Johann Georg Hamann*, den Magus in Norden, Münster, 1855, S. 1 - 3.

④ Ibid., S. 7.

助下成为腓特烈大帝税务所中的一名小文员①。此后，长期待在科尼茨堡的哈曼与康德两人交往频繁，两人时常因学术观点的不同而争论，比如康德认为腓特烈大帝是位伟大的君王，而哈曼则认为这位君主是不道德的暴君。两人在不断探讨中相互影响②，直到1788年哈曼因肺心病逝世于明斯特为止。

尽管哈曼主要的学术活动是从事编辑和写作，但通晓多种文字的哈曼是当时公认阅读面最广、最为博学之人。他一生笔耕不辍，著作等身，知名的著作有《苏格拉底大事记》、《圣经沉思录》、《苏格拉底言行录》、《论学术上的问题》、《语言学的观念与诘难》、《纯粹理性元批判》等。

哈曼的著作大多是短小精悍，绝大多数作品并非专题著作，而是一些形式散乱、内容驳杂的笔记随笔之类的杂文或片段。哈曼的著述经常以新奇、充满迷幻色彩的标题出现，诸如占星术、十字军、希伯来女预言家、植物名称等。不仅如此，哈曼论著中充满奇异的想象、晓畅的文辞，并有不少生造的概念与词语。这使得哈曼的著述在当时备受诟病。哈曼的笔友歌德对这位从未谋面而经常有书信往来的朋友评价颇为矛盾：看书信，歌德认为哈曼是当时少有的博学之士，是“时代最闪亮的星”；一看其著作，歌德忍不住抱怨说，“读哈曼的著作，必须完全删去通过理解而弄懂是什么意思的这一意图”③。歌德不欣赏哈曼这种隐晦而含蓄的文字，但当时德国浪漫主义者让·保罗却对哈曼评价甚高，曾这样评述哈曼的著作：

> 伟大的哈曼如同缀满星辰、星云层迭的深邃天空，因而我们不能只用眼睛就妄图了解他——他风格是一股潮流，这潮流使得原本无法逃离风暴的德国小舟从风暴之眼中摆脱出来。像这样既没有领航员也没有划桨手的小舟只能容纳一人，比如哈曼，承载货物即会翻船……逐渐消失的历史人物多得人们甚至根本不会去注意，但对哈曼而言，他与生俱来的便是永恒……④

---

① Albert Brömel, *Johann Georg Hamann: ein Literaturbild des vorigen Jahrhunderts*, Hannover, 1869, S. 11－14.

② Brian Jacobs, “Self-insurrence, incapacity and guilt: Kant and Hamann on Enlightment guardianship”, in *Lessing Yearbook 28*, Detroit: Wayne State University Press, 1996, pp. 147－162.

③ Carl Carvacchi, *Biographischen Erinnerungen an Johann Georg Hamann*, den Magus in Norden, Münster, 1855, S. 29－30.

④ Ibid., S. 29.

哈曼的著作确实如深邃的天空，充满瑰丽、奇幻的色彩却又让人难以企及——目之所及的内容并非哈曼真正表达的意涵，其著作中的内在含义只能意会不可言传。保罗认为，这是哈曼的特点，也是哈曼著作独有的魅力。在哈曼富于想象的文字中，读者感受到的是哈曼知识的渊博与跳脱的情感。不仅如此，哈曼的思想及其所宣扬的情感也成为德国“狂飙突进运动”重要影响因素之一①。

从哈曼的全部著作来看，哈曼的著作是“富于启发意义和具有治病良药性质的”，而不像其他德国哲学家著作那样是“建设性和系统性”②。哈曼也谈论哲学，但是他只是为了将哲学引入一些主题研究之中；在他看来，哲学是一种研究的途径与方法，是一套与伦理学原则相似的信念体系。

哈曼从来无意通过论著去构建理论体系，他经常把自己的研究说成是一种医疗。晚年的哈曼甚至以《疗养温泉》(*Saalbadereyen*)③来命名自己著作全集，并且他在全集中还特意用“盆”一词来代替“卷”，以突出自己著作是一种精神或知识的疗养胜地。但是他的这一意图从未被人所接受，时人并不接受哈曼这些奇奇怪怪的措辞与想法。倒是深受哈曼影响④、哈曼的好友赫尔德对其评价甚高：

> 哈曼的著作精髓中包含着伟大的真理、卓越的见解、令人惊叹的渊博知识，整个作品如同煞费苦心用隐晦深邃的核心要点、意蕴深远的典故、花团锦簇的语言精心编织成的华缎——这当然值得赞誉与颂扬；理解哈曼所思所想，因为他看起来很好，而且其文辞令人愉悦。⑤

赫尔德除了在思想上深受哈曼的影响外，在表达方式也有一些与哈曼的相似之处——都是“大胆的想象力与巧妙的结合就通过感觉和感受而在

---

① Leonard P. Wessel, “Hamann's Philosophy of Aesthetics: its meaning for the Storm & Stress Period”, *Journal of Aesthetics and Art Criticism*, 1969, 27 (Summer), pp. 433 - 443.

② Richard Rorty, *Philosophy and the Mirror of Nature*, Princeton: Princeton University Press, 1979, pp. 5 - 6.

③ “Saalbadereyen”即“Curative Baths”，“巴斯”为英国西南部著名的温泉疗养胜地。

④ Daniel Dahlstrom, “The Aesthetic Holism of Hamann, Herder and Schiller”, in Karl Ameriks (ed.), *The Cambridge Companion to German Idealism*, Cambridge: Cambridge University Press, 2000.

⑤ Carl Carvacchi, *Biographischen Erinnerungen an Johann Georg Hamann, den Magus in Norden*, Münster, 1855, S. 30.

支配着他那经常被保持在朦胧深处的对象”①。或许在表述风格上与哈曼略有相似的赫尔德，才是哈曼的同道中人，其评价或许才是对哈曼著作最为恰当、中肯的论述。

2. 纯粹理性的元批判

哈曼的著作虽然内容散乱驳杂，涉及语言学、诠释学、美学、文学、宗教学、历史学等诸多方面，但其著作有一个共同的主题，即对理性的批判。1780年，汇集了哈曼一生研究成果的《纯粹理性元批判》一书出版，这是哈曼最重要的著作，也是体现了哈曼最为成熟的思想的著作，全书集中展现了哈曼对理性、对启蒙哲学的批判。实际上，在整理汇编著作全集以及撰写《纯粹理性元批判》时，在对自己一生的研究做总结时，哈曼将全部自己的研究工作称之为“元批判”，一种对纯粹理性的元批判。

理性与纯粹理性　哈曼从词源的角度指出，理性原本是人类获得知识的一种方式。自古以来就有理性是人类获得知识的一种重要的方式；并且，“平心而论，我们的理性出自感官感知和人性验证这两部分的”，最初这种理性意指由感官感知、并经人性验证的一种认识事物的方式，即“推理”。哈曼指出，人运用这种“推理”将纯粹感官的感知、个体性的感知上升到一般性的知识；从词源上来说，理性一词是由动词或者动名词——“推理”发展而来的②。

哈曼这种“理性”与康德的“纯粹理性”不一样。哈曼所说的理性是一种从感官感知、通过经验判断上升到一般的知识，是一种“纯粹学术理论概念”，而不是康德在《纯粹理性批判》那种独立于一切经验、纯粹思辨的理性。此外，哈曼与康德的“批判”目的是不同的。康德的批判是围绕“先天综合判断如何可能”这一问题，对先天直观形式、先验知性范畴进行考察，分析人类知识的来源、范围以及界限，从而为科学形而上学的建立奠定基础，是一套完整的方法论体系。“元批判”这一词虽然是哈曼模仿康德《纯粹理性批判》而来的。但他生造这一词，并不是为了构建某种理论体系，或者模仿康德创建方法论；他的目的就是为了用“元批判”来表达一种揭示哲学及神学批判自身基本原理与本质属性的学问。

---

① 〔德〕康德：《历史理性批判文集·评赫尔德〈人类历史哲学观念〉》，何兆武译，商务印书馆1997年版，第33页。

② Johann Georg Hamann, *Sämtliche Werker*, Bände 3, herausgegeben von Josef Nadler, Vienna Verlag Herder, 1949－1957, S. 29.

最重要的是，康德通过对理性的纯粹推论的考察提出了将知性范畴运用于理性推论必然导致的二律背反，由此确立了现象与本体的二元论，以物自体的不可知为信仰留下了地盘；而哈曼不赞成二元论。与康德那种尽量回避怀疑论和独断论做法不同，哈曼倾心于"联合的整体"。用哈曼自己的话说，就是试图在海妖斯库拉和海怪卡律布迪斯——在教条主义，甚至是根绝对立矛盾的教条主义；以及通过一种充满谬见的综合或者通过一种接纳完全对立事物而实现的融合——之间游走。哈曼自己也意识到在怀疑论、独断论之间首鼠两端的困难，曾对此感慨道：

> 是的，整日待在家里的我发现我总是因两个观点而使自己陷入困惑之中——这两个观念从未达成一致，并且不对其施加最猛烈的暴力是不可能将这两相互冲突的观念转变成其他的观念。我们的知识是零碎的——倘使独断论者扮演自身的角色扮演得很好的话，那么没有一位独断论者在此处境中会意识到这一伟大的真相；为邪恶纯粹理性所环绕的怀疑论自身变成了教条。①

认识到这种困难及其后果的哈曼抱怨说：

> 没有什么比从一个极端跳跃到另一个极端更容易的了；没有什么比这样将众多矛盾联合到一个中心困难的了。……对我而言，联合对立成为整体，是所有对立矛盾构成的一个完全理性——这一结果源自矛盾的解体和妥协……②

"整体性"与"个体性"　矛盾的联合构成一个包含各种对立个体性的整体，从事实现完全的理性。这是哈曼解决矛盾的"整体论"。从这一整体论出发，哈曼特别强调支离破碎的人类体验以及人类知识的片段：

> 断裂与残缺……是人性最高级、最深刻的知识，通过这一知识，我们

① Johann Georg Hamann, *Briefwechsel*, Bände 5, herausgegeben von Walternative Ziesemer & Arthur Henkel, Wiesbaden & Frankfurt, 1955－1979, S. 432.

② Johann Georg Hamann, *Briefwechsel*, Bände 4, herausgegeben von Walternative Ziesemer & Arthur Henkel, Wiesbaden & Frankfurt, 1955－1979, S. 287.

沿着我们道路攀爬到理想——理性与怀疑——我们理性的“至善”。①

在哈曼的观念里，这种碎散的知识才是真正的知识，但是这些孤立的、彼此无联系的、单个的知识是无法对现实产生作用，导致我们无法深入、真正地理解我们的生活。而要深入理解生活，就必须将这些断裂、残缺的知识片段联合起来，构成一个“理性的至善”——“整体”。一方面，哈曼强调这种“整体性”是“联结”各个片段，而不是“熔合”各个片段；因而联合并不意味着消除各个原本孤立片段的“个体性”，而是在“个体性”的基础上实现统一，形成了“整体性”。

另一方面，哈曼又认为，知识必须是建立在一致认同而没有对立矛盾的基础之上，是经过不同意见之间的相互对话以及交流建立起来的“整体”。哈曼提及“对立”与矛盾之时，并不是突出这种“对立”之间有多大的不同，而是坚信在零碎事物之中有一种基本的整体。至于那种“对立与矛盾实际上是我们自己造成的”，只是“我们所感受到的”一种不同。换言之，所谓的对立与矛盾，实际上是感知的结果，并不是理性的结果。在哈曼看来，肉体与精神，感觉与理智，理性与情感并不是真正完全对立的，只是人感知上出现了差别与对立。实际上这些对立的概念本质并不冲突，都共同指向“真理”；这些对比的因素有一共同的联合整体——“真理”，并且“真理”中的各个构成部分是联合的但并不是同质的②。

“人格化”、“非理性”与信仰　哈曼经常使用一种“人格化”术语来表述哲学思辨中出现的一种景象。“人格化”这一术语原意是指将人类(或称“智慧体”)形态、外观、特征、情感、性格特质套用到非人类的生物、物品、自然或超自然现象(或称“非智慧体”)。在中世纪的戏剧表演中，经常会让表演者用夸张的方式来表演以满足剧情的需要，获得情绪的感染力。哈曼认为在哲学中也存在这种人格化。这就意味着：哲学家在区分现象不同方面时，或细化或夸大了这种区别；并且这些现象的不同方面通过“人格化”而由一种观念实在性变成一种实体存在。

哈曼认为，哲学家们正是借用“人格化”，夸大“推理”与“感觉”这两者之

---

① Johann Georg Hamann, *Briefwechsel*, Bände 3, herausgegeben von Walternative Ziesemer & Arthur Henkel, Wiesbaden & Frankfurt, 1955 - 1979, S. 34.

② Johann Georg Hamann, *Briefwechsel*, Bände 5, herausgegeben von Walternative Ziesemer & Arthur Henkel, Wiesbaden & Frankfurt, 1955 - 1979, S. 327.

间的区别,将“推理”与“感觉”区分开来,并把“推理”等同于“理性”①。对于“理性”,哈曼是非常推崇的。他曾说:

> 没有语言,我们就没有理性,没有理性就没有宗教信仰,而没有这三种人性中本质的方面,我们社会既没有了精神,也失去了连接的纽带。②

但是,对由“推理”转变而来的“理性”,哈曼则持一种怀疑态度,甚至认为这种“理性”是一种灾难。他把这种理性称之为“非理性主义”,并不是真正的“理性”。关于真正的“理性”,哈曼认为:

> 存在、信仰和理性是纯实在的关系,不能被抽象处理,三者之间不是别的什么,而是纯粹学术理论概念,概念符号本不是为了崇拜,而是为了理解,为了帮助唤醒我们的注意,因而不能束缚它。③

真正的“理性”是一种纯粹的学术理论概念,不是由推理转换而来的非理性主义。因此,对启蒙哲学中将所谓“理性”拔高的做法,哈曼是极力反对的。他认为,启蒙哲学中的“理性”实际上是由推理转换而来的,并不是真正的理性,而是一种非理性。18 世纪的启蒙哲学将所谓的“理性”上升到等同宗教信仰高度,崇拜理性。哈曼则指出理性等这些纯粹学术概念是一种符号,是为了帮助人理解实在的一种符号,不是崇拜的对象,更不能等同于宗教信仰;否则就是理性的一种滥用、一种“非理性主义”,会带来可怕的灾难。对于启蒙哲学所滥用的理性,哈曼并无意从理论上对其进行拆析,因为他认为所谓理论解构与拆析是“人格化”以及启蒙哲学常用的方式。

至于同乡康德在《纯粹理性批判》中推崇二元论、以物自体的不可知作为信仰的做法,哈曼明确表示这并没有处理好“理性”与信仰的关系。他认为:

---

① Johann Georg Hamann, *Sämtliche Werker*, Bände 3, herausgegeben von Josef Nadler, Vienna Verlag Herder, 1949 - 1957, S. 29.

② Ibid., S. 231.

③ Johann Georg Hamann, *Sämtliche Werker*, Bände 7, herausgegeben von Josef Nadler, Vienna Verlag Herder, 1949 - 1957, S. 165.

> 任何哲学都是由确定与非确定的知识、理想主义与现实主义、感官与推理构成。为什么只有不确定的知识被称为信仰呢？那么，什么是理性依据呢？①

哈曼认为，信仰与理性彼此需要，理想主义与现实主义是一种幻想的对立。假设这种对立成立，那么人的理性将根本无法知晓构成人的生活最重要内容——宗教信仰。事实上，一方面人对信仰知之甚深，这说明了理性与信仰并不矛盾、不存在冲突，都是整体性中的一部分；另一方面，信仰是构成人类社会整体纽带的重要部分，要了解人的生活、人类社会，必须了解信仰。故，信仰与理性之间不存在对立，也不能存在对立，两者都是作为独立的个体而存在于人类整体之中的。而存在于各种事物本质之中的整体性是建立在我们所有的概念与看法的基础之上的②。换言之，人的观念与看法决定了整体性，也决定了人的知识领域里的一切。

语言、诠释与主观性　在谈到人的概念与观点时，哈曼曾说，"人用语言来表示概念，而概念表示事物本身"③；并且"语言是理性误解的核心问题"④。所谓的各种矛盾与对立，都是源自人的概念与观念，而概念追根溯源是取决于"语言"的，所以要消除理性误解最重要的就是语言这一因素。不仅如此，哈曼还认为：

> 任何现象的本质都是一种语言——符号，象征，以及代表着一种新的、神秘的、难以言状的、但更为紧密的整体……人类每一事物从一开始因一鲜活的语言而被听见，因其眼睛而看见，用其手而得以触摸。⑤

人类一切感知都与语言有关，连理性也是如此。作为人类社会的一种现象，理性推理是通过语言实现的；作为纯粹学术理论概念的理性就是一种

---

① Johann Georg Hamann, *Briefwechsel*, Bände 7, herausgegeben von Walternative Ziesemer & Arthur Henkel, Wiesbaden & Frankfurt, 1955 - 1979, S. 165.

② Ibid., S. 164.

③ Ibid., S. 264.

④ Johann Georg Hamann, *Sämtliche Werker*, Bände 3, herausgegeben von Josef Nadler, Vienna Verlag Herder, 1949 - 1957, S. 286.

⑤ Ibid., S. 32.

以符号、象征、暗示构成的一种整体，这其中本质就是语言。故哈曼说：

> 倘使我能像古希腊雄辩家德摩斯梯尼一样能言善辩的话，我就不用就一个单一的字眼再三重复。理性是语言——逻各斯……①

哈曼曾说，“获得知识有两种途径，一是自省，二是理性”。其中，理性一途与语言关系匪浅，而自省则与情感、想象等非理性的事物有关。关于自省，哈曼曾说：

> 自省知识从身边之人、镜子开始，真正的自爱也是如此；那是从镜子所反映到的具体事物。②

自省就需要个人运用情感想象等非理性的事物去回忆、再现、对比，并形成一种新的观念，形成一种新的理性概念。这其中，主观性的情感是自省这一获得知识途径必不可少的一种因素，甚至可以说，没有情感想象等非理性，人就无法获得理性的认知。

不仅如此，在诠释意义上，情感等非理性也是正确诠释的必要条件。在其第一本著作《苏格拉底大事记》中，哈曼从一开始就强调情感与奉献在诠释中的重要性。他甚至认为，狂热的情感是对圣经进行可靠诠释的必要条件。

一般认为，在诠释圣经时，解释者必须完全将自己从假定预设、成见、偏好中抽脱出来，以便能客观地对待他所研究的圣经。而哈曼则反对这种做法，他把这称之为“修道士戒律”——一种极度的苦行主义和禁欲主义，他甚至认为这样的研究者必成自行阉割的太监③。在他看来，圣经是过去生活的一种语言、一种知识，要理解这种知识，需要的不是去阉割自己的情感、想象，而是运用自省式的方法去回忆、再现、对比，最后形成对圣经的认知。

哈曼对那种所谓中立以及客观性持一种质疑态度，他是一名主观主义

---

① Johann Georg Hamann, *Briefwechsel*, Bände 5, herausgegeben von Walternative Ziesemer & Arthur Henkel, Wiesbaden & Frankfurt, 1955 - 1979, S. 177.

② Ibid., S. 281.

③ Johann Georg Hamann, *Sämtliche Werker*, Bände 2, herausgegeben von Josef Nadler, Vienna Verlag Herder, 1949 - 1957, S. 207.

者。他曾在其著作中多次强调，主观性以及诠释的本质对构成理解必不可少，也是确实有益的重要因素。哈曼主张主观性，在怀疑论与独断论之间徘徊不定，但是他反对休谟的不可知论，认为那是一种无限制主观性导致的恶果①。他曾极其反感地指出，无限制的主观性不是一种有依据的想象与灵感，而是"凭空想出灵感与诠释"，甚至比启蒙哲学家们惯用的"人格化"还要糟糕。在哈曼看来，这种无限制的主观性是"失明导致失去判断"，最终除了滑入不可知论的泥淖之外，什么都不是，什么意义都没有②。

虽然哈曼反对诠释中无限制的主观性，但他并不刻意对诠释主观性做相关的限制。一方面，对主观性进行限制会影响到诠释：首先，对主观性的限制会扭曲解释者自己的常识；其次，对主观性的限制会影响到人与文本之间的相互作用。故，不能对诠释中的主观性进行限制。另一方面，人会"规避偏见以及先入为主的观念，自身历史记忆的残缺，传统与文化，以及对诠释规则的遵从"③。人具有思维，具有理性，会自觉地避免诠释中的偏见、先入为主的观念；诠释时，人因为自身历史记忆的不全，也无法做到无限制的主观性；而传统认知以及文化的内在要求，使得一位诠释者在放大主观性时不得不有所思量、有所节制；最后，诠释学本身是有一定规则的，诠释者在诠释时受制于这种规则而无法将主观性无限放大。因而，在诠释过程中的主观性是一种有限度的主观性，并非无限制的主观性；是一种遵循诠释学规则、受制于诠释者自身历史记忆、为传统与文化规范的有规则的主观性，所以不需要对诠释中的主观性进行限制。

哈曼还特别指出，"没有作者能做到理解他自身，而一位正确的读者不但要理解作者，而且还要能理解超出作者的那部分含义"④。哈曼除了强调诠释者根本无法摆脱自身的需要与责任感之外，还说明对诠释者的限制要比文本作者多得多，其责任也大得多。不仅如此，作为读者、作为诠释者，要理解作者在文本中的全部含义，要理解文本之外的那部分含义，借助想象、情感等非理性的主观性是不二法门。

---

① Charles W. Swain, "Hamann and the Philosophy of Hume", *Journal of the History of Philosophy*, 1967, 5 (October), pp. 343 - 351.

② Johann Georg Hamann, *Sämtliche Werker*, Bände 2, herausgegeben von Josef Nadler, Vienna Verlag Herder, 1949 - 1957, S. 208: 3ff.

③ Ibid., S. 209.

④ Johann Georg Hamann, *Briefwechsel*, Bände 6, herausgegeben von Walternative Ziesemer & Arthur Henkel. Wiesbaden & Frankfurt, 1955 - 1979, S. 22.

3. 理性与浪漫的纠结

通过“元批判”，哈曼对理性做了梳理，强调了整体性与个体性，突出了情感与主观性，这些实际上都是哈曼对启蒙哲学、启蒙理性主义的一种反驳与批判。哈曼应该是世纪交替之际对启蒙理性主义进行批判的第一人。早在康德以《纯粹理性批判》(1781 年出版)对启蒙哲学发起全面进攻之前，哈曼就已经通过他的笔与舌质疑启蒙哲学了，特别是 1780 年《纯粹理性元批判》一书的出版，标志着哈曼开始大举批判启蒙理性。故，以赛亚·伯林说，“有一个人给了启蒙运动最沉重的打击，启动了浪漫主义进程，启动了整个反叛启蒙主义理念！……约翰·乔治·哈曼”①。

哈曼在其著作，特别是在《纯粹理性元批判》中旗帜鲜明地质疑理性至上，反对理性主义所倡导的普遍性。“受到高度赞美的理性到底是什么东西呢?”②在哈曼看来，这种理性实际上就是一种非理性主义的推理、一种通过概念或观念拆析而强调普遍性的现象。哈曼质疑启蒙哲学的这种理性，反对这种理性对特殊、对个体性的忽视或抹杀。他认为，所有真理都是特殊的而非普遍的，只有特殊性才是有价值、有意义的，那种试图用理性来批判、统辖人类社会的做法是必定失败的，所谓的纯粹理性主义只会让理性变成一种枯燥的教条，其所到之处是千篇一律的死气沉沉。

哈曼进一步指出，理性主义者所强调的理性只不过是一个方便分类和组织材料的工具而已，它是没有能力证明任何事物的存在与否；并且这种理性“所依据的原则是无视生命世界丰富的多样性以及人们多姿多彩的内心生活的，它们为了一些与构成现实世界的灵与肉统一性毫无关系的意识形态狂想而强求一律”③。用机械、理性来认知世界，实质上就是依据数学、物理学等自然科学建构原则，以极其教条的方式粗暴地将绵延不绝、不能分析的现实整体进行分解，从而将分解后的世界纳入所谓的体系与结构之中。哈曼坚决反对这样的做法，指出这根本不是认识世界的正确方式，这种方式对人类认知事物毫无用处，甚至会歪曲、阻碍人类对世界的认知。

---

① 〔英〕以赛亚·伯林：《浪漫主义的根源》，亨利·哈代编，吕梁等译，译林出版社 2008 年版，第 45 页。

② Johann Georg Hamann, *Sämtliche Werker*, Bände 3, herausgegeben von Josef Nadler, Vienna Verlag Herder, 1949 - 1957, S. 225.

③ Johann Georg Hamann, *Briefwechsel*, Bände 5, herausgegeben von Walternative Ziesemer & Arthur Henkel, Wiesbaden & Frankfurt, 1955 - 1979, S. 432, S. 327, S. 462.

这种所谓理性的分解、分析实际上就是一种夸张的"人格化"手法，是在概念上对一些事物的差别与细节夸大其词，最后不但不能使人得到真理，而且会将人的认知引入歧途，所以这种理性拆析无异于对认知的一种谋杀。哈曼不仅否定了理性主义者所推崇的普遍性，肯定了个性，而且还进一步指出寻求真理的方法绝不是理性主义者所谓的这种理性。

在哈曼看来，理性主义忽视个性、强调普遍性，其最后的结果是不但寻求不到真理，而且还抹杀了人类生活的真实性。他认为，人类历史是由形形色色的、各自矛盾又相互依存的人、事、时代等构成的，每个人、每一个团体、每一个宗派、每件事、每个时代等的独特性是世界的真实性最本真的体现，每个历史事件都有其独特的意义，每一个历史时代都有其特殊的存在价值。而启蒙哲学、理性主义想用科学的、一般性的概念来分析交流活动，就是强调普遍性而忽视个体性，甚至无视个体性。哈曼认为启蒙哲学的这一企图必定会失败。在他看来，一般性概念是一堆没有经过提炼的存在：它们是概念和范畴，是用来甄别那些对许多类别的人都显得寻常、在不同时代都显得寻常、具有共同性的那些事情。而启蒙哲学强调普遍性，就是用一般性的概念和范畴去涵盖一切；并且启蒙哲学所推崇的一般性概念只能容纳具有普遍性、共同性的一般事物，必定不能涵盖那些非常之物，那些特殊之人的特别之处①。在哈曼看来，"唯有特殊性才有意味"②。那些"非常之物"、"特殊之人"才是人类生活真实性的最基本、最重要的组成部分，也是人类生活的本质。

为了彻底批判启蒙哲学对普遍性的重视、运用概括归纳形成一般性概念的做法，哈曼还反对将自然科学知识及其研究方法运用于人类社会领域的事物。他认为，科学一旦被运用到人类社会，就会导致某种可怕的官僚主义，会使整个社会失去活力，变成一堆无生机的、无交往的、凝固的存在。因此，他反对自然科学家、反对官僚、反对一切依据所谓理性而把东西理得井井有条的人；凡是借用理性的名头而行非理性之事的人，凡是想把东西分门别类，或是想把不同类的东西混为一谈，想证明创造活动不过是从自然那里获取一些数据然后再按自己想要的方式重新组合一遍的人，都是哈曼所要

① Johann Georg Hamann, *Briefwechsel*, Bände 3, herausgegeben von Walternative Ziesemer & Arthur Henkel. Wiesbaden & Frankfurt, 1955 - 1979, S. 32 - 35.

② 〔英〕以赛亚·伯林：《浪漫主义的根源》，第47页。

反对的对象①。哈曼认为,只有将启蒙理性主义的这种企图消灭,才能使人类社会生活避免这种理性的大灾难。

在哈曼看来,人类社会是一种独特的创造,而创造是一种难以形容、不可言传、无法分析的个人行为。通过这种行为,人在自然界印上自己的痕迹。进而言之,创造是任凭意志自由驰骋,说想说的话,做想做的事情;这些正是人类社会充满无限活力的根源。而启蒙理性无视这种独特创造、忽视这种个体性,试图将自然科学所取得的成就的模式套用在人类社会领域,妄图以此来突出普遍性,是根本错误的做法。在他看来,启蒙主义的整套理念正在扼杀人们的活力,以一种苍白的东西替代了人的自由意志,代替了人的创造热情,替代了整个丰富的感官世界,其后果是非常严重的:没有了感觉,人便无法生活、无法食饮、无法快乐、无从交际;没有了创造性的热情,人就无法沉醉于多种多样的行动之中,就只能是千篇一律地存在着;没有了想象与自由意志,人就如同没有了灵魂,也就失去了存在的意义。简言之,按照启蒙理性的原则粗鲁地剥去人的激情、人的自由意识、人的创造、人的感官,人类就会失去个体性,人就会枯萎死亡。

哈曼指责启蒙哲学无视人的创造、抹杀人的活力。在他看来,依据启蒙运动思想家的观念中,人要么就是"经济学意义上的人",要么就是诸如某种人工的玩具或者某种无生命的模型。这样的人没有创造,没有感觉,没有激情,没有自由意志,更没有个体性。这样的人和哈曼在他日常生活中所见到的、并希望与之交往的那种人之间是没有一点关联的②。实际上,哈曼认为这样抽象而没有个体性的人是不存在的,倘使存在,也只存在于启蒙哲学的观念之中而已,因而于社会生活而言,是没有意义与价值的。

在批判普遍性、抛弃启蒙哲学对理性的"人格化"拆析之后,哈曼进一步指出,世界是由充满个性的个体构成的,认知这个充满个性的世界必须依据"激情"。因为只有纯粹的激情才是有创造性的,才能体现人的个体性,才是真正展现人独一无二的感觉,才能施展人的自由意志;并且只有充满激情、创造性,人才不会脱离社会现实,才能深入到多面的真实世界中去,从而触

① Johann Georg Hamann, *Briefwechsel*, Bände 3, herausgegeben von Walternative Ziesemer & Arthur Henkel. Wiesbaden & Frankfurt, 1955 - 1979, S. 271 - 273.

② Carl Carvacchi, *Biographischen Erinnerungen an Johann Georg Hamann*, den Magus in Norden, Münster, 1855, S. 29.

及到真相与真理，即，触及到哈曼所说的“神圣”①。

哈曼极力反对所有一切归纳、分类、固定、分门别类排列整理好，反对启蒙哲学那种试图把人类经验导入某种理性秩序之中的做法。他认为，这样的做法将导致人类社会失去活力、丢掉激情、缺乏流动、缺失个性，丧失创造的欲望，甚至斗争的欲望，使整个人类社会没有了促成观点各异的人之间创造性碰撞的所有元素。而这种碰撞元素是人类社会存在的基础，也是人类获得知识的基础②。在哈曼看来，这种碰撞绝对不是法国启蒙哲学强调普遍性所带来的那种死气沉沉的和谐。在哈曼的影响下，歌德就曾强烈反对法国启蒙哲学将自然科学方法引入社会领域的做法③。

在哈曼看来，理性主义的整套理论都是在扼杀人的活力，他们以苍白的理性为旗号，将人的热情抹杀，将丰富的感官世界变成了万物毫无特色、所谓的“永恒世界”，人也就成了无生命、无创造的模型。哈曼甚至认为，以理性作为行动的尺标，造就的只是所谓的“正常人”；在某种程度上来说，那些超凡脱俗的大师们（比如，埃阿斯、苏格拉底、梭伦、希伯来的先知等）都是不正常的，都不具有符合理性的“正常心智”。哈曼甚至认为，真正有创造性的人都是情感浓烈、充满激情、不符合所谓理性的。

不仅如此，在人类社会领域中，“只有历史，尤其是以热情的语言和充沛灵感的想象描述自己世界的诗人，才能提供具体的真理”。在哈曼看来，历史是真理的一种表现，并且人类历史是由各个各具特色的时代、各种充满个性的人构成的，研究历史，去再现历史，需要想象，需要情感。这类似于获得知识的途径——“自省”；历史研究需要人去对比现在、发挥想象、运用自由意志去体会已经过去的人与事。此外，历史是由情感的、个性化的人创造的，要理解它，就如同诠释文本一样，需要诠释者发挥想象、倾注情感去再现曾经鲜活存在的人与事，只有这样才能真正理解历史。这样一来，历史研究也就绝不是理性主义者所想的那样——仅仅是为了印证某种哲学理论而存在的，而是要将人类历史中的个性意义展示出来的一种知识④。

---

① Johann Georg Hamann, *Briefwechsel*, Bände 5, herausgegeben von Walternative Ziesemer & Arthur Henkel, Wiesbaden & Frankfurt, 1955 - 1979, S. 272.

② Ingrid Altenhöner, *Die Sibylle als literarische Chiffre bei Johann Georg Hamann — Friedrich Schlegel — Johann Wolfgang Goethe*, Frankfurt a. M.: Peter Lang, 1997, S. 46.

③ 〔英〕以赛亚·伯林：《浪漫主义的根源》，第48页。

④ Johann Georg Hamann. *Sämtliche Werken*, Bände 3, herausgegeben von Josef Nadler, Vienna: Verlag Herder, 1949 - 1957; reprinted by Brockhaus in Wuppertal, 1999, S. 32 - 40, S. 221 - 225.

值得一提的是,在哈曼所有思想的深处是"一种神秘的生机论"①。在这种生机论里,世界上的一切都是上帝创造的,"人类是上帝照着自己的形象而创造出来的"②,人的"生活及其变化是隐藏在背后之神的艺术杰作……此外,神也创造了天与地"③。人类社会、自然界都是上帝的产品。而上帝与其创造的一切之间的关系,哈曼认为:

> 上帝、本质以及理性之间的关系,就如同光、眼睛和我们所看到的这三者之间的关系一样,或者说就像作者、文本和读者这三者的关系一样。④

依据这一关系,一方面,"光"通过"眼睛"传递到"我们所看到的",而作者的意图可以通过文本传递给读者,那么"上帝"可以通过"本质"将意图传递给"理性"。具体而言,上帝通过自然、通过人类社会等所有他所创造的一切向人传递声音、想法、意图等。另一方面,人的"理性"可以通过读者也可以通过文本理解作者,那么人的"理性"可以通过"本质"领会"上帝"。即,人可以从大自然和历史里感知上帝的声音。具体而言,哈曼认为,"语言是符号,是象征,是代表着一种新的、神秘的、难以言状的但又是更为紧密的整体,一种参与并融入神的力量与观念之中"⑤。人的理性是可以通过"语言"这一逻各斯达到"本质",进而通往"上帝"的。但是,"不通过共同的行动,单个个人是无法理解神所创造的这一艺术杰作"⑥。因此,人对上帝的理解只能通过全体的行动,即社会生活来理解上帝,甚至是通过全部历史来理解上帝,而上帝也主要是通过群体的社会生活来展示其意图,通过人类全部历史过程来彰显自身的存在。所以作为社会生活中重要部分的"历史也可以传达上帝的声音。纷纭的历史事件,无知的历史学家将其视为普通的经验性

---

① 〔英〕以赛亚·伯林:《浪漫主义的根源》,第53页。

② Johann Georg Hamann, *Sämtliche Werken*, Bände 2, herausgegeben von Josef Nadler, Vol. 3, reprinted by Brockhaus in Wuppertal, 1999, S. 198.

③ Heinrich von Stein, *Johann Georg Hamann*, Schmerin, 1863, S. 10.

④ Johann Georg Hamann, *Briefwechsel*, Bände 5, herausgegeben von Walternative Ziesemer & Arthur Henkel, Wiesbaden & Frankfurt, 1955-1979, S. 272.

⑤ Johann Georg Hamann. *Sämtliche Werken*, Bände 3, herausgegeben von Josef Nadler, Vienna: Verlag Herder, 1949-1957; reprinted by Brockhaus in Wuppertal, 1999, S. 32.

⑥ Heinrich von Stein, *Johann Georg Hamann*, Schmerin, 1863, S. 10.

事件，其实是上帝言说的方式。每个历史事件都具有玄秘或神奇的意义，明眼之人能够感知到它们的重要性”①。

此外，从这种神秘主义生机论出发，从上帝创造一切、一切都体现了上帝意图这一观点出发，哈曼和启蒙哲学家一样声称自己是“世界公民”：

> 我对普鲁士的感情从来没有上升到热爱祖国这一层次，更多不过是一种责任和义务罢了。地球是上帝的地球，在这个意义上，我是世界公民。在德意志，我并没有什么倾向性，德意志是多了东普鲁士好还是少了它好，对我而言，完全没有任何想法。②

哈曼这一“世界公民”观念的出发点是上帝，作为创造世界的上帝的子民，即世界公民，哈曼没有太多的家国情怀，对政治不感兴趣，他的世界公民的出发点与落脚处都是上帝，这是一种建立在宗教信仰上的世界公民。因此，这与启蒙哲学家从政治的角度出发、超越一国一族、具有世界情怀的世界公民是略为不一样的。

哈曼寻求宗教信仰作为支撑，是受德国特定的思想文化传统而形成的。德意志地区长久风行虔信主义，这一思潮“特别强调精神生活，蔑视求知，蔑视庆典和一切形式的东西，蔑视排场和仪式，特别强调受苦的人类个体灵魂与造物主之间的个别联系”③。这一虔信主义在德国思想界引发了一种强烈的内倾生活方式，体现在浪漫主义者身上即为：

> （浪漫主义者）他们认为，最高意义的价值是诸如正直、真诚，随时准备为某种内心理想献身，为某种值得牺牲一切、值得为之生为之死的理想奉献一个人的所有。你会发现他们对知识或科学进步根本没有兴趣；对政治权力没有兴趣，对幸福没有兴趣；他们对于为了找到个人的社会位置而去适应社会，与政府和平共处，对国王或共和国保持忠诚特别没有兴趣。你会发现，常识、温和适度的态度与他们的思想毫不沾边；你会发现他们相信为自己的信念战斗至最后一息的必然性；……你

---

① 〔英〕以赛亚·伯林：《浪漫主义的根源》，第 53 页。

② Albert Brömel, *Johann Georg Hamann: ein Literaturbild des vorigen Jahrhunderts*, Hannover, 1869, S. 35.

③ 〔英〕以赛亚·伯林：《浪漫主义的根源》，第 42 页。

> 会发现他们相信少数比多数更神圣，失败比成功更高贵，成功往往是赝品或粗俗一类的东西。理想主义的信念，不是哲学层面上的信念，而是需要行动来实践的信念——也就是说一个人准备为某种原则或某种确信而牺牲的精神状态，一个永不会出卖信念的精神状态，一个为自己的信仰甘受火刑的精神状态(因为他信，他愿意这样)。这种状态以前不曾多见。人们所钦佩的是全心全意的投入、真诚、灵魂的纯净，以及献身于信仰的能力和坚定性，不管他信仰的是何种信仰。①

哈曼是如此，19 世纪德国早期浪漫主义者也都有这种倾向，甚至整个 19 世纪 20 年代的社会生活都是如此，“情感的纯洁、完整、投入、奉献——这些精神气质，比较容易得到人们的敬佩，成为一般的道德态度”②。

汤普森曾指出，“浪漫主义就是对非历史的推理即理性主义的形式逻辑的反抗，是感情和想象对纯理智主义的反抗，感情对形式的反抗，个人主义对体制专横的反抗，是为富于同情的创造性的想象呼吁，反对只讲形式和内容的作法”③。哈曼在其众多著述中，不厌其烦地批判理性主义，将理性主义者的坚固理论堡垒打开了一个小缺口，为浪漫主义的兴盛创造了条件，无愧于浪漫主义第一人的称誉。但哈曼还只是将理性主义的理论缺陷暴露出来，描述了浪漫主义的一些形态，对理性主义的批判还未系统化。真正对启蒙理性主义展开系统批判，并为浪漫主义建构理论基础的是德国 19 世纪之初的哲学家们。

三、德国哲学家：浪漫主义的理论先驱

18 世纪末 19 世纪初的德国古典哲学以理性真正捍卫者的身份出现，从本体论、认识论、方法论等角度对理性进行拆析。然而，德国古典哲学最高成就——辩证法，却将启蒙理性存在的所有基础轰开了缺口；而理性主义也在德国古典哲学的“捍卫”下摇摇欲坠，与理性主义对立的浪漫主义因此获得机会，进一步攻城略地、击溃理性主义。就这个意义而言，德国古典哲

① 〔英〕以赛亚·伯林：《浪漫主义的根源》，第 16 页。
② 同上书，第 17 页。
③ 〔美〕汤普森：《历史著作史》(第三分册)，第 179—180 页。

学为浪漫主义的发展奠定了基础①。这正如朱光潜先生所说,"德国古典哲学本身就是哲学领域里的浪漫运动"②。

1. 康德:"拘谨的浪漫主义者"

真正开始系统批判理性主义是德国哲学家康德(Immanuel Kant, 1724 - 1804 年)。康德是德国古典哲学的代表,他站在古典主义的立场上,通过《纯粹理性批判》、《实践理性批判》、《判断力批判》三大批判理论对理性进行了全面的拆析,对浪漫主义的理论构建有着重要的意义。但哈曼的这位同乡——康德明显与哈曼不同,他"痛恨浪漫主义。他憎恶一切形式的放纵和幻想,即他称之为'幻象教派'的东西,憎恨任何形式的夸张、神秘主义、暧昧、混乱"③。另者,康德又通过《世界公民观点之下的普遍历史观念》、《答复这个问题:"什么是启蒙运动?"》、《评赫尔德〈人类历史哲学观念〉》、《人类历史起源臆测》、《万物的终结》、《重提这个问题:人类是在不断朝着改善前进吗?》、《论通常的说法:这在理论上可能是正确的,但在时间上是行不通的》等一系列论文阐释他对历史的思索,阐释历史的合目的性和历史的合规律性,"目的的王国与必然的王国最后被康德统一于普遍的理性"④。康德对这一理性的王国越是推崇,理性王国因法国革命而破灭所带来的冲击力就越大,就越有利于浪漫主义的发展;此外,康德在道德领域为了信仰而牺牲了理性知识以及思想中诸多与浪漫主义相契合的因素,为浪漫主义在理性主义包围下突围并获得发展奠定了基础⑤。简言之,康德与浪漫主义之间是一种含蓄而拘谨的关系,因而这位哲学家被以赛亚·伯林称为"拘谨的浪漫主义者"⑥。

早在"前批判时期",康德在其所写的《自然通史和天体论》中,就提出关于天体起源的"星云假说",认为所有天体是从旋转的星云团中产生的,而地球以及整个太阳系都是在时间的进程中逐渐生成的天体。这就动摇了那种认为自然界在时间上没有任何历史的观点,在主张宇宙永恒不变的形而上学观念上打开了第一个缺口,也在理性主义的自然观上打开了缺口。

---

① 相关研究参见〔俄〕加比托娃:《德国浪漫哲学》,王念宁译,中央编译出版社 2007 年版,第 218—223 页。

② 朱光潜:《西方美学史》(下),人民文学出版社 1983 年版,第 723 页。

③⑥ 〔英〕以赛亚·伯林:《浪漫主义的根源》,第 72 页。

④ 〔德〕康德:《历史理性批判文集·译序》,何兆武译,商务印书馆 1997 年版,第 3 页。

⑤ L. Beck, "The fact of reason: an essay on justification in ethics," in Beck (ed.), *Studies in the Philosophy of Kant*, Indianapolis: Bobbs-Merrill, 1965, pp. 200 - 214.

其后，在“批判时期”，康德围绕理性认识展开批判。在他看来，认识分为感性、知性、理性三个阶段。在感性阶段上，人借助于先天的感性直观的纯形式，把自在之物作用于感官而产生的感觉的混乱状态整理出秩序，成为时空中的现象；在知性阶段，人使用先天知性的概念整理由感性所提供的现象，使之具有条理性、规律性，形成具有普遍性、必然性的真正的知识；在理性的阶段，人试图超越现象界去认识“自在之物”，如灵魂、上帝等，就必然会陷于自相矛盾，最终宣告失败①。

在康德的世界里，思维与存在是绝对对立的，而理性无法认识世界本身，即，人不可能认识“自在之物”，而认识的物件是借助人的主观意识，即先天的感性直观形式和范畴而构成的。在他看来，带有普遍性、因果性的规律并非客观世界所固有，只是人的主观意识的产物。这样一来，在启蒙理性那里无所不能的理性因康德为信仰牺牲认知而成了跛脚瘸子，从而动摇了理性主义的存在基础。

在论及启蒙运动时，康德指出：

> 启蒙运动就是人类脱离自己所加之于自己的不成熟状态。不成熟状态就是不经别人的引导，就对运用自己的理智无能为力。当其原因不在于缺乏理智，而在于不经别人的引导就缺乏勇气与决心去加以运用时，那么这种不成熟状态就是自己所加之于自己的了。Sapere aude! 要有勇气运用你自己的理智！这就是启蒙运动的口号！②

启蒙运动就是使人脱离不成熟的状态，而成熟就意味着能自主地决定自己的生活，摆脱别人管教与指引，能够在道义责任价值观的基础上自主选择。其中，人的这种自由选择，是一种依据人独有的自由意志进行的自由选择，是人与自然界其他事物区别开来最根本的依据。但是人要获得这种自由，启蒙自己是不容易的。康德认为：

> 通过一场革命或许很可以实现推翻个人专制以及贪婪心和权势欲

---

① G. Bird, *Kant's Theory of Knowledge: An Outline of One Central Argument in the Critique of Pure Reason*, London: Routledge & Kegan Paul, 1962, p. 59.

② 〔德〕康德：《历史理性批判文集·答复这个问题：“什么是启蒙运动?”》，何兆武译，商务印书馆1997年版，第22页。

> 的压迫，但却绝不能实现思想方式的真正改革；而新的偏见也正如旧的一样，将会成为驾驭缺少思想的广大人群的圈套。①

事实上，在法国革命中，人的自由理性不但没有获得解放，而且新的、以理性主义为代表的偏见进一步控制着人的心智。在启蒙理性主宰下建立的王国里：

> 只有那位其本身是启蒙了的、不怕幽灵的而同时手中又掌握着训练精良的大量军队可以保障公共安宁的君主，才能够说出一个自由国家所不敢说的这种话：可以争辩，随便争多少，随便争什么；但是必须听话。这就标志着人间事务的一种可惊异的、不能意料的进程；正犹如当我们对它从整体上加以观察时，其中就几乎一切都是悖论那样。程度更大的公民自由仿佛是有利于人民精神的自由似的，然而它却设下了不可逾越的限度；反之，程度较小的公民自由却为每个人发挥自己的才能开辟了余地。②

在康德看来，启蒙理性主义通过强化理性，似乎是在促使人类在认知上成熟，但是实际上理性主义对理性权威的确立让人更加不成熟、更加不自由。依据理性主义思维，理性决定一切。这种决定论思想在康德看来，不过是把人当作了一只钟表，他只能被调好后嘀嗒地走，却不能自由地选择、自主地调整自己；自己不能决定自己的一切，这就是不自由。理性主义只能以外在的他律性来规范人类，而这恰恰是施加给人类自由意志一种噩梦般的限制，让人类意志无法实现自律性。康德反对这种理性至上，他指出每个人都有自己的情感倾向、欲望、激情，这种欲望和情感是无拘无束的意志，是人之为人唯一值得拥有的。由此，康德批驳理性主义对人性的束缚，也倡导自由的意志。

另外，对于理性主义运用自然科学思路为人类社会寻求规律的做法，康德认为：

---

① 〔德〕康德：《历史理性批判文集·答复这个问题："什么是启蒙运动？"》，何兆武译，商务印书馆1997年版，第24页。

② 同上书，第30页。

无论人们根据形而上学的观点，对于意志自由可以形成怎么样的一种概念，然而它那表现，即人类的行为，却正如任何别的自然事件一样，总是为普遍的自然律所决定的。①

人类社会本身就服从自然规律，人部分就是自然性物体。人类历史就是这种自然规律下的人类行为历程。作为研究人类社会的历史学家，主要的任务就是描述这种意志自由的表现——人类的行为。具体而言：

历史学是从事于叙述这些表现的；不管它们的原因可能是多么地隐蔽，但历史学家却能使人希望：当它考查人类意志自由的作用的整体时，它可以揭示出它们有一种合乎规律的进程，并且就以这种方式而把从个别主体上看来显得是杂乱无章的东西，在全体的物种上却能够认为是人类原始的秉赋之不断前进的、虽则是漫长的发展。②

康德认为历史学家所写的历史分为“预告性的历史”、“占卜的但却自然的历史”、“预言的(先知)历史”、“道德史”③。其中预告性的历史是我们所渴望的，这种历史以“已经为人所知的自然规律为指导”。但是，组成历史的单个个人虽然部分是自然性物体，却不完全遵从规律。因此，在人类历史舞台上，我们看到的是“由愚蠢、幼稚的虚荣，甚至还往往是由幼稚的罪恶和毁灭欲所交织成的”景象④。康德认为历史学家和哲学家无须为这种现象而懊恼，因为人一方面具有社会化倾向，要在社会化的状态里“才感到自己不止于是人而已”，另一方面人具有“非社会性”，“具有一种强大的、要求自己单独化(孤立化)的倾向”，想要一味按照自己的意思来摆布一切。在这一过程，人会遇到阻力，而且自身也成为对别人的阻力。康德进一步指出：

正是这种阻力才唤起了人类的全部能力……于是就出现了由野蛮进入文化的真正的第一步，而文化本来就是人类的社会价值之所在；于是人类全部的才智就逐渐地发展起来了，趣味就形成了，并且由于继续

①② 〔德〕康德：《历史理性批判文集·世界公民观点之下的普遍历史观念》，何兆武译，商务印书馆1997年版，第1页。

③ 〔德〕康德：《历史理性批判文集·重提这个问题：人类是在不断朝着改善前进吗?》，第145页。

④ 同上书，第2页。

> 不断的启蒙就开始奠定了一种思想方式，这种思想方式可以把粗糙的辨别道德的自然秉赋随着时间的推移而转化为确切的实践原则，从而把那种病态地被迫组成了社会的一致性终于转化为一个道德整体。①

在整个转化过程中，人类历史的有序性以及遵从自然规律性，正是源自单个个人的不符合自然规律的“非社会性”；整个转化演变的历程也是这种个体的“非社会性”作为动力而推动的。换言之，在人类历史中，单个个体是历史发展中最为重要的因素。在这一过程中，人的社会性最终得以实现靠的是人的非社会性，康德称之为“人非社会性的社会性”。大体上，康德这一整个论证有点近似于黑格尔的“理性的狡黠”。

值得一提的是，康德原意是为理性主义辩护，维护理性主义所倡导的普遍性以及规律性，最终却使人的“非社会性”得以强调，突出了人类社会中的个体性，为浪漫主义中个体性观念的奠定打下了基础，也在一定程度上冲击了理性主义的堡垒。这也算是康德自身理论的“二律背反”吧！

2. 施莱格尔：“浪漫主义的总管”

1835 年，德国诗人海涅在谈到德国古典文学时指出：

> 正是这种文学在上世纪末遭到德国一个新兴派别的反对，这个派别我们称之为浪漫派，奥古斯特·威廉·施莱格尔和弗利德利希·施莱格尔两位先生是这一派的总管。耶拿是他们的重心，这两位兄弟同许多志同道合的文人雅士在此起居出没，新的美学训条从这里扩散开来。②

1798 年施莱格尔兄弟在耶拿大学创办《雅典娜神殿》杂志，这一事件被认为是德国浪漫主义开始的标志③。18 世纪末 19 世纪初以德国耶拿大学为中心，汇集了以施莱格尔兄弟为首的浪漫派，形成浪漫主义重要的学术流派——耶拿派，掀起了德国浪漫主义运动的高潮。其中，尤以施莱格尔

---

① 〔德〕康德：《历史理性批判文集·重提这个问题：人类是在不断朝着改善前进吗?》，第 7 页。

② 〔德〕海涅：《浪漫派》，薛华译，上海人民出版社 2003 年版，第 31 页。张玉书编译的《海涅选集》（参见张玉书编译：《海涅选集》，人民出版社 1983 年版，第 29 页）中译成“掌柜”。

③ J. Bernstein, “Poesy and the Arbitrariness of the Sign: Notes for a Critique of Jena Romanticism”, in *Philosophical Romanticism*, N. Kompridis (ed.), London: Routledge, 2006, p. 3.

(Friedrich von Schlegel,1772 - 1829 年)对浪漫主义的影响为最。

施莱格尔充满创作的激情,除了刊发的大量著作之外,身后留下近 100 本手写笔记①。其中比较出名的著作有《希腊罗马诗歌史》、《论希腊诗歌》、《卢琴德》、《论印度的语言与知识》、《生活哲学与语言哲学演讲录》、《基督教艺术演讲》、《论美的范畴》、《近代史演讲录》、《文学史演讲：古代与近代》、《历史哲学》、《〈雅典娜神殿〉断片集》等。

通过这些为数众多的著作,施莱格尔在康德的基础上进一步阐释浪漫主义的观念②,进一步否定启蒙理性主义,强调人类自由意志。

激情与自由　施莱格尔把启蒙看作是剪除热情的火焰的"蜡烛剪",而理性则是反对欲望与爱情的"清泻剂"。在其创作的《卢琴德》中,他突破理性主义思维,表述人与人之间可能有的自由关系。书中多次使用婴儿来模拟人所向往的自由。比如,主人公面对无拘无束生活的婴儿,呼喊道:

> 人应当这样生活！这个儿童,赤裸裸而无拘无束;他无牵无挂,不屈从于任何权威,也不听从任何世俗的教导。最重要的是,他是一个懒散之人,没有什么非做不可的事情。懒散可以说是我们被逐出神圣的伊甸园之后仅存的天堂之光。当自然极其野蛮地把我们强摁在一架可怕的因果踏车之上,使我们陷入无休无止的单调之中,自由,在空气中伸展腿脚,率性而为,就成了我们在这个可怕的世界拥有的最后特权。③

字里行间流露出对懒散、任性、享受式生活的向往,对理性主义因果论的否定与厌恶。

包括施莱格尔在内的一些浪漫主义思想家认为,启蒙理性主义通过推广理性哲学,倡导普遍观念,使人认定世上存在着所谓事物本性,从而促使人认同其构建的、囊括万物本性的结构理论体系。实际上,世界并不存在理性主义所认定的那种事物的结构体系,现实世界就其本质而言,"是混乱无序的,是飞腾的川流,是自我实现的意志的巨流,任何禁锢它的想法都是荒

---

① Friedrich von Schlegel, *Neue philosophische Schriften*, Hrg. von Josef Körner, Frankfurt, 1935, S. 35.

② 关于施莱格尔对康德思想的批判继承,参见〔俄〕加比托娃:《德国浪漫哲学》,王念宁译,中央编译出版社 2007 年版,第 26—31 页。

③ Friedrich von Schlegel, *Lucinde*, Stuttgart, 1835, S. 125.

谬的、大不敬的”；因为构成世界的个体——人是具有“可怕的不可满足的欲望，总想遨游于无限”，人的自由意志就是这种狂热的欲望与激情，是无法被束缚的、无法被规范的。施莱格尔认为：

> 自由的人，就是在各个方面、各个方向上都如同自身一样自由的人，并以其全部的人性产生影响，就是按照自己的力量的尺度，把一切行动着的、存在着的或变化着的东西奉为神圣的人，并参与全部生活，而不让自己因局限的眼光而被诱惑去憎恨或轻视憎恨。①

不仅如此，人也必须以浓烈的情感将自由意志的创造性表现出来，因为“人的根本价值，人的美德就是其独创性”。人需要的是那种以想象的形式围绕“情感的主题”描绘出来的“感伤的材料”②，而不是冰冷的理性。这样的人在方方面面都是依据自己的力量，具有独特个性，并热情洋溢地参与现实生活。这与理性主义束缚下的那种没有激情情感的人完全不同。施莱格尔还进一步指出，那种理性主义、那种逻辑描述、试图将现实世界纳入其论证结构的做法，是对鲜活现实的颠倒与歪曲，是对自我意志的束缚。人类只有将自由不羁的意志以热烈的方式释放出来，才能将启蒙理性带来的僵化的、一成不变的、冻结生命之流的世界击破③。

过去与历史　浪漫主义者对理性主义的诘难，体现了他们对摆脱理性主义制造的单调模式的渴望，对充满热烈情感的、非理性生活的倾慕。为了全面对抗纯粹理性，施莱格尔将遭到理性主义唾弃的、中世纪时代的艺术作品奉为典范，倡导回到中世纪，去“探寻被埋没的中世纪素朴而单纯的诗情之源，那里会向我们喷涌出返老还童的琼浆”④。施莱格尔认为充满激情的古代作品及古代是具有很高价值与意义的；过去的时代绝不是落后、愚昧的象征，与之相反，人类的过往有着最朴实、最纯真、最具创造力的激情。

在施莱格尔那里，只有过去才是心灵栖息的圣地。海涅曾嘲笑说：

---

① 〔德〕施莱格尔：《〈雅典娜神殿〉断片集》，李伯杰译，生活·读书·新知三联书店1996年版，第148页。

② 〔德〕施莱格尔：《论小说的信》，《浪漫派风格：施莱格尔批评文集》，李伯杰译，华夏出版社2005年版，第204页。

③ 〔英〕以赛亚·伯林：《浪漫主义的根源》，第115、116、118页。

④ 〔德〕亨利希·海涅：《浪漫派》，第36页。

> 他了解过去一切壮美的东西,也感觉到现在的所有痛苦。但是他不理解这些苦痛是神圣的,它们对于世界未来得救是必要的。他目睹太阳落山,悲愁地盯着它陨落的地方,他看到黑夜降临,对它充满幽怨;他没有发现,一轮崭新的旭日已在东方发亮。弗·施莱格尔先生曾把历史学家叫做“颠倒的预言家”,这个称号是他自己最好的写照。他憎恨现在,害怕未来,他的先见之明只能望穿他心爱的过去。①

在施莱格尔那里,“历史的对象,就是一切实践中必然的事物变为现实”②。一切在人类社会生活中存在过的、体现了必然的事物,都是历史研究的对象。既然如此,那么历史研究应当将所有的过往,包括中世纪都纳入研究的范围;历史研究还应当将所有的民族与地区也纳入研究的范围。具体而言,历史应当包括从人类在地球上诞生以来的所有时代,包括原始社会;还应当包括所有创造了精神文化的民族国家——不管这种精神文化的创造是多还是少,都应当包括在历史研究的范围之内③。施莱格尔《历史哲学》一书中的第一讲即是专门阐释原始社会的历史,第二讲论述中华帝国的构成,第三讲叙述印度,第四讲对比印度、中国、埃及、希伯来四大远古文明,并提到了古代波斯独特的精神与政治文化。

施莱格尔对过去历史极为推崇,并且认为历史学是一门非常重要的学识。在他看来:

> 热爱知识,乃是哲学的最初源泉,它应当是从历史中完整而独立地发展起来。也就是说,如果没有历史材料和历史精神,知识学本身根本不能维持,甚至连一步也行不通。④

历史是知识的基础,甚至“每门科学的圆满境界,往往无非是其历史的

---

① 〔德〕亨利希·海涅:《浪漫派》,第98页。

② 〔德〕施莱格尔:《〈雅典娜神殿〉断片集》,第67页。

③ Friedrich von Schlegel, *Philosophy of History, in a course of Lectures*, translated by James Burton Robertson, London, Vol. 1, 1835, pp. 85 – 113.

④ Friedrich von Schlegel, *Philosphische Vorlesungen aus den Jahren 1804 bis 1806*, Band. 2, Bonn, 1837, S. 48.

哲学成果”①。施莱格尔认为，历史学是建立“记录事实的确实可信证据以及生动的叙述”基础上的、反映人类真实的生活、具有美的生命力的一门学问②。他在《文学史演讲：古代与近代》③的前言中提到，“真正的文学史”关注的是“每个时代的文学精神”、作为整体的文学以及“它在主要民族那里的发展趋势”。即，文学史就是“民族精神生活的总和”④。历史研究要体现人类社会的全部精神生活，凡过去曾经存在的精神内容都是历史研究的对象，是历史学涵盖的内容。

因此，史家的任务首先就是揭示历史即“人类已实现的历史”的“完整草图”⑤。历史学家除了要将所有的民族、时代都纳入历史叙述的范围之外，还要关注每个时代的精神与发展趋势，更要在历史叙述中展现各个民族、各个时代的个性特征。换言之，历史在内容上一定是包罗万象的。此外，历史学所叙述的各个精神内容都是独特的存在，历史学不但要包罗全部这些精神内容，而且还要展现这些精神内容的独特性。施莱格尔曾阅读过众多史家的著作，他认为：

> 刻画民族和时代的特性，描绘伟绩的伟大之处，这就是富有诗意的塔西陀最独特的才能。在历史肖像画中，苛刻的苏托尼乌斯则是更有成效的大师。⑥

施莱格尔对历史之中个体的强调，目的是为了突出每一个时代、每一个民族等历史中的每一个个体都是构成人类历史重要的组成部分，都是有各自独特个性的存在。他指出：

> 每一个民族国家对于其自身而言，都是一个独立的存在个体，它绝

---

① Friedrich von Schlegel, *Philosphische Vorlesungen aus den Jahren 1804 bis 1806*, Band. 2, Bonn, 1837, S. 342.

② Friedrich von Schlegel, *Philosophy of History, in a course of Lectures*, translated by James Burton Robertson, London, Vol. 1, 1835, p. 85.

③ 1812年在维也纳的演讲以《文学史演讲：古代与近代》(*Lectures on the History of Literature, Ancient and Modern*)为名出版。

④ Friedrich von Schlegel, *Sämtliche Werke*, Band. 1, Vienna, 1846, S. 17-18.

⑤ 〔俄〕加比托娃：《德国浪漫哲学》，王念宁译，中央编译出版社2007年版，第106页。

⑥ 〔德〕施莱格尔：《〈雅典娜神殿〉断片集》，第84—85页。

对是其自身的独一无二的主人，它具有自身的特性，根据自身特别的法则与习惯风俗进行统治。①

因此，历史学家应当秉承一种“和谐的、包罗万象的”历史哲学，平等对待所有时代与民族，不能有失偏颇。

历史进步与历史规律　施莱格尔告诫作为“面对过去的先知”②的历史学家不要试图去寻求历史现象背后的规律；人类历史是一个无限的整体，没有规律可循，所谓规律只是自然领域的事物而已。

施莱格尔相信历史是进步的，也是出于这个原因，他对法国史家孔多塞历史进步观念颇为认同。他曾说，“历史的原动力，即那个更有法国味道的对于近乎庸俗的无限完善的理念的热情所勾勒出来的思想，对于龚多尔塞的精神和心灵给予同样的崇敬”③。但是，施莱格尔并不认同孔多塞对历史规律的判断，他指出“(孔多塞)作者关于人类未来无限臻于完善的理论，说得太过于教条了。但是他却既没有认清历史规律的必然性，也没有弄清其可知性”④。以孔多塞为代表的启蒙哲学对人类历史的构建都是“应用诡辩”⑤，并不能真正体现历史之中的精神内容。

施莱格尔认为历史与自然科学不一样，两者的研究对象完全不一样。历史的内容不同于自然科学，是一种精神的内容，而历史学最重要的是展示精神生活的特性，所以将各个独特的、鲜活的人类生活作为研究对象的历史不能依据自然科学的模式，从而抹杀个体的特殊性与内在特性；历史研究的一切方面都应当尊重这种个体性，并从这种个体性出发。就分期而言，施莱格尔认为，“一部人类科学的历史中的各个时期，不必按照成功的外在契机及从中产生出来的奇特的外在革命，而应根据历史内在发展的必然阶段来划分”⑥。

施莱格尔反对以孔多塞为代表的启蒙哲学对历史的粗暴做法，他反对以孔多塞为代表的历史分期，指责罔顾历史学的特殊性和盲目引入自然科

① Friedrich von Schlegel, *Philosphische Vorlesungen aus den Jahren 1804 bis 1806*, Band. 2, Bonn, 1837, S. 382.

② 〔德〕施莱格尔：《〈雅典娜神殿〉断片集》，第65页。

③ 同上书，第92—93页。龚多尔塞即孔多塞。

④ 同上书，第188页。

⑤ 同上书，第91页。

⑥ 同上书，第190页。

学的研究范式，执意探求历史的规律而将历史削足适履。他认为：

> 人类历史的牛顿善于以同样的把握来揭示个别事物隐蔽的精神，懂得在不可估量的整体中辨清方向，始终不渝地探求展示个别事物中的一般观点，并从个别中引出一般观点，但不歪曲和篡改事实，而是纯粹、完整地把握它们，并不讳言表面上的矛盾，而不是不倦地整理粗糙庞杂的事实，直至找到光明、一致、契合与秩序为止。①

这种历史规律，在施莱格尔看来，不但对历史没有好处，而且还使得历史研究遭受挫折。他认为，历史研究是一种调查研究，其研究对象和结果都是事实②；"历史不能离开事实，历史整个都依赖于真实"③。进言之，历史研究过程是从事实到事实，无须寻求所谓的规律④。

历史个体与整体　历史的个体性、特殊性，使得所谓历史规律没有了存在的空间，但是施莱格尔并不认为历史研究就只关注个体，而可以忽视整体。

施莱格尔认为，自古典时代以来历史研究就有一重大缺陷，即，历史学家只关心细节与个体性，追求"于事无补的博闻"⑤。这种缺陷就在于这种历史学家注意到了历史的个体性、细节，而忽视或者无视历史的整体、整体性。在他看来，历史学家研究历史时，应当研究那些绝对的、本质的、普遍的东西，而不是那些个别的、偶然的和相对的东西；并且如果不了解整体，历史学家就不能懂得个别。

从历史构成来看，人类全部历史是由精神领域里的各门艺术和各门科学构成的一个秩序、一个整体，或者说一个"有机体"，一部"百科全书"⑥。他曾说，"和谐的包罗万象的艺术的机智，就是文化教养。文化教养则是历史哲学的全部内容，是柏拉图的最高音乐。古代语文学研究就是这种艺术

---

① 〔德〕施莱格尔：《〈雅典娜神殿〉断片集》，第193页。
② 同上书，第143页。
③ Friedrich von Schlegel, *Philosophy of History, in a course of Lectures*, translated by James Burton Robertson, London, Vol. 1, 1835, p. 85.
④ 〔德〕施莱格尔：《〈雅典娜神殿〉断片集》，第63—66页。
⑤ 〔俄〕加比托娃：《德国浪漫哲学》，王念宁译，中央编译出版社2007年版，第106页。
⑥ Friedrich von Schlegel, *Friedrich Schlegel 1794 - 1802: seine Prosaischen Jugendschriften*, Band. 2, Hrg von Jakob Minor, Vienna, 1882, S. 424.

和科学的体操”①。

这其中,一方面,各个独具特质、有自身发展演变法则的个体是构成历史不可或缺的组成部分,即个体性是很重要的。施莱格尔在提到文学史的写作时,指出历史学家要把文学看作是“一个巨大的整体,完全连贯,而又经过有机组织,在统一性方面,可以包孕许许多多的艺术天地,而它本身又构成一部独特的艺术作品”②。其中,单独的个体各自具有自身独特的属性,又和其他个体性一起构成这个历史“巨大的整体”。即,整体性由个体性组成,个体性包含在整体性之中;整体性是个体性的联结,个体性体现了整体性。另一方面,也要看到,过于强调单个的历史个体,而忽视历史的整体,那么历史的个体也就无从说起,即,个体是整体之中的个体。施莱格尔认为,历史之中的个体与整体相辅相成,他反对将历史个体孤立起来的做法。

个体与整体的并重,这是因为构成历史的个体都是平等存在的,个体与个体之间是平等的。施莱格尔认为,“宇宙历史一旦稍微轻视全人类普遍教养的精神,就变为诡辩论;一个道德的思想,一旦偏袒历史的宇宙中的某一方,就变成异律[*heteronomisch*]原则;在历史的描述中,最有害的莫过于玩弄词藻的偏见和应用诡辩”③。对任何独特个体都要一视同仁,要真正做到每个个体都得到平等的对待,将所有的个体都上升到整体的高度,实现康德所提倡的美的多样性、统一性、整体性,就能在整体性的高度上、在统一性的前提下,体现个体的多样性。

此外,个体只有通过整体才能完全体现其独特性。以历史写作为例,施莱格尔认为:

> 有些著作,尤其是卷帙浩繁的历史著作,局部上处处都写得很有魅力,很美,但是读者在整体上仍不免感到一种不愉快的单调。为了避免这种情况,色彩、声调、甚至风格都必须改变,整体中的各大部分也必须各不相同,以使作品不仅更加色彩斑斓,而且也更有条理。④

---

① 〔德〕施莱格尔:《〈雅典娜神殿〉断片集》,第 147 页。

② Gotthold Ephraim Lessing, Friedrich von Schlegel, *Lessings Geist aus seinen Shriffen, oder dessen Gedanken und Meinungen*, Band. 1, Leipzig, 1804, S. 13.

③ 〔德〕施莱格尔:《〈雅典娜神殿〉断片集》,第 91 页。

④ 同上书,第 144—145 页。

在他看来，历史写作本身也要个体性与整体性兼顾，不能只顾个体而不顾整体。

从诠释的角度来看，施莱格尔提出，“一个整体解释和阐明另一个整体，通过局部而理解局部则无可能”①。具体而言，整体和整体之间是相通的，可以通过一个整体去理解另一个整体；但是个体与个体之间却是不相通的，个体因自身的独特性而无法去解释、说明另外一个独特的个体。

在理解文本时，施莱格尔认为要将个体性与整体性相结合，只有将注重细节与着眼整体结合起来，才能获得对文本的全面认知。他指出“大家应当训练阅读的艺术：既要从容不迫，不断分析细节，又要一气呵成，浏览全篇”②。在阅读文本时，人不仅要敏锐发现文本中的细节，注意其中的一些精彩段落，同时还要着眼于全局，把握全篇的印象。并且，读者必须熟悉一位作家的全部作品，只有这样才能把握其中的共同精神。在他看来，“一切理解的首要条件，因而也是理解一件艺术作品的首要条件，在于认识整体的一种直觉”③。他坚决反对超历史的态度，认为每一个时代都是人类的发展、人类的历史的一个阶段。只有把历史作为一个整体去认知，这个阶段的地位才能弄清楚；只有依据整体完整的轮廓，才能正确地确定部分的位置与界限。人类文化史是一以贯之，同时又分为很多阶段，每一阶段都有自身发展“法则”、特点的精神内容。但是涵盖所有精神内容的历史的这种划分，历史的非连续性，并非说明它的每一个部分都是相互排斥的，而是所有的个体在整体上获得一致性，并进一步凸显自己的独特性。

情感、想象与理解　理解历史、理解文本需要从整体出发，但更需要一种“认识整体的直觉”④。在提到史学家吉本时，施莱格尔这样说道：

> 吉本的著作不同程度地表明，他根本没有理解希腊人。他仅仅喜爱罗马人物质上的奢华，而按照他那个分裂成为重商主义和数学的民族的方式，更喜爱数量的崇高。应该想一想，土耳其人也可以有同样的

---

① Friedrich von Schlegel, *Friedrich Schlegel 1794 - 1802: seine Prosaischen Jugendschriften*, Band. 1, Hrg von Jakob Minor, Vienna, 1882, S. 131, 147, 376.

② Ibid., S. 125.

③ Friedrich von Schlegel, *Friedrich Schlegel 1794 - 1802: seine Prosaischen Jugendschriften*, Band. 2, Hrg von Jakob Minor, Vienna, 1882, S. 423.

④ Friedrich von Schlegel, *Friedrich Schlegel 1794 - 1802: seine Prosaischen Jugendschriften*, Band. 1, Hrg von Jakob Minor, Vienna, 1882, S. 423.

伟绩以满足他的偏爱。①

施莱格尔认为吉本并没有能理解罗马，没有真正体会罗马精神内容上的独特性，或者说吉本在历史叙述上没能将罗马的独特性凸显出来，他只是通过罗马展现了他自己的偏好。这不是一种正确的理解模式，不是施莱格尔所倡导的对精神内容的理解。对于历史研究而言：

> 所谓调查研究[*Recherche*]，是一项历史的实验。调查研究的对象和结果都是事实。应是事实的东西，必须具有严格的个性，同时又是一个秘密，一个实验，即正在实施教养的自然的实验。隐秘和神秘，是通过热情，以哲学、诗的或道德理解力所能理解的一切。②

历史是精神内容的展示，要理解这种精神内容需要借助热情、想象、直觉等主观性方式。在人类社会中，特别是在人类知识领域，人具有激情、想象力才能全面把握知识，特别是作为"上帝的内在永恒意图的一种纯粹表达"的诗歌③。施莱格尔曾说，"谁倘若具有想象力或者激情或是表演才能，那么一定能够像学习任何一种其他的机械的东西一样学习诗，想象同时又是热忱和幻觉；激情既是灵魂又是狂热；表演则是眼神和表情"④。不仅如此，施莱格尔认为在美的范畴里，在一切真正的生活里，人的感情的强度与敏感度，都是不断在增长⑤。这种情感与激情正是获得历史理解的重要方式。具体就历史而言，施莱格尔认为：

> 言辞的古香古色和词序的新颖、洗炼有助于提高读者修养的充溢，甚至再现了所刻划的个性尤难阐释的特征：这几项是历史风格的本质特征。其中最本质的则是高贵、雄浑和庄重。……情绪和色彩必须按照恺撒的方式具有赤裸裸的精纯、庄严的紧迫感和高超的欢愉；历史风

① 〔德〕施莱格尔：《〈雅典娜神殿〉断片集》，第 89 页。

② 同上书，第 143 页。

③ Friedrich von Schlegel, *Sämtliche Werke*, Band. 8, Vienna, 1846, S. 192.

④ 〔德〕施莱格尔：《〈雅典娜神殿〉断片集》，第 98 页。

⑤ Friedrich von Schlegel, *Friedrich Schlegel 1794－1802: seine Prosaischen Jugendschriften*, Band. 1, Hrg von Jakob Minor, Vienna, 1882, S. 120.

> 格要变得高贵庄严，还尤其必须具有塔西陀那种内在、高雅的教养，可以把纯粹经验的枯燥的事实加以诗化，规范化，提到哲学的高度，阐释并总结这些事实，仿佛这种教养是由似乎一身兼为完善的思想家、艺术家和英雄的人所理解，更由他所把握，而不让粗糙的诗、纯哲学的或孤立的机智在任何地方骚扰和谐。以上种种特征，必须融汇在历史著作之中，即便一幅幅画面，一个个对比只是隐在书中，随即又消融掉，以便飘游不定，并在流动的表达中与活动的形象活生生的变化相吻合。①

历史得以变得高贵庄严需要情绪与色彩，需要将展现精神内容的枯燥事实诗化，使之与活生生的存在相符合。简言之，历史理解必须是带着一种同情心理、发挥想象，进驻那些已成为过往的时代与国度，从而设身处地进驻当时的社会生活之中，体会活生生的精神内容。

此外，施莱格尔还从阐释学的角度，认为文本的理解也是需要通过情感、想象去重建过去的精神内容。施莱格尔认为，要理解文本有两个条件："一是，具有与艺术世界有关的一种地理知识，即认识作品及其性质、作品基调精神以及审美内容等重建构造知识；二是，知晓作品的心理起源以及作品受到人性的规律与条件的驱动过程。"②在他那里，文本的理解实际上就是一个重建过程，读者必须"重建、洞达和概括一个整体比较微妙的特色……只有在能够重建整体的进程和结构的情况下，论者才能够说，已经理解了一部作品和一颗心灵。这种透彻的理解，倘若用明确的文字来表达，即谓之概括特征，这是批评的实际职责和内在实质"③。不仅如此，施莱格尔认为借助想象力这种创造性手段的"幻想"、运用通感式"感情"理解，就能实现理解④。

这一理解方式，实际上就是一种"综合的道路"。施莱格尔说，"人们在分析的道路上发现了唯一的正确前提，并从此走上了综合的道路"。所谓综合的道路就是综合自我和非我、统一主体和客体的一种认知方式。施莱格

---

① 〔德〕施莱格尔：《〈雅典娜神殿〉断片集》，第87—88页。

② Friedrich von Schlegel, *Neue Philosophische Schriften*, Hrg von Josef Körner, Frankfurt, 1935, S. 382.

③ Gotthold Ephraim Lessing, Friedrich von Schlegel, *Lessings Geist aus seinenShriffen*, *oder dessen Gedanken und Meinungen*, Band. 1, Leipzig, 1804, S. 40.

④ Ibid., S. 31 - 32.

尔认为真正的精神内容是“不仅应当有互证性，而且应当有互知性”[①]，是能够通过情感、想象等相互认知，相互理解的。施莱格尔在总结自己思想时，很确定地说，“在我的思想体系里，互为证明才是真正的最终原因”[②]。

在谈到德国浪漫派时，海涅曾讥讽施莱格尔没有看到正在升起的、崭新的旭日。而实际上施莱格尔自己就托起了一轮崭新的太阳——浪漫主义。正是由于他的努力，德国浪漫主义才如此快速地蔓延开来。提及浪漫主义，特别是德国浪漫主义，施莱格尔曾说：

> 法国大革命、费希特的《知识学》和歌德的《迈斯特》，是时代最伟大的倾向。谁不满意这样的并列，谁以为不是轰轰烈烈的、非物质的革命似乎就不重要，他就还没站到人类历史高瞻远瞩的立场上。[③]

这是施莱格尔被征引最多的语句，也是施莱格尔对德国浪漫主义的一种总结。实际上，德国浪漫主义根源除了施莱格尔所说的三个重要因素之外，还应该加上施莱格尔本人。

伯林在谈到施莱格尔时，盛赞他是“浪漫主义有史以来最伟大的先驱，最伟大的鼓吹者和预言家”[④]。确实，正是这位浪漫主义的“总管”不遗余力地鼓吹浪漫主义，浪漫主义得以在德国逐步兴盛起来，成为影响整个 19 世纪的思想巨潮。

3. 施莱尔马赫：浪漫主义诠释者

施莱格尔在阐释浪漫主义的内涵时，曾从诠释学的角度来为浪漫主义的主旨正名，但就从诠释学角度为浪漫主义扫清障碍、理论贡献更大的当属施莱尔马赫(Friedrich Daniel Ernst Schleiermacher，1768－1834 年)。

这位出身于新教牧师家庭的神学家在摩拉维亚教众组织中接受了早期教育。施莱尔马赫在学习神学时对基督教义产生了怀疑，曾试图从文本上对教义进行阐释。1787 年他带着对基督教义的疑问进入哈里大学，继续学习神学。1790 年毕业之后曾担任过三年的家庭教师，而后因其支持法国大

---

① Friedrich von Schlegel, *Philosphische Vorlesungen aus den Jahren 1804 bis 1806: Nebst Fragmenten*, Band. 2, Bonn, 1837, S. 407.

② Ibid., S. 410.

③ 〔德〕施莱格尔：《〈雅典娜神殿〉断片集》，第 87 页。

④ 〔英〕以赛亚・伯林：《浪漫主义的根源》，第 22 页。

革命、与雇主意见相左而被解聘。其后，施莱尔马赫作为专职牧师辗转于兰登斯堡、柏林等地。1804 年施莱尔马赫成为哈里大学神学教授，兼任专职牧师。1810 年柏林大学建立之后成为柏林大学神学教授直至 1834 年因肺炎去世。

在思想上，施莱尔马赫深受康德、斯宾诺莎、施莱格尔、谢林的影响[①]，曾写下大量哲学著述，如《论至善》、《论什么是生活既定的价值》、《斯宾诺莎学说》、《论宗教》、《论政治神学任务的信札以及犹太居民公开信》、《宗教讲演录》、《基督教信仰》、《伦理理论批判大纲》等。其中，《箴言：1805 及 1809—1810》、《诠释学手稿：1809—1810》以及 1819 年讲演汇编成的《诠释学与批判》是施莱尔马赫最为重要的三部诠释学著作。

在德国古典哲学灿烂群星之中，施莱尔马赫不算是一流的哲学家，但他在浪漫主义理论构建中的成就可圈可点。他的主要功绩是从诠释学、神学、伦理学等角度进一步表述浪漫主义的诉求，为浪漫主义的发展扫清了障碍。

施莱尔马赫认为，人类世界是自由的、创造的世界，它源自人类对宇宙的直观和感受，即，人类世界起源于人的意识和心灵。而人是充满创造性的个体，由这些具有创造性的个体组成的世界，是自由意志所形成的整体，是无法用逻辑框架来约束的，也绝对不是单一色彩的，而是多色彩的，社会也不是单向度的，而是多向度的。简言之，世界是不受任何约束的自由意志发展的结果，社会和世界是多样性的。

如此一来，人要认知世界、理解事物，就要破除启蒙理性主义者的观点，不能把世界看作是一有着一定结构体系、符合某种逻辑的世界，更不能因此而认定人类认知事物就是理性主义所谓的寻求普遍性，因为世上并不存在适用于所有自由意志的普遍性；正确的做法应该是要注重个体、注重“一个个别存在的自由构造、表达与自由表现”的个体[②]。换言之，在认知事物时，人首先是要明确认知对象不是启蒙理性主义者所说的那种无生气的普遍性，而是具有生机勃勃、充满创造性的个体性。

不仅如此，施莱尔马赫指出，我们所要理解的文本不但是一种生机勃勃的个体性事物，更重要的是它们是思想创造物；因此，对它们的理解就不能

① H. Patsch, “Friedrich Schlegels ‘Philosophie der Philologie’ und Schleiermachers frühe Entwürfe zur Hermeneutik”, in *Zeitschrift für Theologie und Kirche*, 1966, No. 63.

② Friedrich Daniel Ernst Schleiermacher, *Dialektik* , Hrg. Manfred Frank, Frankfurt am Main: Suhrkamp Verlag, 2001, S. 569 - 578.

只是单纯地依据它们所表现出来的客观内容去理解，而要把它们看作是一种审美创造物、艺术作品或者艺术性的思想与精神来理解。很显然，理解这种精神作品，就不能运用启蒙理性主义那种强调普遍性而忽视个体性的粗暴做法。因为所要理解的这种个体思想是一种不受存在制约的自由构造，是一种诗意的文本，是一种精神的存在；这是完全不同于自然科学研究的对象①。因此，不能使用自然科学的方法来研究体现了精神与想象的文本。

施莱尔马赫认为，所谓的诠释学就是“正确理解他人过程的艺术”②，是一种避免误解的技艺；而所谓的理解并不是要理解一种共同性的关于事物的思想，而是个体的思想，这种个体思想按其本质是一个个别存在的自由构造、表达和自由表现的个体③。但是施莱尔马赫也指出，所谓的个体性只有在整体性中才能得到真正的、彻底的理解；而要对整体的理解，就必须理解组成整体的各个个体。

具体而言，要正确全面地理解一部著作或一个文本，就必须理解著作中的每一个文字、每一句话；反过来，要理解著作中每一个文字、每一句话，也就必须结合整部著作。即，施莱尔马赫在诠释学方面的名言——“绝对整体的东西，要再次成为个体性的东西，个体应该再次进入整体”④。

在具体理解方法问题上，施莱尔马赫认为，获得理解的方法有“猜测”、“比较”两种方法，并且这两种方法是相互依赖、相辅相成、不可分割⑤。理解就是运用这两种方式，进入作者的世界去理解其精神的内容。猜测的方法则是试图获得对作者个性的直觉理解；而比较的方法则是试图将作者划归一种普遍的类型之中。其中，猜测有一种假设前提：一切个性的都是精神的体现，都是普遍生命的表现，并且“每一个人在自身内在是与其他任何人都有点关系，以致预感可以通过与自身相比较而引发出来”⑥。换言之，

---

① Friedrich Daniel Ernst Schleiermacher, *Dialektik* , Hrg. Manfred Frank, Frankfurt am Main: Suhrkamp Verlag, 2001, S. 569ff. S. 470.

② Friedrich Daniel Ernst Schleiermacher, *Hermeneutics and Criticism and Other Writings*, translated and edited by Andrew Bowie. New York: Cambridge University Press, 1998. p. 3.

③ Friedrich Daniel Ernst Schleiermacher, *Dialektik* , Hrg. Manfred Frank, Frankfurt am Main: Suhrkamp Verlag, 2001, S. 570.

④ Friedrich Daniel Ernst Schleiermacher, *Hermeneutik*, Nach den Handschriften neu herausgegeben und eingeleitet von Heinz Kimmerle, Heidelberg, 1974. S. 46.

⑤ Ibid., S. 150 - 151.

⑥ Friedrich Daniel Ernst Schleiermacher, *Dialektik* , Hrg. Manfred Frank, Frankfurt am Main: Suhrkamp Verlag, 2001, S. 571.

施莱尔马赫认为每一个人不仅是独立的个体，而且具有一种接受其他个体独特性的能力。从这一假设前提出发，在施莱尔马赫那里，每个个体都至少包含着其个体的一部分。这样一来，猜测建立在自身与他人的比较基础之上；而比较要么是通过与另一种行为相比较，无限比较下去，要么就是通过猜测而获得对作者个性的直觉理解，再进行比较，如此往复循环下去[①]。

具体而言，当理解某个局部遭受挫折时，首要的事情就是去了解它们所归属的整体，因为每一组高度相关的句群都是由一个统治性的概念所掌控。虽然这种对文本的统治方式会因著作的类型而有区别，但其统治的性质不会改变。依据这一观点，一个给定句子中的词语只有置于上下文之中阅读时，才会被充分地表达出来，也就能被理解。换言之，任何一组句子，只有在它们所属的总体被理解之后，其自身才能被更好地理解。不仅如此，施莱尔马赫指出，较短的句子被较大的句群所统治，较大的句群被更大的句群所统治，因此任何部分只有通过整体才能被完全理解[②]。

这一观点放置在历史领域，则是要理解人类全部历史，就必须熟知每一段历史、每一个方面的历史；反过来，要理解某一段历史、某个方面的历史，不仅仅是要认真研究这一段历史留下来的原始资料，还应该将这一段历史放到整个历史长河中去研究。于是，历史学家“最根本的任务，即世界史”，包括所有民族、所有时代的历史。在这一观念的影响下，历史研究不再是专注于某一时代、某一民族，而应该是研究所有的时代与民族的世界史，不再像理性主义史学那样热衷于构建历史哲学体系，“从某种终极状态出发去思考世界史的关系”，而是从历史本身来理解世界史的全部历程。

施莱尔马赫进一步从伦理学角度强化其诠释学方面的成果。他认为，“一切道德行为似乎目标都指向理性与自然的统一。这种统一决定了一般道德，道德律只能是理性生活的自然规律；这种统一又决定了每个个人的具体任务，每个个人应以他的特殊方式表现这种统一”[③]。在他看来，人并不是被动地作为宇宙大机器中的一个部件存在，而是主动以突出个体性的特殊方式体现出整个的统一。这表现在历史方面，就是浪漫主义关注不同时代、不同的个体，并将它们一视同仁，因为它们各自以自己特殊的方式表现

---

① Friedrich Daniel Ernst Schleiermacher, *Hermeneutik*, Nach den Handschriften neu herausgegeben und eingeleitet von Heinz Kimmerle, Heidelberg, 1974. S. 150 - 151.

② Ibid., S. 197 - 203.

③ 〔德〕文德尔班：《哲学史教程》(下卷)，罗达仁译，商务印书馆 1993 年版，第 829—830 页。

出理性与自然的统一,都是具有同等价值与意义的。

浪漫主义先驱们对理性主义的激励反抗,对自由无羁的意志的热烈推崇,对逻辑推理的反感,对情感的崇拜,对普遍性的否认,对个体性的鼓吹,对世界多样性的认同,对所有时代、所有民族的平等对待等,这些观念对当时的历史研究都产生了深远的影响,并由此形成了浪漫主义史学流派。

狄尔泰在整理施莱尔马赫日记时,就对施莱尔马赫从诠释学的角度反思历史高度赞颂,认为正是施莱尔马赫的理论使得"真正的历史意蕴超出了历史。一切现象就像是上帝创造的奇迹一样,目的是为了引导我们注意谈笑间制造这些现象的那个精神"①。而现代著名诠释学家伽德默尔也认为施莱尔马赫在诠释学方面的理论对历史学的发展起到了重要的作用。他指出:

> (施莱尔马赫的理论)不仅可以用作反对先天构造历史哲学的批判范畴,而且也同时为历史科学提供了一种方法论指南,这种指南,不亚于自然科学,指导历史科学进行研究,使历史科学不断依赖于经验这唯一基础。这样,对世界史哲学的反抗运动就推动了历史科学进入语文学的航道。这曾经是历史科学的骄傲,即历史科学既不是目的论地、也不是用前浪漫主义启蒙运动的格式从某种终极状态出发去思考世界史的关系,因为终极状态仿佛意味着历史的终结、世界史的末日。对于历史科学来说,其实并不存在任何历史的终结和任何超出历史之外的东西。因此,对于世界史全部历程的理解只能从历史流出物本身才能获得。但是,这一点却正是语文学诠释学的要求,即文本的意义由文本本身才能被理解。所以历史学的基础就是诠释学。②

正是由于施莱尔马赫在诠释学方面的努力,19 世纪的历史学开始有了诠释学的基础。

四、赫尔德:浪漫主义史学之父

论及 19 世纪的历史学,柯林伍德曾说过:

① Wilhelm Dilthey, *Leben Schleiermachers*, Berlin, 1966, S. 117.

② 〔德〕加达默尔:《真理与方法》(上卷),第 257 页。

在历史学思想能作出更进一步的任何进展之前，有两件事是必要的：首先，历史学的事业必须放得开阔，以一种更同情的态度去研究被启蒙运动看作是未启蒙的或野蛮的并听任其默默无闻的那些过去的时代；第二，人性作为某种一致的和不变的东西这一概念，必须加以抨击。正是赫尔德首先在这两个方面做出了实质性的进步。①

虽然卢梭被誉为“浪漫主义运动之父”，他的观点推动了浪漫主义的发展。但就对浪漫主义，特别是对浪漫主义史学的理论贡献而言，赫尔德(Johann Gottfried Herder，1744－1803 年)的贡献更为突出一些，是真正的浪漫主义之父、浪漫主义史学之父，他的思想深刻影响了施莱格尔、施莱尔马赫、黑格尔、尼采、狄尔泰等哲学家。

1774 年，赫尔德的《有关人类发展的另一种历史哲学》(简称《另一种历史哲学》)出版。在这一著作中，赫尔德首次对浪漫主义史学的内涵进行阐释。十年之后，赫尔德的《人类历史哲学思想》(1784 年至 1791 年写成，这是一部未完的著作)四卷本出版。在这部著作中，赫尔德在《另一种历史哲学》的基础上，更为系统地对浪漫主义史学思想的根本内涵进行阐释。其后，赫尔德在其《人性进步的书简》(1793 年至 1797 年)一书中结合法国大革命这一历史事件对浪漫主义史学的原则进行阐发。

赫尔德的全部历史哲学都是站在启蒙理性主义的对立立场上阐发的，并在此基础上形成浪漫主义史学的基本理论要点与根本。大体而言，依据赫尔德的观点，浪漫主义史学根本内涵大致包含四个方面的内容，下文详述。

1. 个体性与多样性

赫尔德非常反感启蒙理性主义秉持理性，依据这种整齐划一的标准对任何事物进行衡量，强调普遍性的做法。他指出，“在某种意义上来说，人类所能够达到的每一种完美性都是民族的、世俗的，而加以仔细分析之后，又是个体性的”②。人类世界是不同于自然世界的，是无法用自然的法则去规范的，因为组成人类社会的每一分子都是个体性的、多样性的。尤其是对于

① 〔英〕柯林武德：《历史的观念》，何兆武、张文杰译，商务印书馆 2003 年版，第 137 页。

② Johann Gottfried Herder, *Auch eine Philosophie der Geschichte zur Bildung der Menschheit*, Sämmtliche Werke V, Hrg. Bernhard Suphan, Berlin, 1877－1913, S. 509.

构成人类文明的重要部分——各个民族而言，这种个体性是各个民族之所以存在的根基，并且这种个体性是根本无法抹杀的。赫尔德在《人类历史哲学思想》中提到，"每一种人类的知识均有它自己的特质，那就是说，有它自己的特性、时间、地点和生命的阶段，例如希腊文化按照时间、地点和环境生长，并由此而衰落"①。各个民族的民族特性是一种鲜活的生命，是一种内在精神；虽然民族特性的外在形式会像生命一样，不断地发展变化，但是其独特性和个体性是不变的，其内在的精神是不变的。赫尔德甚至还强调，世界的多样性和差异性并不仅仅只是一个客观事实，而且它证明了造物主丰富多样的想象性、人类辉煌的创造力和无限的可能性以及他们生活在一个生机勃勃的世界中所感到的激动②。从这一点上来说，启蒙理性主义对待世界多样性的简单粗暴地予以抹杀、从而强调普遍性的做法实在是毫无意义的，也损伤了上帝造物主的安排，在伦理、信仰上都是错误的做法。

既然世界是多样性的，那么要确保多样性首先要做的就是突出各个独特性。赫尔德特别强调各民族的独特性，非常注重民族的个体性与纯粹性。为了强化民族的个体性，他甚至认为各个民族的禀赋、气质、精神等是不可以相互学习的。各个民族内在的精神是独特的，是民族赖以存在的思想基础，是不能被彻彻底底改变的，也正是这种个体性构成了世界的多样性。赫尔德非常反感德意志民族抛弃了自己的文化形式转而学习外国文化，特别是法国的文化。面对凡尔赛宫廷的华丽生活成为贵族争相效仿的生活方式，法语成为德国作家主要表述工具，法国的经典成为德国文学作品内容和形式方面的范式，法国的观念和习俗渗透到德国，启蒙主义理性在德国大行其道等这些现象，赫尔德指出，"所有民间的活态思想都在急剧地走向忘却的深渊。启蒙主义之光正像癌症一样蚕食德国的文化"③。

他曾大声疾呼，"伟大的帝国啊，拥有十个种族的德意志帝国啊！你们没有莎士比亚，难道你们也没有赞颂你们祖先的诗歌吗？瑞士人、斯瓦比亚人、弗兰克斯人、巴伐利亚人、威斯特伐利亚人、撒克逊人、文德人、普鲁士人，你们都一无所有吗？你们祖父的声音正在逐渐消逝，正在被默默地尘封着。英雄的习俗，高贵的品质和语言，这是你们民族的所有！你们对历史的

---

① Johann Gottfried Herder, *Idee zur Philosophie der Geschichte der Menschheit*, Sämmtliche Werke XIV, Hrg. Bernhard Suphan, Berlin, 1877 - 1913, S. 8.

② 〔英〕以赛亚·伯林：《浪漫主义的根源》，第 65 页。

③ Jr. Robert Thomas Clark, "Herder, Cesarotti and Vico", *studies in philology*, Vol. 25, S. 11.

灵魂难道没有一丝印痕了吗？毫无疑问，它们曾经存在过，现在也可能还存在着，但是，现在它们躺在泥淖里，让人无法辨认，遭人鄙视……帮助它们吧，兄弟们，这是证明我们民族是什么，而不是什么；展示我们民族过去是如何思考和体验的，现在又是如何思考和体验的唯一方式"①。赫尔德急迫呼吁找回民族的文化与传统，保持民族的独特性。

就历史研究而言，他认为，"人的历史却是千变万化，盘根错节的"。面对多样性的人类历史，"所有抽象概括都是苍白无力的，任何一般的、普遍的规范都不能包容历史的丰富性。每一种人生状况都有其特有的价值，历史的每一个阶段都有其内在效用和必然性。这些阶段互不分离，它们仅仅在整体中并由于整体而存在。但每一阶段又都是同等地不可或缺的。真正的统一性正是在这种彻底的差异性中显现，它只有作为过程的统一性……因此，历史学家的首要任务，是使他的标准符合他的主题，而不是反过来使他的主题符合统一的、既定的模式。……历史能够且应该放弃所有的一般性的描述"②。

作为历史学家，不能像理性主义史学家们一样，热衷于将历史事实当作是构建哲学体系的素材，将历史中每个个体、每个时代、每个民族的独特性与个体性抹杀，而是要以认知个体性为职责，理解历史的个体性。在他看来，所谓的理性是无法认知充满个体性的生命的，而只可能创造没有生命的概念与逻辑结构。

2. 民族性与平等性

赫尔德认为，"历史是一个不断变化的过程，在这漫长的历史进程中充斥着个体性、特定时代的人。每个个人、每个民族、每个存在本身都代表着整体的历史"③。在他看来，一方面，"没有一个人是自为的，他总是处于作为整体的类中"。个体性的事物并不是单独存在的，而是代表着整体、作为整体中一部分而存在的。他指出，"假如我把人的一切都归于个人，否定人们之间及个人与整体之间相互作用链条的存在——这个链条将个体与整体相连——那么，我也就违反了人性和真实的人类历史，因为我们中间不论是

① Jr. Robert Thomas Clark, "Herder, Cesarotti and Vico", *studies in philology*, Vol. 9, S. 530 - 531.

② 〔德〕卡西勒：《启蒙哲学》，顾伟铭译，山东人民出版社1988年版，第224页。

③ Johann Gottfried Herder, *Idee zur Philosophie der Geschichte der Menschheit*, Sämmtliche Werke VIII, Hrg. Bernhard Suphan, Berlin, 1877 - 1913, S. 83.

谁都不可能只凭自己就成为人"①。社会是个体的总和,在它之外的个体什么也不是。这对历史学家而言,就是要注重对历史中个体性的研究,只有理解了每个个人、每个时代、每个民族,才能真正明白多样性的世界历史;反过来,要弄清楚每个个人、每个时代、每个民族,就必须将其放到整个世界历史当中去考察。

另一方面,赫尔德认为"民族的古老性格源于家族的特性,源于气候,源于生活方式和所接受的教育,源于他们独有的事件和行为。父辈的惯例深深扎根在种族中,并成为这个民族内在的原型",没有哪两个民族会共享一样的环境、一样的历史、一样的民族精神,因此也就没有哪两个民族会有一样的性格。此外,他认为历史的共性首先是通过历史的个性体现出来的,历史研究应当注重历史的个体,也就是历史上的各个民族,每一个民族都有不同的性格特征和心理特质,因此他极其重视民族的特点,强调文化的个别性而非共同性。

他指出,"在不同的土地上开放出人类的各民族植物之花,每一朵花都体现着每一个民族自身的文化和特性",每一个民族内在的精神是其独特性的根源;并且,各民族的特性各不相同,不可以模仿。他曾说,"每一个民族,就像是艺术、科学以及整个世界上一起的事物一样,生长、开花、衰落都各有其时;这每一时刻的变化,都只持续最短的时间,是人类命运之轮可能赋予它的极限;最后,世界上没有两个一模一样的时刻;因此,埃及人、罗马人、希腊人,不会在任何时代都保持不变。……埃及人、希腊人、罗马人全都大同小异,难道不是一样的吗?不是,说到底,这些大致相同的人之间还有细微的区别的"②。就民族而言,各民族生活在不同的地理环境中,具有不同的历史和传统,不同的社会组织,因而创造出不同的文化。这些不尽相同的文化同样无法用一个标准来衡量,因为"每个民族实践不同的完美标准,它们是不能相互比较的"③。基于这样的理念,赫尔德号召研究民族的过去,关注民族传统,由此来展开历史研究。

---

① Johann Gottfried Herder, *Idee zur Philosophie der Geschichte der Menschheit*, Sämmtliche Werke VIII, Hrg. Bernhard Suphan, Berlin, 1877 - 1913, S. 7.

② Johann Gottfried Herder, *Auch eine Philosophie der Geschichte zur Bildung der Menschheit*, Sämmtliche Werke V, Hrg. Bernhard Suphan, Berlin, 1877 - 1913, S. 504.

③ Robert Reinhold Ergang, *Herder and the Foundations of German Nationalism*, Cambridge, 1898, p. 90.

赫尔德认为真理、价值以及美并不是一个统一的标准以适用于所有的事物，它们不是单一模式，而是多样的，它们在历史中体现出来，在不同的个人、时代、民族上得以体现。在他看来，“任何民族，在某个特定的时间内、某种特定的场景之中，都曾经有过这样的幸福时刻，否则，他们就算不上一个真正的民族……每个民族都有其自身内在的幸福中心，这就像每个圆球都有各自的重心一样”①。每一个个体都是各有特质，各有价值，都是平等的，不存在孰优孰劣的问题。

简言之，历史当中的每个个体性都是平等，没有什么统一的标准能划分其优劣，每个个体性都有自己的表达方式，世上不存在一个适用于一切个体性的衡量尺寸。

对历史学家来说，这就要求在历史研究中应当平等对待每个个人、时代、民族。赫尔德反对那些以自己的成见或者时代文化的价值观，去评价一切历史事物的优劣好坏；反对文化史中的欧洲中心论；批评那种过分抬高古代而贬抑中世纪的观点。他认为人类产生于亚洲，在遥远的东方产生了最古老的语言和文字，而且亚洲是畜牧业和农业的故乡，还有技艺和科学的最古遗迹；而中世纪同样是世界历史发展中的一个独特的阶段，和其他时代一样都是美好的，令人愉悦的。在他看来，希腊人、巴比伦人、埃及人虽然是不一样的，但它们的文化都是硕果累累的，这其中没有孰优孰劣的区分。他认为，历史学家的任务就在于弄懂和解释历史中每一个单个的事实，每一个独立的文化的特征；承认世界的多样性，以一种真正的世界历史的观念去研究历史。赫尔德对历史长河中很多时代和民族都有好感，就是对自己所处的时代与环境没有好感，那是因为他认为他所处的 18 世纪的历史学们贬低其他的时代及其文化，是对历史个体性原则的一种践踏，是不符合世界历史原则的。

关于这一点，当代学者伊格尔斯曾说，“赫尔德的民族观假设促进人类精神丰富多样的各个民族之间存在基本的价值平等。从这个意义上说，他与歌德一样是精神上的世界主义者”②。赫尔德世界主义观念是其突出各个民族平等性的必然结果。

---

① Johann Gottfried Herder, *Auch eine Philosophie der Geschichte zur Bildung der Menschheit*, Sämmtliche Werke V, Hrg. Bernhard Suphan, Berlin, 1877 - 1913, S. 508 - 509.

② 〔美〕格奥尔格·G·伊格尔斯：《德国的历史观》，彭刚、顾杭译，译林出版社 2006 年版，第 45 页。

3. 历史发展与连续性

大体而言,赫尔德认同法国启蒙学者对于人类社会是进步的这一观点,但是他反对启蒙学者们粗暴地处理人类社会历史演进历程。他曾说:

> 迄今为止,那些曾经试图解开人类世代更替之谜的人,大多抱着这样的想法:进步是朝向更大的德性和个人幸福。为了支持这种想法,他们会粉饰甚至捏造出一些事实,忽略或者是压抑另一些相反的事实,把一些东西整个掩盖起来,并用诸如"启蒙"这样的字眼来取代"幸福",用"更多、更好的思想观念"来取代"德性"。这样,他们就虚构出"世界普遍的、持续的进步",没有人相信,至少真正学习历史和人性的人不会去相信。①

赫尔德认为,每一个历史时代都是自然地由前一个历史时代进化而来,他甚至把一切事物的起源追溯到自然之中。他在《诗歌历史初探》、《论近代德国文学片断》、《论语言的年龄》、《论语言的起源》、《论人类灵魂的认识和感觉》等论著中,以这样的方式研究诗、语言和思维。他认为,诗是自然产生的,语言同样是自然产生的,人的认识和思维也是自然中产生的。在《另一种历史哲学》中,赫尔德叙述了从人类在自然状态中出现到民族诞生的人类精神的发展史。他描述了自然界不断发展,最终形成人类的知性,进入人类社会发展历程。人类社会与自然社会不同,它是精神内容的体现,但是人类社会也如自然界一样不断在走向进步。就此,赫尔德曾说:

> 人类必须历经生命的各个阶段,每一段历程都在明显进步!它们都在共同努力、不断向前,每一段历程之间都看得到停滞不前、革命骚乱、变化更替!尽管如此,每一段历程都在自身内部有它自己的幸福中心。青年人并不比天真无邪、容易满足的孩子更幸福;安详的老人也并不比精力充沛、正当盛年的人不幸。钟摆用均匀的力量在摆动,即使在接近顶点处摆得快一点、接近低端处摆得慢一点。但是这个前进历程时时刻刻都不停歇!我们从不是孤孤单单地生活在自己的时代:我们

① Johann Gottfried Herder, *Auch eine Philosophie der Geschichte zur Bildung der Menschheit*, Sämmtliche Werke V, Hrg. Bernhard Suphan, Berlin, 1877-1913, S. 511.

> 有前人打下的基础，我们自己又为后人打基础，除此之外并不多求。……这才是“进步”和“持续发展”的真实含义，即使没有哪个单独的人从中得到好处，但人类却是一步步走入整体辉煌！①

在他看来，自然界的发展如同是一个完整的链条，其中任何一种现象既是目的，同时又是手段，是整个发展链条中的一环，同时又是其中独立的一个部分；人类社会亦是如此，“地球上的整个人类属于同一个类”，“人类史必然是一个统一的整体”②，而人类的发展也是经历许多阶段的“统一的前进运动”——从野蛮人，到远东古代文明，再到中东各民族，到希腊、罗马，最后到文艺复兴时代。在人类社会发展的链条中，每一阶段都有自己独立的价值，有着与自己时代的生活方式相适应的“美德和幸福的理想”。在这一过程中，“所有的事物都是相互依赖、相互生成的。祖国是我们父辈传承下来的，它能唤起我们往事的记忆，追溯我们祖先的业绩”③。这样，赫尔德就将自然历史与社会历史直接相连在一起，共同构成一个完整的链条。在这其中，人类历史是不断变化发展的、不断趋向进步的。即，“人类历史必然是一个整体，从最初的一环到最后的一环，社会生活和变化的传统构成的链条”④，一环扣一环，步步前进。

赫尔德指出，实际上，每个民族性都是由自然和历史塑造的，人类的责任应该是沿着历史和自然铺设的路线去发展自己的民族，保持这种连续性。每个民族、每个历史时期都有自己独立的文化实体，包括语言、科学、手艺、艺术、宗教、哲学、社会制度等在内的民族文化的各种成分，是不可分割地联系在一起：它们既具有自身的价值，又息息相关，互为条件，共同存在于一个有机的整体之中。并且，这种整体是建立在过去文化的基础之上的，是一种世界历史连续性中的一部分⑤。因此，每一个民族都必须按照自己天生的能力和文化去发展；对于一个民族而言，如果民族文化发展的基础不是自

---

① Johann Gottfried Herder, *Auch eine Philosophie der Geschichte zur Bildung der Menschheit*, Sämmtliche Werke V, Hrg. Bernhard Suphan, Berlin, 1877 - 1913, S. 512.

②④ Johann Gottfried Herder, *Idee zur Philosophie der Geschichte der Menschheit*, Sämmtliche Werke XIII, Hrg. Bernhard Suphan, Berlin, 1877 - 1913, S. 345.

③ Johann Gottfried Herder, *Auch eine Philosophie der Geschichte zur Bildung der Menschheit*, Sämmtliche Werke V, Hrg. Bernhard Suphan, Berlin, 1877 - 1913, S. 513.

⑤ Johann Gottfried Herder, *Auch eine Philosophie der Geschichte zur Bildung der Menschheit*, Sämmtliche Werke V, Hrg. Bernhard Suphan, Berlin, 1877 - 1913, S. 542.

己的,而是外来的,那就意味着割断自己与过去历史的连续性和分裂民族的有机统一。这样做的后果是本民族文化发生断绝,最终导致民族的死亡①。

对于历史学家而言,将人类历史视为连续发展、不断进步的历程,有助于更好地理解历史进程。赫尔德认为,“支撑着世俗体系,以及形成每一块晶体、每一条蠕虫、每一片雪花的规则,也形成和支撑着人类:只要人类还会存在,它就以其自身的本质作为其延续和进步行动的基础。上帝的所有造物在他们的自身及完美的一致性中,都有其稳定性:由于它们都在自己的确定限度之内,建立于竞争力量的平衡之上,并运用他们的内在力量使这些竞争力量服从秩序。在这条线索的指引下,我在历史迷宫中,以及可以感觉到神的和谐秩序的地方徘徊:因为在任何地方,该发生都发生了,能做的都做了”②。

因此,就历史研究而言,赫尔德认为历史学家的职责在于从变化着的历史事实中发现这种统一性,从而揭示出历史发展的连续性,并在历史的连续性中理解各个文化或个体对象的价值与意义。

4. 历史理解的情感性

赫尔德认为,要理解历史,就必须深入历史之中去。因为“只有通过既充实历史又取自历史的精神,我们才参与了人类和民族的历史”,“你必须深入一个民族的精神,然后才能与它具有同样的一种思想和行为”。他提出要深入历史,理解个体对象的精神,就必须尽最大可能地去想象,从而进入那些时空之中;用想象重构历史对象的生活方式、律法、道德准则、各种各样的价值观,甚至是他们的街道。具体而言,赫尔德指出:

> 我们所说的仅仅只是人的本能直觉与实际的结果。为了领会灵魂的整个本质——这一本质统治一切,人所有倾向与能力都由它来安排,即便是最细微的动作也不能摆脱它的控制——不要把你的回答建立在一个单独的词语之上;还不如说,你要进入那个时代、那个地方,进入那全部的历史——你要领会它的每一个细节。③

① Johann Gottfried Herder, *Auch eine Philosophie der Geschichte zur Bildung der Menschheit*, Sämmtliche Werke V, Hrg. Bernhard Suphan, Berlin, 1877 - 1913, S. 558 - 559.

② Johann Gottfried Herder, *Idee zur Philosophie der Geschichte der Menschheit*, Sämmtliche Werke VIII, Hrg. Bernhard Suphan, Berlin, 1877 - 1913, S. 419.

③ Johann Gottfried Herder, *Auch eine Philosophie der Geschichte zur Bildung der Menschheit*, Sämmtliche Werke V, Hrg. Bernhard Suphan, Berlin, 1877 - 1913, S. 14.

只有通过这种移情的方式、设身处地的原则，努力使自己同化于被研究对象，从而领悟其精神。具体来说，“为了领悟一个民族的愿望或行动的意义，就要和这个民族有同样的感受；为了找到适合于描述一个民族所有愿望和新内阁动态的句子，就要思索它们丰富的多样性，就必须同时感受所有这些愿望和行动”①。

赫尔德认为，历史学家一方面要运用想象、情感等非理性的方式去理解历史，另一方面历史学家要以求真为务，切不可因运用了非理性的理解方式而导致历史著作失真。他指责启蒙主义者为了虚构出“世界普遍的、持续的进步”，而“粉饰甚至捏造出一些事实，忽略或者是压抑另一些相反的事实，把一些东西整个掩盖起来”②。启蒙理性主义者惯于采用的这种阉割事实的方法，赫尔德是极力反对的。

但是，赫尔德所追求的历史真实性并不妨碍撰写历史过程中融入强烈的情感等非理性的因素。他曾以饱含浓烈情感的民族诗歌为例，来说明体现了精神自由的激情与浪漫是民族精神的一种体现。他认为，“一个民族越不开化，也就是越有生气、越无拘束，如果它有诗歌，那么它的诗歌就必然会越粗野、越生动、越自由、越有直感、越充满抒情意味！这个民族离人为的、科学的思想方法、语言和构词方式越远……诗歌的本质、目的和全部创造奇迹的力量——这种创造力量能使一个民族产生充满激情、推动力、永恒传统和欢乐情绪的诗歌”③。

赫尔德把真实性和情感联系在一起，他认为“诗不是刻画，不是描述和解释真实，而是呈现真实，表现真实——并且不是轻描淡写地、赤裸裸地、冷漠无情地表现它，而是向它倾注着甜蜜的爱慕之情——如诗人本身所感觉到的甜蜜的爱慕之情”④。真实性与情感性是可以完美结合在一起的。依据这一观点，对历史学家而言，历史研究的求真性与历史理解的情感性同样是可以结合在一起。不仅如此，情感性的介入，不但对历史研究没有害处，还可以增加历史研究的魅力：历史学家可以借助情感性尽可能再现过去的情景，通过移情最大可能地理解历史对象，更真实地反映个体对象；历史学

---

① Johann Gottfried Herder, *Auch eine Philosophie der Geschichte zur Bildung der Menschheit*, Sämmtliche Werke V, Hrg. Bernhard Suphan, Berlin, 1877 - 1913, S. 170 - 176.

② Ibid., S. 511.

③ Ibid., S. 22.

④ Ibid., S. 45.

家在历史撰述中无须排斥非理性的情感，反过来还可以情感来“抓住人们的心灵和忆念！”

卡尔西在谈到19世纪历史学时，曾说：

> (赫尔德)他的著作不只是对过去的回忆，而是使过去复活起来。赫尔德并不是专门的历史学家，他没有留给我们大部头的历史著作，而且即使是他的哲学成就也是不能与黑格尔相比的。然而，他是新的历史真实观的拓荒者。没有他，就不可能有兰克或黑格尔的著作。因为赫尔德具有使过去复活，并使人的道德、宗教和文化生活的一切断篇残迹都能雄辩地说话的巨大个人能量、激发起歌德的热忱的正是赫尔德著作的这个特点。……正是这种“再生”，这种过去的心声，标志出伟大历史学家的特征。①

经过赫尔德的系统论述，浪漫主义史学的根本内涵成为19世纪上半叶史学家所奉行的历史哲学，历史学家们以此为尺度，通过史学实践，为历史提供新的解释。所以说，“与同时代的伏尔泰和吉本的贡献一样，赫尔德的贡献要比任何学究的贡献更丰富，影响也更深远”②。

五、“诗化情感”的初步尝试

经过德国浪漫派的努力，浪漫主义思潮已经站在时代的风口浪尖，将理性主义从时代的大车上推了下去，甩到了历史车轮的后面。德国浪漫派在理论上扫清了障碍之后，一些浪漫主义先行者开始尝试撰写具有浪漫主义色彩的史著。这其中最为著名的是瑞士史家缪勒和德国史家海格维希。

1. 缪勒

首先将浪漫主义理论转变成史学实践的是瑞士历史学家约翰尼斯·冯·缪勒(Johannes von Müller，1752－1809年)。这位与赫尔德同时代的历史学家，1752年出生于瑞士靠近沙夫豪森的诺因基希小镇，父亲约翰·格奥尔格·缪勒是兼任当地牧师的中学校长。在良好的家庭教育氛围中，

① 〔德〕恩斯特·卡西尔：《人论》，甘阳译，上海译文出版社2003年版，第279—280页。
② 〔美〕唐纳德·R·凯利：《多面的历史》，陈恒、宋立宏译，三联书店2003年版，第458页。

缪勒以及弟弟约翰·格奥尔格·缪勒①年幼时的教育颇为成功。特别是外祖父约翰尼斯·索普对年幼缪勒的教育。在外祖父的引导下，缪勒从小就对历史充满了兴趣，尤其是瑞士史②。当时年仅 8 岁的缪勒就立志要写一部关于沙夫豪森的历史，11 岁时他就将四大君主国所有国王的名字以及生卒年都记得清清楚楚。

1769 年缪勒前往哥廷根大学学习。哥廷根求学时期是缪勒学术生涯中最重要的时期。也正是在这时，缪勒结识并师从德国著名史家施洛塞③，学术旨趣进一步明确。经过这位专攻俄国与北欧中世纪历史的学者的引导，缪勒对历史的热情高涨。在哥廷根大学求学期间，缪勒虽然主修的是神学，实际上他主要精力放在了历史学上。1771 年缪勒曾撰写瑞士史概述，而后因准备拉丁文论文《辛布里人战争》而未能在瑞士史概述的基础上继续深入研究。在哥廷根求学期间，缪勒和德国诗人格莱姆、雅各比等人交好，并与德国作家、书商弗里德里希·尼克莱建立了书信往来。1772 年缪勒通过神学答辩，获得神学学位。

学成归来的缪勒被聘为沙夫豪森人文学院的希腊语教授。在担任教职这两年期间，缪勒将所有的业余时间都用于钻研瑞士史的档案及编年史材料。1773 年他成为瑞士基督徒协会会员，于 1774 年在朋友、瑞士著名自由主义作家庞斯特腾的建议下，辞去希腊文教授一职，前往日内瓦做家庭教师，并在此期间结识了伏尔泰。1776—1780 年，居住于日内瓦湖畔的教廷教师缪勒还与美国律师弗朗西斯科·金洛克、瑞士哲学家查尔斯·博尼特等人一起探讨学术或建立了书信往来。缪勒还积极结交当时欧洲政坛的风云人物，如浪漫主义者哈勒、菲尤泽利等人。在与这些友人交往的过程中，缪勒的思想也逐步成熟④。

这位信奉卢梭自然学说、雄心勃勃的历史学家并不满足于在瑞士做家

---

① 约翰·格奥尔格·缪勒，曾师从赫尔德，是沙夫豪森地区的神学家、教育家、政治家。1810 年，缪勒去世之后，约翰·格奥尔格·缪勒整理其著述，编辑成 27 卷《缪勒全集》(Tübingen, 1810 - 1819)出版。其后又编辑成 40 卷(Stuttgart, 1831 - 1835)出版。

② Karl Ludwig von Woltmann, *Johann von Müller*, Berlin, 1810, S. 7.

③ 很多论著都提到缪勒在哥廷根大学学习时曾师从德国著名史家施罗塞尔(参见[美]汤普森：《历史著作史》[第三分册]，谢德风译，商务印书馆 1996 年版，第 188 页。何平：《西方历史编纂学史》，商务印书馆 2010 年版，第 151 页)，实际上从两人的年龄来看，根本不可能。此外，施罗塞尔自己是 1794—1797 年在哥廷根大学学习的，而缪勒是 1769—1771 年在哥廷根大学求学的。

④ Bernd-Ulrich Hergemöller: *Mann für Mann. Suhrkamp*, Stuttgart, 2001, S. 527ff.

庭教师,他期望在更大的舞台展现自己。为此,1780 年他谒见腓特烈大帝,于 1781 年获得加塞尔大学历史学教授教职,并兼任图书馆馆长。此后,这位历史学家辗转于美因茨、维也纳、魏玛、柏林、日内瓦、波恩等地,或是交接权贵,或是与友人(如赫尔德、歌德、洪堡、沃纳等人)相聚,直到 1804 年威廉三世封其为勃兰登堡史官。而拿破仑横扫德意志地区之时,缪勒又拜在拿破仑旗下,曾一度担任威斯特伐利亚王国的官员。1809 年,这位奔波不息的历史学家逝世于加塞尔[①]。

缪勒一生辗转游走,大部分时间都待在德国,从思想归属而言,他更应该被视为德国思想传统中的史学家[②]。这位热衷于政治、致力于瑞士历史研究的学者一生著作颇丰,被誉为"当时最博学的历史学家"[③]。主要著作有《辛布里人战争》、《瑞士史》、《瑞士联邦史》、《教皇的旅行》、《诸侯同盟记事》、《欧洲各国通史》(24 卷,又称为《世界史》)等。1807 年缪勒还参与编辑赫尔德《民歌集》。

其中,《瑞士联邦史》运用了大量编年史史料,特别是使用了埃吉迪尔斯·图斯迪[④]所编写的《编年史》。这部书从瑞典传说时代一直写到 1489 年;书中作者描绘了古代瑞士的完美图景,激发了人们对瑞士的热爱,并深刻影响到整个 19 世纪欧洲对瑞士的认知。全文数据比较详实,文辞优美,他也因此被誉为"瑞士塔西佗"[⑤],席勒还依据其瑞士史写成了《威廉·退尔》。而《教皇的旅行》一书中所宣扬的政治理念成为欧洲均势思想的来源。《诸侯同盟记事》这一著作则深受歌德与席勒的称颂;《欧洲各国通史》是缪勒最为成熟的著作,其中的世界历史观念成为影响兰克撰写世界史的重要思想来源[⑥]。

缪勒最出名、影响最大的著作是《瑞士史》,特别是缪勒在撰写瑞士历史时所表现出来的民族情绪几乎影响了整个欧洲对瑞士的认知。1780 年缪

① Matthias Pape: Müller, Johannes Von., In: *Neue Deutsche Biographie*. Band 18, Duncker & Humblot, Berlin 1997, S. 315 - 318.

② Johannes von Müller, *Preface by the Translator*, *An Universal History in Twenty-Four Books*, London, 1818, V.

③ Ibid., IV.

④ 这里指的是埃吉迪尔斯·图斯迪 1550 年撰写的《赫尔维迪编年史》,此书 1569—1570 年经作者修订出版,是了解古代瑞典最重要的史学著作。

⑤ Karl Ludwig von Woltmann, *Johann von Müller*, Berlin, 1810, S. 7.

⑥ Gordon A. Craig, "Johannes von Müller: The Historian in Search of a Hero", in *The American Historical Review*, 1969, Vol. 74, pp. 1487 - 1502.

勒的《瑞士史》出版之后，缪勒将书赠送给诸位好友。除了施洛塞对缪勒运用未经严格考证的史料，甚至篡改史料的做法表示不满之外，其他人都是一片好评。其中，格莱姆在 1781 年 12 月写给缪勒的信中提到，“我想要说高尚的结语就是：……阅读德摩斯梯尼、西塞罗等人的著作，也不能强求所有的读者千篇一律、整齐划一，读者他们是自由而无拘无束的，对瑞士史是如此，对待普鲁士史也是如此，甚至前者尤胜过后者，因为瑞士是如此的完美而关于它的历史著作却是如此的糟糕。……亲爱的朋友，赶紧开始工作吧，写出你的大作，这是你的责任！”①格莱姆劝慰缪勒不必强求所有人对其著作的认同，因为缪勒的著作已经足够好了；格莱姆除了对缪勒这一著作大为赞赏之外，还鼓动他在这方面继续努力，写出更大更完美的瑞士史。而后缪勒在回信中提到，他将继续专心撰写更大部头的瑞士史，因为“瑞士民族国家的特性正日益发展”②，随着这种民族性的发展，体现瑞士民族性的历史著作将会随之而水涨船高，因此，缪勒很自信地对格莱姆说，“其后写的瑞士史会比第一部分好”③。此外，缪勒还表示，他将“先写瑞士史，然后才是普鲁士史”④，通过历史著作体现了民族国家特性的历史，甚至要写一部包含所有民族、自原始社会以来所有时代的历史。

其后缪勒继续在瑞士史方面探索，写成了《瑞士联邦史》之外，还写了《欧洲各国通史》。在这部著作中，虽然缪勒主要是以欧洲各个国家的近四千年历史为叙述对象，但也涉及了当时时代所能知道的几乎所有民族与国家的历史，甚至包括了中国。缪勒曾说过，他写该书的目的是“寻求世界上所有不同民族、不同时代中，政治的、民主的、文学等文化的特征中的主导性观念”⑤。在他看来，历史学家眼中的每一个民族、每一个时代都是平等的，诸如瑞士这样的小邦国也和法兰西一样伟大，它也拥有自己的文化、民族以及精神，在世界历史上占有一席之地。缪勒指出，任何民族与时代都有其辉煌灿烂之处，它们之间没有什么可比性，更没有什么整齐划一的标准能够决定其优劣与否。他表示，“不管怎样，我现在以及将来仍会坚持的原则就是，

---

① Johannes von Müller, *Briefe zwischen Gleim, Wilhelm Heinse und Johann von Müller*, Vol. 2, Zürich, 1806, S. 306.

②③ Ibid., S. 325.

④ Ibid., S. 313.

⑤ Johannes von Müller, *An Universal History in Twenty-Four Books*, Vol. 1, London, 1818, p. 4.

只要那些族群曾经存在过，我就会在著作中不吝惜对它们的同情”①。

虽然缪勒为写作24卷本的《欧洲各国通史》曾在欧洲各大图书馆、档案馆查找数据，在书中也使用了不少第一手的材料(比如手稿)，但是他对材料的辨别并不仔细，以至于将一些未经考证的材料作为确信无疑的史料写入书中。虽然缪勒在哥廷根大学接受过历史专业化的教育，但是很显然这位爱政治超过爱历史的史学家并未能把哥廷根学派的严谨考证态度融入历史撰述之中。他“虽然勤于收集材料，但他的耐性太差，未能细心去粗取精，他使得很多瑞士古代传说和逸闻流传后世”②，甚至认为，“所有的编年史和典章，只要是古老的，都是一样地有价值；他的出名，主要是因为他生动地译述了楚迪的爱国故事。只要怀疑主义存在，它往往是和轻信一样地毫无批判”③。尽管如此，缪勒的著作仍然在当时的欧洲具有很高地位，其作品广受欢迎，曾被译成多国文字出版，是享誉一时的、浪漫主义史学的代表作之一。之所以如此受欢迎，是因为缪勒著作中所体现出来的浪漫主义特质深深吸引了读者④。

时人斯塔尔夫人⑤盛赞缪勒这一著作是以一种“诗化的情感来描写历史中的人与冲突”的⑥。缪勒自己也认为，在历史著作写作中融入非理性的情感并不是什么坏事情。相反，历史理解与历史写作是离不开情感的，设身处地深入历史对象的具体情景之中，才能理解其内在的精神，才能真正使历史著作更接近历史事实。他曾说，“法则只是我们看得见的世界之间关系的结果，特别是当这所有的事物都被赋予情感之时”⑦。在缪勒看来，像启蒙理性主义所宣扬的那种普遍性中的法则只不过是表面的联系，事物背后最深处的是情感与精神。作为历史学家，除了要弄清楚历史事物的表象之外，还需要深入实质，挖掘其内在的精神的内容，这必然就需要运用情感式的同

① Johannes von Müller, *An Universal History in Twenty-Four Books*, Vol. 1, London, 1818, IX.

② 〔美〕汤普森：《历史著作史》(第三分册)，第190页。

③ 〔英〕乔治・皮博迪・古奇：《十九世纪历史学与历史学家》(上册)，耿淡如译，商务印书馆1997年版，第87—88页。

④⑥ Johannes von Müller, *Preface by the Translator*, *An Universal History in Twenty-Four Books*, Vol. 1, London, 1818, IV.

⑤ 斯塔尔夫人(即Anne Louise Germaine de Staël-Holstein，1766－1817年)，19世纪著名的文艺评论家。

⑦ Johannes von Müller, *An Universal History in Twenty-Four Books*, Vol. 1, London, 1818, p. 9.

感与直觉，只有这样才能真正理解历史。

缪勒认为，作为历史学家有严谨的史料批判和清晰明了的文字表达还是不够的，还必须用心去体会那些曾经存在过的精神内容。换言之，“历史事件被记录在册，而理解历史的关键就在人的灵魂以及公众事务之中”①。具体而言，就是史学家从现实出发来写历史，将情感、想象等融入历史写作之中；只有这样才能真正融入历史、了解历史，从而理解历史。在写到穆罕默德时，缪勒尽可能以想象深入穆斯林这一异教世界，设身处地理解他所不熟悉的这一世界里的精神。他认为只有以这种移情的方式才能真正触及穆罕默德的精神，了解其精神世界。

关于个体与整体这一问题，启蒙哲学与浪漫主义所作出的回答完全不同，而缪勒认为，“整体的各个部分都是相互紧密联系在一起的；在最终本质这一整体帝国之中，没有什么是能够单独存在的。整个世界就是以这种关系作为首要条件的，一刻也不能仅依靠自身就得以存续。这就要求我们研究事物之间的相互关系”②。具体到历史研究领域，历史对象的个体性与整体性是相辅相成的——要理解个体，必须结合整个历史才能实现比较完整地理解历史个体；反过来，“要理解一个国家，或许应该深入到组成这个国家各个小邦，甚至是深入到那些单个的家庭，因为家庭是所有社会组织最初也是最终的组成部分”③，对整体的研究离不开对历史个体的认知。也正是出于这样的考虑，缪勒在《世界史》中容纳尽可能多的民族与时代，目的就是为了更好地理解全部世界历史。此外，也是基于这一原因，缪勒对瑞士历史情有独钟。他认为，瑞士历史是构成整个世界历史不可或缺的内容，对不受重视的瑞士史进行完善将有助于对整个世界历史内容的理解。故，缪勒在其《世界史》中对各个小邦国均单独一一叙述，绝不因其文字记载不足、影响不够大而忽视。他曾明确指出：

> 我将从其建立基础这一角度来研究它们，探究这些单个弱小的小邦联合起来之后所带来的是什么，探讨某一普遍性结论各个组成部分，

① Johannes von Müller, “Preface by the Translator”, *An Universal History in Twenty-Four Books*, Vol. 1, London, 1818, V.

② Johannes von Müller, *An Universal History in Twenty-Four Books*, Vol. 1, London, 1818, p. 15.

③ Ibid., pp. 8 - 15.

> 这些普遍性结论或是引发我们的遗憾,或是提供有意的警告,或是提供对未来的睿智判断。①

此外,缪勒是非常反感法国大革命的。他的《世界史》以公元前3400年至法国大革命前夕的历史为叙述对象。之所以不写法国大革命,是因为缪勒认为法国大革命是人类历史上少有的大骚乱。他说,"将不会在书中叙述那些波及所有国家的暴动,因为这些暴动只会让我们的年轻人认为,仅仅只要凭借野蛮的武力或者掌握自然力就可以对弱小的、愚蠢得忘记自己权力的对象实施压迫"②。

作为历史学家,缪勒自认为面对这场使"整个欧洲显而易见正在走向毁灭"的大骚乱,"身处其中的我是很难以平和的心态来看待这一切"。缪勒有心在《世界史》中回避了法国大革命这一段历史,他甚至在《世界史》导论部分用了很多笔墨来描述对法国大革命的厌恶,毫不掩饰对法国的厌恶。他在书中指出:

> (法国大革命)这场正在将欧洲政治外衣烧除干净的大火,是从那些内在政治结构可以被忽略的国家燃起的。……所有试图阻挡这场灾难的国家就如同想用水去扑灭希腊大火一样,功败垂成。……在这场革命中,那些最高贵、最结实的政治机构,原本无惧岁月的侵袭、天灾的破坏,原本在经历千年岁月依然可以傲然矗立,那些原本将继续永远耸立的政治体系,都在这次骚乱中灰飞烟灭,而那些现在依然存在的政治体系也被各种易燃物充斥着,随便一个火星便可使之毁灭。③

缪勒认为历史的功能有二:一是,探讨各个历史对象,以期从中获得经验教训;二是,通过对各个历史对象的研究,以期对未来事物睿智判断的形成有所帮助④。就法国大革命中的种种现象而言,这些让缪勒感到的只是混乱、骚动,研究这种现象根本无法从中获得经验教训,也无法从中形成对

---

① Johannes von Müller, *An Universal History in Twenty-Four Books*, Vol. 1, London, 1818, p. 4.
② Ibid., pp. 1 – 2.
③ Ibid., p. 3.
④ Ibid., pp. 4 – 8.

未来事物的有益认知，是无法满足他的历史研究的目的的，因而，缪勒在史学实践中断然否定了法国大革命。

游离在政治与史学之间的缪勒，“写历史是为了引人注目，猎取权位”①，他还没有意识到他的著作对于浪漫主义史学的意义。读者们知道，阅读缪勒著作的读者感受到的是他诗化的情感、优美的语言、浓烈的民族性，这就是缪勒史学著作之于浪漫主义史学的价值与意义。

2. 海格维希

缪勒虽深受浪漫主义的影响，其史学著作明显体现了浪漫主义的史学主张，但他只能算是一位介于文学家与史学家之间，热衷于政治的半吊子历史学家。真正意义上率先贯彻浪漫主义的史学主张的是德国史家迪特里希·赫尔曼·海格维希（Dietrich Hermann Hegewisch，1746－1812 年）。这位历史学家在西方史学史上名声不显②，名气甚至还不如其子——政治评论家弗兰兹·赫尔曼·海格维希，但其史学著作之于浪漫主义史学的意义重大。

1746 年 11 月 15 日，海格维希出生于德国奥斯那布鲁希教区的奎肯布鲁克小镇。在家乡初级教学学校接受识字、语法教育之后，1758 年海格维希进入奥斯那布鲁希高级中学接受教育。1759 年又前往哥廷根大学学习神学，直到 1763 年七年战争结束。学习期间，海格维希对历史学产生浓厚的兴趣，但一直在神学、历史学两者取舍问题上犹豫不决。1763 年海格维希前往汉诺威，在一药剂师家里做过一段时间的家庭教师，而后一度曾前往荷兰。1774—1780 年海格维希在汉堡、日内瓦等地辗转，1774 年在友人介绍下担任丹麦驻汉堡办事处秘书，1778 年成为《美国杂志》的主要创刊者之一，并担任杂志主编。1780 年海格维希因《查理曼大帝》的成功而获得基尔大学历史学教授一职，1805 年因在史学以及政治学上的突出成就受封为丹麦皇家史官③，此后一直待在基尔大学直至 1812 年去世。

海格维希对历史充满激情，成功地由一名历史爱好者转变成一名专业的历史学家。在谈到自己处女作时，时任杂志主编的海格维希曾说，“我并

① 〔美〕汤普森：《历史著作史》（第三分册），第 190 页。

② 古奇的《十九世纪历史学与历史学家》以及汤普森的《历史著作史》这两本史学史方面的权威著述都未曾提及这位历史学家。

③ Carsten Erich Carstens, “Hegewisch, Dietrich Hermann”, *Allgemeine Deutsche Biographie 11* (1880), S. 278.

不了解那些东西,在写查理大帝之前,我虽然是喜欢历史,但是我从未刻意去钻研历史……当时艾柏林看了我的书稿之后,建议我付梓出版,于是书印出来了。这一无心之举对我之后的人生产生了决定性的影响,1780 年我获得了基尔大学历史学教授一职,开始专心钻研历史了"①。海格维希专注于欧洲中世纪史,除了《查理曼大帝》之外,海格维希还著有《法兰克王国史》、《德国中世纪史》、《马克西米利安一世时期德国文化史概要》、《世界历史纲要》、《罗马经济史论文集》、《英格兰国会史》、《爱尔兰简史》、《希腊殖民地理、历史文献汇编》、《历史年代记导论》等。

肯定中世纪　海格维希的历史研究旨趣是中世纪的历史。他认为中世纪是欧洲历史中非常重要的一个时期,欧洲近代民族国家原型都是在中世纪时奠定的。与启蒙理性主义史家们的看法不同的是,这位中世纪研究方面颇有心得的史家认为中世纪并非千年的黑暗,并非没有进步,并非对世界历史没有意义,并非是可以忽略的历史时期。海格维希曾说,中世纪的"思想与情感(这在中世纪是彻底完全不为当时之人所在意)在任何地方都光芒万丈,几乎使得罗马黄金时代都黯然无光"②。人们往往一想到中世纪就想起幽闭的修道院、刻板的僧侣、残暴的异端裁判所,而认为中世纪是没有精神创造、对历史发展进程毫无贡献的一个时期。实际上,中世纪的哲学、神学、诗歌、文学等精神创造与任何一时代相比都不逊色,甚至超过了人文主义者、理性主义者交口称赞的古典时代。

不仅如此,海格维希认为中世纪奠定了欧洲民族国家的基础。在 1786 年,他在谈到 1784 年开始写作《德国中世纪史》的原因时说,"民族特性以及道德模式都是源自德国中世纪历史",现今社会政治、文化生活以及文明的进步等这些体现了人类生活及行为的特定模式都源自中世纪③。《德国中世纪》一书通篇围绕德意志地区各邦国在中世纪的政治、军事、文化等方面的演变展开叙述,目的就是为了凸显中世纪对形成德意志民族所起的重要作用。此外,海格维希其他的一些著作,诸如《法兰克王国史》、《康拉德一世至亨利二世时期德国史》、《石勒苏益格、荷尔斯泰因公国史》、《马克西米利

---

① Carsten Erich Carstens, "Hegewisch, Dietrich Hermann", *Allgemeine Deutsche Biographie 11* (1880), S. 279.

② Dietrich Hermann Hegewisch, *Charaktere und Sittengemälde aus der deutschen Geschichte des Mittelalters*, Leizig, 1786, S. 4.

③ Ibid., S. 5.

安一世政治史》、《马克西米利安一世时期德国文化史概要》等都是研究中世纪历史重要的著述，甚至在其《世界历史纲要》之中，中世纪亦是其着墨尤多的时期。海格维希在其著作中反复强调，对中世纪，“对于这一重要的时期，考查这一时期的历史事件是如何形成的、当时的民族和习俗以及当时人们的精神情感，是非常有价值的”①，历史学家切不可忽视中世纪、无视中世纪在人类历史上的重要地位。

历史与世界历史　19世纪科技进步、资本主义经济的发展，使得新兴阶层得以对内逐步攻破封建主义的堡垒、对外扩张势力，欧洲列强正日益崛起，整个欧洲被这种乐观主义情绪支配着，在思想认识上开始冒出唯我独尊、轻视其他民族及地区、忽视其他时代的念头，海格维希却告诉世人，所有存在过的时代、民族都是同等重要的。海格维希除了对中世纪的肯定之外，认为历史存在过的所有时代都是同等重要的；即使是没有文字记载的原始社会也是人类历史中不可或缺的组成部分。他指出，人们因为“传统和历史的偏见”而认为那些黑暗神话时代因为没有文字记载、无法传承精神创造的内容而成为历史中可以忽视部分②。实际上，那些远古时代的诗歌、那些语言材料含有极为丰富的精神内容，体现了当时的宗教、习俗、语言、精神等多方面的内容。远古社会也是有精神创造的，故以体现人类精神创造为内容的历史是不能忽视这一重要组成部分的。海格维希甚至还一直强调人类历史是一个连续的世代系列，人只有通晓过去才能知道现在，甚至只有当人将上一世代了解清楚才能对下一世代有正确的认知。每一个世代存在的价值与意义都是不容忽视的，而“世界历史包括每一时代的情况，反映了自人类诞生以来所有人种的赓续延绵，包括所有前后相继的世代”③。

此外，虽然欧洲民族国家在18、19世纪所取得的精神方面的成就让人为之惊叹，具有独步天下的势头，但海格维希看到了其他民族国家存在的价值与意义。他指出：

> 就目前情况而言，欧洲国家高居于世界上所有其他民族之上，这不仅是指我们通常所说的文化，而且还指欧洲国家施诸世界的权力、幅员

---

① Dietrich Hermann Hegewisch, “Vorrede”, *Charaktere und Sittengemälde aus der deutschen Geschichte des Mittelalters*, Leizig, 1786, S. 2.

② Dietrich Hermann Hegewisch, *Grundzüge der Weltgeschichte*, Hamburg, 1804, S. 4.

③ Ibid., S. 8.

> 辽阔的土地。所以现今的世界史不同于以往,但是欧洲大陆之外的其他国家,那里的人民创造的文化也引人注目,其影响也在欧洲势力范围之外的土地上扩展到了极致。[①]

海格维希并不否认欧洲在众多方面所占的优势,但他认为从整个漫长的人类社会来看,一开始并不是欧洲世界独步天下,亚洲、非洲都曾孕育出了璀璨的远古文明,这些文明是世界历史中重要的组成部分;即便是到了欧洲霸权膨胀的19世纪,世界其他地区、其他民族的文化也是非常精彩,是不可忽视的个体存在。

除了认为各个民族、各个时代都是同等重要的存在之外,海格维希指出,世界历史作为一个整体,在他的观念中从来都不应当只是围绕一国一时代而展开的,更不是仅仅围绕欧洲世界展开的。在历史研究中,"科学的历史,就必须是叙述真实的事实以及事实所在的整个背景,并在此基础之上,包含所有的人种,或者所有个体的部分,所有的民族与所有的国家"[②],但研究过去的"历史并非是止于单个个体,而是验证完整的整体"[③]。作为一名历史学家,他不满足于将世界历史构建成罗列所有的时代与民族,他曾感慨:

> 民族兴替,一个接着一个,除了传递着它们的文化、与其他民族不同的模式之外,还通过权力决定其他民族的命运,并且通过这两个方面使得自身与众不同,这就是世界历史的真正主题。我的世界历史不仅仅只是列举世界上所有的民族国家与所有的时代——如果这样做的话,这种世界历史只是收集汇总了诸多的单个个体而已——世界历史确实要囊括这所有的民族与时代,但是这样做的最终目的是获得综合的整体,这一整体包容所有的个体,并展示所有民族创造的文化,或者说,意图将所有的个体视为一个整体,并展示个体他们之间的联系。[④]

在他看来,世界历史中的各个时代、各个民族各具特色与特性,是世界

①③ Dietrich Hermann Hegewisch, *Grundzüge der Weltgeschichte*, Hamburg, 1804, S. 8.
② Ibid., S. 2.
④ Ibid., S. 9.

历史的重要组成部分，但是世界历史并不完全是为了强调单个个体的存在，更重要的是各个个体组成的整体；历史学家就是要通过整体来展示各个个体之间的联系。他认为，世界历史之中的个体存在最大的价值与意义就在世代的赓续以及这其中所体现出来的个体之间的联系，而个体之间的联系必然会上升到整体的高度，并且这种个体联系只有在整体之中才能得到完整而正确的认识。

在阐释这一观点时，海格维希将世界历史所包含的人类社会内容与自然界发生的运动进行了比较：

> 自然事件的划分以自然现象来标注，而建立在法律和习俗基础之上的人类文明的划分，这些也被称为“人为的”或“主观的”；所谓人为，因为这是通过人为的方式建立的；所谓主观，因为这是一由主观决定的事物，因此哪一种对精神运动的划分都说不上什么好与坏。……时代的文明或主观的部分则仅仅是历史知识所管辖的事物。①

自然界发生自然运动是可以通过人的具体感知而区分的，但是历史范畴的内容则是建立在精神内容上的文明，是一种人为而主观的事物，这两者是完全不同的：自然运动可以通过分析归纳单个特殊性而上升到一般，最后忽视甚至泯灭特殊性，直接从一般中推导出特殊即可；而历史的内容则不一样，精神的内容各具特性、各个不同，其个体性不能通过强调普遍性而被消融。海格维希指出：

> 倘使我们观察自然界的运动，我们会发现在完整而一致的序列当中的个体接踵摩肩，于是从头到尾的每一个部分都能很容易被标记好。……但是在我们人类精神活动的序列中，其开端与结束都是难以觉察到的，精神活动中并不存在像自然界运动的那种一致性。因此，尽管我们能感知精神的运动，尽管这些精神运动也有持续的时间，甚至或许还能细细推敲时代中的这种精神运动，但是这些精神运动并不能这

---

① Dietrich Hermann Hegewisch, *Introduction to Historical Chronology*. translated by James Marsh, Burlington, 1837, pp. 14 – 15.

种方式来估量。①

以精神内容为研究对象的历史，研究方法显然不能照搬自然科学的模式，而只能从整体之中理清个体。在谈到历史研究的基础——编年史时，海格维希曾指出：

> 编年史的方法是将事件的原因与影响依据其发生的顺序罗列出来，而我们通常看到历史是通过某个单独的事件而展示出来的，编年史的方法显然无限展示这种个体性，所以存在不足之处，民族志的方法则是将民族的前后更替记录下来，特点、精神以及彼此的影响等这些人类的个性却凸显不出来。

海格维希对编年史、民族志等方法非常推崇，认为这是一种科学，但编年史还不算是真正意义上的科学历史，因为它无法全面展现个体、无法展示精神内容的内在联系。海格维希指出，“新的空间类型，单个事件正在发生，或者说民族存在，重要的变化发生了，然而这些首先是作为地球的一部分，只有作为整个人类的一部分才有意义”②。换言之，个体只有作为整体中的一部分才能体现其价值与意义，并且只有在整体之中，个体才能得到充分而全面的认知。

历史发展与进步　海格维希是赞同历史进步观念的，他认为人类历史发展演变、世代的更替都意味着一种积极的变化，是一种发展，更是一种进步。在其翻印最多、影响巨大的《历史年代记导论》一书中，海格维希附上了一篇《论时代在世界历史中的作用》。文中，海格维希指出：

> 相对而言，历史应被视为是文明进步的演化。在这种进步之中，我们首先看到的是未开化而野蛮的民族；一个或两个开化了的、被其他未进化民族所包围的民族依然还保留着其原有的粗野；文明的传播，这种传播既可能是通过自觉的模仿，也可能是通过开化民族的对外扩张而

① Dietrich Hermann Hegewisch, *Introduction to Historical Chronology*. translated by James Marsh, Burlington, 1837, p. 12.

② Dietrich Hermann Hegewisch, *Grundzüge der Weltgeschichte*, Hamburg, 1804, S. 14.

> 实现的。然而在文明之初,开化民族的进步以及进步之中的重重障碍,再度使之回到野蛮主义,然后再毁灭,再复兴。①

在历史发展的这一进程中有阻碍,有停滞不前,有倒退,甚至有毁灭,但是从整个世代来看,人类社会是向前发展的,并且人类社会的这种发展进步就是在这种时代延绵不绝中不断从前一时代继承其内在精神内容而继续向前发展的。海格维希指出,远古时期古希腊人所创造的精神内容虽几经辗转、多遭磨难,但并没有断绝赓续,而是一路传承袭来,并经各个民族、各个世代的发展而一直流传到了当代欧洲社会。相比远古时期古希腊人的精神内容,现今的希腊精神已经有更多的内容与意义,这就是进步。

海格维希认为历史的进步发展绝不是单一化,而是在个体多样性中体现出文明内容的多样性。对于人文主义者将某些时代抹杀,对于启蒙理性主义为强调一致性而将一些个体性阉割的做法,海格维希是坚决反对的。在提及15、16世纪的编年史时,海格维希曾说:

> 15、16世纪知识以及科学的复兴,此时的历史学家们很清楚地认识到,没有一种确定而可信的编年史,就不会有真实而正确的历史。因此,编年史是这些博学之士热衷探求的研究。他们很快发现,研究古代的历史,必须形成一种一致性的、逐步完善的思考模式是其基本的目标,为了实现这一目标,要将古代不同民族国家的各种各样的模式去除了。②

他对这种出于某种目的而任意将一些民族国家驱逐出世界历史的范畴,或者说是为了强调所谓的普遍性而忽视个体、抹杀个体的做法,并不是真正历史发展进步的观点,只是一种牺牲历史事实的哲学构建,或者是忽视精神内容独特性、无视精神个体的个体性的粗暴做法。

历史与历史理解 提到历史,海格维希认为,历史不是别的什么,而是代表着事件内在的情况,并且历史比我们想象的还要能体现事件内在情况③;以过去的精神内容为研究对象的历史是一门科学。另一方面,历史是

---

① Dietrich Hermann Hegewisch, *Introduction to Historical Chronology*, translated by James Marsh, Burlington, 1837, p. 137.

② Ibid., pp. 130 - 131.

③ Dietrich Hermann Hegewisch, *Grundzüge der Weltgeschichte*, Hamburg, 1804, S. 8.

一个单个历史事实展现出来的，因而历史学家要保证历史学的科学性与严谨性，就需要对单个事实、史料进行严格的辨析，他指出：

> 历史学家是历史事件的见证人，他们要么是自己亲身经历历史事件，要么是听经历者诉说的。……历史学家是见证人，这就意味着他们要么就在事发当场、亲身参与事件，要么是离事件非常近的目击者。历史学家所见证的只有那些在我们眼皮底下发生的事件，这见证并不仅仅只是同步记录，而是能完全接近当时的真实。①

他认为，最可靠的历史就是当事人所记载的历史，这种同步记载的历史因为所使用的材料就是当事人目之所见的一切，都是真实可信的。在这样的基础之上，要实现历史学科的科学化、使之成为严谨的一门学问，就只需要考虑史料的问题即可。但实际上，海格维希指出：

> 辨别见证者的可信度，除了事件自身内在的可能性之外，即事件得以存续的必要先决条件，还取决于见证者的技巧与意愿。他是否知道真相呢？他是否愿意、能够说出真相呢？要达到真相，其记载就必须表现他自己以及外在的环境，即他生活的时代与地点，他的社会地位，他的价值观念，他的偏好与偏见，他的友情，他的敌人。这些有利或不利之处决定了他的叙述是真实还非真实的。②

见证者的客观性也是难以保障的，历史之中的主观性是难以避免的一个大难题。不仅如此，历史整个发展历程中，与整个漫长的人类历史相比，文献材料是少之又少。面对这一问题，海格维希提出历史理解不光是专注于历史事实，而是要从精神内容的理解出发。他指出：

> 这种史料判断既是对一偶然发生事件的辨析，也是对其发生所处的环境的判断，即，内在与外在环境的辨别。事件外在的环境指的是感受到的一切，比如事件发生所处的时间地点，这一单个事件与后续事件

---

① Dietrich Hermann Hegewisch, *Grundzüge der Weltgeschichte*, Hamburg, 1804, S. 5.

② Ibid., S. 6.

> 之间的联系，以及事件的方式、语言等之类的。参与事件者的灵魂与情感在事发前后是否有变化？在事发当时与事发后是否有变化？即，诸如动机、意图、情感、热情等是否有变化。①

对单个史实的辨析，需要考虑人的主观性因素，还注重其中的情感、热情等变化。在对没有文字记载的时代进行研究时，研究者最需要关注的就是蕴含在各种精神内容中的主观性、情感。海格维希认为：

> 实际上在那些蒙昧而混乱的时代里，这种诗化的语言中所隐藏着的事实常常被发掘出来，通过这些情感强烈、激情澎湃、夸张的诗歌，可以寻求到最令人震惊而使人印象深刻的景象。倘使后人通过这些景象能确切地理解过去，那么这些叙述难道不是真实的吗？特别是在那些只有口述历史、遗迹、史诗的那些时代，即我们称之为黑暗神话时代，这些诗化的情感对于历史理解尤为必需。②

诗化的情感是真实的精神存在，通过这种诗化的情感去理解历史，也可以将历史之中的精神内容展现出来。对于有文字记载的历史，海格维希也主张将情感、想象等主观性的方法运用到历史理解之中去。在提到其最为擅长的中世纪研究时，海格维希表示并无别的诀窍，就是要“设身处地地进入他们看到这些事物的角度、以他们的眼光来看、以他们的思想来想”③。通过运用情感达到通感，使用想象实现身临其境，设身处地站在当时人的立场，想其所想，思其所思，这样才能真正使已经过去的历史再次鲜活地展现在人们面前。海格维希认为通过这种情感与想象，历史得以再现，而历史著作也颇为吸引人。他曾说，“要与历史艺术紧紧相连，历史著作就应当是有趣的、奇幻以及富有教育意义的”④。

海格维希对中世纪的肯定与称颂，对世界历史中的个体与整体关系的把握，对历史发展进步的认知，对历史理解与情感之间密切关系的强调，使

---

① Dietrich Hermann Hegewisch, *Grundzüge der Weltgeschichte*, Hamburg, 1804, S. 7.

② Ibid., S. 4.

③ Dietrich Hermann Hegewisch, "Vorrede", *Charaktere und Sittengemälde aus der deutschen Geschichte des Mittelalters*, Leizig, 1786, S. 2.

④ Dietrich Hermann Hegewisch, *Grundzüge der Weltgeschichte*, Hamburg, 1804, S. 3.

得他与启蒙理性主义史家严格区分开来，他是通过史学著作宣扬浪漫主义思想的真正先行者。

无论是缪勒还是海格维希，他们将浪漫主义理论与史学实践相结合，都还是一种初步的尝试，真正意义上将浪漫主义史学发挥到极致的是其后的德、法、英、美等国的史学家们。

第三章　形形色色的浪漫主义史家

在以赫尔德为代表的历史哲学家的影响下，浪漫主义史学在历史舞台上逐步壮大，成为显赫一时的史学流派。就其史学特点而言，浪漫主义史学表现为：浪漫主义史家撰写历史不再被理性所支配，历史的发展具有个体的和独特的性质，而不存在普遍性和规律性。他们认为历史应当充分展示各国和各民族历史发展的具体特征，体现每个民族所固有的“民族精神”，因此，他们特别重视编写民族史和国别史。他们强调历史现象的连续性和继承性，重视中世纪的历史地位，并将它理想化。他们崇尚直觉与情感的作用，重视对历史作具体的描述，藉以抒发作家个人的情怀①。

从政治上来说，受浪漫主义思潮影响而形成的浪漫主义史学，是浪漫主义者对法国大革命的失望和反感在史学上的表现，也体现了自拿破仑战争以来蓬勃发展的民族主义情绪。但因浪漫主义史学并不是一个严格的统一体，其内部派别丛生，歧异迭见，主要有下列三派：

其一，贵族和大资产阶级保守派。这派历史学家充满了对法国大革命的仇恨，反对历史思想的世俗化，企图复活神学史观，以神秘主义、信仰至上、灵感直觉等来对抗启蒙时代的科学观念；他们无限美化中世纪，把它描绘成一幅美妙的、牧歌式的和谐图画；他们抓住理性主义史家中的非历史概念反对革命，否定一切进步运动的历史合理性，并从政治角度别有用心地解释为“民族精神”的含义，错误地把它说成是历史发展的真正动力。英国的柏克，法国的夏多布里昂及复辟王朝时期的官方史家，德国的耶拿学派和“法的历史学派”，俄国的“正统学派”和斯拉夫学派等是这派的代表。

其二，小资产阶级激进派。这派历史学家力图站在人民的立场来研究

① 参见张广智：《克丽奥之路——历史长河中的西方史学》，第132页。

历史,同情劳动人民的艰难处境和反抗斗争,主张写作以人民为主体的历史。他们的作品按照小资产阶级的思想塑造了他们心目中的人民英雄;他们揭露资本主义社会的种种弊端,但却找不到一条用以改变现状的正确道路;他们对无产阶级又疑虑重重,因此只把希望寄托在恢复中世纪的社会制度和宗法生活上。他们向过去寻求武器以反抗对现实的不满,反映了小资产阶级的妥协立场和革命的不彻底性。在急遁转变的历史关头,他们中的一部分人往往容易动摇而蜕变。这派的代表人物有法国的米什莱、瑞士的西斯蒙第、德国的戚美尔曼、英国的卡莱尔(前期)和科贝特等。

其三,资产阶级自由派。这派历史学家并没有抛弃启蒙运动时代的思想遗产,他们接受了理性主义史家的历史进步论,同时把它与资产阶级推行的社会改革与革命结合起来。他们纠正了理性主义史学的片面性和形而上学,遵奉历史主义的治史原则。他们着意于探讨民族精神和民族文化的特点问题,并将"第三等级"作为民族的代表,认为这是民族文化中最具决定意义的因素。他们注重历史编纂的艺术,力图把历史著作写得明白晓畅而为广大读者所喜爱。代表人物有法国复辟王朝时期的梯叶里、基佐、米涅、梯也尔,英国的辉格派史家麦考莱,德国的海德堡学派的施罗塞尔,美国早期学派的创始人班克罗夫特等[①]。

以上三派在不同时期和不同国家的发展情况都不尽相同;浪漫主义史学在不同时期的德国、英国、法国等国发展也具有不同的取向与特点。这也体现了19世纪历史学流派的繁衍与驳杂。

一、浪漫与民族——德国浪漫主义史家

德国史家在德国哲学、文学家所掀起的浪漫主义大潮中率先高举浪漫主义史学的旗帜,在史学领域将浪漫主义所宣扬的理论落到实处。19世纪浪漫主义者大卫·弗里德里希·施特劳斯(David Friderich Strauss,1808-1874年)在1847年提到浪漫主义时曾说:

> 浪漫主义和浪漫派出现的历史条件,是旧文化与新文化碰撞的时期……在世界历史的这一转折时期,情感和想象胜过思维清晰的人,热

① 蒋大椿、陈启能主编:《史学理论大辞典》,安徽教育出版社2000年版,第572—573页。

情而不是更理性的精神，总是会想时光倒流，回到远古的过去。[①]

这种怀旧的倾向在德国浪漫主义史家身上也体现得非常明显。德国浪漫主义史家把以“过去的时代因其久远将永远光荣”为座右铭，“把中世纪史染成一层落日余晖，他们的写作中既没有狂热的表白，也没有伤感的讽刺”[②]，在历史撰述上推崇中世纪，甚至有的史家美化中世纪。这是德国浪漫主义史学的特点之一。

此外，19世纪德意志地区盛行的民族主义与浪漫主义思潮融合，使得德国的浪漫主义带有鲜明的民族主义色彩。这股思潮以及19世纪德意志地区特定的历史环境使得德国浪漫主义史家以宣扬民族国家为荣；他们对中世纪的赞美，就是为了从中世纪历史中寻求德意志民族兴起的根据。于是，民族主义成为德国浪漫主义史学另一重要特征。

德国知名的浪漫主义史学家众多，如以鲁登、利奥为代表的耶拿派，以施罗塞尔、葛菲鲁斯、豪泽等为首的海德堡派，此外还有劳麦、斯腾策尔等知名的浪漫主义史学家。

1. 耶拿学派

德国浪漫主义者施莱格尔以耶拿大学为中心宣传浪漫主义。浸淫于浪漫主义思潮之中的耶拿大学历史学教授们也以此为阵地，形成浪漫主义史学的耶拿派。其中，最杰出的代表就是鲁登与利奥。

鲁登　鲁登年轻时曾在布莱梅教会学校以及哥廷根大学学习神学。在哥廷根时期，鲁登结识施罗塞尔、缪勒等人，深受其影响。也正是接受了缪勒的建议，鲁登决心转向历史研究[③]。1805年鲁登以一篇论述托马斯阿斯思想的论文获得了耶拿大学博士学位，并于1806年接替席勒成为耶拿大学历史学特聘教授。在耶拿大学任教的初期，鲁登主要关注政治家、法学家的思想，于1806年出版《格劳秀斯传》，1808年出版《威廉·坦普尔爵士》。1810年因其在史学方面的出色成就而晋升为耶拿大学正式教授。此后，鲁登专心研究德意志的历史，特别是德意志中世纪史，目的是为了“促进德意志民

---

① David Friderich Strauss, *Der Romantiker Auf Dem Throne Der Cäsaren, Oder Julian Der Abtrünnige*, Mannheim, 1847, S. 18 - 20.

② 〔美〕汤普森：《历史著作史》(下卷，第三分册)，第191页。

③ Irene Crusius, *Luden, Heinrich (Hinrich)*. In *Neue Deutsche Biographie*, Band 15, Duncker & Humblot, Berlin, 1987, S. 283.

族意识的觉醒"①。这一动机也促使他参与一些刊物的编辑工作以推动德意志统一与自由。其中 1814—1818 年,鲁登任《复仇女神》主编,1816—1817 年任《宪政档案总汇》主编,而后又任《德国碎语》主编。

鲁登在史学上最大的成就是撰写了两部宣扬德意志民精神的史著:12 卷的《德意志民族史》、3 卷的《德意志史》。其中尤以《德意志民族史》最为出名②。

在《德意志民族史》一书中,鲁登追溯了古希腊作家笔下德意志地区的概况、罗马时代恺撒征服高卢时曾达到莱茵河流域,当时日耳曼人居住地的情况,有提及塔西佗的《日耳曼尼亚志》中对日耳曼地区的描述、李维《罗马史》中对日耳曼人的叙述。随即他笔锋一转,马上开始写中世纪的德意志地区,洋洋洒洒十二卷书、几百万字,一直写到 1237 年的德意志地区。全书文笔优美,叙述跌宕起伏,充满激情与爱国热情。鲁登通过如椽的史笔将整个中世纪描绘成德意志民族不断发展、壮大的历程。其中,鲁登是带着一种强烈的民族主义情绪来写作德意志民族史。在他看来,德意志民族的历史就是中世纪的开端,德意志人在整个中世纪的地位与影响是无与伦比的。

民族主义与历史　鲁登在第一卷序言中就明确表示,"我希望我的这一著作能加深我们德意志人的爱国观念"③。他写书的目的就是为了从历史寻求依据,鼓舞德意志民族的爱国热情。鲁登这部著作酝酿了足足 20 年,几乎是与法国大革命相始终的④。而鲁登写作这部历史巨著最大的动机就是源自法国大革命中拿破仑对德意志地区的征服。德意志地区在拿破仑的铁蹄之下异常卑微与脆弱,这让鲁登愤恨不已,他大声地说:

> 德意志人有德意志人的骄傲,德意志人有德意志人的幸福,只要德意志的学者们点燃他们的激情,揭示德意志先祖们的精神,展现德意志民族过去光荣史……这样就确保了德意志民族的荣誉与幸福,并使之不断增殖。⑤

---

① Franz Xaver von Wegele, *Luden, Heinrich*. In *Allgemeine Deutsche Biographie*, Band 19, Duncker & Humblot, Leipzig, 1884, S. 373 - 375.

② Gerhard Müller, *Heinrich Luden als Parlamentarier*, Weimar, 1998, S. 16.

③ Heinrich Luden, "Vorwort", *Geschichte des teutschen Volkes*, Bd. 1, Gotha, 1825, XI.

④ Franz Xaver von Wegele, *Luden, Heinrich*. In *Allgemeine Deutsche Biographie*, Band 19, Duncker & Humblot, Leipzig, 1884, S. 370 - 373.

⑤ Heinrich Luden, "Vorwort", *Geschichte des teutschen Volkes*, Bd. 1, Gotha, 1825, XII.

在他看来，德意志民族从来都不缺乏激情、不缺乏爱国心，只要学者们将德意志的激情点燃，那么德意志民族精神就会由蛰伏状态立刻被激发出来，重新恢复往日的荣光。他告诫德意志人民，拿破仑的铁蹄不可怕，他什么都能摧毁，就是不能摧毁德意志的内在精神。他指出：

> 越是极度自负、胆大妄为建立世界统治的，倒塌就越快。带着同样的快乐与惊奇站在废墟之上，我们会通过我们自己以及所发生的一切获得最好的证明。充满情感、背负沉重负担的德国人只有切实参与这一神圣的历程，这一伟大的合法事业才能完成。新的欢愉诞生之前旧的痛苦就烟消云散了，燃烧鲜血带来的是庆祝胜利的巨大火焰。我们将竭尽全力大声嘶吼，从祖国的阿尔卑斯山到北海、到马赫，不断地嘶吼，直到德意志的话语尽可能被人理解。①

德意志民族要坚信，不可一世的拿破仑帝国会很快坍塌，任何妄图染指德意志民族的企图都将破产，因为德国人从来就是勇敢、高贵而富有激情的。在他看来，“德意志人无论是在权力上还是在文化上都是居于最高地位的”，整个德意志民族是“能干、强壮而高贵种族的后代”②。在鲁登的笔下，德意志民族这一种族是从古希腊时代起就在莱茵河流域生存、以勇猛善战而著称的高贵民族，而且是历经千百年的赓续从未断绝传统的种族③。他认为，无论是在古典时代，还是在中世纪，德意志民族都是当之无愧居于最高地位的民族。进言之，这样的民族断断没有道理在现代遭受一点挫折就放弃往日的荣光与骄傲。值得一提的是，鲁登在《德意志民族史》中将德意志地区自古以来的疆域面积做了某些夸大。他借用古希腊作家、恺撒、塔西佗、李维等人的记录，将所有除罗马之外欧洲其他地方都视为蛮族自古即有的领地，甚至绝大部分就是日耳曼人的领土④。

提到自己的研究工作，鲁登毫不掩饰自己意图通过历史著作激发德意志民族精神这一目的，他曾无比激动地说：

---

① Heinrich Luden, “Vorwort”, *Geschichte des teutschen Volkes*, Bd. 1, Gotha, 1825, VI.

② Ibid., VII.

③ Heinrich Luden, *Geschichte des teutschen Volkes*, Bd. 1, Gotha, 1825, S. 11.

④ Ibid., S. 10.

在这一时刻,就是在这一时刻,化学领域取得了令人惊叹的新成就这一时刻,我大胆地展开研究德意志民族史这一工作!我敢于承担这一伟大的重任!我敢于在此时刻尝试去叙述德意志民族的历史,这或许会因我所采用这种特点方式而被责难、被拒绝!①

字里行间所要表达的意思就是一切服务于唤醒德意志的民族意识。鲁登认为,学者,特别是研究"人类历史、精神"的历史学家们,必须从民族主义大义出发来研究历史。他曾说,"对自尊不断渴求的需要,使得我们又回到我们祖先那个时代。……能干、强壮而高贵种族的后代,他们希望从过去寻求一种世界从未变化的证据从而安慰自己,而这种境遇下的个人,则希望从过去时代的事件中寻求希望以便未来获得更美好日子"②。鲁登认为,在拿破仑对外征服的情况,德意志民族不由自主地求助于过去的历史,或是寻求安慰,或是探求现存的依据。而历史学家则需要顺这股潮流而动,主动承担起构建德意志过去历史的重任。他认为:

我不止一次表达这样一个观点:任何人要是认为自己对历史有兴趣、爱好历史的话,他就应该全心全意地投入历史研究,特别是他祖国的全部历史。这不是一种责任,对我而言这是一种意动心随的本能。这一切是如此的自然而然,以至于我根本不会往相反的方向去想。希罗多德、修昔底德、李维、塔西佗都是如此。波里比阿则是另一种路数,那是因为他没有祖国。③

对鲁登而言,历史学家的本能就是撰写自己民族的历史,从自己民族的立场来撰写历史。这一种本能从古至今都是历史学家所必须具备的,只要有祖国的历史学家,必将依照这一本能专心研究本民族的历史。

中世纪与德意志　鲁登从民族主义出发,对中世纪高度评价,认为德意志民族的文化、习俗、语言、律法等精神内容都是在中世纪奠定的。所以他对那种否定中世纪的观点极为不满。在提到 19 世纪历史学研究状况时,鲁登说:

①③　Heinrich Luden, "Vorwort", *Geschichte des teutschen Volkes*, Bd. 1, Gotha, 1825, VIX.
②　Ibid., VII.

> 那种对德意志历史无动于衷的时代已经结束了。在此之前，人们眼中的中世纪就犹如是一个没有星光的黑夜，只有那微弱的北极之光为它照明：人们总是惊恐而厌恶地看待中世纪。只有少数人胆敢进入这一黑暗的世界，并把穿越黑暗世界途中经历的迷乱与惊险告诉别人。只有极少数的朋友会因此而感激他们，其他的人则冷淡对待，甚至对他们的研究冷言冷语，几乎不会有人去思索这个民族在中世纪的荣光。他们的著作经常被人提及，但是很少会有人去看；绝大部分人带着沉默而惊奇的表情从他们身边走过，他们面对这个国家的古代历史就像是沉默的见证人一样：精神从未得以强化，情感从未得到鼓舞与激发。①

在他看来，19世纪史学第一个亮点就是中世纪的研究开始得到正确对待，而此前人们，甚至历史学家，对中世纪都带有诸多的偏见，偶尔有历史学家写下中世纪方面的著述，也未能体现德意志的精神，未能激发德意志的民族情绪。

在德意志民族处于生死存亡关头，鲁登提出从中世纪寻求德意志民族精神的源泉，让沉默的中世纪为现实的要求而活转过来。即，"这一奇幻的、早已消失的世界，因现实的要求而谨慎地复活过来"②。鲁登认为，中世纪保存着德意志民族美好的内在精神，这种内在精神是拿破仑金戈铁马无法破坏的。在他看来：

> 这些尘封的过往一直安静地被保存着，即便那通天而残暴之手无所不用其极也没有毁坏掉它。我们祖先的那种豪放与宗教热情不再是隐藏在故纸堆中的存在了。③

通过历史学家的努力，隐藏在中世纪中的民族精神将重见天日，德意志民族历史著述不再是遥不可及的事情，而这些成功的历史著述最大的价值就是展现了德意志中世纪历史之中的民族精神。

---

① Heinrich Luden, "Vorwort", *Geschichte des teutschen Volkes*, Bd. 1, Gotha, 1825, V－VI。个别译文参照了古奇的书中译本（参见〔英〕古奇：《十九世纪历史学与历史学家》，耿淡如译，商务印书馆1997年版，第170页）。与原文相比，中译本中这一段引文的译文存有遗漏。

② Ibid., VII.

③ Ibid., VIII.

历史与历史学 作为历史学,除了宣扬民族主义、激发德意志民族意识、肯定中世纪之外,鲁登在其著作中还对历史学本身一些问题做了探讨与思索。他的代表作《德意志民族史》除了以宣扬德意志民族意识为特点之外,还以资料翔实而著称。在书中鲁登做了众多的注释,或是进一步阐释正文中的观点,或是标明所引述史料的出处并加以简短的评述。这种做法本身就表明这位曾在哥廷根大学接受过历史研究训练的史学家在史学实践中不忘史学的求真本质。鲁登认为,史料对历史研究、对历史学家而言,是非常重要的。他在提到当时正在进行中的德意志史料整理工作时,这样说道:

> 一大群博学之士,收集、整理、校勘文献档案,学术界各行各业奋斗着的德意志学者们睿智地找到了一种新的编辑著作文献全集的批判方式。通过这些,德意志民族史将获得成功。①

之所以高度评价史料整理工作,是因为这些史料是历史著作成功的基础。正是因为有了确信无误的大量史料,历史学家才变得如此博学,历史著作便能在此基础之上成为历史真实的反映。提到史料对历史学家的重要意义,鲁登曾说:

> 有了这些,历史学家的工作将会更圆满、更精确、更真实、更可靠,也会更简短、更令人愉悦、更具有启发意义、更有趣。他们可以知晓所有的观点、所有的骄傲荣誉,也会变得更深思熟虑。他可以比较一切事物、知晓一切事物,其思维可以从北部的现象跳到发生在南部的现象,能进一步辨别个体的特征,还可以深入事物内在的本质。②

历史学家可以借助这些无法言语的史料,挖掘出史料中蕴含的过去岁月的信息,并通过历史著作展示出来,使已经成为过往的历史再度活过来,而这种重新活过来的历史对于现实生活是极为有益的一种依据。即,“死去的人会从坟墓中跳出来,国王和人民会睿智地将过去的精神付诸实践”③。

---

① Heinrich Luden, “Vorwort”, *Geschichte des teutschen Volkes*, Bd. 1, Gotha, 1825, VIII.
② Ibid., VIX.
③ Ibid., XII.

也正是出于这一思路，鲁登认为历史学家可以通过再现历史而激发德意志人的民族精神、恢复德意志民族的辉煌。

鲁登以肯定中世纪、宣扬民族主义史学而著称。这位饱含民族激情的历史学家一再强调历史学从民族主义出发撰写本国历史，坚持认为，“倘使现行的教育越来越出现世界主义倾向，那么所有民族国家构成的世界主义统一体之中的大部分历史学家依然还是坚守这一旧方式，因为其他国家的历史只有他自己国民才能写得好”①。难得的是，鲁登对历史上所有的时代与民族并无特别的偏见，除了为中世纪正名之外，还认为，对历史“没有什么是过于渺小，也没有什么是太过于低贱，过去时代的每一份遗产都是历史宝贵的珍宝。为了子孙后代，每一事物都是值得珍藏保护的”②。在他看来，历史上每一个时代无论价值如何，都是历史的重要组成部分，都是体现历史延续性的重要因素，都是值得所有民族和所有时代珍藏的宝藏。

利奥 海因里希·利奥(Heinrich Leo，1799－1878 年)是耶拿学派最后的重要代表③。青年时期曾在布雷斯劳大学、耶拿大学、哥廷根大学游学，学习历史学、语文学、神学等知识，并深受当时著名的语文学家哥特林的影响而转向历史学研究。1820 年以一篇关于拜占庭东正教教宗约翰七世·格勒麦迪克斯的论文而获得耶拿大学博士学位。1824 年成为柏林大学历史学教授，并曾一度担任黑格尔的助手以及《柏林年鉴》的主编。1828 年因与兰克交恶而离开柏林大学，担任哈雷大学历史学教授直到 1878 年逝世。

利奥喜欢发表自己的见解，留下大量的演说稿与历史著作。如，1827 年发表的《论犹太历史》、1829－1830 年的《意大利诸国史》、1830 年的《中世纪史》、1832—1835 年的《荷兰历史十二书》、1854—1866 年的《德意志民与帝国史》、1849—1853 年的《世界历史教程》等。

就其史学成就而言，在浪漫主义史学范畴内，利奥代表了耶拿学派最后的辉煌。他继承鲁登的史学思想，强调历史学家首先应当研究本民族的历史。不仅如此，鲁登的民族主义到利奥这里就变成了一种极端的民族主义，甚至声称德意志民族是世界上最优秀的种族，像其他民族如荷兰、意大利等

---

① Heinrich Luden, “Vorwort”, *Geschichte des teutschen Volkes*, Bd. 1, Gotha, 1825, VIX.

② Ibid., VIII.

③ 何平：《西方历史编纂学史》，商务印书馆 2010 年版，第 149 页。

民族都是不能与德意志民族相比拟的。在他的眼中，所有其他的民族因其各自的精神创造而平等进入世界历史的范畴，但是在世界历史之中的地位却是不同的。在每一个发展阶段，都会有一些民族居于世界首要位置，其他民族的文化创造与精神内容都是无法与之并称的。利奥甚至还认为，德意志民族自中世纪以来一直是世界历史中最为突出的存在。与之相比，法国不过是精神上还不成熟、轻易就被狂热的革命情绪左右的类似于猴子一样的民族。至于东方的中国、印度与日本这些民族，虽是世界历史的内容，但它们凭借的只是以往创造的精神内容而进入世界历史的，而今这些民族的文化创造几近停滞，故而其在世界历史之中的地位并不是永远居于首位的。只有德意志民族自中世纪以来一直不断前进，在世界历史舞台上的地位与作用日趋重要。

对于世界历史，利奥还进一步提到，世界历史体现的是人类精神文化的内容，世界历史的组成单位即是民族国家与教会。他在其《世界历史教程》中这样写道：

> 世界历史就是人类全部文明的历史，只有当一种历史包含更多形式或类型的主体才是世界历史，在其中人类生活发展的基础是精神主体。而精神主体的休憩舒展以及这些多种形式类型的主体，正是人类及其体征的一种更大的社会联系：民族国家，及其民族一种表达社会宗教的所在——教会。①

作为世界历史组成单位之一的民族国家并不是以语言的统一为主要标志的。在利奥看来，即便是说同一种语言的人也不一定是同一民族，只有同一种文化的、同一种内在精神的才是属于同一民族②。而教会更是超然于民族国家之上的世界历史单位。这是因为民族国家有兴替，而教会则是作为上帝在人间的组织一直存在、不断完善，特别是中世纪的基督教教会。就地位而言，“上帝看待所有的民族国家就如同看待他的动物与植物一样”③，教会的地位要高于民族国家的地位；在精神创造上，教会的精神创造远胜过

---

① Heinrich Leo, *Lehrnuch der Universalgeschichte*, Bd. 1, Halle, 1835, S. 3.

② Ibid., S. 12.

③ Ibid., S. 8.

任何一个民族国家的精神创造，甚至民族国家的精神内容也不过是教会精神内容世俗化的体现。利奥甚至认为中世纪基督教会的历史就是世界历史的核心。

利奥最为出名的不是他与威廉国王等权贵的私交，也不是他激进的政治主张与行动，更不是他与黑格尔思想上的共通，而是他与19世纪史学大师兰克之间的矛盾。1824年兰克成名之作《拉丁与条顿民族史》发表，整个德国学术界一片好评，而利奥则对兰克著作中所倡导的原则不以为然，甚至深恶痛绝。为宣扬他所认定的历史理念，利奥对兰克史学进行了全方位、猛烈的抨击。

关于历史事实，利奥从来不认为史料是历史学家撰写历史著作唯一的依靠，也坚决反对将历史著作写成是史料学著作。在其《中世纪史》前言中，他指出：

> 这部由演说以及中世纪研究笔记汇集而成的中世纪史著作，并不是一种纯粹客观的观点……这部贯穿宗教、哲学、政治信念的中世纪史著作，对于我而言意义非凡，它并不是由事实史料任意堆砌而成的——如果只有事实，那对历史学家而言就再糟糕不过了——著作中的事实，既是所有关联之中的事实，更是一种本质上受控制的，在它们相互作用下形成结果的现象，这种结果是一种代表与象征。倘使你把这种代表与象征看作并非是一种公正的精神，那么至少应当将其视为众多矛盾冲突，作为生活自身来看待。①

在他看来，历史之中的事实不是最重要的，重要的是如何理解、阐释内在的精神联系，即便是历史事实也不过是精神联系的外在表现而已；一味地驱除主观性并不能使历史著作更贴近历史真实。相反，理清历史之中内在的精神联系，需要的是人的情感等非客观性的、主观的手段与方法②。因此，利奥的历史著作并没有严谨的史料考证，他往往满足于使用第二手材料，甚至是不加辨析地使用这些材料。

作为兰克的同事，利奥的史学风格与兰克完全不同，他主张历史理解以

---

① Heinrich Leo, *Lehrbuch der Geschichte des Mittelalters*, Bd. 1, Halle, 1830, IV.

② Heinrich Leo, *Lehrnuch der Universalgeschichte*, Bd. 1, Halle, 1835, S. 4.

及历史著作中的情感是历史真实的表现，其史学著作中鲜明的主观倾向性与立场使得利奥在兰克史学独步天下的情境下，没有多少拥护者，甚至到了20世纪依然有不少学者认为利奥是出于对兰克的妒忌而“对兰克的人身、思想、风格和方法等各个方面发动了恶毒攻击”[①]。实际上，利奥从始至终都是与兰克不同的，他是一名典型的浪漫主义史家。

1878年，利奥去世，代表着德国风行一时的浪漫主义史学已经是余晖落尽。利奥的讣告中有这样一句话：“一位思想独创而又有不合时宜的、强烈的主观色调的历史学家。”[②]是的，这是对利奥一生最浓缩的概括，也是对19世纪中后期浪漫主义史学生存状态的一种概括。

2. 海德堡学派

1805年左右，以海德堡大学为中心形成一个学术小团体。这一学术团体成员包括施罗塞尔、葛菲鲁斯、豪泽等人。他们继承浪漫主义的理念，在民族主义史学与中世纪史学这两大园地辛勤耕耘，学术主旨上颇具特色，史称海德堡学派。

施罗塞尔　施罗塞尔(Friedrich Christoph Schlosser, 1776-1861年)是浪漫主义史学中海德堡学派最为重要的代表人物。1794年，施罗塞尔进入哥廷根大学学习神学，在读期间曾写过几篇关于神学的文章。1797年获得神学博士学位后的施罗塞尔曾回到家乡耶夫尔做过一段时间的家庭教师。1809年，施罗塞尔离开家乡，前往法兰克福，并开始撰写史学处女作。其后做过高级中学教师、法兰克福城市图书管理员。直到1819年，因其在历史学方面的突出表现而就任海德堡大学历史学教授。此后，施罗塞尔以海德堡大学为据点著书立说，一直到1861年去世。

施罗塞尔是一位多产的历史学家，一生笔耕不辍，著有《阿伯拉尔与甘索》、《贝扎与殉道者彼得传》、《东罗马帝国破坏圣像时期的帝王史》、《十八世纪史》等[③]。施罗塞尔最具有代表性的著作有两部：一是《十八、十九世纪史》，二是《世界史》。

从其史学著作名称来看，施罗塞尔关于写宏大的世界历史，似乎着眼点是启蒙理性主义视域下的世界主义。实际上从其著作内容实质来看，施罗

① 〔美〕汤普森：《历史著作史》(下卷，第三分册)，第236页。

② Brichzin Hans, *Heinrich Leo* (1799-1878), Phil. Diss. Universität Halle, 1972, S. 105.

③ Franz Xaver von Wegele, *Schlosser, Friedrich Christoph*, In Allgemeine Deutsche Biographie, Band 31, Duncker & Humblot, Leipzig, 1890, S. 533-541.

塞尔是一位不折不扣的民族主义史家，是浪漫主义时代史学的典型代表。

施罗塞尔的代表作《世界史》，自1811年就开始酝酿写作。依据其原定写作计划，施罗塞尔准备用三卷文字简短介绍整个历史。这部著作最初以《世界史》为名出版，而后施罗塞尔开始在原《世界史》基础上增补，以《从世界历史的角度来看古代世界及其文化》为名出版，最后这部著作经其学生修订增补以《德意志民族的世界史》为名于1844—1857年陆续出版。从这一过程以及全书增补的内容来看，虽然深受法国启蒙哲学的影响，但施罗塞尔并不是理性主义意义上的世界主义者，他的历史著作最后落脚点依然是德意志民族①。在其著作中，施罗塞尔所要表达的主要还是民族主义的内容。为撰写《十八、十九世纪史》这部著作，施罗塞尔曾多次前往巴黎查找资料，甚至亲临法国革命中的混乱境地去切实感受革命的影响。施罗塞尔这样做不仅仅是为了将法国这一段历史弄清楚，其根本目的是通过法国历史中场景的描述与再现，在将法国等国历史及现状与德意志民族对比基础上，探求德意志民族发展中的阻碍因素，从而“激发一种民族情感”②。

历史，在施罗塞尔那里，更像是一门类似于道德垂训的学科。在谈到自己所写的《贝扎传》时，施罗塞尔曾指出，历史研究的目的不是纯粹为了在确信的史料基础之上将过去的历史阐释清楚，而是为了“以史为鉴”，即通过鲜活存在过的历史告诫、教育、引导同时代人，特别是年轻人，抛弃道德上不良的一些倾向③。他注重从历史之中寻求一种对于当前人类社会生活有益的启示。为了实现这一种目的，施罗塞尔撰写著作史从最初注重史料的选择、考订逐步转变成为忽视史料之于历史研究的重要性，特别是在其后期的著作中，道德垂训超过了历史本身。此时他的著作更多应当被看作是道德教化书，而非历史著作。在提到世界历史的写作时，施罗塞尔指出：

既然撰写这种世界历史以及对我们时代的看法已经完全改变了，

① Friedrich Christoph Schlosser, “Preface”, *History of the Eighteenth Century and of the Nineteenth till the overthrow of the French Emperior, with particular reference to mental cultivation and progress*, Vol. 4, translated by D. Davison, London, 1845, III.

② Friedrich Christoph Schlosser, *History of the Eighteenth Century and of the Nineteenth till the overthrow of the French Emperior, with particular reference to mental cultivation and progress*, translated by D. Davison, London, 1845, IV.

③ Friedrich Christoph Schlosser, *Leben des Theodor de Beza und des Peter Martyr Vermili*, Heidelberg, 1809, VI.

> 特别是史学实践中对史料需求的缩减,我们的前辈回避这一问题,现在我想郑重谈论这个问题,但是最终徒劳无功了。人,诸如前言中所说的那种德意志历史之中的人,是如此可笑地引述史料,并在历史这一大楼内将史料比较考订划分等级、分门别类。我是不会去看这样的著作的。①

施罗塞尔明确表示,那种对史料进行精确考订,针对的是刻意、恶意篡改与伪造历史事实的时代;而在19世纪历史学则完全不一样了。由于档案文献的开放与整理,恶意篡改伪造史料几乎不太可能像以往时代那样轻而易举即可做到。不仅如此,历史学家撰写历史时,其个人的观念、情感等主观性是其历史写作不可忽视的重要因素。他曾说,"整个世界历史或纯粹的历史构建取决于作者自身历史观对材料的概览"②。在他看来,每个人的观点与情感均不同,"对于德国学者而言,倘使他们不想像法国那样长期以来将自己的事物弄得一团糟的话,就必须将自己从自身肉体与精神的束缚中解放出来"③。而这种束缚是人与生俱来的,是难以去除的,所以历史研究充满了主观性。此外,施罗塞尔还认为,人由于自身观念的束缚是很难深入历史事实而将所有内在关系理清的,完全客观的历史研究在史学实践中是难以实现的目标。这样一来,历史学家应当将历史研究的重心放在历史垂训功能上,不要做徒劳无益的事情,更不要皓首穷经、钻研饾饤史料而忽视史学本身的功用。也正是从这一思想出发,早年为了史料而不停辗转于各大图书馆、档案馆的施罗塞尔居然对时下盛行的兰克史学不以为然,认为兰克所做的研究仅仅只是弹去了档案馆的尘埃。

如同利奥一样,施罗塞尔的这些主张在兰克史学称雄的时代,显然是不合时宜的,他的史学著作连同他的史学主张一起被人视为是不科学、不严谨的。这种现象在其晚年尤为突出。

葛菲鲁斯 施罗塞尔的学生格奥尔格·哥特菲尔德·葛菲鲁斯(Georg

---

① Friedrich Christoph Schlosser, *Weltgeschichte in zusammenhängender Erzählung*, Frankfurt am Mein, 1815, VII.

② Friedrich Christoph Schlosser, *History of the Eighteenth Century and of the Nineteenth till the overthrow of the French Emperior, with particular reference to mental cultivation and progress*, translated by D. Davison, London, 1845, p. 4.

③ Friedrich Christoph Schlosser, *Weltgeschichte in zusammenhängender Erzählung*, Frankfurt am Mein, 1815, VIII.

Gottfried Gervinus，1805－1871年)是海德堡学派另一位重要的代表人物。葛菲鲁斯早年在基森大学求学，1826年进入海德堡大学，师从施罗塞尔。1835年，葛菲鲁斯代表作《德意志民族文学诗歌史》第一卷出版，获得史学界好评，并因此于1836年成为哥廷根大学的历史学与文学教授。1837年因汉诺威国王恩斯特·奥古斯特对宪法的践踏，包括葛菲鲁斯在内的哥廷根大学七名教授联名抗议反对，作为"哥廷根七子"之一的葛菲鲁斯被剥夺教职，只身前往海德堡①。1844年，葛菲鲁斯成为海德堡大学荣誉教授。此后一直待在海德堡大学的葛菲鲁斯一方面钻研英国文学史与19世纪历史，一方面热衷于建立全德意志统一的教会组织以便将整个德意志民族凝聚起来。此外，葛菲鲁斯还致力于从民族文化中探求民族精神的内涵从而激发民族意识。1856年他创办汉德尔协会，目的就是收集、整理、出版出生于德国的著名英国作曲家汉德尔的著作②。

葛菲鲁斯主要是从文学艺术的角度来研究历史，以揭示各个时代各个民族与文化艺术的关系，着力于从中世纪以来的文学艺术发展历程中为民族主义寻根探源。葛菲鲁斯著作众多，主要著作有《德意志民族文学诗歌史》、《史学概要》、《19世纪史导论》、《维也纳合约以来的19世纪史》、《盎格鲁撒克逊史概览》、《佛罗伦萨史学》、《莎士比亚》、《葛菲鲁斯自传》等。虽然葛菲鲁斯在文学领域的影响胜过其在史学领域的影响③，但从其史学著作来看，他是浪漫主义史学在19世纪中后期重要的代表人物之一。

这位继承了施罗塞尔衣钵的史学家早年以施罗塞尔为典范，认为所谓的历史学家是"仅仅只属于道德世界的"④，并立志做一个集史学家、道德家于一身之人。在其成名作《德意志民族文学诗歌史》一书中，葛菲鲁斯强调从一个民族必须从"历史的中心"——"生动的生活"中集中力量⑤，这种生动的生活就是推动德意志的生活向前发展，改变德意志文学上的困顿现状，为真正严肃的诗歌作品的诞生准备条件，从而为德意志民族精神的焕然一

① Gordon A. Graig, Georg Gottfried Gervinus: The Historian as Activist, *Pacific Historical Review*, 1972, Vol. 41, pp. 2－4.

② Georg Gottfried Gervinus, *Georg Gottfried Gervinus Leben*, Leipizg, 1893, S. 150－215.

③ Ibid., S. 221－246.

④ Georg Gottfried Gervinus, *Grundzüge der Historik*, Leipzig, 1837, S. 5.

⑤ Ibid., S. 81.

新奠定基础①。

除了从文学艺术发展的历史中探求民族精神演变之外，葛菲鲁斯还研究离自身所处时代最近的历史时期，目的便是为当下的社会把脉。在提到研究 19 世纪的历史时，葛菲鲁斯曾明确提出：

> 这段历史教育我们将对急剧变化的政治结果充满期望的那种急躁热切推到一边，与此同时，它也教育我们要对那些或功败垂成或获得举世瞩目成功的曾不可一世的派系掬以同情，并告诫我们要屈从于那种认为这个世界的事情是被任性妄为所左右、或者少数人武断意愿所决定的观念。通过这一历史的回顾，我们将对这一最接近我们目前时代、巨大变革运动的时代形成一种认知习惯，并发掘这一时代最光彩夺目的人物、那些神之手标记了的人物。②

他是继承其师施罗塞尔的遗志，但与施罗塞尔不一样的是：施罗塞尔是道德家，将历史视为道德垂训，从这个意义上而言，施罗塞尔是一位康德式的道德家；而葛菲鲁斯则是从政治的角度来看待历史的垂训作用的，期盼从历史之中寻求解决当下政治问题的启示。葛菲鲁斯认为，历史是一个前后时代紧密联系、精神内容内在牵连的一个体系，“即便是已经毁灭了的古代世界，也通过其残余的制度而与将来藕断丝连地连接在一起”③。因此，通过对过去政治军事历史的了解，有助于鉴往知来，将历史之中的这种联系发掘出来，并运用于当下。

葛菲鲁斯曾表示，历史研究是以求真为目的的，是不能完全为政治目的所左右的。在其《佛罗伦萨史学》一书的前言中，葛菲鲁斯表示：

> 这部书以自身的内容来，或许这可以被视为我不愿 18 世纪以及相关知识来左右真实生活这一热切心愿的一个证明。目前时代看来，当

① Georg Gottfried Gervinus, *Geschichte der poetischen National-Literatur der Deutschen*, Leipzig, 1848, III - VI.

② Georg Gottfried Gervinus, *Introduction to the History of the Nineteenth Century*, London, 1866, XIX - XX.

③ Georg Gottfried Gervinus, *Historische Schriften: Geschichte der Florentinischen historiogrphie bis zum Sechzehnte Jahrhundert*, Frrankfurt am Mein, 1833, S. 4.

> 作者研究之中有外在生活的动机之时，那么他就面临轻易被彻底左右或者与其利益发生关联。读者会发现我是完全没有任何束缚情况下研究这一史学，很公正地撰写此书中的两篇论文的。①

表面看起来，葛菲鲁斯认定历史研究要如兰克一样不“批判过去、教导现在”，但实际上，葛菲鲁斯只是说明：完全从现实政治出发来研究历史，那将是政治学而非历史学，历史的教育作用是间接而非直接的。像其导师施罗塞尔一样，葛菲鲁斯对细致精确史料考证的价值不太认同。

在《佛罗伦萨史学》中，葛菲鲁斯花费大量篇幅叙述马基雅维里在政治与史学融合上的突出成就，指出马基雅维里并不是为政治而捏造事实的谎言家，而是一位严谨的历史学家，甚至近代史料批判的第一人②。但是，葛菲鲁斯对细致的史料考订并不感兴趣，他主张从事历史研究，“我们将不是从细节上来考订、检验这一时代，而是将其视为一个整体来看待”③。虽然他重视历史事实的重要性，但他从未把研究的重点放在史料考订之上，他强调的是从历史整体中探寻历史发展的规律。

与施罗塞尔强调历史内在联系不可认知相比，葛菲鲁斯认可人会因主观性而导致误解历史、歪曲历史，但是他相信历史是可以通过把握整体而被认知的。他将历史著作定位为“我的著作是严格依据哲学计划来处理那些千罗万象的历史问题的。……我的著作将展示历史发展中的规律，这一认识并非我的独创，或者我个人生造的，实际上这一直是两千多年来所有时代无数最伟大的思想家们都认可的”④。他认为历史之中每一个历史事实都在说明历史是向前发展的，每个个体都展示了历史发展的规律：这种规律表现为或是一种因财富、社会地位变化带来的心理变化，或表现为一种文化发展带来的个体以及整个社会的变化等。历史就是这样从古至今沿着单一的方向，从个人自由逐渐朝着全体自由的方向向前发展。

值得一提的是，葛菲鲁斯在政治上对政治自由异常固执的追求，他甚至

① Georg Gottfried Gervinus, *Historische Schriften: Geschichte der Florentinischen historiogrphie bis zum Sechzehnte Jahrhundert*, Frrankfurt am Mein, 1833, S. 1.

② Ibid., S. 163-164.

③ Georg Gottfried Gervinus, *Lessons of Past: An Introduction to the History of the Nineteenth Century*, London, 1866, XIX-XX.

④ Ibid., XIV.

认为联邦制的建立比德意志统一大业的完成对德意志民族发展更有益一些，也更适合德意志地区的发展状况。此外，葛菲鲁斯在《维也纳合约以来的19世纪史》中对南美洲独立革命、希腊独立战争的论述，以及对威廉三世、根茨、梅特涅、俾斯麦等人的谴责等，都无不彰显这位史学家捍卫政治自由的决心与勇气①。

晚年的葛菲鲁斯在自传中这样写道，"我研究历史追求的不是史料的堆积，马基雅维里把历史与政治结合起来，我认为他是做得再合适不过了"②。政治与历史相结合，这是葛菲鲁斯一生学术研究的总结，也是19世纪中晚期浪漫主义史学在与以兰克史学为代表的政治军事史相冲突时探索出的一种发展道路。

豪泽　其后海德堡学派最后的代表——路德维希·豪泽(Ludwig Häusser，1818－1867年)继续在葛菲鲁斯所选择的道路上前进。1835年豪泽进入海德堡大学，师从施罗塞尔学习语文学，并在施罗塞尔的指导下完成博士学位论文。完成学业后豪泽曾辗转到耶拿大学学习历史学，还曾一度前往巴黎求学，1840年定居海德堡。热衷于政治的豪泽于1841年成为《汇报》的合伙人，并于1847年接替葛菲鲁斯成为《德意志报》主编。1848年欧洲革命时期，豪泽在政界如鱼得水地推行其政治主张。1849年豪泽成为海德堡大学正式教授，此后他一边著书立说，一边为他的政治理想而奔走，直到1867年因心脏病去世。豪泽一生留下不少政治、历史著述，其中历史代表作为《宗教改革时代：1517—1648》和《德意志史》。

豪泽最为出名的著作是《宗教改革时代》③。在这著作中，豪泽弥补了施罗塞尔、葛菲鲁斯两人忽视史料而带来的弊病，全书依据严格的史料考证材料而写成，注释更是琳琅满目——有对概念的解释，有史料的出处及相关评价，有背景知识的交代等④。但是，这些并不意味着豪泽热衷于琐碎的史料考证。从史学旨趣上而言，豪泽的兴趣是通过历史实现政治意图。他的《宗教改革时代》通篇只有一个主题就是德意志民族在宗教改革时代的逐步崛起；而他的另一部流传甚广、影响巨大的著作——《德意志史》更是立足于

① 〔英〕古奇：《十九世纪历史学与历史学家》，第225—226页。
② Georg Gottfried Gervinus, *Georg Gottfried Gervinus Leben*, Leipzig, 1893, S. 228.
③ 〔美〕汤普森：《历史著作史》(下卷，第三分册)，第196页下注。
④ Ludwig Häusser, *The Period of the Reformation: 1517 to 1648*, edited by Wilhelm Oncken, translated by Mrs. G. Sturge, American Tract Society, New York, 1873, pp. 1, 5, 7, 11.

将德意志民族的内在特质、崛起历程展现出来，以激发德意志民族精神。此书出版后，社会反响强烈，甚至成为德意志知识分子对抗法国过激主义的思想武器。可以说，《德意志史》彻底贯彻了豪泽的治史旨趣，这部书在政治上的意义远胜过其在历史学方面的意义，故其弟子特赖齐克就曾说这部著作既是"一项科学成就也是一个政治行动"①。

与葛非鲁斯在历史与政治之间寻求一种综合的平衡相比，豪泽则更加直接地将史学推向政治，将两者之间原本的学科界限进一步模糊，严谨的史学成了另一种意义上的政治宣传册。其后，豪泽的得意弟子特赖齐克在历史研究上完全转向了政治，运用史学为政治服务，成为普鲁士学派的中坚力量。在这位再传弟子身上，再也难看到海德堡学派那种固执、不合时宜的民族主义情节与历史研究的矛盾冲突了，历史学与政治学几近合流。这种情况的出现，是当时德意志地区统一大业主导下主流学术的一种必然选择，也是 19 世纪中后期浪漫主义史学发展遭遇瓶颈、在兰克史学的威压下黯然失色且无可奈何状态的一种表现。

3. 斯腾策尔与劳麦

德国浪漫主义史学家除了耶拿学派、海德堡学派的代表人物之外，还有两位史学家对浪漫主义史学贡献不容小视。其中一位就是古斯塔夫·阿道夫·哈拉尔德·斯腾策尔(Gustav Adolf Harald Stenzel，1792—1854 年)。这位与兰克相交甚密的史学家年轻时曾在莱比锡大学学习神学，1820 年任布雷斯劳大学历史学教授后不久便辞职前往西里西亚担任档案员，其后奔波于法兰克福、科尼茨堡、柏林等地。1832 年，斯腾策尔在科尼茨堡第一次提出创建"历史学系"的想法，这一想法得到当时普鲁士文化大臣的支持而组建了科尼茨堡大学历史学系。此外，斯腾策尔还于 1844 年一手创办布雷斯劳大学历史学系。

斯腾策尔在莱比锡大学求学时就开始关注历史，而后为生计不停奔波，即便是这样居无定所的困顿生活也阻挡不了他撰写历史著作的热情。斯腾策尔留下诸多著作，代表作为《法兰哥尼亚王朝统治下的德意志史》、《普鲁士史》、《西里西亚史》。

民族史，特别是德意志民族史是斯腾策尔历史研究的主题，他在民族史

① 〔美〕汤普森：《历史著作史》(下卷，第三分册)，第 196 页。

方面的成就在当时唯有兰克能超越[①]。这位早年深受约翰尼斯·缪勒影响的史学家专攻德意志民族史。按照他自己的说法，他早在1810年就开始酝酿撰写一部德意志民族史[②]。在《法兰哥尼亚王朝统治下的德意志史》一书前言中，斯腾策尔这样写道：

> 1810年，刚开始步入学术生涯之际，此书作者内心就充斥着一种蓬勃的朝气，意图从史料中了解德意志自查理大帝到哈布斯堡王朝鲁道夫这一段时期的历史，并决心写这样一部历史著作。……作者想要通过历史著作告诉德意志同胞们，他们的祖先是多么的勇敢与自由，他们是怎么捍卫自己的独立自由的！当祖国自由突遭战争风暴袭击之时，文字就变成行动，曾经保留在德意志民族先祖那里的精神就会再度重现。要做到这些，只有这一科学研究。[③]

斯腾策尔将历史研究看作是激发德意志民族精神的最佳方式，他希望通过史学著作彰显德意志民族曾经的荣光，唤起当下的民族精神对抗法国。斯腾策尔在史学实践中确实一以贯之将这一意图融入历史著作之中，他每一部史学著作从写作缘起、内容安排、文字风格等都是围绕这一中心而展开。

虽然斯腾策尔并不认同兰克过于强调史料的做法，但他还是坚守了史学家的原则，严格依据史料来撰写历史。无论是《法兰哥尼亚王朝统治下的德意志史》、《普鲁士史》，还是《西里西亚史》，书中都是"史料引文堆积如山"[④]。但是，这些并不意味着浪漫主义史家斯腾策尔撰写历史就只有史料，只有客观公正，没有主观性。在其《普鲁士史》中，斯腾策尔曾坦言：

> 看起来，似乎重要的是寻求真相，在上下文中正确理解文本所要代表的含义。而(作者)他坦然地承认，毫无畏惧他人对其不谦虚的指责，

① 〔英〕古奇：《十九世纪历史学与历史学家》，第173页。

② 古奇的书中说是由1801年开始酝酿的(参见〔英〕古奇：《十九世纪历史学与历史学家》，第173页)，依据斯腾策尔在书中序言所说，应当是1810年。

③ Gustav Adolf Harald Stenzel, *Geschichte Deutschlands unter den fränkischen Kaisern*, Bd. 1, Leipzig, 1827, II.

④ Gustav Adolf Harald Stenzel, *Geschichte des preußischen Staats*, Hamburg, 1830, VII.

他对这一主题知之甚深，他将声称他是出于喜爱来撰写这一历史的，而这一情感是稍瞬即逝的、相当自在随意的私人情绪。这是与他的喜爱以及永远憎恨邪恶这种狂热信仰相一致的。正是在这一历史著作中，他既体现了所喜爱的，又彰显其所厌恶的。①

在他看来，历史著作中的主观情绪是再自然不过的事物了，为了彰显德意志民族精神，需要这种爱憎分明的情感；借由这种情感才能激发德意志民族的精神。或许这是斯腾策尔史学著作颇受欢迎的最大原因，也是其史著在兰克民族史学著作问世之后依然有人问津的原因，更是浪漫主义史学中民族主义情绪的表现。其后，斯腾策尔的学生——史学家乌特克继承其师遗志，继续倡导这种集浪漫主义、民族主义于一身的史学。

劳麦　弗里德里希·路德维希·格奥尔格·冯·劳麦（Friedrich Ludwig Georg von Raumer，1781—1873年）被誉为“德国浪漫主义学派最后一位也是最伟大的一位历史学家”②。

虽然劳麦被誉为是德国史学上“第一位撰写通俗历史的科学历史学家”③，但与同时代的尼布尔、兰克等人相比，劳麦还不算严格意义上的专业历史学家，历史写作或许只能算是他的个人爱好，他一生大部分荣耀都与他所从事的政治活动有关。出生于德意志安哈特的沃利茨一官宦家庭的劳麦，年轻时求学于约阿希姆斯塔尔高级中学，而后进入哈勒大学、哥廷根大学攻读法律、政治经济学。1801—1811年受雇服务于普鲁士大臣哈登贝格、斯坦因，曾任财政官、税收官等职。1811年劳麦被聘为布雷斯劳大学政治学教授，1819年任柏林大学政治学与历史学教授，1847年退休之后还间或在柏林大学做讲座。1848年当选过德意志法兰克福国会议员，并作为威廉四世问鼎帝国宝座代表团成员之一，他极力促成建立以普鲁士为首的德意志帝国。法兰克福国会解散之后，劳麦回到柏林成为普鲁士国会第一届议员。

身处政治生活之中的劳麦第一篇学术论文就是服务于当时现实政治的，这篇论及普鲁士城市制度的文章还使得劳麦获得当时权臣斯坦因的认

---

① Gustav Adolf Harald Stenzel, *Geschichte des preußischen Staats*, Hamburg, 1830, XI.

② 〔美〕汤普森：《历史著作史》（下卷，第三分册），第196页。

③ Peter Krüger, “Raumer, Karl Ludwig Georg”, in *Neue Deutsche Biographie*, Band. 21, Historische Kommission, Duncker & Humblot, 2003, S. 202.

可与供养。劳麦一生勤于治学,著作颇丰,著有《论普鲁士市政法令》、《巴黎书简：16、17 世纪历史的例证》、《来自巴黎及法国的书信》、《15 世纪末以来的欧洲史》、《波兰的衰亡》、《北美洲美利坚合众国》、《论社会关系的政治历史书简》、《往事与书信》、《文学史手册》等。劳麦最出名的著作是《霍亨斯陶芬时期的德国史》、《15 世纪末以来的欧洲史》(又译为《16、17 世纪史》)。其中,《霍亨斯陶芬时期的德国史》最初是以《六论战争与贸易》为题于 1806 年匿名发表,而后经劳麦补充后于 1823—1825 年陆续出版。

德意志与中世纪　劳麦非常景仰史学家约翰尼斯·缪勒,他的《霍亨斯陶芬时期的德国史》卷首语就援引了缪勒的话：

> 倘选取 1060 年至 1269 年间霍亨斯陶芬王朝时期的德意志史作为研究对象,将耗尽你一生心血去探索这一时期德意志。这一工作令人陶醉也如此之艰辛……多么英勇!①

并没有接受过历史专业训练的劳麦冒然闯入这一段公认研究难度大的历史时期之中,他的目的就是通过历史著作叙述德意志的这一段过往,从而为现实政治服务。谈到撰写这部著作的目的,劳麦坦承,"追溯德意志的历史,是为了阐明德国是如何通过中世纪的发展而走上历史舞台的"②。全书从 1060 年的德意志写起,重点描述霍亨斯陶芬王朝时期勃兰登堡选帝侯是如何一步步发展壮大,是如何逐渐在德意志地区占据越来越重要话语权这一过程。很显然,追溯历史,弘扬德意志民族精神,特别是要凸显普鲁士的重要性,以便为德意志统一大业做好舆论宣传。这是劳麦写作这部巨著的根本出发点。在谈到此书的内容选择时,劳麦认为德意志这一时期历史如同希罗多德笔下《历史》中的古典世界一样驳杂,但他明确表示,他选取叙述内容的标准就是以是否与"日耳曼人"的发展直接相关：

> 全书混乱的内容将条理化而不似希罗多德……作者将沿着一条道路一直走到底,走在这条笔直的道路上,作者勇往直前,而无视路边最

---

① Friedrich Ludwig Georg von Raumer, *Geschichte der Hohenstaufen und ihrer Zeit*, Leipzig, 1840, IX.

② Ibid., X.

> 美丽的事情。而吉本(以及那些谴责作者太过理性的人)用这些路边之事来增加著作的吸引力与丰富性,则显示出他们著作内容是多么的贫乏!倘使加上这些路边之事,那么作者的道路将通向阿拉伯人、蒙古人。充斥此书的是日耳曼人及其相关的事情。……本书将从中世纪叙述起,而中世纪长期以来被人认为是不重要而神秘的。①

劳麦对吉本在《罗马帝国衰亡史》中“宏富的取材”②做法不满,他的著作则是严格围绕与日耳曼人有关的事件展开。

劳麦之所以从中世纪开始叙述德国历史,将中世纪这一时期描述成德国发展历程中不可或缺的一个阶段,是因为他认为德国在中世纪就已经奠定了走上欧洲政治大舞台的基础。在《16、17 世纪史》中,劳麦再次明确表达了这一意思:

> 所有的历史告诉我们,我们现在秩序源自我们的先祖,自那时起我们就建立起与其他民族国家不同的秩序,也正是这种源自先祖的秩序使得其他民族国家永远无机会与我们匹敌。③

在他看来,中世纪并不是一无是处的,中世纪的文化、艺术、政治、宗教等方面都是颇有建树的,作为一个历史时代,它和其他时代一样美好而令人神往。在《霍亨斯陶芬时期的德国史》中他花费不少篇幅叙述中世纪在政治制度、宗教、法律、艺术,甚至历史学方面的成就,并指出这些成就是此后历史时期取得成就的基础与保障。

历史个体与整体　劳麦对中世纪德意志史的重视,表面看是出于为普鲁士政府寻求统一的历史依据;实际上,从根源上说,这是他史学思想中浪漫主义情节的表现。像所有的浪漫主义者一样,劳麦将历史看作是一连续的整体,人类社会全部历程是延绵不断的统一体。他曾以人的生命周期来说明历史个体的有限性与历史整体的无限性。劳麦认为:

---

① Friedrich Ludwig Georg von Raumer, *Geschichte der Hohenstaufen und ihrer Zeit*, Leipzig, 1840, X.

② 〔美〕唐纳德·R·凯利:《多面的历史》,第 432 页。

③ Friedrich Ludwig Georg von Raumer, *History of the Sixteenth and Seventeenth Centuries: Illustrated by Original Documents*, Vol. 1, London, 1835, p. 447.

> 据说，既然民族是由个人组成的，个人会死，那么民族也必将死亡。这种类比与推论是错误的。难道因为所有的植物都会凋零，就可以推导出所有的物种种属就都会死绝了？在伟大的整体中就没有一个力量永不停歇地再生复兴？①

他对这种机械的类比非常反感，认为这样的类比是荒谬而可笑的，完全不符合人类历史的实际情况。在他看来，历史的个体会消亡，但是有无数个历史个体组成的历史整体因历史个体的代际之间不断传承而延绵不绝，即，历史学家所研究的历史整体是连续而无限的。因此，研究历史的历史学家不应当在意个别历史现象的消亡，而应当着眼于整体来看待历史整体中的个体。至于历史的个体，劳麦认为历史个体的价值恰恰在于它对历史整体的意义，正是因为有了历史个体的存在，才有历史的全部整体；并且历史个体留给后续个体以及历史整体的是它用全部生命凝结而成的一种启示。劳麦曾说：

> 单个个人终将死亡；但是他死了却留下祝福给他的后代。他知道他的后代们不会在任何方面与他相似；但他对此根本不会感到一点遗憾，他希望后代们能避免他所犯的错误与缺点。②

在他看来，每一个历史个体都会将自身全部毫无保留地遗传给后续个体，从而在保证历史整体的延续性的前提下，带给后续个体以启示，使之避免同样的错误与缺点。从这一点出发，劳麦认为历史上所有的个体，包括所有的时代、所有的民族都是同等有价值的，都是同等重要的。因此，劳麦指出：

> 每一位历史学家都应该公正无偏颇地对待所有的时代、所有的民族。③

在具体的史学实践中，无论是在《霍亨斯陶芬时期的德国史》中，还是在

---

①② Friedrich Ludwig Georg von Raumer, *England in 1835*, London, 1836, p. 262.
③ Ibid., p. 316.

《16、17世纪史》中，劳麦对任何时代、任何民族都是尽可能比较公正地看待。在谈到对英国历史的研究时，这位德国历史学声称：

> 与一些正在谈及法国的德国人相比，我所描述的英国是真正的英国。这不是说我在某种意义上更像是一个英国人；换言之，我不是想把英国硬套进一种德国模式，尽管我认为我们德国有诸多的长处，而英国政治制度有不少的不足之处。重要的是，一种与德国完全不同形式的英国贵族的重要性。①

在他看来，每一个民族各有长处与短处，都有各自的价值与意义；历史学家在研究历史时不能无视其独特性，更不能以其他民族个体的特征将其削足适履，抹杀其个体特性。

也正是因为认识到这一点，他在自传性的《回忆录》中提到，他"在历史研究中，从不会将全部的重心放在一个方面，相反，会将关注各种各样、各个不同的方面，这就像历史本身历程一样"②。在他看来，历史本来历程就是每个历史个体是平等存在的，所以历史学家应当真正做到同等对待所有的历史个体，反映历史本身历程的本来面目。

同情理解与客观公正　劳麦撰写史学著作虽然也像兰克一样在名都大邑查找各种各样的史料，并把这些史料用于历史写作；但是他的史学修养有限，面对一大堆史料，他无法做到严谨考证，没有办法对史料进行分析辨别。这导致他的史学著作中引用史料虽多，但却不精良，甚至有不少错误的材料；也使得劳麦的史学著作在尼布尔、兰克等人的著作面前黯然失色。即便这样，也不影响劳麦著作受欢迎的程度。劳麦的史学著作文笔优美、情感真挚，赢得了众多读者的喜爱，特别是在英国，劳麦的著作一再被翻印，他旅英期间留下的书信、笔记、散文等，是英国最受欢迎的读物之一。可以说，劳麦的史学著作最大的特色就是文笔优美、情感真挚。而劳麦本人认为，历史著作本身就应具有可读性，更应该具有情感性，他把这视为历史研究者必要的修养。

在1835年6月21日的信件中，劳麦这样写道：

---

① Friedrich Ludwig Georg von Raumer, *England in 1835*, London, 1836, p. 303.

② Ibid., p. 23.

> 假如我向上追溯过去时代却未能对其中的悲哀与忧伤深表同情的话，假如我不能理解那迫使如此高贵的心灵不顾一切去保持提供权力的政治制度不变的那种情感的话，那么我的血管就不会有一滴历史的血液。鲜花枯萎，树木凋零，楼台阁榭灰飞烟灭，民族从世间消失！①

在他看来，历史研究者在研究历史时，应当带着同情等情感去理解历史；没有情感，历史中的现象都难以再度重现。在史学实践中，劳麦追求一味客观公正的历史撰述的史家不同，他虽然也认同历史写作要依据可信的史料，但他更强调历史之中的情感理解。他指出：

> 历史的本质，我认为至少远不是精确的观察与考证，我的目的是发现美德或邪恶是如何出现又是从何处来的；它们以什么样的方式与其他事物联系在一起。宗教宽容更伟大，例如，在俄国和英国。但是这并不是这些前所述的国家高级文明发展的唯一原因：英国文明的进步源自众多的原因……②

诸如英国文明进步的动因，劳麦认为是宗教等精神的因素在起作用；而要研究这种精神动因，光靠所谓的精确观察与考证是无法实现的。要实现对精神内容的认知，劳麦认为，想象与情感结合的情感理解是解决的办法。

作为历史学家，在理解已经成为过去的历史现象时，需要借助一些想象，才能突破时空的阻隔，更需要借助一些情感，才能设身处地融入当时的历史之中，才能对当时的历史现象形成全面而正确的认知。劳麦从不认为这种想象与情感等主观因素是历史研究的障碍，他从不掩饰自己在历史撰述中的这种情感与想象。在1835年6月30日的书信中，劳麦向友人提及自己的历史写作时，这样说道：

> 当我撰写史著，论及农业、制造业、商业、税收等这些干巴巴的事物时，我是带着深切而愉悦的情感来写作的。多少历史惨剧在我脑海经

① Friedrich Ludwig Georg von Raumer, *England in 1835*, London, 1836, pp. 261 - 262.
② Ibid., p. 305.

年萦绕！多少次我满怀悲戚见证国王的丧礼及国家的毁灭！[①]

历史学家研究历史时借助情感与想象来重现过去的历史，这是劳麦推崇的历史研究方法。他甚至认为，这种想象与情感正是历史理解的最佳方式，也是历史艺术性的体现。在撰写历史著作时，劳麦总是以充分的想象，深入历史对象的情景之中，以移情的方式去理解历史中的人与事。他认为，以强烈的、富于同情心的想象深入到历史对象的时空，设身处地进行易位思考，对历史学家研究历史而言，是具有重要意义的。他曾说：

> 并没有一种艺术要求人具有一种忘却自我、消灭自我的力量以便能理解历史，诸如戏剧艺术。像这样将全部的思想与情感都倾注到其他的人身上和其他情景之中，这是了不起的才华！就对历史学家的要求而言，这是与对戏剧家的要求是一样的。[②]

他对兰克等人所倡导的“如实直书”并不推崇，他认为所谓的忘却自我、消灭自我并不能促进历史理解，相反只有将这种自我融入历史现象之中才能理解历史，再现真实的历史。但是，这并不意味着劳麦就不顾历史的客观公正，相反他认为情感、想象与历史的严谨性并不矛盾，借助情感等可以实现历史研究的客观公正性。在论及英国19世纪30年代辉格党人与托利党人之间相互攻击，劳麦指出，攻击双方都是从一己立场来看待对方的，其评述是不公正的；“与此不同的是，历史学家总是把他的同情均分成相等的两份施予独立的双方，并对双方予以同等的态度”[③]。历史学家在研究历史时融入历史现象之中的情感与想象只要是均等的，那么就可以做到公正地看待所有的对立面。在这一过程中，历史学家不能有偏见，更不能心胸狭隘。劳麦认为，“一个有偏见又心胸狭隘的人，又怎能公正地评价皮特与福克斯，柏克与马克托什?”[④]在他看来，只要心胸足够宽广、没有偏见，历史研究者将情感与想象融入历史现象之中将促进正确而全面的历史认知的形成。

此外，这位浪漫主义史家还于1829年创办了德国一份历史评论性刊物

① Friedrich Ludwig Georg von Raumer, *England in 1835*, London, 1836, p. 305.
② Ibid., p. 229.
③ Ibid., p. 286.
④ Ibid., pp. 314 - 316.

《历史杂记》。这份杂志为德意志史学家们提供了交流的学术平台，是聚贝尔创办《历史杂志》之前德意志地区重要的学术刊物，也是当时唯一的史学学术刊物。

劳麦的史学著作充斥着浪漫主义的遐想和浪漫主义民族情绪，体现了他政治上的追求，而史著本身的历史价值因其拙劣的史料批判而大打折扣。但当时的读者不介意，他们从中读到的是激情与浪漫、理想与追求，故当代德国史家阿尔弗雷德·米兰茨曾说劳麦是“理想主义与浪漫主义相结合的史学”①。这是对劳麦史学较为公允的评价。

4. 史料集成学派

《德意志史料集成》是德国浪漫主义史学中的民族主义最突出的表现，这一卷帙浩繁的史料汇编，汇集了当时德国一大批一流的史学家与文献学专家，像艾希霍恩、劳麦、尼布尔、洪堡、格林、歌德、斯腾策尔、施罗塞尔、达尔曼等都曾是发起人或赞助人②。由于这些学人的努力，德国史学在史料整理方面走在了世界的前列，并为19世纪史学的进一步繁荣奠定了基础。我们姑且将参与史料整理工作的史家称为“史料集成学派”。

“史料集成学派”中起关键性作用的是海因里希·弗里德里希·卡尔·斯坦因(Heinrich Friedrich Karl von Stein，1757－1831年)、格奥尔格·海因里希·佩茨(Georg Heinrich Pertz，1795－1876年)、约翰·弗里德里希·博默(Johann Friedrich Böhmer，1795－1863年)三人；正是由于这三位学者的杰出工作，《德意志史料集成》才成为西方历史资料整理方面的一座丰碑。

斯坦因 《德意志史料集成》的筹划工作始于1815年斯坦因退出政治舞台之后。虽然德国法学家萨维尼在1814年前后曾有创办研究德意志民族历史的学会以及出版研究史料的计划，但这一计划因太过于宏大而夭折。而后，斯坦因所倡导的《德意志史料集成》出版计划切合当时实际情况而得以成功③，可以说斯坦因是《德意志史料集成》的最初发起人。

1773年，年仅16岁的斯坦因进入哥廷根大学学习法律、历史以及政治经济学，师从当时著名的政治家普特，并深受史学家施洛塞的影响，甚至曾亦步亦趋遵照施洛塞的思路，试图在近代宪政思想与德意志自由传统之间

① Stefan Jordan: Raumer, Friedrich Ludwig Georg von. In *Neue Deutsche Biographie*, Band 21, Duncker & Humblot, Berlin 2003, S. 202.

② 〔英〕古奇：《十九世纪历史学与历史学家》(上册)，第161页。

③ 同上书，第160页。

寻求平衡①。1777年斯坦因放弃哥廷根的学业，前往维茨拉尔、雷根斯堡、斯坦尔马克以及匈牙利等地游历。1780年游学归来的斯坦因进入普鲁士矿冶部担任文员。1796年，在矿冶部以及地方议会历练多年的斯坦因进入西普鲁士议院，并开始对英国政治制度以及法国大革命进行思考②，期间英国埃蒙特·柏克的思想对其影响颇大③。1801—1808年，斯坦因在普鲁士中央政府的支持下，主导普鲁士政治改革。后因其反拿破仑的政治主张而迫于拿破仑的压力去职逃往波西米亚。1808—1815年流亡期间的斯坦因曾在俄普反法联盟中积极筹划反拿破仑的活动，并于1812年任俄国沙皇亚历山大一世的政务高级顾问。拿破仑败落之后斯坦因回到柏林，而后因政治上与当权者意见的分歧日渐增大而于1819年退出政坛④。此后全心全意为《德意志史料集成》奔走，1831年逝世于卡朋堡。斯坦因遗世论著多为各类杂文，并无与历史有关的著作，唯一单独成书的著作——《歌德与席勒》在1900年才第一次出版。从论著上来看，斯坦因并不算是一位历史学家，但他为《德意志史料集成》而奔走，为这一伟大事业的成功所作的突出贡献，足以让他与当时德国第一流的史学家媲美。

早在1808年被迫逃亡时期，这位曾在政坛叱咤风云的政治家就开始从历史中寻求"避难所"，他曾对法国大革命进行研究，目的是要弄清楚"最初的分裂是怎么出现的，或者说文明破坏是以什么样的方式进行的"，弄清楚法国革命这股毁掉他祖国的力量是如何形成的。1815年，斯坦因受当时德意志地区高涨的民族主义的影响，重新拾起对德意志民族历史的兴趣⑤。特别是1815年7月与歌德在科隆会面之后，斯坦因心中对德意志民族与中世纪历史的那种特殊情结被激发出来，他下定决心将余生都奉献给德意志史料的收集整理出版这一伟大事业⑥。

---

① John Robert Seeley, *Life and Times of Stein*. Vol. 1, Cambridge University Press, 1878, pp. 31 - 35.

② Wilhelm Ribhegge, *Preußen im Westen. Kampf um den Parlamentarismus in Rheinland und Westfalen*, Münster 2008, S. 10f.

③ Hans-Ulrich Wehler, *Deutsche Gesellschaftsgeschichte*, Erster Band: Vom Feudalismus des alten Reiches bis zur defensiven Modernisierung der Reformara. 1700 - 1815, Hg. C. H. Beck, München, 1987, S. 442 - 443.

④ John Robert Seeley, *Life and Times of Stein*, Vol. 3, Cambridge University Press, 1878, p. 432.

⑤ Ibid., p. 434.

⑥ Ibid., pp. 436 - 439.

从此，斯坦因不断为这一伟大事业奔走。他请教当时第一流的学者、史学家，诚邀他们参与此项工作；他四处游说，期望得到更多有识之士的支持；他频繁通过权贵、国会提交整理德意志历史文化的计划，要求政府出资襄助；他拜访法兰克福、斯图加特等地的书商，为史料集成的出版奠定基础[①]。期间虽然遇到各种困难，但这位久经风霜的政治家以其在政治上不屈不挠的精神来推动这一伟大工作的进行，确保这一工作顺利开展并取得辉煌的成就。不仅如此，他还为这一伟大事业划定了恰当的研究范围，设定了合理的目标，找到了合适的执行者。

1816 年，在写给希尔德斯海姆主教的信中，斯坦因这样写道：

> 自我从公共事务中退离出来之后，我就有了这样一个热切的愿望，即唤醒对德意志历史的爱好，推动对德意志历史的基础研究，从而保持对我们祖国以及伟大祖先的热爱。我的目的还在于，通过这一努力而使大量在 1803 年革命中散佚的文献能够被认真仔细地收集保存起来，以免再遭毁坏；这一事业主要还是靠政府采取措施，而单靠个人的努力是无法完成这一伟大任务的。但是，因热爱自己祖国、热爱祖国历史的人们私人所组成的团队还是有可能将便于收集的原著收集起来的，而且还能募集一笔资金支付给将其时间与精神奉献给这一事业的那些博学之士，用这种方法就能实现为研究历史之人提供这些完备而便宜的资料汇编。[②]

在斯坦因看来，收集整理德意志民族的史料就是为了通过了解德意志祖先的伟大而激起更大的爱国心，还可以保护文献，为历史研究的进一步展开奠定基础。依靠政府支持，由学者组成团队参与这一浩大的史料整理工程，这是斯坦因为这一工作制定的行动方案，事实上斯坦因就是依据这一思路展开史料集成的组织工作的。他多次向根茨、梅特涅进言，并向国会递交申请，期盼政府出资并组织这一项工作。在他的不懈努力下，德意志的学者纷纷表示支持。

---

① John Robert Seeley, *Life and Times of Stein*, Vol. 3, Cambridge University Press, 1878, p. 440.

② Ibid., p. 441.

1818年，史料整理工作走出了关键的几步：斯坦因起草关于成立史料整理协会的草案；巴登的一位政府官员布希勒担任了协会秘书；确立由杜姆格作为主编人选；募集了3 000弗罗林的经费。

1819年2月20日，斯坦因在其法兰克福的住所召开了协会的成立大会，会上正式批准了协会秘书及编辑人选，并确立协会以"神圣的爱国心给了我们精神的力量"作为格言①。至此，德国古代史料学会的成立，标志着德意志史料集成的工作正式展开。

佩茨 1813—1818年曾在哥廷根大学学习历史的佩茨在史学家赫棱指导下，完成题为"墨洛温王朝宫相史"的博士学位论文，此论文于1819年出版。当时正为德意志史料集成工作进展不大而烦恼的斯坦因看到了这一著作，便向这位年轻人发出了邀请。不久，协会秘书布希勒就收到了佩茨的回信。在信中，年轻的佩茨非常愉悦地说：

> 当我从您那里得知德意志中世纪史料收集协会成立这一消息，我由衷地感到万分高兴。这一协会的成立将为我们祖国的历史及生活展开一伟大的前景，而这一前景也必将成为所有祈愿史料整理美好前景之人最强劲的动力，这一伟业我们已经期待了如此之久。当然，这并不是说我们的过往没有这种爱国心。您邀请我一起共襄盛事，我迫不及待地想立马投入。在不打断您其他考虑的前提下，我想参与编辑加洛林时代那部分文献，特别是与法律、特许状等汇编在一起形成加洛林王朝历史真正基础的那些史料，同时我还希望能和别人一道研究……②

1820年，斯坦因正式邀请时任汉诺威皇家档案员的佩茨前往维也纳收集加洛林王朝时期的手稿，佩茨欣然领命并出色地完成了任务。1822年斯坦因劝退了首任编辑杜姆格，关于继任的人选问题，斯坦因在1822年4月12日书信中曾这样说道：

> 剩下的事情就是找到一个像穆拉托里、马比荣那样博学之士来执掌

① John Robert Seeley, *Life and Times of Stein*, Vol. 3, Cambridge University Press, 1878, p. 443.

② Ibid., p. 444.

这一任务，而这博学之士穷极一生专心于编辑原著，并把这当作是一严谨的任务，完成这一任务还特别要求尽可能多的其他学者参与。杜姆格学识狭隘、喜欢争吵、不够老练，因而其才学不能堪当此大任。他只能编辑一个时期某一种作家的文献，却声称自己愿意承担霍亨斯陶芬时期的史料编辑工作。事实上，他在选取文献时缺乏正确的指导方针，使得他根本无法承担整个霍亨斯陶芬时期的史料编辑工作。①

佩茨在收集手稿史料的过程中表现出来的博学以及清晰的史料认知思路，让斯坦因大为惊叹，随即改由佩茨担任主编。对于佩茨的工作，斯坦因极为满意，他曾情不自禁地对佩茨说，"所幸神将你送到了这项事业之中来了！"而曾参与过史料整理工作的魏茨也称颂佩茨是"倘没有佩茨科学地总揽全局，史料协会在早期德意志历史方面是不可能取得成就的"②。

在佩茨以及协会众多学者的努力下，德意志古代史料协会克服重重困难于 1824 年确立具体的研究计划：全部编辑工作在内容上划分为编年史家、法律、国家法令、书信与文物，时间上从 10 世纪一直到 15 世纪左右。佩茨果断地决定史料整理从加洛林王朝开始。

确立了史料编辑计划之后，史料的整理工作进展顺利，1826 年，史料集成的第一卷出版。斯坦因接到第一卷书，将史料集成的全部荣誉都归结于佩茨，大声宣称，"这一功绩最主要归功于你；而我只是做了协助工作而已"③。

佩茨从 1820 年正式加入史料整理工作，一直为这一工作辛苦到 1874 年退休。在长达 54 年的时间里，佩茨以其广博的学识、筛选文献的突出才华、处理手稿的杰出手法等，使得这一项牵涉甚广、影响至深的史料整理工作取得了惊人的成就。虽然佩茨还曾编辑《莱布尼茨文集》、撰写《斯坦因的生平》，但是所有的这些都不及他在《德意志史料集成》中的贡献大。

博默　晚年的佩茨因学术观念上的分歧以及日渐独断专行的脾气性格，使得曾经一起整理史料的学者们纷纷离去，如雅费、斯腾策尔等④；而博默则一直支持着佩茨的工作，为德意志史料整理工作的顺利进行作出了巨大的贡献。

①③　John Robert Seeley, *Life and Times of Stein*, Vol. 3, Cambridge University Press, 1878, pp. 445 - 446.

②　Ibid., p. 445.

④　〔英〕古奇：《十九世纪历史学与历史学家》(上册)，第 164 页。

出生于法兰克福官宦世家的博默1813—1814年期间在海德堡大学求学，应父亲要求而学习法律，但他对法律丝毫不感兴趣，却对古典文学产生浓厚的兴趣①。对于这一段时期的学习，博默曾说，“在此，我知晓了应当高度看待人的精神”②。而此时德意志境内的民族主义高涨，博默受此影响开始从历史渊源上思考德意志与法国之间冲突，并决心为“捍卫我们祖国的幸福繁荣而战斗”③。1814年11月博默进入哥廷根大学继续学习法律，这位勤奋的学生质疑法理学，“罗马法就一定有助于我们的幸福吗？……我觉得我们的人民被罗马法学家败坏了”，德意志民族应当从自身的历史中去寻找根据。此时的他开始对史学家缪勒推崇备至，并坚信缪勒史学主张的正确性，即理解德意志应当回到过去，在德意志中世纪中去找原因④。

博默在海德堡大学期间涉猎非常广泛，法律、历史、哲学、生物学、化学等均有涉足，他求学的终极目标就是“广博而和谐的知识体系”。为此，他曾广泛收集书信、传记、回忆录等⑤，1818年还一度前往意大利游学，收集艺术作品⑥。在意大利罗马收集艺术品时，博默感受到的是“美丽旧物上凝集的中世纪那深刻的精神”，“创造这样古迹的中世纪怎会是野蛮的时代呢？”⑦1819年归国之后，博默的兴趣转到了历史上，特别是中世纪的历史。他越是了解中世纪的历史，就越觉得当下的生活与中世纪关系紧密；“当他对那些过往的时代的情感日益炽热之时，当他以热烈而不断增加的同情施诸他所看到的结果时，他发现呈现在他面前的是一个崭新的、欣欣向荣的时代”⑧。这些让博默对中世纪的看法进一步深化，他已经开始意识到德意志民族与中世纪历史的紧密关系，已经开始重新看待中世纪这一重要的历史阶段了。

1823年博默加入德意志古代史料协会，参与编辑中世纪史料。这位以马比荣为偶像的史学家一生并无叙述性的历史著作，他将一生都投入史料

① Johann Friedrich Böhmer, Johannes Janssen, *Johann Friedrich Böhmer's leben, Brief und kleinere Schriften*, Freiburg im Breisgau, 1869, S. 16.
② Ibid., S. 18.
③ Ibid., S. 22 - 23.
④ Ibid., S. 30.
⑤ Ibid., S. 33.
⑥ Ibid., S. 45.
⑦ Ibid., S. 47.
⑧ Ibid., S. 63.

的收集、整理、编辑工作中，先后编辑出版了《文书要览》、《德意志史源》、《德意志发源》、《帝国法令：900—1400》、《巴伐利亚公爵时期至1340年期间文书汇要》等。

在编辑古史史料时，他认为对德意志的爱国心是从事这一浩大史料整理工作最根本的动力，也是史料整理取得成功的保证。他在《文书要览》第二卷中指出：

> 总而言之，我对未来最大的祈愿就是史料整理工作不是源自利己主义的，不是源自虚荣心，更不是出自好奇，而是源自爱国心。①

这是浪漫主义时代德意志地区学人的普遍心态，即，研究是为了从古代寻求德意志民族的根源，整个研究充斥着爱国之情。

但是，这种爱国之情并不意味着，史料的整理将从现实的目的出发，为了验证某种目的而生编硬造所谓的历史依据。在整个史料整理工作中，求真以及史料考证是收集整理史料的第一要求。1827年11月在写给友人安斯勒的信中，博默说，“我将研究历史，将全身心地投入探求真相之中；但是艺术我也不会丢弃，因为我认为真相也是艺术的最高形式”②。博默把求真视为史料整理的最重要的原则；在整理史料时，他是严格依据这一原则进行史料整理的。在《德意志史源》第七卷中，博默明确指出整理文书时要注意对第一手文书进行研究，比较文书的文风、拼写规范等，并要做适当的注释予以说明，切不可照搬照抄、以讹传讹③。

也正是因为这一严谨的做法，使得整个史料收集整理工作取得辉煌的成就。汤普森曾说，“《德意志史料集成》在撰写历史上、在批判上的科学性已成为世界的典范；这是德国第一流史家的贡献”④。这是对史料集成派所作贡献的高度评价。

---

① Johann Friedrich Böhmer, *Regesta Chronologico-diplomatica Karolorum. Die Urkunden sämmtlicher Karolinger in kurzen Auszügen*, Frankfurt am Main, 1833, X.

② Johann Friedrich Böhmer, Johannes Janssen, *Johann Friedrich Böhmer's leben, Brief und kleinere Schriften*, Freiburg im Breisgau, 1869, S. 98.

③ Johann Friedrich Böhmer, *Additamentum Tertium ad Regesta imperii: inde ab anno 1397 usque as annnu 1347*, Innsbruck, 1865, VI - VII.

④ 〔美〕汤普森：《历史著作史》(下卷，第三分册)，第227页。

二、政治与“激情文笔”——英国浪漫主义史家

当法国大革命裹着德国浪漫主义思潮袭向英格兰时，英国的文人墨客们立马投入这场思想战斗中，他们用“激情文笔”抒发对政治的看法，形成独具特色的浪漫主义史学。

这一时期，英国史学界还是由一些将历史写作视为文化休闲方式的“绅士们”把持着①，历史小说甚至成为比历史著作更吸引人的读物。在这一氛围中，业余历史学家依据自己的兴趣与爱好，以优美的文笔向世人展示历史的魅力，而历史专业化与科学化还只是刚刚起步。不仅如此，在这个世纪中，受英国政治传统的影响，辉格党人、托利党人通过历史著述表达各自的政治观点②。

1. 辉格派与托利派

自17世纪以来，英国政治上就有辉格党、托利党之分。18世纪末19世纪初辉格党在政治上失势，一些赞同辉格主义的文人率先拿起笔为辉格党人呐喊助威，而托利党人也针锋相对以应战。双方除了在《爱丁堡评论》、伦敦《评论季刊》等舆论阵地上唇枪舌战外，还通过撰写历史著作表明各自的政治立场，形成了英国史学中的辉格派与托利派。

其中，辉格党人向往自由，反对宗教控制与政治专制，著名的代表人物有柏克、哈兰、林加德、麦考莱等人。托利党人则以强调秩序、思想保守而著称，代表人物有艾利森等。

柏克　英国第一位浪漫主义历史学家埃德蒙·柏克(Edmund Burke，1727—1797年)，是一位辉格派史学家。柏克出生于都柏林一中产阶级家庭。他和父亲是清教徒，而母亲则是天主教徒，家庭中宗教宽容的氛围，加上幼年所接受贵格会教育，让他一生都主张宗教宽容。柏克在思想上注重自由，曾发表《对国家当前状况的考察》、《论当前不满的原因》等众多的论著阐述政治思想。在1790年前，他被视为是辉格党人的政策发言人③。1790年，柏克发表了《法国革命论》一书，以极大的激情对法国大革命以及革命过

① 〔美〕格奥尔格·伊格尔斯、王晴佳：《全球史学史》，第27页。

② 〔德〕马克思：《英国的选举——托利党和辉格党》，《马克思恩格斯全集》(第8卷)，人民出版社1956年版，第381页。

③ 何兆武：《法国革命论·译者序言》，商务印书馆2003年版，I。

程中出现的专制主义进行了全面的批判，从而被视为欧洲保守主义思想的代表人物。

在史学上，处于世纪交替之际的柏克是一位典型的浪漫主义史学家。他主张在历史著作中倾注浓烈情感，他曾说，"情感能增加著作的魅力，使之更加吸引人"①。在《大不列颠政府》中，他以无比热烈的情感大声称赞英国的光荣革命；在《法国革命论》中以"激情而又酣畅淋漓的文笔，猛烈地攻击了法国大革命的原则"，指责法国大革命破坏了在漫长历史中所形成的一切美好事物；在《论课税于美洲》、《论与美洲的和解》、《致布里斯托长官书》中又对美洲人民的悲惨遭遇深表同情。从其著作中，看到的是优美的文笔与激怆的情感。

柏克反对抽象的理性，尤其反对以抽象的理性来指导实际的政治生活。在《法国革命论》中一再强调：任何一个国家都是历史地形成的，是神圣不可侵犯的、许多代人的"合作事业"，不能用颠覆的方式对之进行改革；法国大革命是以启蒙思想家鼓吹的抽象理性为依据的，并没有实实在在的现实生活基础，因而它对法国乃至整个欧洲的文化传统和历史进程造成了毁灭性的破坏，而且它还将导致变本加厉的专制主义强权的出现。他之所以反对法国大革命，是因为"法国大革命乃是以抽象的理性(或者说形而上学)观念为基础的。归根结底，指导政治的理论应当是以现实生活为依据，而不是空想的或哲理的概念为依据"②。在具体史学实践上，柏克反对理性主义常用的抽象一般、对普遍性的强调而忽视个体性。他曾说，"历史是智慧的导师，而不是原理规范的导师"③。在他看来，历史研究可以用于指导现实生活的众多方面，但是不能用来做理性抽象的原则。

此外，柏克主张同等对待各个民族国家。在他看来，每个国家都是民族性的，都有其独特的民族特征，因而绝不能盲目地模仿外国的事例，随意地改变本国现存的法律制度和既有的社会秩序；虽然柏克的《法国革命论》等众多著述"是由感情在支配着理智"，但是在浓烈的情感支配下，他依然能做到对其他民族、国家以及其他时代的平等对待。在《宽抚美洲的演说》中，他

---

① Edmund Burke, *The Speeches of Edmund Burke: with memoir and historical introductions*, Dublin, 1854, p. 4.

② 何兆武：《法国革命论 · 译者序言》，VI。

③ Edmund Burke, *Edmund Burke: selected Writings and Speeches*, edited by Peter James Stanlis, New York, 2006, p. 33.

对英国施加给北美的重税政策非常反感，对重税下的北美人民充满同情，指出北美人民是有权决定自己事务的①。

因柏克在《法国革命论》中反对法国革命，这与一般的辉格党人意见相反，辉格党人指责柏克破坏了辉格派的原则，而托利党则认为柏克彰显了托利派的政治主张，将其视为保守主义者②。无论是强调自由的辉格党还是重视秩序的托利党都未能明白柏克，柏克只是以一名浪漫主义者的身份在看待历史，看待源自现实生活的历史。

哈兰　辉格派第二位重要的代表人物是哈兰（Henry Hallam，1777—1859 年），著有《中世纪欧洲简史》、《自亨利七世登基至乔治二世逝世期间的英国宪政史》、《15—17 世纪欧洲文学导论》等。

1818 年，哈兰的《中世纪欧洲简史》出版。在这部书中，他用激情的文字将其对中世纪宗教的偏执与迷信的憎恨表现得淋漓尽致，将其对与世俗权力发生冲突的教会厌恶之情刻画得活灵活现③。哈兰认为历史写作必须是充满感情的，他曾在其自传性的文集中指出，一名历史学家不能“太爱慕虚荣，太容易受别人的影响，写作时即便在那交错困扰的情感之中也没有一丁点儿触动”④，这样的历史学家是无法写好历史的。在他看来，历史学家应当以自身不受他人干扰地深入历史现象之中，并对历史现象充满同情与情感，与历史之中的现象共呼吸、同欢乐；只有这样才有可能将真正的历史写好。

此外，哈兰在其历史著作中还表达了一个重要的思想，即欧洲各国，无论是英国、法国、德国，还是意大利、西班牙等国现行的政治与法律都能在中世纪历史之中找到依据⑤。这一思想在其《自亨利七世登基至乔治二世逝世期间的英国宪政史》中进一步深化。在哈兰看来，欧洲各国民族国家的根源不在别处，而在长期以来人们了解不多的中世纪之中。他认为，每一个民

① Edmund Burke, *Edmund Burke's speech on conciliation with the American colonies*, edited by Ernest R. Clark, New York, 1911, pp. 53 - 189.

② John Morley, *Edmund Burke: A Historical Study*, London, 1867, pp. 1 - 2.

③ Henry Hallam, *The View of the State of Europe during the Middle Ages*, Vol. 3, Philadelphia, 1821, p. 329.

④ Henry Hallam, *The Remains in Prose and Verse of Arthur Henry Hallam, with a Sketch of his Life*, London, 1863, pp. 269 - 270.

⑤ Henry Hallam, *The View of the State of Europe during the Middle Ages*, Vol. 1, Boston, 1864, pp. 380 - 415, 118.

族国家政治生活以及其他精神生活中的发展变化，其原因不在于外部的力量或者其他民族国家的影响，而是在其自身，都是在自身历史演变之中形成的。

从这一点上来看，历史之中的个体因为各自独特的发展历程而各具特色，在精神层面上的地位是相等的。在具体的史学实践中，哈兰也是秉承这一思想，将英国、法国、德国、西班牙、意大利等欧洲国家都视为欧洲社会重要的组成部分，并无孰高孰低的区别。在他看来，历史各个组成部分共同构成历史整体，历史的个体性是历史整体最重要的依据与基础。在谈到如何撰写文学史时，哈兰曾说：

> 确实，考虑到这种普遍的、经常性的进步运动将促使我们以一种非排他性的、非限制性的情感(因为一个民族的文学就是其特征的表达)去审查组成民族文学的各个部分，通过正确的分析而弄清楚各个组成部分的数量与相互关系；并通过运用历史，从在社会进步中每一种有着自身发源的、独特的情感是如何结合的这一视角，来进行分析判定。①

这里集中反映了哈兰的一些史学见解：第一，各个历史个体都是有各自特性的，这种个体特性通过民族文学展现出来；第二，对历史个体的理解需要运用情感，而且这种情感并非排他的、没有限制的。换言之，就是对所有的历史个体组成部分都一视同仁、同等对待；第三，对历史个体的分析，就是要明确各个个体之间相互关系，在整体之中去理解各个历史个体。

论及历史学家，哈兰对法国史学家伏尔泰评价甚高，并以伏尔泰为例分析了历史学家与小说家的区别。他说：

> 作为小说家，几乎不会要求他才智与品行都同样出类拔萃。作为历史学家，他首先就被视为以最新最睿智的方式，将历史不是作为史料的储存器，而是看作道德科学的展示。他不需要精确，也很少深刻，但总是生动而有趣。②

---

① Henry Hallam, *The Remains in Prose and Verse of Arthur Henry Hallam, with a Sketch of his Life*, London, 1863, p. 114.

② Ibid., p. 340.

在哈兰看来，历史研究绝不是史料的对立，历史是精神内容的一种体现；历史著作无需在史料上精益求精，也不需要在哲学上追求高深，历史著作必须文笔优美、生动而有趣。也正是从这一观点出发，哈兰对史料问题不甚重视，他甚至曾在其著作中公开承认他所使用的史料大部分是第二手史料，第一手史料虽有但不多。在他看来，史料只要正确，无需强调第一手还是第二手，关键是能展现历史真实①。

从本质上说，哈兰还不算是真正的历史学家，应该算作历史爱好者或者业余历史工作者。他对历史的认知还有诸多的不足，比如在对历史认识是否能反映历史真实问题上，哈兰认为：

> 我们可以追溯王室的世系血统，可以填补已被毁损的乡村与城镇留下的空白记录，可以描述整个加冕典礼以及节日的盛况，但是我们不能恢复真正的人类历史。②

在他看来，历史是已经成为过去的历史现象，这其中真正的内容是属于精神世界的；历史学家所能做到的就是历史个体现象的复原与再现，但无论使用想象还是情感，都无法做到让过去历史现象中的精神内容重新活过来。

林加德　林加德(John Lingard，1771—1851年)1806年出版《盎格鲁撒克逊教会的古制》一书。此书文风优雅、史料翔实而确信，学术界对此赞誉有加，而市场也认可这部书的价值③。而后林加德又撰写了《英国史》，此书除了史料翔实、文辞优美之外，还明确表明作者试图使历史研究摆脱历史小说的嫌疑，让历史著作成为严谨的学术著作。

在此书中，历史学家林加德自己只是陈述历史事实，而不发表评论；克制自己的情感，尽量公正地对待对立的双方，至少做到感情上不表现出倾向于哪派。在谈到写作《英国史》的目的时，林加德曾说：

> 我为全书规定一条准则，即写出事实真相，不论对我们有利或不利

① Henry Hallam, *The View of the State of Europe during the Middle Ages*, Vol. 1, Boston, 1864, IV.

② Henry Hallam, *Introduction to the Literature of Europe in the 15th, 16th and 17th Centuries*, Vol. 1, Paris, 1839, p. 13.

③ Peter Phillips, *John Lingard: priest and historian*, Oxford University Press, 2008, IV.

> 都要这样写;尽力避免出现任何争论,以便不致引起新教读者的反感;但也要在注释中提供有利于我们的各种必要的证据;因而如果你把我的叙述和休谟等人的叙述作比较,就会发现,借助于这些注释,这部书就把他们完全驳倒了,但表面上又看不出这一点。这样做我认为还是可取的。在我对宗教改革的记述中,为了使新教偏见感到震动,我必须说许多话;我能够让他们阅读我的著作的唯一机会就是因为人们知道我是一位温和的作者。只能写出一部新教徒爱读的书才能把好事办成。①

林加德强调历史叙述的严谨性,一切围绕展现历史事实的真相而进行;对史料采用谨慎的态度;叙述历史事实时不偏不倚,努力做到客观公正。此书再版时,林加德在前言中再次重申撰史的原则,表明历史学家的责任:

> 撰写这一有着众多史料来源的英国史,我将严格遵照我此前版本中所制定的准则进行写作:写出事实真相而不发表任何评论;谨慎衡量我所依据的史料的价值;并带着挑剔的眼光查看我自身情感与偏好的潜在影响。倘使他渴望被人称赞确信无误、不偏不倚的话,那么这些是每一位历史学家都需要警觉的。他必须与他所描述的场景疏远而保持一段距离,就好像是一位冷漠而不相干的旁观者对待他眼前的事情一样淡漠,并对相互争斗的双方持同等态度对待……②

林加德主张历史学家与历史叙述对象保持一定距离以保证叙述的客观公正,像一位与事无关的旁观者一样超然事外,从而确保历史叙述不受个人的情感与偏好的左右。

也正是因为林加德这种对历史叙述的严谨态度、对历史真实的坚决捍卫,其史学著作在兰克史学盛行之后能依然屹立不倒,这也说明了其史学著作考证精良,经得起时间的考验。林加德对史料考证的重视与切实履行,使

---

① 转引自汤普森:《历史著作史》(下卷,第四分册),第778页。

② John Lingard, *A history of England from the first invasion by the Romans*, Vol. 1, Boston, 1853, XV - XVI.

得他名声大噪，后人也因此称其为“英国的兰克”[1]。

麦考莱　麦考莱(Thomas Babington Macaulay，1800—1859年)是辉格派最出名的史学家。就读于剑桥大学三一学院的麦考莱很早倾向于辉格党人的政治主张，1825年开始就在辉格党人的机关党报——《爱丁堡评论》上发表《论弥尔顿》，1826年后撰写专栏，留下了众多文辞优美、情感激昂的文字。此外，《英国史》是麦考莱的历史代表作。

麦考莱的《英国史》原计划是从1688年光荣革命一直写到1820年乔治三世逝世为止，最后只写到了1720年威廉三世时代。大体而言，这一部著作是叙述光荣革命及其前后的历史。在书中，麦考莱热情洋溢地肯定资产阶级的价值观，颂扬领导这场革命的辉格党人的优秀品质。不仅如此，这部著作还是麦考莱全部史学思想在实践上的一种体现，展现了他的浪漫主义史学特色。

麦考莱这一历史著作中充斥着“自由而活力十足的笔调，脱口而出的演说，笼统的论述”，充满了浪漫主义情调。他认为历史学家在研究历史时，要在史著中融入“爱国热情”[2]。他甚至认为，历史学家没有必要像兰克一样为追求历史真实而舍弃历史学家的立场与情感。在麦考莱看来，他的历史著作“是一种明证，而非诡辩。这其中运用的是情感，以强劲有力、具有倾向的情感去体验行为”，是理解历史的一把钥匙。他认为浓烈而夸张的情感只会让历史著作更加接近历史真实[3]。

也正是出于这一认知，麦考莱对德国史家兰克的叙述风格并无好感。《拉丁与条顿民族史》出版后的第四年，1828年9月，英国历史学家麦考莱在《论历史》一文中阐述了与兰克不同的史学旨趣。针对兰克对史学的科学性的强调，麦考莱指出，“历史学，是诗歌和哲学的混合物”，公开否认兰克的史学主张。但是而后，麦考莱在《论兰克》(1840年)一文中，又表示认同兰克的史学主张。他曾经称赞兰克的《教皇史》是一部“既适合细微的研究又适合重大的考虑的思想著作”[4]。就整体而言，麦考莱对整个德国历史学界的评价都不甚高。他甚至认为，在他所处的那个时代，德国没有一个历史学

---

① Donald F. Shea, *The English Ranke: John Lingard*, New York: Humanities Press, 1969, p. 3.

② Thomas Babington Macaulay, *Historical Essays*, Oxford University Press, 1923, pp. 7 - 10.

③ Thomas Babington Macaulay, *Life and Letters*, London, 1876, pp. 13 - 14.

④ Lord Macaulay, *Historical Essays*, Oxford University Press, 1923, pp. 1, 475.

家是值得称道的[①],当然也包括了已经赫赫有名的兰克。这主要是因为德国史学对文辞不甚讲究,专注于史料考证,导致历史著作的可读性大大降低,完全没有文学作品那么吸引人。这在麦考莱看来,并不是真正好的历史著作,而德国历史学家也不是真正完美的历史学家。

麦考莱在《论历史》中讨论历史学家应当具有怎样的写作能力,如何写作历史。他认为:

> 一个完美的历史学家必须具有足够的想象力,才能使他的叙述既生动又感人。但他必须绝对地掌握自己的想象,将它限制在他所发现的材料上,避免添枝加叶,损害其真实性。他必须既能进行深入而巧妙的推论,又具有充分的自制力,以免将事实纳入假说的框架。[②]

历史学家必须具有"史才",才能让历史著作成为生动的读物;历史学家还要有一定的想象,在确保真实性的前提下,充分发挥想象,将历史事实所蕴含的内容活生生再现出来。不仅如此,历史学家在历史叙述时,要有掌控全景的能力,麦考莱说:"历史有其前景和背景;而一位历史学家不同于另一位历史学家之处主要就在于他对全景的把握,某些事件需要大规模的表现,另一些事件则需要较小的规模。"[③]

此外,麦考莱认为,历史学家的研究对象具有特殊性——历史是发生在过去的现象;而历史学家需要再现这种已成为过往的历史现象,就不得不借助想象。这是因为,一方面,"历史……它通过对个体特征以及事件的生动表达而展示精神的一般真相"[④]。历史现象是精神的内容,对精神内容的理解与再现需要借助想象。另一方面,在面对史料匮乏的历史时期时,历史学家需要借助必要的想象去填补缺少史料而造成的认知空白。麦考莱对修昔底德的史著推崇备至,就是因为修昔底德较好地把握了历史真实与历史想象或者说历史虚构之间的关系。

---

① Lord Acton, "German Historical Schools", *English Historical Review*, Vol. 1, No. 1 (Jan., 1886). p. 7.

② 〔英〕麦考莱:《论历史》,刘鑫译,见何兆武主编:《历史理论与史学理论——近现代西方史学著作选》,商务印书馆1999年版,第260页。

③ 同上书,第266页。

④ Lord Macaulay, *Historical Essays*, Oxford University Press, 1923, p. 1.

作为历史学家，要写作一部完美的历史著作，除了史料与历史想象之外，还需要有把握全局的能力。对于历史研究而言，虽然历史描述的是具体事件，它们都是特殊的，然而一个时代的精神和特征却呈现出那个时代的普遍性。这就需要理性和思辨来完成这个更为艰巨的任务。麦考莱曾指出，“一部每个细节都真实的历史，从整体上看未必是真实的”①。因此，理解历史个体需要把这种历史个体置于历史整体之中去思考。

麦考莱进一步指出，作为历史学家，很重要的一个素质就是把握历史个体与整体的关系。他反对理性主义的抽象，曾经批驳理性主义历史哲学。他认为：

> 近代最好的历史学家都偏离了真理，不是由于想象的诱惑，而是由于理智的诱惑。他们在从事实归纳一般原理方面远远超过了他们的先驱。但不幸的是，他们犯了歪曲事实以迎合普遍原理的错误。他们通过观察现象的某个方面达成理论；其他方面则通过夸张或割裂事实以适应理论。②

理性主义抽象无视历史个体性而阉割历史以适应所谓的抽象理论，对此，麦考莱是坚决反对的。但是麦考莱认为历史研究并不能止步于历史事实的陈述。他说：

> 作为历史，它是令人愉快的，因为它和我们先前关于人性的观念、关于因果联系的观点大相径庭！……在历史中，事实已经给出，要找寻的是原则。一个作家如果不能在陈述一个现象的同时解释它，他就仅只尽到了他的责任的一半。事实是历史的浮渣。正是从渗透在它们中间并像乌金一样埋藏着的抽象真理中，人们才获得它的全部价值。珍贵的宝石通常与低贱的矿石混合在一起，把它们分开是一件极其艰巨的工作。③

---

① 〔英〕麦考莱：《论历史》，刘鑫译，见何兆武主编：《历史理论与史学理论——近现代西方史学著作选》，第274页。

② 同上书，第270页。

③ 同上书，第267—268页。

在历史事实、历史个体之下,是抽象的真理,这种真理是历史研究的最终目的。作为历史学家需要去认知这种真理,而不能停留在细琐的具体事实描述上。不仅如此,仅仅只是对过去历史事实的描述实际上没有任何意义的。麦考莱认为,“任何过去的事件,都没有内在的意义。历史的知识只有当它们引导我们对未来形成正确的估计时,才有价值”①。在他看来,历史研究与历史写作的目的必将直接指向未来,历史及历史学存在的意义也只能在未来实现。只有当通过历史研究而对未来的估计得到验证,才能获得历史的意义。

在他看来,“完美的历史学家是这样的人,他的著作以缩微的形式展示出一个时代的精神和特征。他不讲述那些没有得到充分证实的事实,不强加给他的人物以任何没有充分证据保证的提法。但是,通过合理的选择、删除和安排,他把那种被虚构所剥夺了的魅力重新付给了真理”②。

麦考莱的史著文笔优美、情感真挚,比畅销小说还引人入胜,作为历史学家的麦考莱甚至以历史著作成为淑女小说的替代品而自豪。麦考莱对史论这种文体的贡献受到了后辈古奇的大力称赞:“麦考莱史论为 17、18 世纪所完成的工作,殊不下于莎士比亚的戏剧为 15 世纪所完成的工作。麦考莱是第一个使人人对历史感到兴趣的英国作家。”③

艾利森 18 世纪末 19 世纪初英国辉格党人在政治上失势,于是借用舆论阵地与托利党人论战,而托利党在政治上处于主导地位,只是偶有应战。这一情况到了 1830 年之后发生逆转,辉格党人重新上台执政,托利党人在政治上、舆论上均处于颓败之势。托利党人艾利森(Sir Archibald Alison,1792—1867 年)奋起应战,用笔来捍卫托利派的尊严与理念。

艾利森撰写了诸如《1815—1845 年间的英格兰》、《马尔伯勒·约翰公爵生平》、《人口原则》、《苏格兰刑事法律原则》等一系列论著来阐明托利派的政治主张。

其中最具代表性的著作是 1842 年完成的《从法国革命初期到波旁王朝复辟时期的历史》。在这部著作中,艾利森针对法国大革命中的疯狂,以法国大革命为切入点来看待整个欧洲社会政治状况。艾利森通过此书宣扬一

① 〔英〕麦考莱:《论历史》,刘鑫译,见何兆武主编:《历史理论与史学理论——近现代西方史学著作选》,第 274 页。

② 同上书,第 276—277 页。

③ 〔英〕古奇:《十九世纪历史学与历史学家》(下册),第 489 页。

种保守主义的政治观点——维持现状，不要革命；他认为民主政治比贵族统治更可怕。他声称："如果说法国大革命的探讨对人们有什么重大启示的话，那便是潮流的危险性；因为投身于政治革新浪潮的人已经被卷入其中"，"行动者们在一个看不见的力量之下受到制服，这力量恰恰把他们的罪恶与野心变成了伸张天理正义的工具，因而使道德最后战胜邪恶，整个人类得到拯救。"①从这一点上来看，艾利森与辉格派的柏克看法相似，都是极端保守地看待革命这一新兴事物，内心恐惧革命带来的变化，渴望维持稳定。

为了进一步阐述革命运动的弊端，论述军事独裁是革命带来的必然结果这一观点，艾利森数度前往法国寻找证据，其后依据所收集的材料写成《从复辟时代到拿破仑即位时期的历史》，专门阐释1815—1825年这一段法国动荡不安的历史时期。艾利森在书中将革命所带来的变化全部斥之为骚动、混乱、破坏等，他用如椽的文笔营造了一种对革命的恐惧氛围。艾利森甚至认为这种恐惧的革命已经在英国思想界占了一席之地，正逐步弥散开来，他将当时英国面临的困难归咎于政府受法国革命影响而实施的改革。

2. 文学家与史学家

英国19世纪的史学家大多文笔优美，著史讲究将史学著作写得如同文学著作一般受欢迎。无论是辉格派是还托利派的史家都是考虑读者的认可程度而注重文辞修养，其史学著作也多以华丽绚烂的文笔而著称。在英国史学史上，这种类型的史家还有卡莱尔及其弟子弗劳德。

卡莱尔　卡莱尔(Thomas Carlyle，1795—1881年)以其主张的"英雄崇拜论"而著称于世，其主要著作有《论历史》、《法国革命史》、《论英雄、英雄崇拜与历史上的英雄业绩》(简称《英雄与英雄崇拜》)、《过去与现在》、《克伦威尔的书简和演说》、《腓特烈大帝传》等。

1841年，卡莱尔的《英雄与英雄崇拜》出版。在这部著作中卡莱尔系统地论述了英雄史观。首先他主张在历史著述中将历史上的英雄放在叙述的中心位置上②。他指出：

> 世界历史就是人类在这个世界上所取得的种种成就的历史，实质

---

① 转引自[英]古奇：《十九世纪历史学与历史学家》(下册)，第499页。

② 〔英〕E·B·哈姆雷：《卡莱尔杂记：选自〈布莱克伍德杂志〉》，伦敦1881年版，第3页。

> 上也就是在世界上活动的伟人的历史。他们是民众的领袖，而且是伟大的领袖，凡是一切普通人殚精竭虑要做或想要得到的一切事物都由他们去规范和塑造，从广义上说，他们也就是创造者。我们所见到的世界上存在的一切成就，本是来到世上的伟人的内在精神思想转化为外部物质的结果，也是他们思想的实际体现和具体化。可以恰当地认为，整个世界历史的精华，就是伟人的历史。①

世界历史的主题是英雄，所以卡莱尔说，“我们必须更好地崇拜英雄，越来越好地崇拜英雄，意思是把民族的灵魂从衰竭中唤醒，把幸福的生活——上苍保佑的生活，而不是财神爷给的生活——重新还给我们”②。英雄是民族的象征、时代的象征。

卡莱尔将英雄分为六类，他们分别是神明英雄(如奥丁)、先知英雄(如穆罕默德)、诗人英雄(如但丁)、教士英雄(如路德)、文人英雄(如卢梭)、帝王英雄(如克伦威尔)。他认为英雄的特征就是“真诚”。换言之，只要具有了对创造者真诚的灵魂，他就是英雄。但是，英雄并非人人都能做。在他看来，英雄这种神创的灵魂是具有某种神性的，是被神赋予了绝对力量的极少数人。此外，英雄还能“洞察到人生中神的意义”③，具有超乎寻常的历史洞察力。这样一来，一方面，通过英雄上可通天，信仰宗教的国人只要通过英雄就可实现其宗教终极追求，这就为英雄在人世的统治扫清了信仰方面的障碍。另一方面，只有英雄才能用超常的洞察力，不畏艰难险阻、奋力向前，从而推动世界历史的发展。即，“英雄所具有的首要特点在于他可以透过事物的表面看到事物本身，这也可以称为他的英雄主义的最初的和最终的特征”。英雄拥有了促成历史发展的绝对力量，人民群众于是除了崇拜英雄之外不需要再做什么。只要有一个英雄统治国家就足够了，有了英雄“那个国家就有了一个完美的政府；什么投票箱、议会辩论、选举、制定宪法以及其他机制都不能对它有所超越”④。很显然，卡莱尔将人民群众看作无意识无判断的绵羊，只要找到英雄这一牧羊人就可建立理想的世界。

---

① 〔英〕卡莱尔：《论英雄、英雄崇拜与历史上的英雄业绩》，周祖达译，商务印书馆 2005 年版，第 1 页。

② 〔英〕卡莱尔：《文明忧思录》，宁小银译，中国档案出版社 1999 年版，第 13—18 页。

③ 〔英〕卡莱尔：《论英雄、英雄崇拜与历史上的英雄业绩》，第 136、86 页。

④ 同上书，第 221 页。

在历史撰述上，卡莱尔指出，“记述历史的才能，可以说是我们与生俱来的；它是我们的主要禀赋。在某种意义上，人人都是历史学家”[①]。卡莱尔将历史与记忆紧密地联系起来，并提出人人都是历史学家。另一方面，卡莱尔认为“真正的历史学，即处理重大历史事件的那部分历史学，无论在古代还是近代都被视为最高的艺术”[②]。为此，以艺术为标准，卡莱尔将历史学家分为两种，一种是历史学中的艺术家，另一种是历史学中的匠人。匠人们“在一个部门从事机械劳动，看不到整体，也不觉得有整体”，而艺术家“以整体的观念使一个卑微的领域变得崇高起来，为人们所熟悉并且习惯性地认识到，唯有在整体中部分才能得到真正的确认”。具体而言，一方面，卡莱尔认为历史研究者应该是“历史艺术家”而不是“历史工匠”。他认为，历史工匠只能像操作机器一样来研究历史，没有整体观念，只能是见树木而不见森林，也从来对历史整体没有感觉；历史工匠只会习惯性地将历史整体中的碎片如实叙述而已。卡莱尔指出，“社会生活是由构成社会的、不计其数的个人生活所组成的”，因此，“历史艺术家必须明白：历史整体的精神只有通过最卑微细小的个体才能为人所感知与体会，只有在历史整体中历史个体才能被认知清楚”。在他看来，“要理解一段历史，就必须向前追溯离其久远的历史”，就必须有整体的观念[③]。另一方面，卡莱尔反对将历史纳入理性主义的因果论中，他认为历史是多样性的，历史中的个体精神是各具特色的、不分伯仲，“古代和现代一样都有杰出的艺术”[④]，历史学家要平等地看待每一个时代。而卡莱尔之所以再三盛赞伏尔泰所写的历史，不是因为其著作中所体现出来的博学，而是伏尔泰对历史上各个时代的公正态度[⑤]。

卡莱尔文笔优美，讲究历史撰述的艺术性，其作品即可当作文学作品来欣赏，他对兰克那所谓的冷漠笔调和科学方法相当反感。早年倾心于德国文学的卡莱尔1859年前后出版《普鲁士腓特烈二世传》。与兰克1848年前

① 〔英〕卡莱尔：《论历史》，见何兆武主编：《历史理论与史学理论——近现代西方史学著作选》，第231、232页。

② 同上书，第232、237页。

③ 〔英〕卡莱尔：《文学大师卡莱尔文集·论历史》，A·W·伊文斯编，伦敦1909年版，第39—45页。

④ Thomas Carlyle, *Collected Works*, Vol. 7, 1869, London, p. 351.

⑤ Ibid., p. 222.

后出版的《普鲁士史》[①]相比，卡莱尔在《普鲁士腓特烈二世传》中以优美的笔调向世人描述了这位普鲁士君王。卡莱尔很不习惯兰克只关注腓特烈二世军事政治才能的做法，更不喜欢兰克用干瘪的语言来描绘这位君主伟大的一生。于是，卡莱尔怒不可遏地说兰克是“愚昧糊涂的蠢东西”，是高明的、“枯燥乏味的普鲁士老学究”[②]。

和柏克一样，在政治方面，卡莱尔是厌恶法国大革命的。在《法国革命史》中，他用生动的文笔向世人描述一个充满骇人听闻的破坏、可怕的烈焰的世界[③]。几乎所有的英国浪漫主义史学家都对法国大革命毫无好感，而青睐于英国式的发展模式。加之，英国浪漫主义史家的著作文笔优美、情感热烈，是史著，亦是上乘的文学作品。这些便是英国浪漫主义史学的独特之处。

值得一提的是，卡莱尔极为厌恶资产阶级物欲横流的生活，他崇尚劳动，对工业社会的种种现象进行抨击，指摘社会弊端，直陈所有的丑陋现象之实质，并对下层人民群众颇有同情。马克思、恩格斯在谈到卡莱尔时说，“托马斯·卡莱尔的功绩在于：当资产阶级的观念、趣味和思想在整个英国正统文学中居于绝对统治地位的时候，他在文学方面反对了资产阶级，而且他的言论有时甚至具有革命性”[④]。这是对卡莱尔史学贡献较为客观的评述。

弗劳德　卡莱尔的弟子弗劳德(James Anthony Froude，1818—1894年)主要著作有《英国史，从乌尔塞倒台到西班牙无敌舰队的失败》(简称《英国史》)、《托马斯·卡莱尔》)等。弗劳德在牛津大学求学时，卡莱尔的《法国革命史》引发了其研究历史的兴趣。1849年弗劳德成为卡莱尔家的常客。1881年卡莱尔去世后，弗劳德成为其遗稿委托人。1882年、1890年弗劳德

---

① 兰克的《腓特烈大帝》曾于1878年出版。除了这本人物传记之外，兰克的《普鲁士史》也主要是讲述腓特烈一世和他儿子(即后来的腓特烈二世、腓特烈大帝)统治早期的一些历史。而后兰克在19世纪70年代又写了《七年战争的爆发》和《1780—1790年的德国诸强国与君主同盟》。这两本书主要叙述了腓特烈二世统治中晚期的一些历史，可以视之为《普鲁士史》的补充。因这些书都主要是讲述普鲁士国王腓特烈二世统治时期历史的，所以在兰克死后，曾有人将三本书与腓特烈二世有关的部分合在一起，以《普鲁士国王弗里德里希二世》为名出版。

② Thomas Carlyle, *History of Friedrich II of Prussia*, edited by Henry Duff Traill, London: Chapman and Hall, 1897, Vol. XII, p. 6.

③ 〔英〕E·B·哈姆雷：《卡莱尔杂记：选自〈布莱克伍德杂志〉》，伦敦1881年版，第5页。

④ 〔德〕马克思、恩格斯：《评托马斯·卡莱尔“当代评论。(一)当前的时代。(二)模范监狱”》，《马克思恩格斯全集》(第7卷)，人民出版社1959年版，第300页。

依据与卡莱尔交往的回忆以及卡莱尔遗稿，分别写成卡莱尔前半生、后半生两部传记。其间，1886 年他出版了《英格兰及其殖民地的历史》一书。这部著作广受欢迎，使其名声大噪；1892 年他继弗里曼之后成为牛津大学近代史钦定讲座教授。

弗劳德的《英国史》是其历时 20 余年写成的巨著。全书共 12 卷，1856—1870 年分批出版。时间上，此书始于 1529 年枢机主教乌尔塞被罢黜，止于 1588 年英国舰队击溃西班牙的无敌舰队。弗劳德依据大量手稿材料，详细叙述了 1529 年至 1588 年这 60 年间的英国社会政治状况，将这一英国宗教改革期间的历史作了生动而翔实的阐释。

弗劳德著作中的夸张手法与曲折吸引人的情节胜过著作本身所应有的科学性①。虽然弗劳德为了写作这一巨著，四处网罗手稿材料，他曾在西班牙档案馆翻阅了九百多卷多种文字写成的手稿，但是他在采用史料方面不够严谨，也不仔细，以致在其史著中出现了众多的谬误。这种谬误在弗里曼的恶意宣扬下，不严谨、错误百出几乎成了弗劳德著作的代名词，而“弗劳德病”或“弗劳德式的鲁莽”，也成了史学史上的一个专有名词，特指粗心大意、治史不严谨的做法。

在书中，弗劳德站在英国资产阶级利益的立场上，赞同英国宗教改革。他声称，英国宗教改革“拯救了整个英格兰使其免于灾祸”②、“决定了整个现代历史的方向”③。他认为，英国在宗教上挣脱罗马教廷的束缚，立清教为国教，完全是正义的和有必要的；并且英国国教的建立，是英国国力开始迅速增强的动因之一。在他的笔下，推行宗教改革的英王亨利八世和伊丽莎白一世都是为国为民的“贤君”。他对亨利八世的残暴行为视而不见，一味称颂他的功绩；尽管他在研究中不断发现伊丽莎白女王离他所设定的形象相距甚远，他还是不为所动地依据自己主观构想的形象来运用史料塑造女王④。

从这一点上来看，弗劳德是肤浅的，不算是一名讲究科学研究的专业历史学家，更像是一名文艺小说家。提到弗劳德，古奇说，“他从没有认识到，历史家的责任既非颂扬也非谩骂，而是对复杂的过程与矛盾的思想冷静地

①③　Paul, Herbert, *The Life of Froude*, New York: Charles Scribner's Sons, 1906, p. 72.

②　Ibid., p. 95.

④　Ibid., pp. 119 - 120.

进行解释"①。这揭示了"弗劳德式的鲁莽"之本质。

三、革命与热情——法国浪漫主义史家

在谈到19世纪法国史学时,汤普森曾说,"19世纪法国史学中压倒一切的思想可以归结为一个词:革命"②。19世纪上半叶法国历史学家们大多亲身体验过大革命那动荡年代,感受过新旧思想之间的剧烈碰撞,对这一场革命记忆深刻,并不断去思索革命本身以及与革命有关的所有事物。加上,在大革命中及其后的法国社会急剧变化、社会多种矛盾迭出,反映在政治上是政治派别林立,反映在史学上是法国史学与现实政治生活之间的互动加剧,由此而引发史学思想发生巨大的变化。此一时期,民族主义和浪漫主义融合在一起,共同激起了法国史学家心中的强烈情感,而受此影响的史家们以满腔的热情投入历史研究之中。于是,浪漫与革命成为这一时期法国史学两张耀眼的"名片"。

在法国,夏多布里昂、米什莱以及梯叶里、梯也尔、基佐、托克维尔、米涅等都是这种浪漫主义史学的典型代表。

1. 夏多布里昂

发生在18世纪末的法国大革命不仅使历史研究发生了现实与传统的决裂,还为历史写作提供了一个重要的题材,19世纪整个法国的著名历史学家,甚至整个欧洲的史学家们都在关注这一人类历史上宏大史诗般的革命,都在研究中或多或少与法国大革命有着千丝万缕的联系。

法国贵族夏多布里昂(François-René de Chateaubriand,1768—1848年)是率先对法国大革命作出反应的历史学家。早在1797年他就撰写了《论革命》一书,对法国大革命、历史上一切革命及其带来的破坏性结果进行了批判,重申了革命的"不合法性"。在书中,夏多布里昂明确指出这既是一场不可避免的革命,也是一场不可能实现革命者们所有幻想的革命。他把人类的活动是循环进行的、周而复始的。这种循环论落到具体的历史现象上,特别是法国大革命这一现象上,即,法国大革命与人类历史上的任何其他革命相比,并没有什么本质上的区别。对于如何处理革命中出现的各种

---

① 〔英〕古奇:《十九世纪历史学与历史学家》(下册),第548页。
② 〔美〕汤普森:《历史著作史》(下卷,第三分册),第307页。

混乱，当时法国自由主义者主张“自由”到底，社会主义者主张“平等”，而夏多布里昂这名基督教徒则开具了宗教式的处方，“远离革命，解放者的宗教信仰就是进入这政治时期的第三阶段，自由、平等、博爱中的博爱阶段”①。他认为，唯有博爱才能化解革命中的戾气，扭转各种革命带来的混乱局面。

进入19世纪后，夏多布里昂又相继出版了被称作“浪漫主义的圣经”的《基督教的精神》和《殉道者》。在《基督教的精神》序言中，夏多布里昂就明确表示：

> 写作基督教精神一书时，正值法国陷入革命的混乱中，整个社会所有因素均混杂在一起：革命这一令人恐怖之手将这些社会因素撕裂开来却又未能完成其使命，对破坏之后的社会并无建设，于是，统治秩序不是源自专制统治和荣耀。因此，可以这样说，在身处破败世界之中这一情况下，我出版《基督教的精神》一书，就是为了让人记住这些信仰的碎片以及信仰祭坛的仆从们。……我们需要信仰，我们热切地需要宗教的抚慰……多少破碎的心，多少孤独的灵魂，呼唤这一神圣的手给予安慰！在道德败坏的而今，我们如同病人急切要到医生那里一样扑到上帝那儿寻求救赎。②

出于对法国革命的恐惧，夏多布里昂向基督教求助，期盼从信仰层面上来缓和革命所带来的破坏与创伤。此外，这两部著作带着强烈的情感宣传基督教，将基督教及其统治下的中世纪社会描写成了一种令人神往的和“真、善、美”的理想境界。在19世纪初法国这个缺乏信仰的动荡社会中，它们的出版受到了人们热烈的欢迎，并激起了众多年轻人的史学热情，比如梯叶里。特别是《基督教的精神》一书，夏多布里昂在书中“倾注了一个儿子全部的热情”③，他热烈地歌颂基督教的真善美，美化中世纪，推崇未开化民族的野性、洒脱的生活，以纯朴生活和异国情调来抚慰人们因革命而造成的紧张与不安，填补人们因为动荡生活所造成的心理空虚，在欧洲文化界掀起了一股颂古非今的思潮。

---

① Mona Ozouf, “Liberté, égalité, fraternité”, in *Lieux de Mémoire* (dir. Pierre Nora), Tome III, Quarto Gallimard, 1997, pp. 4353 – 4389.

② François-René de Chateaubriand, *Génie du Christianisme*, Tome. 1, Bruxelles, 1850, pp. 1 – 2.

③ Ibid., p. 5.

后来,随着拿破仑的垮台,这股怀古思潮迅速在欧洲各国蔓延开来,并形成了保守的浪漫主义史学流派。法国王朝复辟时期的贵族官方史学、德意志的耶拿学派和“法的历史学派”、俄国的“正统学派”和斯拉夫学派等,就是这个时期保守派浪漫主义史学的突出代表。保守派浪漫主义史学家反对理性主义史学的历史思想,以“信仰至上”来否定18世纪的“理性至上”;他们对“民族精神”进行了神秘主义解释,将它说成是“天赐神授”的东西;他们赞美中世纪的基督教会,重谈上帝干预历史的神学史观。这派史学家热衷于撰写中世纪史,无限美化中世纪的封建统治和社会等级秩序,将它描绘成了一幅美妙的、牧歌式的、和谐的彩色画卷,并以此来攻击和否定由近代资产阶级革命(尤其是法国大革命)建立起来的资产阶级政治制度。

2. 梯叶里

曾经担任圣西门秘书的梯叶里(Jacques Nicolas Augustin Thierry, 1795—1856年)在阅读了夏多布里昂的《殉道者》以及《基督教的精神》之后,决心走上史学研究的道路。而后他阅读英国哲学家休谟的著作时,看到了诺曼人征服英国对于英国历史发展的意义,由此他开始致力于研究英国诺曼征服的历史。加上英国历史小说家司各特的影响,梯叶里开始着手撰写《诺曼人征服英国史》。此书于1825年出版,一经出版就因文辞简洁生动、内容翔实、条理清楚、分析精准而备受欢迎。1826年,梯叶里失明,但是这位史学家依然不懈地努力写作。在基佐的建议下,梯叶里开始从事《法国第三等级的产生与发展》(简称《第三等级》)的撰写工作,一直写到逝世前才完成①。

正如梯叶里所言:“我们19世纪的每个孩子都比维利、马博里,甚至伏尔泰都更明了什么是起义和征服,什么是帝国的瓦解、王朝的倾覆和复辟,什么是民主革命和接踵而来的反动。”②所有这些都促使人们抛弃理性主义者那种反历史的、形而上学的思想方法,开始注意用历史的、发展的眼光看待过去,从而更加重视对具体的历史过程展开研究。

在史学上,梯叶里致力于创新,着眼于采用新的方法实现对历史更准确的认知。他所找到的方法,即是运用想象力描绘过去的生动图画。历史想象是梯叶里进行历史解释的武器,他肯定司各特的历史小说表现出对历史

① Fritz Stern, *The Varieties of History from Voltaire to the Present*, New York, 1973, p. 63.

② Jacques Nicolas Augustin Thierry, “National History and Liberalism: Thierry”, In *The Varieties of History from Voltaire to the Present*, edited by Fritz Stern, New York, 1973, p. 66.

的理解远远超过某些著名的历史学家，因此他将效法司各特，而不是专业史学家。梯叶里明确主张以浪漫主义的历史想象来表现过去的历史，这种史学新方法对于19世纪的法国史学观念而言是一种挑战。

除去想象之外，情感也是梯叶里撰史的法宝。梯叶里说：

> 在这政治热情充斥的时代，一个积极的心灵是无法避免会卷入这场骚动之中。我认为我能在研究历史之中获得平心静气，但是我并不是说，我思索过去、体验过往时代就让我与热爱自由这一年轻梦想而疏远了，恰恰相反，我越是研究历史就越与之紧密相连。我依然把自由视若珍宝，而不是以一种迫不及待的心情看待自由。我投身于历史之中所有的时代、所有的地方，众人会体会到和我一样的抱负与愿望，即便他的立场、观点与我不同。……①

梯叶里从不否认他研究历史的目的就是为了从过去的历史现象来理解现今的“自由”。他认为这种情感是研究历史必然具有的，也是历史研究取得进展的一种好方式。在具体的史学实践中，他始终坚持将浓烈的情感融入历史写作中。他的代表作——《诺曼人征服英国史》，情感始终贯穿其中。在《法国第三等级的产生与发展》中，梯叶里生动而精确地勾勒了法国大革命中最主要的人物和事件，看到了任何时代、任何国家的进步性②。不仅如此，在他的眼里所有的国家、民族和时代都是平等，没有优劣等级的区别。正如他所言，他自己投身于历史中所有的时代、所有的地方，因为他认为这些历史个体都是组成历史整体重要部分，只有理解了历史整体，历史个体才能得到正确而全面的理解。这些观点都是典型的浪漫主义思想。

难能可贵的是，梯叶里在著作中深切地同情群众，提出了阶级斗争学说，这种思想是如火如荼的法国革命之中的产物，更是梯叶里长期史学实践的智慧结晶，其后也为马克思等人所吸收。

3. 米什莱

热情的米什莱(Jules Michelet，1798—1874年)历来注重史学方法的

---

① Jacques Nicolas Augustin Thierry，“National History and Liberalism：Thierry”，In *The Varieties of History from Voltaire to the Present*，edited by Fritz Stern，New York，1973，p. 67.

② Jacques Nicolas Augustin Thierry，*Recueil des Monuments indedits de L'Histoire du Tiers Etat*，Paris，1859，p. 2.

研究，早在1826年，他就将维科的《新科学》译成法文，并缩写了此书进行出版[①]。1827年米什莱被聘为巴黎高等师范学院教授，不久其《近代史纲》和《世界史导论》出版，广受欢迎：1850年之前《近代史纲》一直被用作法国中学历史教材。在《近代史纲》中，米什莱将整个近代欧洲看作是各列强势力较量的结果，并提出欧洲均势的思想；在《世界史导论》中，米什莱将历史看作是各种力量相互较量的结果，并把法兰西民族拔高，视为世界的中心。其后，米什莱写完《罗马史》之后，于1833—1843年期间开始撰写六卷本的《法国史》(1855—1867年后继续续写后11卷)。而后因对七月王朝时期的政治不满，米什莱中断《法国史》的写作，1847—1853年期间转而写七卷本《法国革命史》。米什莱意图通过这一著作展现自由的法兰西是如何从教士、国王等特权阶级暴政下得到解放的。

从史学角度来看，米什莱的历史写作充满了想象。他以历史想象来处理他写作的题材。米什莱以“复活历史”为旗号[②]，将历史学家职责定位于重新发现和解读，在时间流逝中逐渐被人们淡忘和遗失的过去的声音之人。他认为历史写作就是要使历史“复活”，而只有通过历史想象才能实现“复活”计划。

在米什莱，想象是历史研究重要的一种手段。一方面，在撰写文艺复兴到法国大革命这一段时期的《法国史》时，米什莱既无史料，也找不到多少资料，写成《法国史》靠的就是设身处地地想象、移情，把自己当作已经成为过去的历史人物，只有这样才能克服史料不足，或者史料出现短缺所造成的理解苦难；另一方面，想象能更好地理解历史现象。在《人民》中，米什莱毫不掩饰他研究中的想象。他说：

> 我将这本书看作是我自己，我自己生活的反映，也是我的心声，这是我生活阅历的成果，而不是我研究的结果。我是在我的观察以及与朋友、邻居们交流的基础上而写出这一著作；我还有一重要收集资料的方法：坚持不懈的人，好运会降临给他的。最后，我在我年轻时的回忆中找到了它。要了解人民的生活，他们的辛勤与痛苦，我只要审视我的

---

① Fritz Stern, *The Varieties of History from Voltaire to the Present*, New York, 1973, p. 109.
② Jules Michelet, *The People*, Illinois, 1973, p. 19.

记忆即可。①

米什莱就是将自己想象成被研究的对象，从自己生活记忆中去寻找想象对象与想象者之间的共同支点。通过这样的想象，米什莱认为完全可以再现曾经活生生人的生活、情感与精神。

米什莱还认为，在历史研究中，情感因素也是重要的因素。他多次表示他在撰写《人民》时，“当我以自身深入其生活，当我叙述他们时，我感到的是即将燃烧的热情”②。他总是以热烈的情感融入历史写作之中。在他看来，“史家，作为艺术家的史家，他是反对直接从史料统计上去研究人的，而是带着浓烈的感情去研究人”③。不仅如此，他认为全部历史研究的出发点就是感情。在谈到所写的《法国革命史》时，米什莱表示，“我们所有研究工作都源自同一个鲜活的根源——对法兰西的感情，我们祖国的观念”④。于是，他在《法国革命史》中讴歌大革命中的人民，宣称“全书从第一页到最后一页只有一个主角，那就是人民”⑤。米什莱同情人民，并将这种浓郁的感情色彩带进了历史作品中，结果导致专业历史学家的批评，这也是，米什莱史学的一大特点。

此外，米什莱对历史总体的认知也是相当进步的。在《世界史导论》中，他认为近代欧洲是一个有机体，如果把其中一部分单独抽出而不与其余部分联系起来，就不可能对那部分有所理解。米什莱的《法国史》也试图再现整个法国过去的生活，他用优美的文笔、真挚的情感把人带入静谧安详的中世纪。

古奇对米什莱的评价是：“他把庄严雄壮和诗情画意同他对人民的热爱结合起来；因而成为法国最伟大的一个专心致力于历史的文学家。”⑥尽管古奇在他的著作中给予米什莱很高的评价，但还是将他定义为“文学家”。这或许与米什莱论著中有着如文学家一般激情洋溢的情感有着莫大的关系。

4．法国政治史家

浪漫主义历史学家满怀激情地描述着人类历史现象、热情洋溢地投入

① Jules Michelet, *The People*, Illinois, 1973, V.

②④ Ibid., VI.

③ Ibid., VII.

⑤ 〔英〕古奇：《十九世纪历史学与历史学家》(上册)，第328页。

⑥ 同上书，第318页。

民族国家历史之中时，法国一群与政治有着紧密联系的政治家、学者以其政治经验，从其政治观点出发，对发生在身边的历史现象展开理性的分析。他们的著作也有情感，也有想象，但更多的是冷静而成熟的政治见解。这群热衷于政治的历史学家，组成了19世纪法国的政治史学派。

基佐(Francois Guizot，1787—1874年)是政治史学派中的领军人物。基佐非常看重历史个体之间的联系，注重历史个体与历史整体之间的关系。在其代表作《1640年英国革命史》中，虽然写的是英国革命，但目的是寻求英国革命与法国革命之间的共同点，即同一性。基佐承认英国革命与法国革命之间有着不同的方法和成就，指出：

> 但是如果我们让它们恢复它们当年在历史上的地位，并且研究一下它们对欧洲文明的发展有何贡献，那么它们的相似之处就会重新出现，就会大大超过一切次要的不同。由于同样的原因，即封建贵族、教会和皇权的衰落，两个革命都致力于同样的任务，即公众在公众事务中必须取得支配地位；它们都为争取自由而反对绝对权力，为争取平等而反对特权，为争取进步和普遍利益而反对居高位者的个人利益。①

在他看来，历史个体现象的研究，最终需要上升到现象之间的内在联系之上。他曾说，“历史涉及一系列的事件，描述各种各样的特性；但是我们会知道，彻底理解单个特性或者单独的事件是很困难的”②。历史研究绝不能停留在对单个历史个体的叙述这一层面，而是要在历史整体之中去理解历史个体。对于历史学家而言，“事实的数量如此繁多，我们需要找到一个将它们和谐地联结在一起的纽带，这个纽带存在于事实之中”③。历史学家就是要在历史个体之中找到这种连接的关系与纽带，从而推动历史理解的深化。

基佐认为不但历史个体之间横向上存在着联系，纵向上的联系更紧密，

---

① 〔法〕基佐：《一六四〇年英国革命史》，伍光建译，商务印书馆2007年版，第9页。

② Francois Guizot, *Historical Essays and Lectures*, edited by Stanley Mellon, Chicago &London, 1972, p. 4.

③ 〔法〕弗朗索瓦·基佐：《欧洲代议制政府的历史起源》，张清津、袁淑娟译，复旦大学出版社2008年版，第11页。

而这种纵向的联系是历史学家关注的重点。在论及1640年革命时，指出："革命不但远远没有中断欧洲事物的自然进程，而且可以说，不论在英国或法国革命中，人们所说所望所作的，都是在革命爆发前已经被人们说过，做过，或者企求过一百次的"，而"那些被认为专门属于英国或法国革命的原则、意图、努力，事实上不但早于法国、英国革命前几个世纪已经存在，而且恰恰正是归功于同样的原则和努力，欧洲的社会才取得了它的一切进步"[①]。

在具体的史学实践中，基佐通过其《欧洲文明史》展现总体史观。他主张"更多的是从一个民族的内部来深入探讨人类精神的发展和进步，较他的先辈伏尔泰的文化史观念要明确与深化"[②]。基佐认为，一个文明可以划分为外部与内部的两种成分，前者指的是自然环境、物质因素、社会关系和社会制度等，后者包括宗教、艺术、文学、哲学与科学等。从总体上考察欧洲文明，可以看出这内外两个方面显示出高度和谐的发展，欧洲历史前进的原动力就部分归因于它们之间有效的相互作用。

基佐在梯叶里的基础上发展了阶级斗争学说，并指出阶级斗争的最终原因在于物质财产关系。基佐在《欧洲文明史》中曾明确提出，阶级斗争"构成为近代历史的基本事实，并且充满在近代历史之中……近代欧洲就是从这种不同的社会阶级之间的斗争中诞生出来的"。

基佐还在阶级斗争的基础上提出了政治领域的势力均衡。在论及英国政治制度时，基佐明确提出，正是各种政治力量和社会组织原则之间的斗争以及所取得的均衡，导致了英格兰自由的维系与加强。他进一步指出，只有任何单一的权力都不能扼杀其他权力的发展、无法篡夺权力建立独裁之时，自由就能得到保障[③]。这是对欧洲势力均衡比较完整的表述。

除了基佐之外，都曾撰写了《法国革命史》的米涅、梯也尔也是热衷于政治，以历史著述来阐述其政治理念，并对现实政治作出比较理性分析的政治史家[④]。基佐、米涅、梯也尔结合自身的政治理念、仿效梯叶里运用阶级斗争学说来分析各种政治斗争的形成和演变，对当时法国及欧洲的社会政治乃至文明都做了比较全面而理性的分析，得出了令人信服的结论。这是政治史家最大的成就，也是他们最大的特色。

---

① 〔法〕基佐：《一六四〇年英国革命史》，第3、4页。
② 张广智、张广勇：《史学，文化中的文化：文化视野中的西方史学》，第311页。
③ 〔法〕弗朗索瓦·基佐：《欧洲代议制政府的历史起源》，第450页。
④ 〔英〕古奇：《十九世纪历史学与历史学家》（上册），第350页。

5. 托克维尔

法国史家托克维尔(Tocqueville,1805—1859年)也是研究法国大革命的史家。他政治上颇不得意,但也使他能比政治史家们更深入分析政治、研究历史。在提到历史著作的党派性时,这位史家说:

> 人们都殷切地希望我成为一个有党派的人,而我绝不这样。人们叫我振奋激情,而我则只认为,与其振奋激情,不如爱自由和珍惜人的自尊。在我看来,各式各样的统治形势,只能是比较完善地满足人的这种神圣而合法的激情。①

这段表白可以算是托克维尔政治与道德理念的总结。托克维尔是为了自由而热爱人的本性。也正是出于这种理念,凡是涉及走向民主的事件与现象,都是托克维尔关心的。所以,他研究的范围从美国的民主制度到欧洲世界的民主自由。托克维尔曾围绕美国的政治制度写了《论美国的民主》一书,以宣扬民主观念②。

托克维尔注重历史个体之间的内在联系。比如,在研究美国民主制度时,他想到的是"我们把视线转向美国,并不是为了亦步亦趋地仿效它所建立的制度,而是为了更好地学习适用于我们的东西"③。在这位历史学家看来,发生在遥远美洲的历史现象一定会对欧洲的政治产生影响。他这种个体之间存在联系的思想还涉及个体之间前后相继的联系。

在分析大革命前旧制度的政治结构以及法国民族的特性时,他指出:

> 法国革命对于那些只愿观察革命本身的人将是一片黑暗,只有在大革命以前的各个时代才能找到照亮大革命的灯火。对旧社会,对它的法律、它的弊病、它的偏见、它的苦难、它的伟大,若无清晰的透视,就绝对不能理解旧社会衰亡以来60年间法国人的所作所为;但是人们若不深入到我们民族的性格中去,这种透视还不足以解决问题。④

---

① 〔法〕托克维尔:《托克维尔回忆录》,董果良译,商务印书馆2004年版,第6页。
② 〔法〕托克维尔:《论美国的民主》(上卷),董果良译,商务印书馆1988年版,第1页。
③ 同上书,第3页。
④ 〔法〕托克维尔:《旧制度与大革命》,冯棠译,商务印书馆1997年版,第240—241页。

对他而言，法国革命与旧制度之间看似千差万别，从本质上说法国大革命与旧制度之间存在着连续性和反复性，而这种历史的延续性才是历史学家需要关注的。

就历史学家而言，托克维尔曾在《论美国的民主》中区分两种不同类型的历史学家——民主时代的历史学家和贵族时代的历史学家。其中，民主时代的史家主张“个人对人类的命运几乎不发生影响，而少数公民也不能影响全民的命运”，而贵族的史家则“通常把一切史实同某些个人的独特意志和性格联系起来，喜欢将重大的革命归因于一些并不重要的偶然事件”①。托克维尔认为这种倾向应当结合起来，“当代的人十分怀疑意志自由，因为每个人都觉得自己在各方面都是软弱无力的；但是，他们仍然承认人结成团体是有力量和自主的。应当发扬这个思想，因为现在需要振奋人的精神，而不应当压抑人的精神”②。适合当代实际情况的历史学家就是将两种倾向结合起来的历史学家。

在分析社会矛盾时，这位历史学家有点过于看重精神因素的影响。在谈到巴黎工人起义时，他居然认为：

> 贪婪的欲望和错误理论的结合，使这次动乱在发生之后变得如此可怕。有人叫这些穷人相信，富人的财富在某种程度上可以说是偷窃的产物。他们还叫穷人相信，财产的不平等既违反自然，又有悖于道德与社会。在贫困和激情的促使下，很多人相信了这些宣传。③

托克维尔认为起义的原因就在于工人贪婪而盲目的愿望以及错误的思想，这一观点比起其他的政治史家而言，是一种退步。这也说明了托克维尔在追求所谓的自由与尊严时，忘记了人最重要的权力是什么。

此外，19世纪与基佐、托克维尔等史家有着相同研究旨趣的历史学家，还有著有《1789年法国革命史》的路易·博朗，《欧洲和法国革命》的作者亚尔伯特·索雷尔以及著有《自远古至大革命时期的法国史》、《自大革命至一九一九年和约时期的法国当代史》的拉维斯等史学家都从政治史的角度对

---

① 〔法〕托克维尔：《论美国的民主》(下卷)，董果良译，商务印书馆1988年版，第610页。
② 同上书，第612—613页。
③ 〔法〕托克维尔：《托克维尔回忆录》，第151—152页。

法国大革命进行了分析与阐释。

总体而言,这些史家们从政治立场出发,以政治理念为指导,对历史现象,特别是法国大革命时期的法国与欧洲做了比较理性的分析,得出了比较可靠的结论。其最大的成绩就是部分政治史家已经能从社会政治结构的分析中敏锐地觉察到阶级斗争的根源。此外,身处浪漫主义时代的史家们从政治角度来解读历史,为历史学的发展开创了新的视角,建立了新的观念。

四、浪漫主义史学的意义

现代德国哲学家加达默尔在谈到浪漫主义时,这样说道:

> 浪漫主义的伟大成就——唤起早先的岁月,在民歌中倾听民众的声音,收集童话和传说,培养古老的风俗习惯,发现作为世界观的语言,研究“印度的宗教和智慧”——所有这些都促进了历史研究,而这种历史研究缓慢地、一步一步地把充满预感的重新苏醒转变为冷静枯萎的历史认识。历史学派正是通过浪漫主义而产生的,这一事实证明了浪漫主义对原始东西的恢复本身就立于启蒙运动的基础上。19 世纪的历史科学是浪漫主义最骄傲的果实,并把自己直接理解为启蒙运动的完成,精神从独断束缚中解放出来的最后一步,以及通向客观认知历史世界(通过现代科学,认识历史世界与认识自然处于同等的地位)的步骤。①

受浪漫主义思潮影响的浪漫主义史学在 19 世纪初期西方史坛独领风骚。这股史学思潮对史学本身的发展有着重要的意义与影响。

第一,浪漫主义史学对落伍的理性主义史学的反叛,促使西方史学发展进入一个新的阶段。浪漫主义史学自诞生起就与理性主义史学针锋相对,以多样性、个体性抗击理性主义史学的单一性、普遍性,将西方史学从逐渐僵化的理性主义史学的束缚下解放出来,将理性主义史学所设立的理性上帝拉下神坛,真正从人性的角度来思考历史、研究历史,纠正了理性主义史

① 〔德〕加达默尔:《真理与方法:哲学诠释学的基本特征》(上卷),第 353 页。

学的理性神化倾向，将人真正放到了历史研究的中心位置。不仅如此，浪漫主义史学对个体性的强调，也使历史学家对不同国家、民族或地区的文化，特别是对非欧文化的兴趣大大增加，形成了一种平等看待任何国家、民族、时代的新世界历史观念。

第二，浪漫主义史学强调整体性，在时间上和空间上拓宽了历史学家的视野。在浪漫主义思潮的影响下，历史学家将被遗忘的中世纪等历史时期都纳入历史研究的范畴，克罗齐所说的那种"还乡性"史学和"复古性"史学大行其道①。柯林武德在总结浪漫主义史学的意义时提到，"这种浪漫主义者对于过去的同情……并未掩饰把过去同现在分割开来的那条鸿沟，而且实际上还假定了那条鸿沟的存在，同时有意识地坚持今天的生活同过去的生活两者间的巨大的歧义。因而启蒙运动仅仅关怀着现在和最近的过去的倾向就被它抵消了，于是人们就被引向认为过去全部都是值得研究的，而且是一个整体。历史学思想的范围大为开阔了，于是历史学家就开始把人类的全部历史认为是从野蛮状态开始而以一个完全理性的和文明的社会告终的一场单一的发展过程"②。这样，时空的拓展使得真正的世界历史在理论上成为可能。

第三，浪漫主义史学强调移情式的理解，开启了历史理解发展的新阶段，并推动史学撰写的新方式与新传统的确立。重视非理性的情感，偏重抒发个体的主观感受是浪漫主义史学的特征之一。以同情、假设和复古性为特征的浪漫主义史学，在反抗理性主义史学的冷酷理性过程中，创新了历史理解的方式与方法，推动了历史理解的进步与发展，将浓烈的情感等非理性因素纳入历史撰述之中，确立历史写作的新范式。

第四，浪漫主义史学对整体观念的重视，促进历史发展观念的发展。克罗齐论及浪漫主义的功劳时提到，"在浪漫主义时期，发展的概念不再是没有听众的一个孤独思想家的思想，而扩大成为一般的信念"③。这种发展的观念"那被浪漫主义学派保存下来作为一份永久财产的唯一部分，乃是这一习惯，即返观原始时代作为是代表着具有自身价值的一种社会形式，具有一种已被文明的发展所丧失了的价值"④。这样就又指出了浪漫主义史学中

① 〔意〕克罗齐：《历史学的理论与实际》，傅任敢译，商务印书馆1997年版，第210—211页。
② 〔英〕柯林武德：《历史的观念》，何兆武译，商务印书馆1997年版，第140—141页。
③ 〔意〕克罗齐：《历史学的理论与实际》，第215页。
④ 〔英〕柯林武德：《历史的观念》，第139页。

发展的概念。

第五,浪漫主义史学第一次把研究本民族的历史提到首位,推动了民族史学的发展,推进了民族国家史料的整理工作,为史学的进一步发展奠定了基础。“很多浪漫主义者成为民族主义者,同样,很多民族主义者成为浪漫主义者。浪漫主义的思想显示能够去证明民族主义原则的合理性。”①浪漫主义史学对民族史研究的重视,推动了各个国家民族史研究的发展,而民族史研究却又促使欧洲各国普遍开始搜集和出版本国历史资料。正是在德国浪漫派那里,近代民间文学理论、语言学和语文学、神话学以及“日耳曼学”发展起来了。格林兄弟通过其《德语语法》、《德语词典》,促进了德语的科学化与规范化,丰富了德语词汇和表现力,奠定了历史比较语言学的基础。他们还通过对古代传说和神话的研究,成为神话学的开拓者。

由于浪漫主义思潮关注和怀念民族的过去,因此史学仅次于文学成为浪漫主义比较活跃的一个领域,而民族主义同样成为浪漫主义史学最重要的表现。早在世纪末,赫尔德关于民族的思考就已经使他偏离了启蒙运动中流行的世界主义,用历史主义对抗理性主义,给予“民族”以及“历史”以特殊重视。

特别值得一提的是,浪漫主义者把语言当作民族精神的重要体现而掀起研究语言的热潮,从而产生了近代语言浪漫主义,推动了民族国家的民族史和国家史的编写。浪漫主义史学盛行时,光德意志就出版了大量这样的著作,如鲁登的《德意志民族史》,斯腾策尔的《普鲁士史》,豪泽的《德意志史》等。一批爱国主义史学家编纂大型史料丛书《德意志史料集成》。这项伟大的工程后来持续了100年之久,共出版120卷,囊括了6世纪至15世纪千年间几乎所有关于德意志的文献资料。整理史料之风因而兴盛,英国、法国等民族国家的史学家们纷纷投入史料整理工作,这样就为后世西方史学研究奠定了坚实的基础。

第六,浪漫主义还在恰当的时刻丰富了职业化过程中的历史学思想。在19世纪以前,西方史学的实际工作以博学著称,许多历史学家一生致力于收集、整理档案资料,而浪漫主义思想凭借其解释能力为考据型历史学带来了发展的新思路与新方向。克罗齐对此曾予以高度评价,“我们还得感谢

① Koppel Shub Pinson, *Pietism as a factor in the rise of German nationalism*, Cambrdege University Press, 1934, pp. 203 - 204.

浪漫主义的是，由于它的原故，学者与历史学家之间，即寻求材料的人和思想家之间的第一次建立了关系，实现了熔合”①。从此，西方史学逐步自觉地运用思想将大量的文献资料结合在一起，对文献进行全新的解读，因而不断涌现出19世纪西方历史学的潮流，西方历史学进入了百家争鸣的时代。

① 〔意〕克罗齐：《历史学的理论与实际》，第220页。

第四章　兰克与兰克史学

1824年，兰克发表了他的成名作《拉丁与条顿民族史》，在该书序言中他明确指出："历史向来把为了将来的利益而评论过去、教导现在，以利于将来作为自己的任务。对于这样崇高的任务，本书是不敢企望的。它的目的只不过是如实直书而已。"这标志着以兰克为代表的客观主义史学思想形成体系，历史学成为一门独立学科拉开了序幕，而兰克也因此被称作"西方资产阶级客观主义史学的祖师"①。

一、生平与著述

1795年列奥波德·冯·兰克(Leopold von Ranke，1795—1886年)出生于萨克森的威和。幼年的兰克整日待在父亲的书房里阅读古典作家的著作②。1805年兰克进入多恩多夫以及舒尔普佛塔修道院学校学习拉丁语，并对古典时代的文学、历史杰作产生了浓厚的兴趣。这一时期，兰克曾一度沉浸在荷马世界中的英雄功业。他阅读了更多的古典作家的作品，对希腊罗马的文学尤为感兴趣，曾把古典悲剧都阅读了一遍；他甚至把古典时代最出名的那些历史学家的历史著作当作文笔优美的典范来阅读。

这一段学校教育让兰克受益无穷。兰克自己也说，那里"所传授的知识本身，尤其是那种使传授知识普遍化，并使经典名著的学习深化的精神"③。痴迷于古典文学的兰克研读各种古典著述，包括塔西佗的《阿古利可拉传》。

在看这本书的过程中，兰克发现一个事实：塔西佗在《阿古利可拉传》

---

① 蒋大椿、陈启能主编：《史学理论大辞典》，安徽教育出版社2000年版，第572—573页。

② Leopold von Ranke, "Autobiographical Dictation", *The Secret of World History*, edited by Roger Wines, Fordham University Press, New York, 1981, p. 33.

③ Ibid., p. 35.

这本赞颂他自己岳父的史书中，实际上把这位巩固罗马在不列颠统治的关键人物与不列颠的布迪卡女王联系在一起了——研究古代不列颠可以从这本描述罗马人事功的著作中找到有价值的信息。他认识到，最遥不可及的事物之间也存在内在的联系。兰克开始意识到，应该把这种同一性提升到一种世界历史观的高度，以取代此前那种总是从动机来考察历史事物的观点①。

1. 求学莱比锡

1814年兰克进入莱比锡大学学习。在大学期间，兰克对历史学不甚感兴趣，只是喜欢阅读古典历史著作。他阅读古典历史著作，更多是想借此来学习古典语言学。对古典语言学的特殊兴趣，促使兰克对古典语言学家哥特费尔德·赫尔曼教授的诗律研究特别关注。赫尔曼把希腊语言视为一个整体，而这一整体又包纳了语法规则的逻辑基础。在赫尔曼的语言学理论里，“为什么”不是最重要的，“是什么”才是关键；而要彻底弄清楚“是什么”的话，就应该从其所处的整体，依据整体内各个部分的内在关系进行考察。此外，赫尔曼在研究古典语言学中，常常运用其古典语言学的知识，批判历史著作中具体历史细节的真伪②。这些对兰克史学思想的形成都具有特别重要的意义。它强化了兰克在阅读《阿古利可拉传》时所形成的那种世界历史观念，并使兰克认识到：被奉为经典的著作，在很多具体历史细节上并不是那么可靠，需要对其进行辨别和考订。

莱比锡求学期间的兰克对历史一直无特别的兴趣。兰克认为，史学研究是枯燥而乏味的，他对那浩如烟海又令人无法理解的史料望而生畏③。兰克喜欢阅读尼布尔的《罗马史》以及李维等人的历史著作，但他阅读历史著作只是因为这些作品描绘了令他神往不已的罗马时代。在他看来，阅读这些历史著作就和阅读优美的文学作品一样，“得以享受历代的财富，会见往日的英雄豪杰，重过昔日的种种生活，人生快事，莫过如此！”④即便是结

① Leopold von Ranke, “Autobiographical Dictation”, *The Secret of World History*, edited by Roger Wines, Fordham University Press, New York, 1981, p. 35.

② Ibid., p. 39.

③ Ibid., p. 36.

④ Leopold von Ranke, *Das Briefwerk von Leopold von Ranke*, Hrsg. von W. P. Fuchs, Hamburg, 1949, p. 18.

识了斯腾策尔，并在其指导下阅读《德国古史作家集成》的第一辑之后①，兰克也没有因此对历史产生特殊的兴趣。

对古典时代的莫名向往，使得兰克一度成为歌德的狂热崇拜者②。在兰克看来，歌德是把一种近代古典主义引入到生活与研究之中的伟人。虽然很崇拜歌德，但兰克认为自己缺乏歌德那种杰出的才能，他没有勇气去模仿歌德，只是一头埋在古典语言之中，专心“探索语言的古朴风格”。其间，兰克还曾经阅读过路德的著作，但他的目的仅仅是以此来学习近代德语书面语言方面的基本原理。在阅读路德著作的过程中，兰克被路德的思想所感动③，他决定用从路德著作中学来的德语来叙述路德的历史，1817 年写成了一篇《路德传》④。

兰克在大学主修的科目是神学和古典哲学⑤。当时神学家策施尔那⑥经常在莱比锡大学发表关于教会历史的讲演，这也成为兰克最喜欢的讲演之一⑦。神学方面的学习，也使兰克的古典文字学水平不断提高，所以他在翻译希腊作家们的作品时，特地参比希伯来人的译本和拉丁文本，翻译成德文。在翻译的过程中，遇到文本相互矛盾的地方，兰克还是倾向于采信拉丁文本⑧。这种翻译尝试，虽然只是兰克第一次将所学的古典语言运用于实际，但也使他看到了文本之间的差异，初步具有了辨别、分析文本的意识。

1817 年，兰克凭一篇关于修昔底德的哲学思想⑨的博士论文毕业。随

① Leopold von Ranke, “His old Students”, *The Secret of World History*, edited by Roger Wines, Fordham University Press, New York, 1981, p. 263.

② Leopold von Ranke, *Neue Briefe von Leopold von Ranke*, Gesammelt und bearbeitet von Bernhard Hoeft. Hrsg. von Hans Herzfeld, Hamburg, 1949, p. 2.

③ Leopold von Ranke, “Autobiographical Dictation”, *The Secret of World History*, edited by Roger Wines, Fordham University Press, New York, 1981, p. 36.

④ 《路德传》，后世一般称为《路德残篇》，这篇短小的人物传记，也是兰克后来写《宗教改革时期的德国史》的缘起与基础之一。

⑤ Roger Wines, “Introduction”, *The Secret of World History*, New York, Fordham University Press, 1981, p. 4.

⑥ 即 Heinrich Gottlieb Tzschirner(1778—1828 年)，莱比锡大学神学教授。

⑦ Leopold von Ranke, “Autobiographical Dictation”, *The Secret of World History*, edited by Roger Wines, Fordham University Press, New York, 1981, p. 37.

⑧ Ibid., p. 36.

⑨ 兰克的博士论文早已遗失，具体内容不得而知。现今关于这篇博士论文的相关情况都是源自兰克晚年的口述自传。参见 Roger Wines, “Introduction”, *The Secret of World History*, New York, Fordham University Press, 1981, pp. 4,26。

后不久，兰克收到了普鲁士境内的奥德河法兰克福高级中学的聘书。

2. 任教法兰克福

在法兰克福期间，兰克常与同事海德尔勒一起谈论神学问题，评说教会史上的大人物。论及宗教改革问题时，兰克发现自己对15、16世纪欧洲各个民族国家的具体情况丝毫不了解。于是，这位中学教师“在备课的过程中，尝试着研究那些已故的皇帝们”①。这种想法很快又因为当时欧洲的政治环境而改变。拿破仑帝国覆灭之后，法、英、俄、奥、普间争斗不断；而普鲁士、奥地利也因德意志地区的领导权问题，矛盾日益尖锐化。所有的矛盾都是围绕领土、势力范围等问题展开的。而要回答清楚这些问题，兰克认为应该从近代的历史中寻找答案②。于是，他研究历史的重心转移到了近代。

兰克一直认为，从罗马时代到近代德意志的历史是一条没有间断的发展主线③。这一观念始终是兰克所坚持的，直到晚年他回忆时，仍不住发出这样的感慨，“没有人能想象，罗马时代传承到德意志时代这对我的吸引力有多么大”④。基于这种考虑，兰克决心以拉丁与条顿民族为内容，撰写一部关于15、16世纪的历史著作。

与此同时，兰克发现，司各特在《昆廷·德沃德》中所描写的大胆查理和路易十一世的情况，就与历史事实完全相反。兰克把司各特小说所描写的内容，与科明尼斯⑤回忆录等文献中所记录的内容，进行了比较研究。经过比较，兰克认为，司各特历史小说误导了人们对那段历史的认识，所以他决心在自己的历史著作中“避免一切虚构和幻想，一定要严格根据事实”⑥。

带着这种信念，兰克开始翻查法兰克福大学图书馆里的文献，为撰写一部从罗马时代到德意志时代的著作做准备。他首先阅读的是研究近代早期

---

① Leopold von Ranke, “His old Students”, *The Secret of World History*, edited by Roger Wines, Fordham University Press, New York, 1981, p. 263.

② Leopold von Ranke, *Neue Briefe von Leopold von Ranke*, Gesammelt und bearbeitet von Bernhard Hoeft. Hrsg. von Hans Herzfeld, Hamburg, 1949, p. 57.

③ Leopold von Ranke, *Das Briefwerk von Leopold von Ranke*, Hrsg. von W. P. Fuchs, Hamburg, 1949, p. 18.

④ Leopold von Ranke, “Autobiographical Dictation”, *The Secret of World History*, edited by Roger Wines, Fordham University Press, New York, 1981, p. 37.

⑤ 科明尼斯(Commynes, Philippe de, 1447－1511年)，法兰德斯的政治家和编年史家，其著作《回忆录》(1524年出版)叙述了路易十一和查理八世统治时期的历史。

⑥ Leopold von Ranke, “Autobiographical Dictation”, *The Secret of World History*, edited by Roger Wines, Fordham University Press, New York, 1981, p. 38.

历史的历史学家们所写的著作。兰克发现，圭恰迪尼和佐维阿斯的观点是很不一致的，两人著作中相互矛盾之处非常多，并且他们或是抄袭他人，或是毫无根据地乱说，其著作与真实的历史相差甚远。历史研究的状况如此不堪，让年轻的兰克陡然有了一种使命感，即要以严格的考证来辨别史料，在确定可信的史料基础上撰写历史著作，力求让历史著作完全与司各特式的历史小说不一样。而对奎昔亚迪尼等近代著名历史学家的批判证实了他们的错误，这让兰克对自己的研究能力信心倍增。

兰克曾写信给他的兄弟海因里希说，“确实，我生来就是为了从事研究的，除此之外，我不知道该做什么：虽然我还不能确认我是否生来就是为了从事历史研究的；但是我一旦从事了历史研究，就会一直将其视为终身的职业”[①]。

3. 入驻柏林大学

1824 年，兰克的处女作《拉丁与条顿民族史》出版，这是他对历史认识逐渐成形的标志。兰克在书中所表现出来的特殊撰写才能，尤其是其独特的民族观念与史料批判方法，受到当时德国学术界的追捧，得到了当时德国史学界的前辈，如赫棱、劳麦等人的称赞。1824 年 10 月，兰克不失时机地向当时的教育部部长斯坦因写了一封谦卑的求职信[②]。1825 年 3 月，这位高级中学教师终于如愿以偿地获得了柏林大学的教职。

《拉丁与条顿民族史》使兰克声名鹊起，也彻底改变了兰克的社会地位，为他带来了富足而稳定的生活。柏林的生活为兰克打开了一个全新的世界。当时柏林有全欧洲最出名的文化沙龙，在文化沙龙上露面的人，不是文艺界的活跃分子，就是达官政要，或者是王公贵族。兰克也经友人的介绍，进入这一沙龙。他试着与人谈文学、谈艺术，而他那广博的知识、动人的风度，也博得了众人的称赞。他的名气越来越大，不少的风云人物都和兰克结交，其中就有根茨。虽然兰克在柏林大学的讲台上并不受欢迎[③]，但是柏林的文化沙龙让他找到了另一种自信。兰克认识到，正是普鲁士政府给予他表现的机会。于是，他对普鲁士政府的态度也发生了相应的变化——由满

---

① Leopold von Ranke, *Das Briefwerk von Leopold von Ranke*, Hrsg. von W. P. Fuchs, Hamburg, 1949, p. 53.

② Leopold von Ranke, *Neue Briefe von Leopold von Ranke*, Gesammelt und bearbeitet von Bernhard Hoeft. Hrsg. von Hans Herzfeld, Hamburg, 1949, p. 54.

③ 〔英〕古奇：《十九世纪历史学与历史学家》(上)，第 181 页。

腹牢骚变成了心存感激[1]。

柏林文化沙龙对兰克而言有着重要的意义。兰克自己后来回忆这段岁月时,也说"柏林文化社交界的那些知识广博的人们对我的影响至深"[2]。柏林文化沙龙上的活跃分子,基本上都是当时德意志地区各个领域的名流,如,权臣根茨。这位擅长玩弄权术的政客,同时也是一位熟知欧洲历史政治的学者。兰克在与他交谈的过程中,了解了上一代很多不为人知的历史。此时兰克对欧洲政治的了解与以往大有不同了[3]。这些都激发了兰克研究历史的强烈兴趣,也促使他对现实政治颇为关注。

受文化沙龙上浓厚文学气息的影响,兰克对文笔优美的历史学家缪勒的历史著作顶礼膜拜,甚至渴望成为这位历史学家的继任者[4]。在阅读缪勒的历史著作时,兰克被其所使用的大量威尼斯外交档案文献所吸引。在缪勒的历史著作中,兰克看到他所运用的那些第一手材料展现了一个不同的历史场景——有根据、可信史料基础上的历史。兰克意识到这些外交档案文献对重构近代欧洲历史至关重要,而且这些第一手的材料将是形成近代历史学新原则、新方法的基础[5]。兰克决心在撰写历史著作时,坚定不移地以第一手材料为基础。不仅如此,受缪勒的影响,兰克开始把历史研究的最终目的定位于"触及天国上帝",并把档案文献看作是"上帝关于我们的民族国家和世界的一些知识"的反映[6]。

《拉丁与条顿民族史》所取得的惊人成功还使他更加确信这种注重第一手材料的研究方法的正确。于是,他埋首于旧图书、档案文献堆里,寻找可信的史料。与法兰克福大学图书馆相比,柏林图书馆的收藏更为丰富——

---

① 起初兰克对普鲁士并无好感,他曾宣称"普鲁士不是我真正的祖国,我没有义务服从于它"(Leopold von Ranke, *Neue Briefe von Leopold von Ranke*, Gesammelt und bearbeitet von Bernhard Hoeft. Hrsg. von Hans Herzfeld, Hamburg, 1949, p. 29)。1822年,普鲁士政府取消教师终身聘用制,让这位中学教师极端恼火,他曾向朋友抱怨,这里的生活是难以忍受的(Leopold von Ranke, *Neue Briefe von Leopold von Ranke*, p. 28)。兰克感到自尊受到了政权的藐视,他个人只是"政治的奴隶"。这种不快甚至让兰克一度萌生离开的念头,终因无法舍弃法兰克福良好的学术氛围以及已着手的研究工作而作罢。

② Leopold von Ranke, "Autobiographical Dictation", *The Secret of World History*, edited by Roger Wines, Fordham University Press, New York, 1981, p. 40.

③ 〔英〕古奇:《十九世纪历史学与历史学家》(上),第184页。

④ Felix Gilbert, *History: Politics or Culture? Reflections on Ranke and Burckhardt*, Princeton, N. J., Princeton University Press, 1990, p. 14.

⑤ Leopold von Ranke, *Das Briefwerk von Leopold von Ranke*, Hrsg. von W. P. Fuchs, Hamburg, 1949, p. 84.

⑥ Ibid., pp. 75 - 76.

在那里保存了大量从16世纪到17世纪遗留下来的手稿档案文献。面对这些未经人使用过的手稿,兰克的研究兴趣由15、16世纪转到了16、17世纪①。

4. 多产的史学家

19世纪20年代的欧洲政治局面并不稳定,各地革命起义不断,其中尤以意大利、西班牙的革命最为轰动。一时之间,这场革命成为欧洲社交界轰动一时的话题②。兰克对土耳其的暴政感到震惊,决心以一个历史学家的方式来表达他对这种暴政的厌恶——研究土耳其奥斯曼帝国③。兰克在大量手稿档案材料的基础上,写成了《奥斯曼人与16、17世纪的西班牙君主国》。1827年,此书作为《16、17世纪的南欧君主与人民》丛书的第一卷出版。这本书得到了普鲁士政府的认可,兰克因此也得到了一笔为数不小的资助,开始为期四年的"科学考察"。

兰克前往意大利查找16、17世纪欧洲外交关系的档案文献。去意大利之前,兰克曾在奥地利的维也纳停留了近一年的时间。在这一年里,他除了查阅和抄录维也纳图书馆、档案馆里所收藏的文献材料之外,还结识了一群爱好斯拉夫文化的学者④。其中乌克·斯特凡诺维奇曾把他所收集的、关于塞尔维亚历史的材料全部赠予了兰克。1828年夏开始,兰克开始借助这些史料编写《塞尔维亚革命史》⑤。1828年10月,兰克离开维也纳,前往他科学旅行的真正目的地——威尼斯。之后,他一直往返于佛罗伦萨、罗马、那不勒斯等地的官方档案馆和私人图书馆查找资料。

1831年3月22日,兰克结束科学考察,返回柏林。回到德国之后,兰克起初只是专心于整理出版他科学旅行期间的研究成果⑥,如1831年出版了《1618年的威尼斯人》单行小册子。随后不久,普鲁士政府任命兰克担任《历史政治杂志》主编,以对抗法国革命所带来的革命思想。兰克欣然受命,表示要将这一刊物办成"欧洲最好的刊物"⑦。

---

① Leopold von Ranke, "Autobiographical Dictation", *The Secret of World History*, edited by Roger Wines, Fordham University Press, New York, 1981, p. 39.

②④ Ibid., p. 40.

③ Ibid., p. 42.

⑤ 兰克的这部著作到1829年才出版。

⑥ 关于兰克在意大利的科学旅行情况以及在此期间所写成的著作问题,参见 Leopold von Ranke, *Neue Briefe von Leopold von Ranke*, Gesammelt und bearbeitet von Bernhard Hoeft. Hrsg. von Hans Herzfeld, Hamburg, 1949, pp. 117-142.

⑦ Leopold von Ranke, *Das Briefwerk von Leopold von Ranke*, Hrsg. von W. P. Fuchs, Hamburg, 1949, p. 247.

为了办好这一杂志，兰克依照自己"在历史研究当中所形成的思想以及对生活的体悟"①来主持编辑工作。他经常以居于保守与激进之间的立场来发表政见，通过《列强》、《政治对话》等文章倡导欧洲势力平衡。但是这种不伦不类的论调遭到众多的反对声：激进派说他太保守，保守派说他太激进。1836 年，此刊物因为没有读者而被迫停刊。这一经历让兰克再也不愿意接受任何政府报纸的编辑职位了，而宁愿潜心研究他的历史，他认为自己的历史著作远远比他当编辑对人的影响要大②。

在担任《历史政治杂志》主编期间，兰克也没有中断其历史研究工作。1835 年，兰克将在意大利"科学考察"期间已大致成形的《1685—1715 年莫里亚的威尼斯人》一文，修订出版。从 1834 年起兰克就开始依据从维也纳、意大利等处带回来的材料，撰写《教皇史》。自 1836 年起，此书作为《16、17 世纪的南欧君主与人民》丛书的第二、三、四卷陆续出版。这一著作获得了众人的交口称赞，兰克也于 1834 年正式升任柏林大学教授之职。1837 年，兰克又在此前发表的《1618 年的威尼斯人》、《1685—1715 年莫里亚的威尼斯人》两文的基础之上，依据威尼斯共和国档案馆以及私人档案馆里查找来的大量手稿文献，写成《16、17 世纪威尼斯史》③。鉴于其在史学上的突出成就，1841 年普鲁士政府授予兰克"普鲁士国家史官"之职，1865 年又晋封其为贵族。

《教皇史》的出版，为兰克赢得了国际声誉，至少他在法国、英国历史学界的崇高地位是因这部著作而奠定的④。但是兰克认为在《教皇史》中对新教运动的论述仍是远远不够的，所以他决心写一部比较详实地论述新教的著作。1839 年，即开始着手这一研究计划之初，兰克原计划是集中撰写"路

---

① Leopold von Ranke, "Autobiographical Dictation", *The Secret of World History*, edited by Roger Wines, Fordham University Press, New York, 1981, p. 45.

② Leopold von Ranke, *Das Briefwerk von Leopold von Ranke*, Hrsg. von W. P. Fuchs, Hamburg, 1949, pp. 293 - 295。这里所说的担任其他政府报刊的主编，是指 1836 年普鲁士政府任命兰克担任《普鲁士国家总报》主编，但兰克最终拒绝了这一任命。

③ 兰克逝世之后，这部《16、17 世纪威尼斯史》和兰克的另一部著作《萨夫纳罗拉以及 14 世纪末期的佛罗伦萨共和国》合在一起，以《16、17 世纪意大利史》为名出版。

④ 兰克在口述自传中提到，他在法国受到热烈欢迎，是因为《教皇史》这部著作获得了法国人的认可(Leopold von Ranke, "Autobiographical Dictation", *The Secret of World History*, edited by Roger Wines, Fordham University Press, New York, 1981, p. 49)。另外，参见 Roger Wines, "Introduction", *the Secret of World History*, Fordham University Press, New York, 1981, p. 14。

德新教形成时期的德意志帝国发展这一段历史”①。而后,兰克网罗的资料不断增多,这些材料使兰克不断调整研究计划,最终《宗教改革时期的德国史》在时段上从1486年一直写到1535年,此书写作范围也远远超出了兰克最初的计划。

一直以来,兰克对曾经资助他进行科学考察的普鲁士国王弗里德里希·威廉三世颇为关注。这位昔日的恩主去世之后,兰克特地写了《1813年普鲁士革命与共和国》(1847年)等著作来描述这位国王统治时期的历史。对威廉三世的关注,又把兰克的视线引到了法国七月革命以及整个法国革命。1846年,《1787年法国的应召显贵》出版后,兰克进入《宗教改革时期的德国史》最后部分的撰写阶段。

在撰写《宗教改革时期的德国史》的过程中,兰克的注意力曾一度转到法兰西、英格兰等民族国家之上②。在兰克看来,如果不了解这些国家的历史,他就无法对近代历史有一个全面的理解。另一方面,兰克把自己未能“对普鲁士自身的形势作出正确的判断评价”,归结为他没有全面理解近代历史。兰克的目标就是通过了解欧洲其他列强的历史而了解普鲁士。兰克晚年回忆这一写作意图时曾说,“我更加仔细说明现今对欧洲及整个世界变动扮演极重要角色的勃兰登堡——普鲁士的发展起源,并对其何以能跻身欧洲列强的发展加以讨论。要达到这个目的,必须先将标的的性质说清楚。普鲁士的国家基础并非来自古老的力量,而是一个逐渐上升的主权国家。从历史的眼光来看,他是一步一步建设而成”③。兰克试图将普鲁士勃兰登堡选帝侯地位一步步上升、最终步入欧洲列强行列的这一段历史展示出来。

为了完成这一研究,兰克于1843年前往巴黎查找相关资料。在巴黎逗留的那段时间里,兰克得到了梯也尔、米涅的帮助,从而得以在法国国家档案馆、外交事务档案馆里查阅各种各样的档案材料。兰克认为,历史研究“直到这些史料被很严谨地排列在一起,史料所蕴含的历史事实才会自动地

---

① Leopold von Ranke, “Autobiographical Dictation”, *The Secret of World History*, edited by Roger Wines, Fordham University Press, New York, 1981, p. 46.

② Ibid., p. 48.

③ Leopold von Ranke, “Vorrede”, *Preußischer Geschichte, 1415 - 1871*, Ausgewählt und bearbeitet von Hans-Joachim Schöps, Mühltal: VWA.-Techow Verlag, p. 22。转引自周惠民:《兰克与“普鲁士中心论”的形成》,《辅仁历史学报》2005年第16期,第23页。

展现在我的面前"[①]。此时的兰克坚信，只有史料考订才是真正的历史研究；只要将史料收集齐全，排列成序，隐藏在其中的历史事实自然就显示出来了。

而后史料上的新发现又促使兰克将研究法国革命的计划改成研究普鲁士的腓特烈大帝。在结束《宗教改革时期的德国史》的写作之后，他马上钻进普鲁士国家档案馆里查找资料。在追溯腓特烈大帝的事功时，兰克发现，这位帝王承袭了其父未竟的政治军事功业。是故，要比较清楚地了解腓特烈大帝，就绕不开他父亲的相关情况。兰克围绕这一主题，写了一篇关于普鲁士发展演变的导论。其后随着兰克搜罗的相关资料日渐增多，他的这篇导论也越写越长，最后超出了他的研究规划，独立成书，即九卷本的《普鲁士史》。这部巨著于1847年至1848年出版。

1848年欧洲各国陷入革命的浪潮中。兰克把欧洲1848年革命看成是1789年法国革命浪潮的一种延续[②]。所以他认为历史学家仍有必要去研究法国大革命。1850年他再度前往法国查找研究所需的资料。1852年至1861年间，蕴含丰富史料的《法国史》相继出版。在这部著作中，兰克从一个欧洲人的立场上来看待法国所发生的一切。他认为，法国的种种表现在影响上已经越过了国境，影响到全欧洲，乃至世界命运。这是将法国历史放在世界历史的整体中予以考察的结果。兰克的这种整体的史学观念在随后出版的《英国史》(1859年至1868年出版)中得到了进一步的强化。

社会变革促使兰克更加注意当前所发生事情的历史根源。1867年起，他借编辑《著作选集》之际，将前期的论著作了较大幅度的修改和增补。这些修改都呈现一个特点，即与现实越来越靠近。这不仅是指前期历史著作经兰克增补之后，其内容所涉及的时代与现实时代接近(比如，1885年兰克第8次修订《教皇史》，内容写到了1832年)；而且还指兰克借修订之名，配合普鲁士统一德意志的需要，在历史著作中微言大义。如，他在修订《普鲁士史》时，不失时宜地批驳了德罗伊森将哈布斯堡王朝视为德意志民族的代表这一观点。又如，1869年出版的《华伦斯坦传》，兰克有意用可信的史料来说明华伦斯坦并非叛国贼，以反驳哈布斯堡王朝的传统说法。这一做法

① Leopold von Ranke, "Autobiographical Dictation", *The Secret of World History*, edited by Roger Wines, Fordham University Press, New York, 1981, p. 50.

② Leonard Krieger, *Ranke: The Meaning of History*, The University of Chicago Press, Chicago and London, 1977, p. 208.

也有为普鲁士政府的统一政策服务的嫌疑。1870年之后,兰克撰写了大批关于普鲁士的历史著作。很显然,兰克这些著作的问世,摆脱不了为普鲁士政府的统一政策造势的潜在用意。

运用史学为现实服务,成为兰克自然而然的一项使命了,兰克史学中的政治倾向已表现得比较突出,其史学思想也日趋保守。此时的兰克对早年所倡导的"如实直书"鲜有提及。在他晚年所编写的《世界史》(1880年至1888年出版)中,以往史学思想上的诸多亮色,几乎都被那一大串神秘而模糊的概念所遮掩。如"最高精神"、"较高潜能"、"道德力量"、"上帝在人间的思想"等。兰克借用这些有着多重含义、多样意旨、多种表现形式的概念,将其史学思想中的唯心主义发挥出来。表面看来,这种唯心主义倾向将兰克此前所构造的史学体系几近倾覆。然则,作为兰克史学深层的这一思想从来都是他史学的一个部分,只不过此前所起的作用为"如实直书"所遮掩,而在《世界史》中这部分内容则是以强硬的姿态表明了兰克史学思想中的唯心倾向。这样看来,兰克的这部《世界史》可以视作是兰克对其自身史学思想的一次总结与回顾。

但是,此时的兰克再也没有时间去进一步深化、实践他所提升的那些神秘观念了。1886年,在历史学界耕耘了六十余年的兰克,带着他未竟的史学事业,追慕"上帝之手"而去。

二、"如实直书"

兰克在阅读司各特的历史小说时发现,《昆廷·德沃德》①这本小说中所描写的情况与历史事实之间的矛盾性。兰克表示,他无法接受以这种虚构的方式来吸引读者注意力的做法,进而指出"把历史材料和浪漫小说对比一下,我就确信前者更有吸引力,无论如何历史比浪漫小说有趣得多"。历史是历史,小说是小说。为了区分这种不同,兰克决心在自己的著作里"避免一切虚构和幻想,一定要严格地根据事实"②。

① 《昆廷·德沃德》是司各特在1823年创作的小说,从时间上来看,兰克对历史的一些认知在此之前应该已经形成(1824年,兰克即出版了《拉丁与条顿民族史》)。由此可见,司各特的小说只是兰克表述自己史学方法的一个导火索而已。

② Leopold von Ranke, "Autobiographical Dictation", *The Secret of World History*, edited by Roger Wines, Fordham University Press, New York, 1981, p. 38.

兰克在舍弃司各特历史小说式的叙述方式之后，一直比较关注近代一些经典的历史著作。在阅读的过程中，兰克发现了其中存在的诸多不足，他看到这些历史著作中有些内容甚至是完全错误，与历史事实相反的。为此，他决心通过对这些著名历史学家的批判，强调确切的史料对于历史研究的重要性。这便有了《对近代历史学家的批判》一文。这篇论著是作为《拉丁与条顿民族史》一书的附录出版的，但其重要性非同寻常，其意义甚至超过了《拉丁与条顿民族史》一书的本身。在这篇附录中，兰克通过对近代一些著名的历史学家，如马基雅维里、奎昔亚迪尼等进行分析研究，形成了“如实直书”理论。

1. 史料批判原则

1840 年左右，兰克在其读书笔记中这样写道：“历史总是一再地被人所书写……于是时代缓慢地向前发展，这些使得我们很难认清事件本身。没有什么能帮助我们理解过去的历史，除了回到原始的第一手的史料上。”[①] 在他看来，历史研究的第一要务就是史料问题，历史学家要运用“内证”和“外证”方法考订史料。

“外证”方法　兰克认为，要写一部历史著作，“仅仅凭一个城市的档案文献是不足以知晓发生在过去的所有历史事实的”[②]。历史事件是复杂而牵涉甚广的，单凭一个地方的史料是不足以说明问题的。1837 年初，为了弄清楚宗教改革时期这一段历史，兰克的足迹遍布德意志境内的大小图书馆、档案馆。在他看来，“这些档案文献没有一个是很完整的，并且这些档案本身所带来的问题还是无法解答的；但是这些档案还是蕴含着丰富的信息的”[③]。这些丰富的信息是可以相互弥补彼此的不足，共同构成一个比较完整的历史事实序列。

另外，一个城市、一个国家的史料总是具有一定的偏向性，带有明显的利益倾向。兰克在研究德国三十年战争中的重要人物——华伦斯坦时，曾经在慕尼黑档案馆查找到了“很多具有很高价值的官方公文和档案文献”。但是确实可信的档案材料只是代表了当时记录者的真实想法与意图，这必

① Leopold von Ranke, “Historical Research”, *The Secret of World History*, edited by Roger Wines, New York, Fordham University Press, 1981, p. 244.

② Leopold von Ranke, “Vorrede”, *Deutche Geschichte im Zeitalter der Reformation*, Duncker & Humblet, München und Leipzig, 1924, VI.

③ Ibid., VII.

然带有浓厚的主观性与倾向性。依据这样的史料所写成的历史著作，只能保证真实地反映当时某一人、某一利益集团对历史事件的真正看法与观念，而无法保证这就是全部的历史真相。

正是由于这一原因，1846 年开始研究法国历史时，一向注重原始第一手材料的他，面对法国那些浩如烟海的材料，根本就没有想过要将它们全部阅读完。他指出，“那些与法国所发生的历史事件同一时期的、记录这些事件的著作或者回忆录，具有明显的倾向性；作者在写作这些著作的过程中，是依据政治党派的观点来书写的，至少大部分是依据政治派别的观点来写的”①。他认为，这样的第一手材料阅读多了，会对他进一步探求历史真相产生一些误导。在广泛收集史料的过程中，兰克很庆幸地发现，同时代人彼此矛盾的历史记载，恰好可以消去彼此的倾向性与主观性②。在兰克看来，第一手史料越多，每一个史料中的主观性与倾向性就暴露得越明显。这样一来，历史学家就能很清楚地识别出真正准确无误的史料，或者是通过史料之间的相互印证而对历史事件得出正确的认知。

兰克认为，为了消去第一手史料中的倾向性、主观性，弥补第一手史料的种种不足，历史研究者还必须关注同时代的其他形式的记录。研究教皇史时，兰克很庆幸自己找到了大量“确实可信的、完全能满足我研究需要的原始第一手史料”。这些材料包括教皇使节的书信，教皇们给使节们的指示以及使节们反馈的书面报告等。但是对于研究教皇史而言，这些档案材料还是不够的，还需要其他的材料来补充说明教皇所生活的社会政治经济环境、教皇的私人生活、教皇的个性特征等。于是，兰克在收集第一手的档案材料之外，还注意那些第二手的材料。他认为第一手材料和第二手材料只要具有确定性，那么两者对历史研究而言，是同样重要的。而且，第二手的材料往往可以弥补第一手材料在内容范围上的缺失，对全面了解历史事实具有特别意义。在这些材料中，兰克尤为推崇描写教皇的人物传记，因为他认为“这些传记是由那些无意取悦于公众的、享有更多写作自由的人

① Leopold von Ranke, “Einleitung”, *Französische Geschichte*, Herausgegeben von Willy Andreas, Wiesbaden-Berlin: Emil Vollmer Verlag, 1957, p. 2.

② Leopold von Ranke, “Vorrede”, *Gestalten der Geschichte: Savonarola*, *Don Carlos*, *Wallenstein*, G. B. Fischer & Co. Verlag und Vertriebsgesellschaft, Berlin und Frankfurt, 1954, p. 200.

所写的"①。

辨析史料、确定历史事实，还有一个重要的研究方式——对同时代的不同历史著作进行比较。兰克在谈到加利阿佐·桑斯维里诺在1499年米兰征服中的表现时就曾经做过这样的比较研究。将多种同时代的文献进行比较，比较其异同，往往可以辨析出真正准确的史料，而否定其中失之偏颇的史料。这是兰克所说的"外证"中一种重要的史料辨析方式。

"内证"　除了通过"外证"方法确定、辨析史料之外，兰克还很注重从著作自身内部来分析其真伪。这种"内证"方法实际上就是依据历史著作作者的立场，历史著作本身内在的矛盾，结合当时的社会政治文化背景，去辨别其史料的价值。这其中最为重要的是著作作者的立场与意图，这是"内证"方法的关键和主要辨别方式。在兰克看来，历史著作的作者们出于各种各样的意图从事撰写活动，他认为：

> 有的人想要当古代的典范而抄袭古人，他们认为自己所写的就是古代的东西；有的人则试图从过去的历史当中寻取教训以备将来之用；有的人则攻击某些人，或者为某些人辩护；有的人则热衷于以主观条件和感情为基础，在深刻的论据之上对所出现的事情作出解释；还有一些人的目的只是传达所发生的真实情况而已。②

作者各自目的不同，基本上决定了著作的主旨和选用史料的标准，这些都具有很强的主观性，其各自具有的价值也因而有所不同。所以，在分析一部历史著作时，作者的立场意图是不能忽视的重要因素。而兰克的"内证"方法主要就是针对这些作者们的意图的。

就"如实直书"的基本含义而言，"只是说明事情的本来面目而已"③。

① Leopold von Ranke, *Die Geschichte der Päpste: die Römischen Päpste in den letzten vier Jahrhunderten. Kardinal Consalvi und seine Staatsverwaltung unter dem Pontifikat Pius VII*, Herausgegeben von Willy Andreas, Wiesbaden: Emil Vollmer Verlag, 1957, p. 6.

② Leopold von Ranke, "Critique of Guicciardini", *The Secret of World History*, edited by Roger Wines, New York, Fordham University Press, 1981, p. 74.

③ Leopold von Ranke, "Vorrede der ersten Ausgabe", *Fürsten und Völker: Geschichten der romanischen und germanischen Völker von 1494 - 1514, die Osmanen und die spanische Monarchie im 16. und 17. Jahrhundert.* Herausgegeben von Willy Andreas, Wiesbaden: Emil Vollmer Verlag, 1957, p. 4.

而在兰克看来，传达所发生事情的真实情况这一写作目标，与之“紧紧相连的是事件目击者的文字记载”①。在史料问题上，兰克强调的是第一手史料；他认为只有第一手的史料才能最终导向“如实直书”这一写作目标。不仅如此，兰克认为，在历史研究过程中，第一手史料的不断累积，是完全可以实现“如实直书”这一目标的。在他看来，“拥有切实可信的史料到一定的程度之时(尽管而后的研究发现或许会使我们对具体历史细节更清楚、更确定)，他们只是进一步强化了他研究的基本观念——探索事实真相，这也是唯一的研究的基本观念”②。准确无误的史料越多，历史学家就对“如实直书”越有信心，离“如实直书”这一写作目标也就越近。

2. “直觉”理解

兰克的“外证”、“内证”这一整套史料考证方法解决的只是史料的收集中遇到的种种问题。就历史著作的撰写而言，这是一个包含史料收集、整理编排并使之运用于写作的进程。其中，史料的整理、编排这一过程是连接史料与写作的中间环节，也是无法回避的环节。这一环节涉及对史料的理解问题。

神秘的直觉　1873 年兰克在给儿子奥托的书信中这样说道：“外层的表象并不是我们所要研究的最终事物；在外层表现之下，还有一些事物是我们所不知道的。”③兰克认为，单个事件都是散乱的、脱节的和孤立的。而历史研究中的史料考证方法针对的就是处于这一状态中的单个事件。史料考证方法关注单个历史事物的外在内容，考虑的是这一事物什么时候、在哪里、怎样出现。这样一来，“即使我们自己的原则指引我们抓住事物的内在，我们也只能抓住事物的外在方面”④。

通过史料考证方法可以触及单个事件的一些方面，认知它的一部分。而单个事件的另一部分内容是无法用这种考证方法予以确认的。因为这种

---

① Leopold von Ranke, “Critique of Guicciardini”, *The Secret of World History*, edited by Roger Wines, New York, Fordham University Press, 1981, p. 74.

② Leopold von Ranke, “Vorrede”, *Deutche Geschichte im Zeitalter der Reformation*, Duncker & Humblet, München und Leipzig, 1924, X.

③ Leopold von Ranke, *Das Briefwerk von Leopold von Ranke*. Hrsg. von W. P. Fuchs, Hamburg, 1949, p. 519.

④ Leopold von Ranke, “On the Character of Historical Science”, *The Theory and Practice of History*, edited by Georg G. Iggers and Konrad von Moltke, The Bobbs-Merrill Company, INC. Indianapolis & New York, 1973, p. 39.

以单个历史事件为依托的史料考证方法，最多只能观察到与单一事件有着时序上联系，或者有着空间上联系的另一些单个事件。而支配这些单个事件的内在因果关系、最终动因是它无法探知的。因此只是凭借史料考证方法，历史学家是无法触及深藏起来的历史事件的那一部分本质内容的。

为此，兰克试图抛开史料研究方法，另辟蹊径来进一步研究历史。兰克认识到，“纯粹的事实也有精神的内容”①，依靠史料考证方法是无法认知事实所带的精神内容的；认识历史事实的这部分精神内容还需借用精神的方法，即“直觉”的方式来认知。这种“直觉”，按照兰克的理解，它有多种表述形式，例如“感悟”、“移情”等。就“直觉”的实质而言，兰克把“直觉”与“调查研究”视为历史理解的两种方法②。

个体与整体　兰克在笔记中提到他在1832年、1833年撰写《教皇史》时的情况：1830年前后欧洲的革命，如意大利的革命、西班牙的革命、希腊反抗土耳其的革命，以及后来的法国革命，这一连串的革命使他感到这些单个的历史事件与欧洲整个社会政治环境密切相连。在兰克看来，了解了这些单个历史事件，也就理解了整个欧洲社会。而单个历史事件与历史整体之间的关系，单靠史料考证方法是无法知晓的。于是，兰克感到当务之急就是寻找一种探求“单个事件”和“整体”的标准③。兰克所找到的、能够理解“单个事件”和“整体”的方法，就是“直觉”。他认为，就单个历史事实的理解而言，这种“直觉”与史料研究方法是相互配合的；了解单个的历史事实，需要配合使用这两种认知方式。兰克曾经说过，运用史料考证方法对档案文献进行深入细致的研究，这对历史研究是很有必要的；但这种研究只能被用于研究现象本身，被用于研究现象的情形条件及其周围环境；而“现象的精髓要素，现象的内容，这些只能通过精神领悟（即直觉，或感悟）来理解”④。换言之，在兰克的观念里，深入地理解单个历史事实的内容与实质这一部

---

① Leopold von Ranke, *Das Briefwerk von Leopold von Ranke*, Hrsg. von W. P. Fuchs, Hamburg, 1949, p. 519.

② Leopold von Ranke, *Deutche Geschichte im Zeitalter der Reformation*, Duncker & Humblet, München und Leipzig, 1924, p. 381.

③ Lionard Krieger, “Elements of Historicism: Experience, Theory, and History in Ranke”, *History & Theory*, Vol. 14, No. 4, Beiheft 14: Essays on Historicism (1975), p. 13.

④ Leopold von Ranke, “On the Character of Historical Science”, *The Theory and Practice of History*, edited by Georg G. Iggers and Konrad von Moltke, The Bobbs-Merrill Company, INC. Indianapolis & New York, 1973, p. 39.

分,就是史料考证方法也鞭长莫及的;而历史学家一旦要进一步深入这部分内容就只能依靠一种神秘的"直觉"理解方式。

在兰克看来,深入理解单个历史事件和"整体",就必然要追溯单个历史事件和"整体"的最终根源;而"对每一个个体、每一整体的最后分析都是一种精神的分析,这种精神分析只能通过一种精神的领悟而被理解"①。所以,对单个历史事件以及整体进行深入的分析,本身就是一种"直觉"理解。最终都要依靠这种"精神领悟",即"直觉"。从这个意义上来说,"直觉是深入历史科学中特定现象的方式"②,这种特定现象就包括历史研究中的单个事件以及整体。

在兰克看来,"单个事件是作为蕴含着精神的一系列行动的结果而出现的,我们的任务是在组成历史的这些系列事实中认识事情的本来面目,而这些系列事实的总和就是历史"③。他认为,正是因为单个历史事物之间存在的这种一般联系,才有了历史;历史的构成即是各种单个历史事物之间一般联系的总和。所以,历史研究应该关注单个历史事件之间的一般联系,这是由历史的构成性质所决定的。

对历史研究者而言,历史的研究对象,"从来不是彼此单独呈现出来的,而总是一起共同出现的。我们必须对所有这些方面投入同等的研究兴趣,否则我们将因为失去对其他方面的理解而丧失了解某一个方面的能力"④。仅仅只是试图理解历史的一个方面,而置其他方面于不顾,最终的结果是任何一个方面都理解不了。在兰克看来,"除非单个事件被置于其一般联系之中来理解,否则它是永远也不会完全清晰地为人所理解的"⑤。理解单个历史事件唯一可行的方法,就是研究单个历史事件之间存在的一般联系。

一般与直觉 兰克认为,只有"直觉"才能认知这种单个历史事件之间

---

① Leopold von Ranke, "On the Character of Historical Science", *The Theory and Practice of History*, edited by Georg G. Iggers and Konrad von Moltke, The Bobbs-Merrill Company, INC. Indianapolis & New York, 1973, p. 39.

② Leopold von Ranke, *Deutche Geschichte im Zeitalter der Reformation*, Duncker & Humblet, München und Leipzig, 1924. p. 381.

③ Leopold von Ranke, *Das Briefwerk von Leopold von Ranke*. Hrsg. von W. P. Fuchs, Hamburg, 1949, p. 519.

④ Leopold von Ranke, "On the Character of Historical Science", *The Theory and Practice of History*, edited by Georg G. Iggers and Konrad von Moltke, The Bobbs-Merrill Company, INC. Indianapolis & New York, 1973, p. 40.

⑤ Leopold von Ranke, *Das Briefwerk von Leopold von Ranke*, Hrsg. von W. P. Fuchs, Hamburg, 1949, p. 107.

的一般联系。在具体的历史事件中,“这种精神领悟(即直觉)关注的是研究者正在探讨的那些单个历史事实,是对那些单个历史事实之间的一般联系的一种总结”①。单个历史事实之间的一般联系实质上是一种“精神的内容”,对于这种知识只能通过“精神领悟(即直觉)”来理解,也只有“精神领悟”才能触及单个历史事实之间的一般联系。

就对感官世界事物的认识而言,兰克认为存在两种认识方式,一种是哲学的,另一种是历史的。其中,历史的认识方法从本质上来说,是一种“对特殊的直接感知”②。这里所说的“直接感知”有两层含义。一是指历史研究可以运用史料考证这样直观的方式来认识单个历史事实的部分内容;二是指整个历史的理解,就是一种“直觉”的理解。对历史研究而言,“直觉”是内在于历史研究之中的。

就对单个历史事实的认知过程而言,历史认识的起点与前提方式,是史料的考证方法。借助这种方法,历史研究可以理解部分零散的、孤立的历史事实;而单个历史事实之中更深刻的内容以及单个历史事实之间的一般联系,因为涉及精神的内容,故史料考证方式无法探知,只能通过“精神领悟(直觉)”而为人所了解。在兰克的观念里,,与史料考证方式相比,“直觉(精神领悟)”是一种更高的认知方式。不仅如此,“直觉”所触及的正是历史研究中的本质与核心内容,并且这些内容只有通过“直觉”才能理解,除此之外,别无他法。所以这种理解方式也是历史的最终理解方式。

从历史研究的认知整个过程来看,史料考证方法和“直觉”这两种方式,都是实现“如实直书”这一历史认识目标不可或缺的部分。其中,史料考证方法所关注的是“个别”,而“直觉”关注的主要是“一般”。在兰克看来,“历史研究就是将‘个别’与‘一般’结合起来的一种研究”。而且没有对“一般”的研究,“个别”的研究将会变得很贫乏;没有确切的“个别”研究,对“一般”的研究又会沦为一种“臆想与虚构”③。由此看来,这两者都是“如实直书”

① Leopold von Ranke, "On the Character of Historical Science", *The Theory and Practice of History*, edited by Georg G. Iggers and Konrad von Moltke, The Bobbs-Merrill Company, INC. Indianapolis & New York, 1973, p. 39.

② Leopold von Ranke, "History and Philosophy", *The Secret of World History*, edited by Roger Wines, New York, Fordham University Press, 1981, p. 102.

③ Leopold von Ranke, "the Role of the Particular and the General in the Study of universal History", *The Theory and Practice of History*, edited by Georg G. Iggers and Konrad von Moltke, The Bobbs-Merrill Company, INC. Indianapolis & New York, 1973, p. 59.

的重要组成内容,都为把"如实直书"这种理想转变为现实作出了各自贡献。

3. 客观撰史原则

史料考证方法、直觉理解解决的是历史研究的第一步问题——准备好了历史叙述的材料。如何将这些阶段性成果转化成历史著作,这才是历史研究的最后关键的一步。这其中就要涉及史学中一个关键问题,即采取什么样的叙述方式来去除主观性、展现历史真实。但历史是由人来叙述的,人的主观性始终是历史叙述无法挣脱的梦魇。

兰克认为,历史研究中的主观性主要表现在历史撰述者对历史事实进行价值判断。兰克并不赞同完全依据当前时代的需要来研究历史。在他看来,"每一个时代都有着其主要的潮流趋势,并形成其自身的历史",对历史的理解也有所不同,这是很自然的事情。就历史研究而言,也正是那些"当前时代所产生、激发的研究兴趣",才导致对过去某段历史的研究。由之而来的是,"对某个时代历史进行赞美和指责在所难免的"。这种主观倾向对历史研究而言,并不是致命的危害。兰克始终认为,当前时代激发出对过去历史的兴趣,这一事物本身不会危害历史研究者对过去历史真实的探究;而对过去时代进行的评判,只要是依据确实可信的"原始、第一手的史料",这本身也不会妨碍历史研究者对历史真实的研究与揭示①。

严重影响历史学家对历史真实探求的情况,是按照当前的价值标准来评价过去。兰克看到,"我们很多时候是依据现今的情形来评判过去的。或许,依据当前的情形来评判过去这一显著特征,从来没有比目前这样更糟糕的了"。这种做法不仅仅是带来因利益不同而导致对历史形成一种对抗性的认知,而且完全颠覆了历史认知的本意与基本原则。兰克认为,"这可能是政治的处理方式,但是这并不是历史的处理方式"②。即使可以将这种认知排除在历史认知之外,但也不能消除这种认知方式所带来的影响——它将致使历史研究为人所误解,导致历史研究被人认为仅仅只是表达当前主观意愿的一种方式,最终造成历史学沦落为依附于政治学的一门学科,其独立性不复存在。

---

① Leopold von Ranke, "Historical Research", *The Secret of World History*, edited by Roger Wines, New York, Fordham University Press, 1981, p. 244.

② Leopold von Ranke, "On the Character of Historical Science", *The Theory and Practice of History*, edited by Georg G. Iggers and Konrad von Moltke, The Bobbs-Merrill Company, INC. Indianapolis & New York, 1973, p. 42.

在兰克看来，历史学家在研究历史时，必然会接触到一些历史事件的对立双方。这些对立的矛盾双方依据自己的方式、原则以及价值标准行动，推动历史事件的发展。对历史学家而言，重要的是弄清楚历史事件的真相到底是什么，而这又和参与历史事件的对立双方紧密相连。斗争双方留下各种各样的记录，这种记录体现了他们各自的目的与意图，而这些目的与意图直接与历史事件的发展有关。兰克认为，要了解历史事件的真相，就必须深入参与历史事件的双方“它们各自特定的内在状态”。换言之，历史学家在研究历史之时，“评判它们之前首先应该理解它们”①。

历史研究者要深入对立双方而理解历史事实，这必然会有所选择，有所偏重。兰克认为，在具体的史学实践中，历史学家在涉及历史斗争事件时，在接触到对立双方所遗留下来的材料时，“我们已经很清楚我们所支持的一边，我们将赞同我们所决定的那种观点”。一般情况之下，一般人面对有分歧的、冲突的两种观点时，要做到不偏不倚和公正，还是有可能的。这是因为“真相通常就夹在中间”。但是这并不意味着，历史学家在研究历史时，面临历史事件中对立双方各执一词，也能做到“这种不偏不倚、客观公正”。在兰克看来，既然历史学家是带着他个人的倾向性而投入到历史理解之中，在历史研究中突出了他的主观性，那么他就很难做到不偏不倚、客观公正了。在撰写历史著作时，“作者就是描述历史的人，必须有他自己的观点，他的信仰，这些使他无法从其自身分离开来的”②。历史著作撰述者自身的主观性，是影响整个历史研究客观公正性的最基本、也是最重要的因素。解决了撰写者本人对历史著作的主观影响这一问题，历史研究就排除了一切主观因素，成为客观公正的研究了。

兰克认识到历史著作撰写者的主观性才是整个历史研究主观性的主要来源。为确保历史研究的客观性，唯一的方法就是排除这种主观性。具体说来，就是历史学家在撰写历史著作时，一定要做到不把个人的主观倾向带入历史撰述之中，尽可能地做到客观公正。兰克认为，在确信无疑的史料的基础上，历史学家秉承客观公正的态度来撰写历史，是可以使发生在过去的历史在文字上还原的。这就是历史研究的全部过程，也是历史研究的基本

①② Leopold von Ranke, “On the Character of Historical Science”, *The Theory and Practice of History*, edited by Georg G. Iggers and Konrad von Moltke, The Bobbs-Merrill Company, INC. Indianapolis & New York, 1973, p. 42.

要求。其中最关键的是，排除撰写历史著作之历史学家个人的主观性。兰克一直将这一信条贯穿在其历史著述之中。事实上，他恪守客观公正原则来撰写历史，确实也取得了巨大的成功。兰克曾骄傲地宣称，“(《教皇史》)这本书没有人能够说是支持罗马教皇，或者说是反对罗马教皇。这本著作既不是有所偏袒，也不是因为出于某种考虑而对罗马教皇予以揭露，它完全只是全面而公正、不偏不倚研究的结果而已”①。

到了晚年，兰克对客观公正的撰史原则作进一步的总结。他一再表示撰写历史著作时：“他的目的首先就是不折不扣地而且严格驯服地遵循着他那些权威材料的引导。他决心做到把诗人、爱国者、宗教的和政治的党派都压抑下去，决不袒护任何一方，把自己从自己的书中驱逐出去，决不写任何可以满足自己情感或者宣示个人信念的东西。”②这就是通常所说的“消灭自我”③。

“消灭自我”就是不作价值判断。这也就是兰克在《拉丁与条顿民族史》前言中所宣称的——不以“评判过去，指导现在，以利于将来”为写作目标。在他看来，“肤浅地来判定历史事物的特征和道德”，按照这样的方法来研究历史，不但会因在历史撰述中带入一种作者的主观性与倾向性，甚至连史料的收集、整理也会因撰写者先入为主的观念而变得主观化，最终不能反映全部历史真实④。对一部历史著作最主要的要求，就是要确保其真实性，确保这部历史著作能够反映历史真相。这就要求“事实是怎样发生的就怎样去描述”，除此之外，撰写者不能添加其他任何一点内容。

这表明，历史著作除了严格依据确实可信的史料来撰写之外，历史学家还应该严格保证“历史著作最为重要的学术性”。换言之，历史著作的撰写不能有任何价值判断，不能有除反映历史真实之外的任何其他意图；它既不能带有“过去的印记”——史料原创者的主观性，也不能被现在或将来的现

---

① Leopold von Ranke, “Autobiographical Dictation”, *The Secret of World History*, edited by Roger Wines, Fordham University Press, New York, 1981, p. 45.

② Peter Gay, *From Ranke to Toynbee: Five Lectures on Historians and Historiographical Problems*, Northampton, Massachusetts, 1952, p. 4.

③ Leopold von Ranke, *Das Briefwerk von Leopold von Ranke*. Hrsg. von W. P. Fuchs, Hamburg, 1949, p. 174.

④ Leopold von Ranke, “The Role of the Particular and the General in the Study of Universal History”, *The Theory and Practice of History*, edited by Georg G. Iggers and Konrad von Moltke, The Bobbs-Merrill Company, INC. Indianapolis & New York, 1973, p. 59.

实目的所支配。只有这样,“整个真相就确实能在最大限度内被确定”[1]。

在兰克看来,“将对权威文献的批判研究、公正无偏见的理解,以及客观的叙述结合起来——这样的目标就能使整个真相苏醒过来”[2]。在史料批判的基础之上,结合客观公正的撰史原则,就能够实现历史研究的“如实直书”这一目标。

三、“上帝之手”

1820 年 3 月底,兰克在写给其兄弟海因里希·兰克的书信中,说道:

> 所有的历史中都有上帝在居住、生活。每一项行动都在证明上帝他的存在;每一个重大的时刻也在宣扬着上帝名字,最能证明上帝存在的,我认为是,历史的伟大连续性。[3]

这是兰克第一次比较明确地阐释这种介入其历史研究的宗教情愫,这也在一定程度上表明了兰克对宗教的特殊情愫在其历史研究领域的种种表现以及所起的作用。

1. 历史之中的上帝

虽然兰克宣称他反对一切僵硬的教条,但他并不拒绝宗教,而是把宗教当作“主要是建立在内在观念里那不受抑制的真理之上”的事物[4]。兰克把上帝等宗教观念看作是一种精神事物,一种建立在精神真理基础之上的、不证自明的最高存在;在兰克的心目中,宗教是神圣而真实的存在。实际上,兰克所谓的宗教更像是一种知识学方面的泛神论。依据他的观念,宗教是建立在无数真理基础之上的存在。即,通过认知无数的真理,就可以知晓这种宗教。进言之,兰克的这种宗教是体现在无数真理之中的,是无处不在的。无论是何种解释,都表明兰克对“上帝存在以及上帝介入人类生

---

① Leopold von Ranke, *Franzosische Geschichte*, Herausgegeben von Willy Andreas, Wiesbaden-Berlin: Emil Vollmer Verlag, 1957, p. 5.

② Leopold von Ranke, *Englische Geschichte*, Herausgegeben von Willy Andreas, Wiesbaden-Berlin: Emil Vollmer Verlag, 1957, p. 113.

③ Leopold von Ranke, *Das Briefwerk von Leopold von Ranke*, Hrsg. von W. P. Fuchs, Hamburg, 1949, p. 18.

④ Ibid., p. 39.

活”的绝对信念[①]。这种绝对信念表现在历史领域,就是历史之中的“上帝之手”。

兰克认为,在人类历史中,人的生活以及国家的生活等都是由精神与肉体两个部分组成的;并且“在精神、肉体这两者中,精神是高于肉体的”。因此,可以这样认为,在兰克的观念里,人的生活、国家生活实际上最终都取决于“精神”。甚至可以这样说,历史领域中的“每一事物都依赖于精神”[②]。而属于宗教范畴的上帝则是建立在精神真理之上的最高存在。所以,所有依赖于精神的事物,最终都取决于上帝这种最高的精神存在。上帝这种精神存在是一切历史事物最终的决定因素。

上帝作为精神真理基础之上的最高事物,其存在是毋庸置疑的。这一点至少在兰克看来是如此。就现实情况而言,“至今还没有人会对上帝的存在表示犹豫”。上帝作为一种最高的精神存在,人是无法用眼睛直接看到上帝的,“因为精神是不能通过手或眼睛去触及的”。兰克认为,精神的事物总是“通过其结果与影响来展现自己,为人所知”,上帝作为一种精神事物也只能通过这种方式为人所知。这在历史领域的表现就是,上帝体现在历史中的每一事物之上,而历史之中的每一事物也都是上帝存在的证明。

兰克相信,“没有上帝就没有一切,没有什么事物能够存活下来,除非它源自上帝”[③]。上帝是万事万物得以存在的唯一基础,并且“上帝无处不在”[④],他出现在各个领域中,包括历史领域里。任何事物都是源自上帝的,特别是与精神有关的事物,比如历史研究。兰克认为,“人类在精神上任何重要活动的起源都同上帝和神圣的事物有某种联系”[⑤]。因此,历史领域中的一切事物不但是上帝存在的体现,而且也都是源自上帝的。

不仅如此,历史事物之间自古以来就存在着一种“伟大连续性”,这种连

---

① Leopold von Ranke, *Das Briefwerk von Leopold von Ranke*, Hrsg. von W. P. Fuchs, Hamburg, 1949, p. 86.

② Leopold von Ranke, “On the Relationship of and Distinction Between History and Politics”, *The Secret of World History*, edited by Roger Wines, Fordham University Press, New York, 1981, p. 112.

③ Leopold von Ranke, “On the Character of Historical Science”, *The Theory and Practice of History*, edited by Georg G. Iggers and Konrad von Moltke, The Bobbs-Merrill Company, INC. Indianapolis & New York, 1973, p. 38.

④ Leopold von Ranke, *Das Briefwerk von Leopold von Ranke*. Hrsg. von W. P. Fuchs, Hamburg, 1949, p. 74.

⑤ Leopold von Ranke, “Einleitung”, *Deutche Geschichte im Zeitalter der Reformation*, Duncker & Humblet, München und Leipzig, 1924, p. 3.

续性决定了“世界历史的进程”①。在具体的历史现实之中，任何历史事物都是前后相继的，彼此相联系、相辅相成、相互影响。表面看来，这种连续性意味着一种因果关联性。实际上，这种连续性是“源自对即将到来事件的快速而正确判断”，在这一过程中起作用的绝不是一种表面的因果关联性，而是“一种神圣的神秘力量”②。只有神圣的上帝才能在这一过程中起着决定性的作用。因为万事万物都是源自上帝，只有创造这一切的上帝才能对历史发展的这种“伟大连续性”作出快速而准确的判断。

历史发展的伟大连续性，通常和一种进步的观点联系在一起。兰克认为这种进步观念与历史发展的连续性是有区别的。按照进步的观点，人类历史“从一个既定的、原初的状态朝一个积极的目标发展”。这就意味着，在这一发展过程中，存在着“一种普遍指导性的意志指引着人类从一点发展到另一点”③。如果这一观点被认为是在“哲学上站得住脚的”，那么，人类在这样的历史发展过程中就“变成了没有他们自己意志的、自觉的工具了”，人类的自由也在这一过程中被消除了。如果这一观点被视为“在历史学上是可证明的”，那么人类就可以预测此后历史的发展。这在兰克看来是不可思议的，因为一旦假定人类能预测历史，那么“人类就是上帝或根本什么也不是”④。只有创造出一切历史事物的上帝才有可能知晓整个历史发展的秘密⑤。倘若人能够预知历史，那么人就和上帝没有区别了；而上帝是最高的精神存在，人显然是不能等同于上帝。在兰克看来，所有的时代在上帝面前都具有平等价值，不存在前一时代比后一时代落后这样的情况；而强调时代的进步性，实际上就是认为后继的时代要比此前的时代先进。兰克认为，这种思想不是在否定上帝的安排，就是想表明人类就像上帝一样可以预知将来。无论是何者，这样的做法都是蔑神的，是对上帝不敬的表现，因而也是

① Leopold von Ranke, “On the Character of Historical Science”, *The Theory and Practice of History*, edited by Georg G. Iggers and Konrad von Moltke, The Bobbs-Merrill Company, INC. Indianapolis & New York, 1973, p. 40.

② Leopold von Ranke, *Deutche Geschichte im Zeitalter der Reformation*, Duncker & Humblet, München und Leipzig, 1924, p. 46.

③ Leopold von Ranke, “The Epochs of Modern History”, *The Secret of World History*, edited by Roger Wines, New York, Fordham University Press, 1981, p. 157.

④ Ibid., p. 158.

⑤ Leopold von Ranke, “On the Character of Historical Science”, *The Theory and Practice of History*, edited by Georg G. Iggers and Konrad von Moltke, The Bobbs-Merrill Company, INC. Indianapolis & New York, 1973, p. 44.

错误的。兰克一再说明进步的观点是错误的，是与上帝相违背的，只是想突出每一个时代的独有价值与意义。在他看来，历史连续性，即各个完全不同时代之间的前后相继，这一复杂而神奇的过程得以实现是上帝安排的结果，是上帝意志的体现；而所谓进步则是彻底否定上帝意志的，这两者之间是有明显区别的。

上帝深入到具体的历史事件之中的表现就是，宗教成为解释历史事件的重要因素，而上帝成了历史事件得以发生的主要动因——不但所有的历史事件都是上帝安排的结果，而且这些历史事件发生、发展等都是源于人们对上帝的不同理解而造成的。

在论及"如实直书"理论时，兰克曾指出，历史研究所依据的史料实际上上帝早已安排好了的，是上帝意志的一种体现，而历史研究者所作的史料考证只不过是依据上帝的安排、服从上帝的意志而已，甚至整个人类历史的发生与发展都是上帝意志的体现。

不仅如此，兰克认为，"人类的一切行动取决于人们所赖以生存、生活的宗教观念"[①]，而这一人类行动在历史领域是通过历史事件展现出来的。进而言之，展示了人类行动的历史事件最终也是取决于那种"人们所赖以生存、生活的宗教观念"。或者说，历史事件的发生、发展的原因，最终也是源自人类的宗教观念。具体说来，兰克把所有历史事件的最终动因都归结到了上帝那里。在他看来，对上帝本质的不同理解，对上帝意志的不同体会是各种历史现象的最终原因。他认为，"建立生活的伟大战争都出现在信仰，也就是精神思想领域中"[②]。人类之所以有争夺、有分歧、有矛盾，都是因为在精神思想上存在着分歧与误解，而这些分歧和误解最终都是源于各自不同的宗教与信仰，即对上帝的各种不同理解。可以说，在兰克的观念里，"上帝之手"是世界历史发展的最终决定因素，而具体的历史事件最终原因都是与上帝、宗教有关。

兰克在看待历史发展以及从事历史研究时，总是借助这种宗教神秘主义。他曾经公开宣称，"研究世界历史之时，表现得最干脆的宗教神秘主义

① Leopold von Ranke, *Französische Geschichte*, Herausgegeben von Willy Andreas, Wiesbaden-Berlin: Emil Vollmer Verlag, 1957, p. 246.

② Leopold von Ranke, *The History of the Popes*, Vol . 1, translated by Mrs. Foster, London, G. Bell and Sons, LTD. , 1912, p. 542.

是必要的"①。兰克如此强调研究历史带有宗教神秘主义的必要性，其用意就是为了再度表明历史之中"上帝之手"的存在——既然整个人类历史是上帝的安排，历史学家研究历史亦是上帝意志的体现，那么在历史研究中表现出宗教神秘主义则是必然的。

2. 历史认识与上帝

依据"如实直书"理论，历史研究的目标就是"说明事情的本来面目而已"，但这只是研究历史最低层面的要求。在兰克的观念里，"历史写作确实存在着这么一个崇高的理想：必须书写那些体现了人类的多样性、人类的统一性、人类的聪明才智的事件"②，对历史学家而言，除了要做到"如实直书"之外，最重要的是"我们要永远探索人性的本来面目，无论它是可解释的还是不可解释的。这就是个体的生活、一代代人的生活、各族人民的生活，有时是高居于它们之上的上帝之手"③。这样一来，历史研究的另一个重要目标，也是最重要的目标就是体认历史之中的上帝。

体认上帝的目标　要体认历史之中的上帝，历史研究者则要以认知神圣的上帝为历史研究的目标与动力，而并非以历史研究为手段来论证上帝的永恒存在。兰克认为，"详细地证明存在于个体之中的永恒是没有必要的"。对于历史研究而言，上帝"是我们研究所依据的宗教基础"。而对上帝永恒存在的论证是属于"某种狭隘神学的观点"，并不是历史研究所要关注的问题。作为历史研究者，要相信"没有上帝就没有一切，任何事物都是源自上帝的"，要明白"我们所作的仍然不过是表明，我们所有的努力都是源自一个高高在上的、宗教的源头"④，从而把体认历史之中上帝当作历史研究另一个重要目的。

在兰克看来，"当我们揭示真相，剥去它的外壳，展示它的本质之时，这一过程恰巧也展示了那蕴藏在我们自己的存在、内在生活、来源、呼吸之中

① Leopold von Ranke, *Deutche Geschichte im Zeitalter der Reformation*, Duncker & Humblet, München und Leipzig, 1924, p. 86.

②③ Leopold von Ranke, "Vorrede der ersten Ausgabe", *Fürsten und Völker: Geschichten der romanischen und germanischen Völker von 1494 – 1514, die Osmanen und die spanische Monarchie im 16. und 17. Jahrhundert*, Herausgegeben von Willy Andreas, Wiesbaden: Emil Vollmer Verlag, 1957, p. 5.

④ Leopold von Ranke, "On the Character of Historical Science", *The Theory and Practice of History*, edited by Georg G. Iggers and Konrad von Moltke, The Bobbs-Merrill Company, INC. Indianapolis & New York, 1973, p. 38.

的上帝,至少是证明了上帝他的存在"①。按照这一思想,历史研究的真理也是源自产生万事万物的上帝;上帝的存在决定了史料之中包含着客观的真理,并且研究者可以透过史料而认知这些真理。历史研究所要注意的不是史料本身,而是研究史料的研究者。兰克的这种思想就是现代美国历史学家克瑞格所说的"历史真相不仅客体化于历史的过程之中,而且也主体化于历史学家自身之中"②。

具体说来,依据上帝的安排,客观历史真相早已经处于史料之中了,历史研究的任务就是历史学家需要将这种客观真相整理出来,并以文字形式还原。这样,如果历史学家想要使历史事实在文字上还原,就必须弄清楚历史研究对象的本质真相,而这种历史真相是过去的人用一些非本质的表象所掩盖起来的。于是,历史学家的首要任务就是,透过这些非本质的表象去认知被掩盖起来的历史真相。

兰克认为,史料批判方法针对的是单个历史事实这样的"个体",而"各个个体的价值与意义在这种神圣意志中得以体现"。因而,对历史研究而言,历史学家就必须把这些个体看作是上帝意志的体现。于是,以辨别真伪、寻求真相为唯一目的的历史研究方法,"与人类的最高层次的问题——上帝的神秘意志,直接相关"③。换言之,史料批判方法能揭示历史真相,这一能力源自神圣的上帝;历史研究方法的正确性由上帝来保证。严格地依据史料考证方法,历史研究就能"将隐藏的事物带到了人们的视线里,通过精确地指出精神那明确而恰当的名称,而揭示精神及其活动,生活的来源与趋势"④。

面对历史学家不可避免的主观性与历史研究客观性要求之间的矛盾,兰克指出,"真正的研究乐趣在于忘记自我,放弃自我,并在一个更大的整体

---

① Leopold von Ranke, *Das Briefwerk von Leopold von Ranke*. Hrsg. von W. P. Fuchs, Hamburg, 1949, pp. 38,62.

② Leonard Krieger, *Ranke: The Meaning of History*, The University of Chicago Press, Chicago and London, 1977, pp. 10 - 11.

③ Leopold von Ranke, "The Historian's Office", *The Secret of World History*, edited by Roger Wines, New York, Fordham University Press, 1981, p. 259.

④ Leopold von Ranke, "On the Relationship of and Distinction Between History and Politics", *The Secret of World History*, edited by Roger Wines, Fordham University Press, New York, 1981, p. 112.

范围内更好地意识到自我”[①]。历史研究要排除研究主体的主观性，首先是要让研究者更好地意识到“自我”，从而“忘记自我”、“放弃自我”，最终“消灭自我”。

在兰克看来，历史研究中的主观性“只是作为一种个体特征”。这种个体虽然“是有自己根基、生存氛围、独特本质的存在”[②]，但它最终也取决于上帝的意志与安排；而“上帝准允我揭示事实”。因此，依据上帝的这一安排，历史研究者的主体性完全是可以被“消灭”的。只要研究者不把个人的主观倾向性带入历史撰写之中，用切实可信的史料来书写历史，其所写的历史著作就可以反映历史真实[③]。历史研究的事实性与客观性在上帝意志的作用下，紧密地联系在一起了。既然客观历史真相是源自上帝、而经由过去的人所展示出来，那么历史学家的任务就通过领会历史事件所呈现出的外在形式，透过这些形式而掌握与之相随的本质，从而最终使自己认知历史真相[④]。“因此，那种只是寻求确信可靠史料的历史研究方法，也是与人类最根本的主题直接连在一起的”[⑤]。在这一意义上，兰克认为，“如实直书”理论最终也是服务于“体认上帝”这一历史认知目标的，可以说，“体认上帝”是历史认知的最高目标。

在兰克的观念里，在“如实直书”这一研究目的的驱使之下，历史研究看起来只不过是试图仔细描绘发生在过去的情景。然而，这都还只是对特殊性知识所进行的研究[⑥]。事实上，“人类历史”是“与上帝有关的、那原初而永恒存在的体现”[⑦]，是一种精神的事物。精神的内容是人类历史的本质内容，是一种与特殊性知识不同的一般性知识，也是历史研究需要深入研究的内容。这种精神的内容是建立在无数真理基础之上的最高存在——上帝的意志。就这一意义而言，研究历史、认识过去的最终目的，就在于探知最高

---

① Leopold von Ranke, *Das Briefwerk von Leopold von Ranke*. Hrsg. von W. P. Fuchs, Hamburg, 1949, p. 174.

② Ibid., p. 44.

③ Ibid., p. 51.

④ Ibid., pp. 24, 285.

⑤ Ibid., p. 519.

⑥ Leopold von Ranke, “On the Relationship of and Distinction Between History and Politics”, *The Secret of World History*, edited by Roger Wines, Fordham University Press, New York, 1981, p. 110.

⑦ Leopold von Ranke, *Das Briefwerk von Leopold von Ranke*. Hrsg. von W. P. Fuchs, Hamburg, 1949, p. 17.

的精神存在——上帝的意志以及上帝意志的体现——“上帝统治世界的计划”①。这样一来,体认上帝就是历史本身的内在要求,也是历史研究的最终目的。

不仅如此,在兰克看来,“尽管历史研究尽可能严苛而精确地追求事件的连续性,并试图给予每一事件一个准确的定位,并把这些努力归因于历史研究的最高价值,历史研究仍旧超出了这种努力,而朝着考察事件的起源、寻求找到历史生命最深层的、最秘密的动机这一方向前进”②。他认为,这种严谨而精确的研究最终的结果是超越仅仅只是对单个历史事实的研究这一层面,而逐步深入到去追溯历史事实的前因后果,甚至是历史事实之间的相互联系,乃至历史事实的最深层的动机与最终的决定因素——上帝的意志。简言之,在兰克的观念里,“如实直书”的研究理论最终将会导向对历史事实中所蕴含的上帝意志的探究。

“体认上帝”是历史研究的一个最终目标,但是“历史就其本质而言……只会接受确定肯定的事物”③。至于从特殊性知识的研究转向一般性知识——上帝,兰克认为,“一般性知识总是在最细微、最具体的细节中得以体现,我们完全可以通过这些特殊性知识而探知一般性知识”④。作为一般性知识的上帝就是“生活并出现在历史生活之中的每一个行动、每一个瞬间”,历史研究者完全可以通过对“每一个行动、每一个瞬间”等这些特殊性知识的认知,上升到对上帝的认知,了解上帝意志⑤。从这个意义上来说,体认上帝这一历史研究的最终目的,是通过分析单个历史事实、探求“精神的轨迹”而实现的⑥。

对上帝意志这一永恒真理的追求,最终只能通过了解上帝在所有事物

---

① Leopold von Ranke, *Das Briefwerk von Leopold von Ranke*. Hrsg. von W. P. Fuchs, Hamburg, 1949, p. 268.

②③ Leopold von Ranke, “On the Relationship of and Distinction Between History and Politics”, *The Secret of World History*, edited by Roger Wines, Fordham University Press, New York, 1981, p. 110.

④ Leopold von Ranke, *Das Briefwerk von Leopold von Ranke*. Hrsg. von W. P. Fuchs, Hamburg, 1949, p. 128.

⑤ Ibid., pp. 285, 203.

⑥ Leopold von Ranke, “A Dialogue on Politics”, *The Theory and Practice of History*, edited by Georg G. Iggers and Konrad von Moltke, The Bobbs-Merrill Company, INC. Indianapolis & New York, 1973, p. 130; Leopold von Ranke, *Das Briefwerk von Leopold von Ranke*. Hrsg. von W. P. Fuchs, Hamburg, 1949, p. 18.

上的体现才能得以实现①。这样一来，历史学家的使命就是，通过阐释"上帝所赋予单个历史事实的尊荣与爱"，来揭示"人类神圣的本质"②。具体说来，历史学家可以通过史料考证方法，按照客观公正的撰史原则确定一个个单个历史事实，并从这些单个历史事实中去认知上帝。

直觉理解与上帝　就体认上帝这种一般性知识而言，"我们确实可以从容不迫、放心大胆地从特殊上升到一般，然而却不存在任何一条道路可以从一般性通向特殊性"③。从特殊性知识上升到一般性知识，确实是体认上帝的唯一途径。上文论述表明，依据这一理路，运用史料考证方法无法真正做到体认上帝。对上帝的认知需要另外的方式，这种方式便是兰克所说的神秘直觉④。

在兰克看来，"与真理世界相反的，有一个表象世界，这个表现世界也有自己的根源，并发展了一种日益繁复的表面形象，直到它成为一种虚无……历史研究者的天分在于对历史本质的直接感知。而我是循着精神的轨迹研究下去……在这种知识论中，最主观的，同时也就是最接近一般真理的"⑤。

兰克认为，历史研究者运用"直接感知"，可以绕开表象世界的干扰，直接深入真理世界，触及上帝以及上帝意志这种精神存在，从而最大限度地接近一般真理。

这种"直接感知"，也就是"直觉"，也可以被视为一种内在的感情。兰克曾经说过，"个人应从内在的感情去理解历史——这种感情是从对历史的确信到评判历史著作这一转变过程中产生的"⑥。这种内在的感情实际上就

① Carl Hinrichs, Rankes Lutherfragment 1817 und der Ursprungseiner universalhistorischen Anschauung, in *Festschrift für Gerhard Ritter zu seinem 60. Geburtstag*, Tübingen, 1950, pp. 299 - 321.

② Leopold von Ranke, *Das Briefwerk von Leopold von Ranke*, Hrsg. von W. P. Fuchs, Hamburg, 1949, p. 111.

③ Leopold von Ranke, "A Dialogue on Politics", *The Theory and Practice of History*, edited by Georg G. Iggers and Konrad von Moltke, The Bobbs-Merrill Company, INC. Indianapolis & New York, 1973, p. 115.

④ 兰克认为，"直觉"是历史认识中一种无所不能的认知方式，这种直觉既可以认识单个历史事实中光靠史料考证方法所不能认识的部分，而且还可以认知历史事实之间的一般联系。关于"直觉"在第二章已说明的部分，在此不赘。

⑤ Leopold von Ranke, *Das Briefwerk von Leopold von Ranke*. Hrsg. von W. P. Fuchs, Hamburg, 1949, p. 252.

⑥ Leopold von Ranke, "The Historian's Office", *The Secret of World History*, edited by Roger Wines, New York, Fordham University Press, 1981, p. 259.

是一种"移情"。在兰克看来,其他的理解历史的方法都是"有助于还原历史的本质与内容",但是要最终认识理解历史,甚至最终确保历史的正确,只能"依据同情、移情的方式来理解所有一切"①。

"直觉"是历史研究的一种重要的认知方式,也是一种涉及历史研究每一个层次的认知方式。在兰克的观念里,这种"直觉"是神秘而无所不能的。它可以深入到历史研究的方方面面,不但可以理解单个历史事实之中更深刻的内容以及单个历史事实之间的一般联系等涉及精神的内容,还能触及历史研究的本质与核心内容——神圣的上帝与上帝意志。兰克认为,"上帝的神圣意志高悬于每一事物之上,这种上帝的神圣意志无法直接证明,但是可以依据直觉而感知到这种神圣意志"②。上帝的神圣意志是"深深隐藏的、涵盖一切的精神法则",即便是借助这种"直觉感知","通过全面的历史观察和综合",也只是对上帝的神圣意志"形成一种推测性认知"③。

在这个意义上来说,体认上帝是历史研究的最高目标,也是历史研究的一种最高理想。从认识论的角度来说,作为永恒存在、绝对真理的上帝,是一种认识的目标与理想,人可以无限地靠近这一真理,但是永远也无法完全认知这一真理。就兰克本人而言,他很清楚这是一种历史研究的崇高理想。他在《拉丁与条顿民族史》第一版前言中承认:

> 我知道我离这一目标的实现还有多么遥远的距离。有的人尝试了,有的人努力过了,但是最终还是没有成功。但是这些都不应该成为使人垂头丧气、不堪忍受这种失败的理由!最重要的是,就像雅各比所说的那样,我们要永远探索人性的本来面目,无论它是可解释的还是不可解释的。④

① Leopold von Ranke, "Historical Research", *The Secret of World History*, edited by Roger Wines, New York, Fordham University Press, 1981, p. 244.

② Leopold von Ranke, "The Historian's Office", *The Secret of World History*, edited by Roger Wines, New York, Fordham University Press, 1981, p. 259.

③ Leopold von Ranke, "A Dialogue on Politics", *The Theory and Practice of History*, edited by Georg G. Iggers and Konrad von Moltke, The Bobbs-Merrill Company, INC. Indianapolis & New York, 1973, p. 114.

④ Leopold von Ranke, "Vorrede der ersten Ausgabe", *Fürsten und Völker: Geschichten der romanischen und germanischen Völker von 1494 - 1514, die Osmanen und die spanische Monarchie im 16. und 17. Jahrhundert*. Herausgegeben von Willy Andreas, Wiesbaden: Emil Vollmer Verlag, 1957, p. 5.

作为一种历史研究的目标与理想，兰克认为应该以这种理想来激励自己进一步研究，不断地体认上帝，不断地推动历史研究向前发展。

兰克关于"上帝之手"的全部理论都是建立在"上帝是万物之源，它无处不在"这一基点之上。依据无所不能的上帝，历史研究者不但可以放心大胆地运用史料考据方法，尽量使自己做到"如实直书"，而且还可以凭借"直觉"理解触及历史之中的上帝。因为这一切都是源自上帝，都是上帝的安排，都是上帝意志的体现。不仅如此，人认知上帝的有效方式——"直觉"本身也是源自上帝，且"直觉"能够触及上帝，这本身也是上帝意志的体现。这样一来，就连认知上帝本身也是由上帝来确保的。于是，上帝这一最高精神存在的不证自明的特性，不但是历史领域一切无法解决的问题之最后、最终的希望所在，而且还是上帝自身合理存在的基础。

四、"君主的科学"

兰克一直是以倡导不偏不倚的撰史原则而著称。然而在其为数众多的著作中，兰克并不是秉承无色彩、超然的方式，而是自然地流露出个人的主观倾向。比如，对德意志民族国家的赞美、对宗教的推崇、对君主制的颂扬等。表面看来，这种充满主观性的政治观念[①]与兰克所宣扬的客观公正有一些出入，也有悖于其客观超然的形象。实际上，这种主观性的观念是兰克思想中的另一面的真实体现，并且这种主观性的价值取向深藏于兰克思想的底部，是兰克思想中的另一精髓。

1. *史学中的政治观念*

1880年，兰克在《世界史》前言中特意郑重地指出，"人类历史只有在民族国家的历史当中才能彰显出来"[②]。兰克认为民族是与国家紧密联系在一起的，"民族就是国家的基础"[③]。

民族与国家　兰克在《拉丁与条顿民族史》前言中，开宗明义地表示：

---

① John Theodore Merz, *A History of European Thought in the Nineteenth Century*, Vol 3, Thoemmes Press, 2000, p. 151.

② Leopold von Ranke, "Vorrede", *Weltgeschichte*, Band. 1, Verlag von Duncker & Humblot: München & Leipzig, 1922, p. 5.

③ Leopold von Ranke, "A Dialogue on Politics", *The Theory and Practice of History*, edited by Georg G. Iggers and Konrad von Moltke, The Bobbs-Merrill Company, INC. Indianapolis & New York, 1973, p. 116.

拉丁民族与日耳曼民族之所以成为一个统一的民族,不是因为宗教上的认同——因为按照宗教认同来划分,可能将不是同一血缘的国家纳入进来;也不是因为地处于欧洲大陆,因为在欧洲大陆上还有一些属于“亚洲人种”的国家①。兰克所谓“民族国家”认同的关键就是一种种属血统上的一致。在兰克看来,血统最为高贵的民族是拉丁与条顿民族。他认为拉丁与条顿民族继承了古罗马的优良品格,是最有资格称雄欧洲的民族;最能代表拉丁与条顿民族的便是德意志民族②。至于那些边远的民族都是或多或少地接受拉丁与条顿民族的影响而进入欧洲文明社会的③。

兰克在强调民族国家的血统时,也将隐含其中的民族血统优劣问题提了出来。虽然兰克批评哲学家们把一些民族视为次要的、无价值的做法,而提出“世界各民族一直以最多样的方式发展”④;但兰克决不是要强调世界的多样性与民族国家的平等性,而主要想表明:多个国家的存在更加突出了优势民族国家存在的必要性与可能性;许多国家的存在也只是一再证明了优秀血统之国家的优越性。兰克在《关于政治与历史的相似与区别》演说中,严厉指责那些论及“分裂国家”这样大事时仍保持着和“研究、复述事件一样冷漠而不为情绪所支配”⑤的做法。但是,兰克在论及弱小民族国家被征服之时,其论调极其冷漠客观——似乎这些被征服的民族生来就是为了实现所谓优秀民族国家之征服目的的,甚至还极度美化那种残暴的侵略征服⑥。在兰克的观念里,民族认同的关键就是血缘同一性。这种高于一切

① Leopold von Ranke, “Vorrede der ersten Ausgabe”, *Fürsten und Völker: Geschichten der romanischen und germanischen Völker von 1494 - 1514, die Osmanen und die spanische Monarchie im 16. und 17. Jahrhundert.* Herausgegeben von Willy Andreas, Wiesbaden: Emil Vollmer Verlag, 1957, p. 3.

② Leopold von Ranke, “Einleitung”, *Fürsten und Völker: Geschichten der romanischen und germanischen Völker von 1494 - 1514, die Osmanen und die spanische Monarchie im 16. und 17. Jahrhundert*, Herausgegeben von Willy Andreas, Wiesbaden: Emil Vollmer Verlag, 1957, pp. 8 - 10.

③ Leopold von Ranke, *A History of Servia and the Servian Revolution: from original Mss. and documents*, translated by Mrs. Alexander Kerr. London: John Murray, 1847, p. 4.

④ Leopold von Ranke, “The Epochs of Modern History”, *The Secret of World History*, edited by Roger Wines, Fordham University Press, New York, 1981, pp. 160 - 161.

⑤ Leopold von Ranke, “On the Relationship of and Distinction Between History and Politics”, *The Secret of World History*, edited by Roger Wines, Fordham University Press, New York, 1981, p. 108.

⑥ Leopold von Ranke, *The History of the Popes*, Vol. 2, translated by Mrs. Foster, edited by B. A. G. R. Dennis, London: G. Bell & Sons, Ltd., 1912, p. 250.

的血统观念把弱小国家的毁灭认为是理所当然的[①]，从而把强大的民族国家依据“国家的最高法则”对其他弱小国家进行侵占的行为视为一种国家间相处的必然模式，最终在理论上论证了占据优势地位民族国家获取任何利益的合法性。

兰克这种观念是比较狭隘而落后的，其影响也是比较大的——后世有学者就认为，兰克的这种观念和俾斯麦、希特勒等人对民族与国家的相关看法有着直接联系[②]。应该看到的是，兰克只是很忠实地表达了他对欧洲民族，特别是拉丁与条顿民族的特定情感，或许他并不会想到作为一名历史学家宣扬这样一种观念将会带来什么样的后果。

国家与教会　作为一位敏锐的历史学家，兰克意识到政教关系的重要性。在他看来，每一个国家的政治生活都是离不开宗教的，国家与教会之间有着紧密的联系。一方面，他认为，“在每一个时代，我们看到不同国家形成了各式各样的宗教，这些各式各样的宗教形式以各种各样方式影响着国家的特征与社会条件”[③]。民族国家的特征深受宗教因素的影响，而且这种影响主要是通过宗教在国家政治生活中的作用而实现的。在兰克看来，“在一个国家的根基与宪法中，一些特定的原则占据着支配地位。这种为一种内在必然性所限定的原则，以一种决定性的形式，赋予社会一种特定的条件，或者是赋予文明以特征”。这些特定的原则就包括宗教原则，并且宗教对政治生活的这种影响是通过教会实现的。

另一方面，“民族国家特征以及文化的自由发展，对宗教利益而言也是有必要的”。在他看来，没有独具特色的各个民族国家，没有其各自文化的独立发展，“宗教的教条将永远不能被真正地理解，也不会为人全盘接受”[④]。此外，国家政治生活中的“思想与政治自由的独立，对教会自身而言也是不可或缺的”。兰克认为，思想与政治的独立发展，必然会在发展的过

① Leopold von Ranke, “A Dialogue on Politics”, *The Theory and Practice of History*, edited by Georg G. Iggers and Konrad von Moltke, The Bobbs-Merrill Company, INC. Indianapolis & New York, 1973, p. 118.

② 马克斯·楞茨就曾经把兰克称为“俾斯麦的修路人”，认为兰克是俾斯麦政治思想的直接来源（参见 Max Lenz, *Ranke und Bismark*, Kleine historische Schriften, Leipzig, 1910）。而狄奥多·冯·劳厄等人则认为兰克“鼓舞了以极权主义的精神改组各方面的生活”，是俾斯麦、希特勒等人精神导师（参见 Theodore von Laue, *Leopold von Ranke: The Formative Years*, Princeton, 1950）。

③④ Leopold von Ranke, “Einleitung”, *Deutche Geschichte im Zeitalter der Reformation*, Duncker & Humblet, München und Leipzig, 1924, p. 4.

程中呈现出种种不足与缺陷。而这些正体现了教会的重要性及其存在的必然性。因为这些事物提醒教会“去改变那些才智匮乏的人们”，提醒教会避免同样的错误，从而更好地从精神指导国家的政治生活，最终消除那些“危及宗教的精神”的、对教义的种种误解，促进教会本身的变革与发展①。

国家与君主制　兰克毫不掩饰对君主制的好感与支持。在《论近代历史的各个时期》中，兰克把 18 世纪中叶以来的历史发展分为五个时期来阐述——君主制倾向盛行、北美革命、法国革命、拿破仑时代以及君主立宪制时代；并把“君主制同新的人民主权原则的斗争”看作是整个 19 世纪的基本特点。至于 19 世纪的主要内容，兰克认为，“如果要我用一句话来概括 19 世纪的特点，那么，这就是第三等级参与到最高权力当中来——这是 1789 年的最重要的思想。而全部的困难正是在于，把君主政体和这种思想结合起来并阻止破坏性的民众运动的兴起”②。在兰克看来，不仅君主制是现阶段世界主要政治体制，而且君主政体是万古不变的。也正是出于这种思想，兰克把英国的历史发展看成是这种做法的典范，高度赞扬英国通过 1688—1689 年的光荣革命而建立了受宪法约束的君主政体，从而保证了君主制的延续③。

兰克认为，“君主制政治结构是将恰当的人放在恰当的位置上”，而作为君主制的核心——君主并不是任何人都能够做的。国家的管理是极其复杂的，君主正是“为这一目的而培养出来的”、“是整个国家之内最有能力的专家”④，尤其是在“在暴力动荡的时代，形势瞬息万变……世界发展的每一个阶段都向有进取心的英才提出了新的使命和新的观察角度”⑤，只有通过专业的训练的君主才能把握时代的新使命，带领国家不断前进。

兰克赞同君主由世袭产生，认为只有世袭的君主才是合法的君主。也

---

① Leopold von Ranke, “Einleitung”, *Deutche Geschichte im Zeitalter der Reformation*, Duncker & Humblet, München und Leipzig, 1924, p. 4.

② Leopold von Ranke, “The Epochs of Modern History”, *The Secret of World History*, Edited by Roger Wines, New York, Fordham University Press, 1981, pp. 156 - 164 .

③ Leopold von Ranke, “Einleitung”, *Englische Geschichte*, Herausgegeben von Willy Andreas, Wiesbaden-Berlin: Emil Vollmer Verlag, 1957, p. 4.

④ Leopold von Ranke, “A Dialogue on Politics”, *The Theory and Practice of History*, edited by Georg G. Iggers and Konrad von Moltke, The Bobbs-Merrill Company, INC. Indianapolis & New York, 1973, p. 126.

⑤ Leopold von Ranke, *Gestalten der Geschichte: Savonarola*, *Don Carlos*, *Wallenstein*, G. B. Fischer & Co. Verlag und Vertriebsgesellschaft, Berlin und Frankfurt, 1954, p. 13.

正是出于这一原因，兰克对拿破仑在法国大革命中自封为法国君主这一行为很不满①。至于自认为继承了皇统的拿破仑三世，兰克之所以嘲讽他是“罗马的暴发户”②，因为其获得帝位的方式不符合兰克所主张的君主世袭制。兰克对英国君主立宪制的赞赏，很大一部分原因就是英国以特殊的方式确保了君主世袭制。

就君主如何施政而言，兰克认为，倘使君主要使民众心甘情愿地服从其统治，就要加强中央集权③。君主只有加强对国家的掌控，才能不畏一切外在的分裂力量的影响。为此，君主首先要加强对军队和财政的控制——因为“君主制国家的基础是财政和军队”④。有了雄厚的军事权力和强大经济支持，君主就可以对付那些“从欧洲社会最底层冒出来的、与国王和国家所倚重的力量——国家福利的源泉、货币流通与商业正常运转的承担者——相对立的一股力量”⑤，彻底打击这种颠覆社会、抢夺工厂的造反者。除此之外，君主要防范借“自由”之名而行破坏之实的议会⑥，君主要控制议会，使议会为君主制服务。这其中首要的目标是实现“财政和军队不应该为议会所控制”⑦，使君主高于议会。只有这样，君主才有足够的力量来控制整个国家，调动一切来开展外交军事事务，确保国家的独立。

为达到民众的绝对统治君主所应做的第二点是加强思想上的控制。兰克认为控制了思想，国内就不存在分裂因素；君主“必须特别注意培养爱国精神”。有了爱国精神，民众可以为国家，也就是为君主贡献一切而忘却了自身的需要。于是，“公众的自发弥补了政府所有服务的不足。在所有事物当中，私域和公域在更高的层面上是统一的。个人的追求为公众利益所驱

① Leopold von Ranke, *Die Geschichte der Päpste: die Römischen Päpste in den letzten vier Jahrhunderten. Kardinal Consalvi und seine Staatsverwaltung unter dem Pontifikat Pius VII*. Herausgegeben von Willy Andreas, Wiesbaden: Emil Vollmer Verlag, 1957, p. 605.

② Leopold von Ranke, *Neue Briefe von Leopold von Ranke*, Gesammelt und bearbeitet von Bernhard Hoeft. Hrsg. von Hans Herzfeld, Hamburg, 1949, p. 539.

③ Leopold von Ranke, “A Dialogue on Politics”, *The Theory and Practice of History*, edited by Georg G. Iggers and Konrad von Moltke, The Bobbs-Merrill Company, INC. Indianapolis & New York, 1973, p. 127.

④⑦ Leopold von Ranke, *Neue Briefe von Leopold von Ranke*, Gesammelt und bearbeitet von Bernhard Hoeft. Hrsg. von Hans Herzfeld, Hamburg, 1949, p. 556.

⑤ Leopold von Ranke, *Das Briefwerk von Leopold von Ranke*. Hrsg. von W. P. Fuchs, Hamburg, 1949, p. 339.

⑥ Leopold von Ranke, “A Dialogue on Politics”, *The Theory and Practice of History*, edited by Georg G. Iggers and Konrad von Moltke, The Bobbs-Merrill Company, INC. Indianapolis & New York, 1973, p. 125.

使，而公共福利因个人的繁荣而提升。国家精神的力量激励着每一个人"[①]，个人利益得到实现，国家也因而强盛。在兰克看来，国家、君主不能完全靠强制和精神控制去实现自身的目标；政府对待民众应当仁慈，以公共利益把民众紧密联合在一起。兰克相信"甚至是个人的发展也依赖于他对国内利益的真挚情感，不是在于宪政的形式，而是在于公众福利的发展、平民的利益"[②]。似乎这些话语表明兰克的民本主义思想，但是兰克自始至终倡导的是"权力仅仅只是一种工具，它的有用性完全取决于它的最终用途"[③]，而权力始终掌握在君主的手里。民众、政策、议会等都只是实现君主目标的一种手段与工具；而民族、宗教在国家政治生活当中的作用与地位实际上也就依赖于君主对此的理解。

捍卫自己权力、巩固自己在周围世界的阵地，并不是国家和君主的最后目的。"随着统一观念的发展，强大的团体渐渐成形"，国与国之间关系最终发展就是国家间的统一。虽然兰克认为这种团体当中的"天才人物并没有命令他人的权利"、"这种军事国家最终建立在自愿的基础上"[④]，但是他也主张一个国家和一个君主应当去争夺领导者的地位。在他看来，这是一个有作为的君主的必然举措，也是一个伟大国家必然的命运，而这一切都需要有稳固强大的国内环境。

2. *历史学与政治*

兰克强调"如实直书"、"消灭自我"，"反对将政治与史学结合起来"[⑤]。但是从兰克的实际行为，特别是其史学著作来看，兰克史学是有明显倾向性的。1836 年，他曾满怀深情地表白："不管我们身在何处，祖国都将与我们同在，在我们内心深处里自始至终都是以此为基础的，并且绝无脱离之可能。"[⑥]

---

① Georg G. Iggers, "The Preface", *The Theory and Practice of History: Leopold von Ranke*, edited by Georg G. Iggers and Konrad von Moltke, The Bobbs-Merrill Company, INC. Indianapolis & New York, 1973, p. 125.

② Leopold von Ranke, "A Dialogue on Politics", *The Theory and Practice of History*, edited by Georg G. Iggers and Konrad von Moltke, The Bobbs-Merrill Company, INC. Indianapolis & New York, 1973, p. 125.

③ Ibid., p. 106.

④ Ibid., pp. 110 - 118.

⑤ Ernst Breisach, *Historiography*, The University of Chicago Press, Chicago & London, 1983, p. 236.

⑥ Leopold von Ranke, "A Dialogue on Politics", *The Theory and Practice of History*, edited by Georg G. Iggers and Konrad von Moltke, The Bobbs-Merrill Company, INC. Indianapolis & New York, 1973, p. 116.

这也说明了兰克是带着一种浓厚的民族国家情怀来研究历史的。这表现在史学上，即史学中存在着一种政治意图。这种意图就是兰克借用其历史著作所宣扬的一种政治观念。

弘扬民族主义 兰克在提到历史著作时，指出“简短的勾勒与描绘或许既是最适于展现民族国家主要特征的方式，同时也是了解他们最关注事件主要目的之最佳方法”①。历史研究者研究历史，就是通过可信的历史著作展现各个民族国家特征。在他看来，“通过历史著作，民族国家将会有一种完美的自我意识，并且通过历史故事而感触到它生活中的震动，从而对他自身的产生、成长以及特点有深入的了解与认知”②。在这一阅读过程中，民族国家的民族主义得以激发。

在他的观念中，民族国家的民族主义是至关重要的。兰克曾经指出，“从民族原则——而这一原则是他们的基础——而来的新生活，我们国家将会变成什么样子？一个国家没有民族主义却能够存在，这是不可想象的”③。他认为，这种民族主义实际上就是“一个民族国家特定的性质、习惯以及情感的总和”④，也是一个民族国家的本质。此外，各个国家都有各自的民族主义，这种民族主义不能逾越国界的界限。也正是从这一点出发，兰克反对一个民族国家绝对凌驾于其他民族国家之上，更反对建立泯灭各个民族特性的、大统一的政治体系。他认为，“将这所有的民族国家融合起来，将破坏每一个民族国家的本质”⑤，这会使一个民族国家的民族主义消亡，从而导致民族国家的灭亡。

从兰克的治史兴趣来看，其历史著作《16、17世纪的奥斯曼与西班牙王国》、《15—19世纪的教皇史》、《宗教改革时期的德国史》、《16、17世纪法国史》等都是以欧洲各个不同的民族国家为主题的。他一生几乎为欧洲每一个民族国家都写了一部历史著作，其用意在于揭示不同民族国家的特征，表明各个民族国家“在彼此分离地独立发展，才有真正的和谐共处”⑥。

另一方面，兰克对激发德意志的民族主义尤为着力，他曾经写了为数众

---

① Leopold von Ranke, “Einleitung”, *Englische Geschichte*, Herausgegeben von Willy Andreas, Wiesbaden-Berlin: Emil Vollmer Verlag, 1957, p. 5.

② Ibid., p. 3.

③⑤⑥ Leopold von Ranke, *Die Großen Mächte*, Neuherausgegeben von Friedrich Meineke, Leipzig: Insel Verlag, 1916, p. 61.

④ Leopold von Ranke, “Einleitung”, *Deutche Geschichte im Zeitalter der Reformation*, Duncker & Humblet, München und Leipzig, 1924, p. 3.

多的历史著作来展示这个国家的特点。他曾经在谈及其对欧洲历史的认识时指出,"在历史研究过程当中,我逐渐意识到,我未能对普鲁士自身的形势作出正确的判断、评价,而这阻碍了我对近代历史的理解"①。为了弄清楚普鲁士的历史,他不但洋洋洒洒写了九卷本的《普鲁士史》,还为了进一步了解普鲁士而写了《法国史》、《英国史》等历史著作。他的用意就是以此来展现普鲁士与众不同的民族主义。

宣扬宗教 兰克对宗教始终是比较重视的。他认为,"人类在智慧上的任何重要活动的起源都同上帝和神圣的事物有某种联系,所以没有一个国家的政治生活,不是由宗教观念来不断提高和指导的。宗教观念的最崇高任务,也是其必然的任务,就是培育、净化、提升这些国家的政治生活——宗教观念通过给予这些国家,让这些国家以外在的形式和公共法案等来体现其自身"②。

不仅如此,西方基督教世界的整个特征与生活,都是由政府与教会之间不间断的作用与反作用所决定的。甚至于欧洲生活的每一个方面总是由政教之间相互关系而决定的③。宗教并不是高居于云端的神灵,而是实实在在影响着每一个人、每一个国家、每一个民族的事物。在兰克看来,"在现实生活里,宗教与政治这两者紧密地联系在一起,或者说融合成一个不可分割的整体"④。

因此,兰克那些以政治、外交、军事为内容的历史著作,都或多或少地体现了宗教因素。他还专门写过一些涉及宗教历史的历史著作,如《教皇史》、《宗教改革时期的德国史》等。他认为,"历史是宗教,或者,两者之间无论如何也有着最紧密的联系"⑤。出于对宗教因素的重视与偏爱,兰克在解释历史事件时,也不忘充分地考虑宗教因素。比如,他在《教皇史》中提到1830年法国七月革命爆发的原因时,指出"教士们的错误认识以及两个敌对在一切宗教问题上的不可调和的矛盾"⑥是革命的根本原因。此论显然有夸大宗教作用的嫌疑。

---

① Leopold von Ranke, "Autobiographical Dictation", *The Secret of World History*, edited by Roger Wines, Fordham University Press, New York, 1981, p. 49.

②④⑤ Leopold von Ranke, "Einleitung", *Deutche Geschichte im Zeitalter der Reformation*, Duncker & Humblet, München und Leipzig, 1924, p. 3.

③ Ibid., p. 4.

⑥ Leopold von Ranke, *The History of the Popes*, Vol. 2, translated by Mrs. Foster, London, G. Bell and Sons, LTD. 1912, p. 444.

关于其历史著作中突出宗教因素以及以宗教为主体撰写历史著作，兰克认为，这主要是“为了民族国家能够永远记得我们俗世存在的起源与终结”①。通过这些历史著作，人们可以在更好的基础上理解宗教，理解宗教与俗世政治的关系，理解现实政治，最终触及那各种政治现象中的精神实质——上帝。

鼓吹君主制　兰克是君主制虔诚的信徒，贯穿其历史著作的思想是对君主制的维护。兰克在担任《历史政治杂志》主编期间曾经撰写了大量的文章宣扬君主制。比如，即使他在《论近代历史的各个时期》也看到了整个19世纪的基本特点就是“君主制同新的人民主权原则的斗争”，但他也表示不愿看到君主制受到任何损害。他在其著作中，毫不掩饰地赞颂君主制是一种有效的统御国家的方式。

兰克甚至认为，最好的历史著作都是与君主制有关的。他曾经说，最好的历史著作“都诞生在共和制与君主制交替的门槛上”②，因为君主制能将所有的文明拧成一股绳，在这种社会历史条件下，历史学家能够看得更清楚，其历史著作自然是最好的。作为历史学家，兰克认为，“近代历史学家处于君主制之下，这是相当幸运的事情。因为在君主制下，没有人会限制他的天才才能。但是这对他而言也是难以忍受的——这种经历只是很短暂的”③。历史学家要写出优秀的历史著作，其中一个重要条件就是要生活在君主制之下。兰克曾公开声称，“我自己比较倾向于君主制，因为君主制为文化生活提供了安全可靠的基础，独立地在世界事务当中有所作为”④。虽然他曾经表示自己从来没有想过要去效忠任何特定形式的君主制或者完全受到限制的君主制，但从其实际行为、从他的历史著作来看，都表明兰克是君主制忠实的信徒。

不仅如此，这位倡导“如实直书”、“客观公正”的史学大师，为了维护君主制，居然放弃了“如实直书”理论。他表示：

> 凡是引起君主不悦的事物我都删去了……在无法去除的情况下，我就按照君主的旨意来写，因为没有什么比引起君主的一丝不满更让

---

① Leopold von Ranke, “Einleitung”, *Deutche Geschichte im Zeitalter der Reformation*, Duncker & Humblet, München und Leipzig, 1924, p. 4.

②③④ Leopold von Ranke, “A Historian must be old”, *The Secret of World History*, edited by Roger Wines, New York, Fordham University Press, 1981, p. 261.

我难受的了。[①]

由此看来，兰克对君主制的宣扬已经超越了一般意义上的推崇程度，他的历史著作是以君主制为核心，历史著作的内容也是以君主制为衡量标准。在这个意义上，他的历史学可以说是一种"君主的科学"。

兰克的政治主张，得到了当时欧洲著名的两个保守主义者——奥地利外交大臣、首相梅特涅和他的助手根茨的赞同[②]。他在历史著作中对君主制的颂扬也颇得普鲁士政府的欢心，这也是他在 1841 年受封为"普鲁士国家史官"的重要原因之一。哈歇根曾经指责"兰克是个彻头彻尾的贵族……他不是为广大的群众写作的"[③]。

3. "服务上帝，教育人民"

兰克因倡导的"如实直书"、"消灭自我"而闻名于世，然而他却主张"史学家是服务于上帝而教育人民的人"[④]。而他撰写历史的目的也并不像他在《拉丁与条顿民族史》中所宣称的那样——"只不过是说明事实的本来面目而已"，而是要评判过去，教导现在，以利于将来的[⑤]。实际上，他为历史研究、历史学家确立的任务是，"一是，保卫我们国家发展现状，使之不受外来的、源自一种假设理论的洪水猛兽的冲击；二是，抵制那些以新观念之名而行捣乱破坏之实的力量"[⑥]。

由此来看，兰克撰写历史著作的目标绝不仅仅只是"如实直书"这一最高理想，还有他隐藏的然而又是真实的写作目的——为现实政治服务，史学家就成了"服务于上帝而教育人民的人"。1836 年，兰克在拒绝出任德意志政府报纸的编辑时曾说，"对国家的最高目的而言，我写出自己的著作将比

① Leopold von Ranke, *Das Briefwerk von Leopold von Ranke*, Hrsg. von W. P. Fuchs, Hamburg, 1949, pp. 516-517.

② Ibid., p. 163.

③ J. Hashagen, *Schluszberachtung zu Rankes Meisterwerk*, Vol. 24, Hamburg, 1931, p. 468.

④ Leopold von Ranke, *Das Briefwerk von Leopold von Ranke*. Hrsg. von W. P. Fuchs, Hamburg, 1949, p. 285.

⑤ Leopold von Ranke, "Vorrede der ersten Ausgabe", *Fürsten und Völker: Geschichten der romanischen und germanischen Völker von 1494 - 1514, die Osmanen und die spanische Monarchie im 16. und 17. Jahrhundert*, Herausgegeben von Willy Andreas, Wiesbaden: Emil Vollmer Verlag, 1957, p. 3.

⑥ Leopold von Ranke, *Das Briefwerk von Leopold von Ranke*. Hrsg. von W. P. Fuchs, Hamburg, 1949, pp. 243,251.

我来编辑别人的著作更为重要”①。兰克很自信地认为，他所撰写的历史著作能够担当起服务于“国家的最高目的”的任务。就这一点而言，兰克所宣称的“消灭自我”是兰克为实现其“教育人民”而有益于“国家的最高目的”所采取的一种有效方式。而从1824年12月兰克为申请大学历史教授职位写给教育部的信中来看，也正是“政治因素”使他的历史研究由古代转到了近代②。很显然，兰克的史学有着强烈的现实目的——为国家的政治服务。

兰克认为，“一个历史学家的目的依赖于他本人的观点”③。在他看来，历史学家撰写历史著作具有一定的目的性，并且这种目的取决于他个人的观点。更具体点说，兰克的史学著作所依据的是其政治观点。他的历史著作，诸如《16、17世纪的奥斯曼与西班牙王国》、《15—19世纪的教皇史》、《宗教改革时期的德意志史》、《16、17世纪法国史》等，都是围绕16、17世纪的欧洲历史展开的。而16、17世纪正是欧洲各国君主集权逐渐由成长阶段发展到全盛的时期。在《16、17世纪的奥斯曼与西班牙王国》一书当中，兰克更是把西班牙的国王看作是一架庞大机器的“主要动力”；在《英国史》中，兰克不惜笔墨地描述了英国的伊丽莎白女皇对英国的统治，阐明都铎王朝的君主个人意志决定了16世纪整个英国的变化，显示这种政体的优越性。

兰克总是喜欢把政治家的行为加上庄严的成分，并试图从高尚的动机中推导出他们所有行为的合理性。在他看来，这类高尚的动机不是道德上的实用主义，而是一种源自国家内在的生命原则——神圣上帝的意志。而上帝一直是无处不在的，现存的一切都是上帝意志的体现，包括国家各种政治事务以及国家之间的关系。故这种高尚的动机是和国家全部的内部和外部的事物交织在一起的，并且也是和各种世界规模的动机联系在一起。而政治家只是顺从了这种高尚动机而已，因而政治家这种行为本身是高尚的④。在他看来政治家的政治措施是没有私心的，只是按照上帝的安排

① Leopold von Ranke, *Das Briefwerk von Leopold von Ranke*. Hrsg. von W. P. Fuchs, Hamburg, 1949, p. 295.

② Leopold von Ranke, *Neue Briefe von Leopold von Ranke*, Gesammelt und bearbeitet von Bernhard Hoeft. Hrsg. von Hans Herzfeld, Hamburg, 1949, pp. 58 - 59.

③ Leopold von Ranke, “Vorrede der ersten Ausgabe”, *Fürsten und Völker: Geschichten der romanischen und germanischen Völker von 1494 - 1514, die Osmanen und die spanische Monarchie im 16. und 17. Jahrhundert*. Herausgegeben von Willy Andreas, Wiesbaden: Emil Vollmer Verlag, 1957, p. 3.

④ Friedrich Meinecke, *Historism: the Rise of a New Historical Outlook*, translated by J. E. Anderson, London, Routledge and Kegan Paul, 1972, p. 501.

在行动，其所有的举措都是上帝意志的体现。

兰克这样运用历史为政治服务的行为，历来备受诟病。迈纳克指责他是“普鲁士王国的忠诚奴仆，教会和国家的辩护士；他写的一切都是他的思想偏见和利益的反映”①。马克思曾经指责兰克，“以昨日的卑鄙行为来为今天的卑鄙行为进行辩解”②。在马克思看来，这位历史学家自觉地充当普鲁士政府的吹鼓手、宣扬符合普鲁士政府利益的政治主张等这些带有政治性、倾向性的行为，不但说明兰克的史学实践与他所反复强调的历史撰述原则是相背离的，而且也表明了兰克史学研究的动机与本质。

五、兰克史学的衍化

1843年《凡尔登条约》缔结1 000周年之际，德国普鲁士政府利用这一机会设立了国家历史奖——凡尔登奖，德国史学家兰克、吉泽布雷希特、阿道夫·施密特借机创办了《民族历史评论》。发刊词这样说道：

> 历史尽管是个有限的学科，但它比任何其他学科都有助于全体德国人民的统一。……实际上，历史是政治的母亲与老师。③

强调史学客观公正性的兰克也试图将历史学与政治学连在一起。而真正意义上主动与政治结合，强烈要求历史研究以现实为轴心的莫过于普鲁士政治史学派。普鲁士学派中有许多是兰克的高足，表面看来，普鲁士学派强调历史为政治服务，其治史宗旨已与以兰克为代表的客观主义史学派所倡导的“如实直书”背道而驰。实际上，史学与政治的关系，正如特赖齐克所说的那样，“专业化的知识，不管其术语如何精确，都是可以用所有人皆能理解的语言、以最有利于民族的方式来言说的”④；而强调历史科学化的兰克也认为，“从过去所发生的事务中得出对国家本质的认知，并指引我们理解这种国家本质，这是历史任务。而政治的任务是，在成功地认知并理解国家

① 〔美〕J·W·汤普森：《历史著作史》(下卷，第三分册)，第253页。
② 〔德〕马克思：《〈黑格尔法哲学批判〉导言》，《马克思恩格斯全集》(第1卷)，第454页。
③ 〔法〕安托万·基扬：《近代德国及其历史学家》，黄艳红译，北京大学出版社2010年版，第17页。
④ 同上书，第64页。

的本质之后，继续并发展这种国家本质”①。换言之，现实政治与历史研究之间是紧密相连的，历史学的专业化与为现实政治服务这两者之间并不矛盾。进言之，历史研究的专业化使得历史学不同于政治学而又能为现实政治服务。就这一意义而言，兰克史学衍化的结果——普鲁士学派的形成与发展也是历史学专业化的一个表现。特别是普鲁士学派代表人物聚贝尔等人创办的《历史杂志》为德国历史学的专业化作出了重大贡献，体现了德国历史学科学化、专业化的进程。

1. 普鲁士学派

19 世纪德意志统一运动中，普鲁士学派高唱历史研究为现实政治服务，特别是为德意志统一大业服务。为了让自身历史著述具有说服力、从而更好地服务于现实政治，普鲁士学派在历史研究方法上继承了兰克的部分原则，并深化了历史的功用性，体现了 19 世纪历史研究专业化历程中的一种特殊趋势，展现了历史研究科学化后的一种特定朝向。这其中，达尔曼是这一学派的精神之父；德罗伊森和特赖齐克则是得力干将；而聚贝尔是普鲁士学派最为重要的代表。

达尔曼　达尔曼(Friedrich Christoph Dahlmann，1785—1860 年)出身于名门望族，1810 年获得符腾堡大学哲学博士学位，1811 年成为哥本哈根大学哲学教授，1812 年达尔曼获得基尔大学的教职，主讲历史，1813 年被聘为副教授。而后 1842 年被聘为波恩大学历史与政治学教授。从 1815 年起，达尔曼决心以严肃的历史研究来复兴德意志的政治②。至此，他将一生的心血都投入到了民族主义和爱国主义激情之中。

达尔曼一生一方面狂热地投身于现实的政治活动，另一方面不断地著书立说，借历史著作来宣传其政治理念。他的主要历史著作有《丹麦史》、《英国革命史》、《法国革命史》、《德国历史史料探源》、《历史领域的研究》、《希罗多德：生平与著作》、《政治学》等。

达尔曼认为，过去的历史与现今社会之间有着密切的联系。在《英国革

① Leopold von Ranke, “On the Relationship of and Distinction Between History and Politics”, *The Secret of World History*, edited by Roger Wines, Fordham University Press, New York, 1981, p. 114.

② Brigitte Theune, *Volk und Nation bei Jahn, Rotteck, Welcker und Dahlmann*, Berlin: Verlag Dr. Emil Ebering, 1937; Otto Georg Brügmann, *Die Verdienste Dahlmann's um das hannoversche Staatsgrundgesetz von 1833*, 1902.

命史》中，他曾说，英国革命中的现象，“都是富有指导意义的，与此同时也展示了更为遥远时代的画卷，并与困扰现今的问题牵连，甚至能揭开未来面纱的一部分”。就英国历史而言，千余年前恺撒以及征服者威廉就已经决定了英格兰未来的命运。在他看来，已经过去的历史与现在、未来都有着紧密的关系。因此，作为历史学家应当带着“为我们自身时代最为重要事件提供精确判断”这一目的来研究历史[①]。达尔曼借英国革命宣扬自由的精神。他认为虽然英国“迈向自由的进步历程总是受到干扰”，但这一历程应当被视为英国历史最为重要的内容，因为这一历程依然还在进行，并将会给“未来时代带来难以估量的好处”[②]。达尔曼并不是为了学问而研究，相反，他希望从历史中寻找自由的精神，并以此作为指导其生活的原则。带着这种信念，达尔曼在整个《英国革命史》中将君主立宪制看作是最理想的政权形式，他还试图将这种政权形式与德意志现实政治相结合——这或许是达尔曼研究英国革命史的最终动因。

达尔曼时刻不忘鼓吹德意志统一，他每一部历史著作都几乎与德意志统一大业有着千丝万缕的联系。在《丹麦史》中，达尔曼将海格维希、施莱格尔、缪勒的历史著作都看作是史料的堆积；他认为这样的历史并不能给读者带来启示。达尔曼认为自己研究丹麦史“绝不会仅仅只是考证史料，而是致力于揭开覆盖在历史之上的盖子，展现历史最原始的本质”。具体而言，就是研究历史上分崩离析的丹麦是如何联合起来成为一个整体的[③]。实际上，达尔曼就是通过对丹麦历史的叙述而为德意志的统一做宣传。这位史学家不辞疲倦地身兼政治宣传家之职，他的每一部历史著作都极力宣传在全德意志建立集权国家的必要性。

达尔曼在史学上还有一突出成就就是编写了《德国历史史料探源》一书。1830 年这一书目提要第一版出版，书中罗列了 614 部著作并做了简要的介绍与评述[④]。其后达尔曼补充大量新材料于 1838 年再版此书，此时书中所收录的著述已达到 1 300 多部。此后达尔曼不断收录新材料，到 1868

① Friedrich Christoph Dahlmann, *The History of the English Revolution*, Translated by H. Evens Lloyd, London, 1844, pp. 1 - 2.

② Ibid., p. 10.

③ Friedrich Christoph Dahlmann, *Geschichte Dänemarks*, Vol. 1, Hamburg, 1840, VIII - XII.

④ Friedrich Christoph Dahlmann, Quellenkunde der deutschen Geschichte: nach der Folge der Begebenheiten für eigene Vorträge der deutschen Geschichte, Göttingen, 1830.

年第三版时，书中所列书目多达2 800部。达尔曼去世后，1875年由魏茨整理出版的第四版书目提要已经涵盖了3 215部著述[①]。这一书目提要收录德国主要史料以及知名著作、期刊文章，以便于历史初学者较快掌握历史研究学术动向，为成为专业的历史研究者奠定良好的基础。达尔曼编写这一书目提要以及此后不断扩容再版，都意味着历史研究的进步以及历史研究的专业化程度大大加深。

德罗伊森　德罗伊森(Droysen，1808—1884年)出身贫寒，1808年出生于普鲁士境内波美拉尼亚的特雷普托夫城，早年在极其贫苦的环境中长大。1826年，他入柏林大学学习，深受黑格尔和伯克的影响。1831年完成博士学业，并于1833年获得古典语言方面的教授教职，与兰克同事，同年开始整理出版《亚历山大大帝传》，其后又分批出版其《希腊化时代史》。1840年，他凭其博士论文《亚历山大大帝传》及续编《亚历山大的继承人》而成为基尔大学的历史学教授，此时的研究重点也转到了近代，并且开始强化历史作品的政治功能。在这所大学中，他讲授1813—1814年反拿破仑时期的历史。而后该讲稿以《解放战争时期讲稿》(《论民族解放战争时期的历史》或《关于自由战争时代的讲演稿》)之名于1846年出版。在这部书中，德罗伊森宣扬温和的自由民族国家改革思想，并以近代市民社会解放运动的立场，批评当时的社会政治状况。与此同时，德罗伊森在反对丹麦队什列斯威-霍尔斯顿后果的政策中，是作为积极的鼓手[②]。这标志着德罗伊森已经投入到普鲁士学派的阵营。

德罗伊森认为历史教学的目的，在于激发人们的爱国心，使之乐于为祖国的光荣而效命疆场。1859年，他重回柏林大学任教。此后他又花费了30多年的时间撰写了《普鲁士政治史》(或《普鲁士政策史》)12卷，第1卷出版于1855年，最后1卷1886年面世。在这部著作中，德罗伊森充分展示了其运用史学为政治服务的意图。

《普鲁士政治史》具有很高的史料价值，内容全部根据文献资料，特别是普鲁士档案馆档案资料写成。在书中，德罗伊森出于为普鲁士军国主义服务的目的，试图从历史上证明只有普鲁士方能担当得起德意志民族复兴的重任，硬把普鲁士国家君主制度的起源和发展说成是德意志民族发展的需

① 〔美〕J・W・汤普森：《历史著作史》(下卷，第三分册)，第283页。
② 〔德〕德罗伊森：《历史知识理论》，胡昌智译，北京大学出版社2006年版，第8页。

要,并将奥地利排除于德意志统一大业之外。此外,他还从民族沙文主义立场出发,把普鲁士的历史硬塞进德意志民族中,把普鲁士的历史当作是霍亨斯陶芬王朝的扩张史、德意志帝国的历史。德罗伊森运用历史解释的巨大能量,将普鲁士王国的起源与发展解释为德意志民族发展之内在必然性的显现,从而为普鲁士统一德国的大业寻找历史和理论的依据。

在此书中,德罗伊森鼓吹建立强大的帝国军队,推崇强权政治。在他看来,为了强权国家特质的权力,可以牺牲自由主义所追求的、个人可以反对国家的自由权。换言之,为了国家的利益,个人应当牺牲一切。而在《历史知识理论》中论及政府时,德罗伊森认为,在道德与历史或者政府之间并没有冲突。一个政府如果不倚仗纯粹的、简单的武力,而是依靠某种伦理,那么它就达到了历史伦理的最高层次——国家。他认为普鲁士国家在 19 世纪就已经完成了这一过程。他还认为,在这种国家中,共同利益与个人自由之间并没有太多的冲突与矛盾①。这两者之间的矛盾,德罗伊森求助于道德层面上的解决。换言之,在道德层面上,个人与国家之间是没有矛盾与冲突的。他深信,在以宪法为基础、以强权为目的的民族国家,不但不会妨碍人对自由的追求,而且还有利于自由的实现②。

在史学认识论和方法论方面,德罗伊森有其独特的贡献,著有《历史知识理论》,其中蕴涵了丰富的历史主义史学思想,也体现了历史学本身科学化、专业化的思考。关于历史学的自主性,德罗伊森认为诠释学的求知方式是历史知识所特有的,指出历史学与哲学、自然科学、神学等都是不同的,有区别的。这种知识划分,实际上将历史学与其他学科立足的一些基本互异的意识行为划分清楚了③,为历史学的独立、科学化扫清了理论障碍。

此外,德罗伊森在此书中批判了兰克史学式的史料考证,他认为这种历史客观主义是"太监式"。他认为历史最重要的工作不是史料考证,而是追求历史中的脉络,是"从现今、从发展的结果,回溯、重建而得,它根本不会自动显示在史料上"④。换言之,历史研究就是从现实出发,依据现实的要求而倒溯到过去。这其中最关键的就是依据现实,从现实出发。从这一点上

---

① 〔法〕雅克・勒高夫:《历史与记忆》,方仁杰、倪复生译,中国人民大学出版社 2010 年版,第 187 页。

② 〔德〕德罗伊森:《历史知识理论》,第 10 页。

③ 同上书,第 16 页。

④ 同上书,第 20 页。

来说，德罗伊森强调的历史为政治服务，是再正常不过的一种研究态度了。

德罗伊森的《历史知识理论》一书，作为史学理论专著，反映了19世纪德国历史学理论的成就，也表现出德罗伊森在史学理论方面卓越的思考力。从这一方面而言，德罗伊森是普鲁士学派的真正建立者。

德罗伊森之后，普鲁士学派在历史主义史学道路上走得更远，他们将兰克史学中的政治意图发挥到了极致，甚至伤害到了历史真实本身；历史主义之中的保守倾向与主观主义思想经普鲁士学派倡导而逐步深化。

特赖齐克　德国浪漫主义史家鲁登的学生特赖齐克(Heinrich Gotthard von Treitschke，1834—1896年)是普鲁士学派重要代表之一。这位曾辗转于弗里堡大学、基尔大学、海德堡大学、洪堡大学任教的史学家将历史研究与政治实践紧密结合在一起。早年的特赖齐克深受达尔曼的影响，大体而言他是一名自由主义者，力主在德意志实行议会政府，建立宪政国家，扫除一切小国小邦，实现德意志地区的统一。在他看来，"每一个强大的民族都应当建立起殖民强国，所有伟大的民族都应当竭尽全力在野蛮人的土地上树立自己的国土界碑"①。特赖齐克这一惊世骇俗的、极端的民族主义论调，实际上就是赤裸裸地强调弱肉强食，这是一种典型的社会达尔文主义。

在这种观念的主宰下，特赖齐克认为，在德意志统一过程中吞并小邦国是理所当然的事情②。他声称，在德意志统一时代，"使徒们那种重复和平的陈词滥调以及神父们围着守财奴转的墨守成规，或者是对目前时代悲惨境地熟视无睹，这些都不合适德意志民族。确实，我们现在的时代是战争的时代，是铁与血的时代"③。特赖齐克鼓吹弱肉强食是天经地义的事情，是符合达尔文"物竞天择、适者生存"原则的。他认为只有普鲁士才是德意志地区的强者，才能担当统一德意志重任并完成使命；并且"每一位善良的普鲁士人都应当支持政府"④。这样一来，作为历史学家就更应该站在普鲁士的立场上用笔与舌为普鲁士统一德意志而摇旗呐喊。

---

① Heinrich Gotthard von Treitschke, *Treitschke: His Life and Work*, edited by Adolf Hausrath, Routledge, 1914, p. 45.

② Michael Burleigh, Wolfgang Wippermann, *The racial state: Germany, 1933 - 1945*, Cambridge University Press, 1993, p. 27.

③ Heinrich Gotthard von Treitschke, *Zehn Jahre deutscher Kämpfe*, George Reimer, 1897, S. 275.

④ Ibid., S. 153.

特赖齐克这种思想在其代表作——1879年出版的《19世纪德国史》中表现得尤为突出。这部著作从19世纪初的德意志一直写到1847年。在谈到这部书的写作目的时，特赖齐克曾说，“它应简洁明了、通俗易懂，应向麻木的大众表明，我们缺少一切政治生活的基础：法律、权威、自由；应向他们表明，除了消灭那些小邦国之外，我们没有其他的安全保障。……因为我知道这本书对于年轻人来说是一名多么出色的教师，而它也能使我更能影响新的一代”①。全书充满了鲜明而浓厚的政治色彩，特赖齐克认为整个德意志地区的历史应当通过普鲁士的历史来理解，他在书中不遗余力地为普鲁士充当德意志统一大业的旗手而大造舆论，其书充斥着狂热而浓烈的情感。

特赖齐克也曾意识到历史著作中融入太多的感情或许有悖于历史求真、客观的原则，但他很快就改变想法，认为历史写作可以无所顾忌，历史学家可以在历史著作中融入浓烈的激情②。

尽管特赖齐克带着政治的目的撰写历史，但他的著作在19世纪德国史学史中还是有其独特的价值。特赖齐克曾为撰写《19世纪德国史》花费近20年的时间收集史料，撰写著作，其对历史研究的严谨态度也是令人瞩目的。此外，特赖齐克在《19世纪德国史》一书中还集中描述了拿破仑战争之后到1848年间德意志诸小邦的情况，书中涉及德意志民族生活的各个方面。这为研究19世纪德国史保留了一些珍贵的史料。

2. 聚贝尔与《历史杂志》

普鲁士学派最重要的代表——聚贝尔(Heinrich Karl Ludolf von Sybel，1817—1895年，又译息贝尔或齐伯尔)出身于普鲁士莱茵区杜塞尔道夫城的一个资产阶级家庭，其父为普鲁士政府的官员。早年曾在柏林大学研习历史，深受萨维尼、兰克等人的影响。1837年聚贝尔获得柏林大学博士学位；1841年出版《第一次十字军史》。自1844年起，他先后在马尔堡大学、慕尼黑大学、波恩大学主讲历史课程。1853—1879年，他分批出版其《法国大革命时期的历史》。晚年还著有《威廉一世创建德意志帝国史》。虽然他重政治超过了重历史，但在19世纪德意志资产阶级史学中仍占有重要地位。

---

① 〔法〕安托万・基扬：《近代德国及其历史学家》，黄艳红译，北京大学出版社2010年版，第206—207页。

② 同上书，第215页。

和达尔曼一样，聚贝尔的政治热情在他的历史著作中表露无遗。这样的治史态度显然与兰克的思想相违背，因而最终导致了聚贝尔与兰克的决裂。聚贝尔认为历史是政治的工具，并以这种观念用于治史。他在《法国大革命时期的历史》中指责法国的革命者以抽象的原则作为革命的依据，整个革命带来的是混乱、暴力、破坏；特赖齐克甚至在此书中枉顾事实：他无视法国王后的过错，认为战争的责任应当由吉伦特派承担。其目的就是为了拥护秩序和纪律，反对激进主义，阻止革命在德意志地区发生，隔断革命思想在德意志的传播。在他看来，法国是一个墨守成规、垂垂老矣、时至暮年的老国家，而普鲁士则是"寻求阳光下的位置的新国家"①；法德之间不但民族精神气质完全不同，而且两国还在争夺利益方面处于敌对状态，1870 年德意志统一必然会与法国发生严重的冲突，战争势在必行。

虽然聚贝尔的史学著作充满了浓厚的政治色彩，虽然其著作中偶有不顾历史事实之处，但从总体上而言，他还是继承了兰克所主张的史料考证方法与原则。他的《法国大革命时期的历史》"在搜集政府文档、对其进行甄别分析、去伪存真、鉴别相互矛盾的史料等方面"②，都是堪称典范。

此外，聚贝尔在德国史学史中也有着重要的功绩。1859 他参与创办了闻名遐迩的《历史杂志》，这份杂志最终成为西方世界最重要的史学杂志之一。虽然聚贝尔说，这一杂志的目的是"向德意志人灌输坚定的政治原则"，"引导群众正确认识历史科学对我们民族之生存具有的价值"③。从总体上而言，这一杂志体现了历史研究的科学化与专业化程度。

在创刊号上，聚贝尔这位热情洋溢的史学家声称：

> 重要的是这一杂志将是一份科学的杂志。因此它的第一任务就是展示真正的历史研究方法，并指出背离真正历史研究方法之处。我们这一历史杂志的基础既不是古文物研究收集者的杂志，也不是一种政治杂志。④

① 〔法〕安托万·基扬：《近代德国及其历史学家》，第 160 页。
② 同上书，第 157 页。
③ 同上书，第 153 页。
④ Heinrich Karl Ludolf von Sybel, "Preface: Historische Aeitschrift, History as An Academic Discipline", *The Varieties of History from Voltaire to the Present*, edited by Fritz Stern, New York, 1973, p. 171.

一方面,聚贝尔等创刊者认为《历史杂志》与政治杂志不同,他们既不想把这一杂志用作讨论当前政治生活中的未决问题,也不想将这一杂志办成政党的机关党报、舆论阵地。另一方面,他们否认《历史杂志》是如《德意志史料集成》一样的出版物。这是因为史料等虽然是历史研究的重要内容,但历史研究最重要的部分是与现实生活相关联的部分,历史学家应当关注当前的事情,故而这一重要的杂志不会刊登史料整理方面的成果。具体而言,这一杂志"不是以趣味性而吸引读者,而是应当合理地敦促公众"。聚贝尔等史学家认为,这一历史杂志应当从现实生活需要出发,以历史研究引导人、敦促人。这是该杂志的最终目的;而其直接目的就是提供史学研究与交流的平台,"这一杂志将平等地审视历史研究各个领域所有的研究成果"①。

在写给魏茨的书信中,聚贝尔就这一杂志的定位问题明确说道:"我们的言论不是面向那些与我们在这一问题上看法一致的学界同僚;更不是面向文学界的那些浅薄之人,因为你我都不能指望改造他们。我们期望的是在受过教育的人民中间唤起关于真正的历史技艺的认识……我们的目的是不为教会服务,而是为学术服务。"②虽然聚贝尔也说过创办这一刊物的目的不光是为几十个专业历史学家服务,而是为"壮大民族运动的潮流"③。从刊物所刊载的文章以及相关的评述可以很清楚地知道这一刊物"为学术服务"是其主旨。换言之,"为学术服务"这一明白而简洁的声明,表明此时的德国历史学家已经很明确政治与历史之间的联系与区别,深化了历史研究的旨趣与意义,是历史研究科学化到一定程度的体现,也是历史研究专业化的必然要求。

此外,普鲁士学派还有不少其他的知名史家,比如豪泽、费科尔、阿尔内特、西科尔等人。他们都是从现实的政治出发来研究历史,主张历史应当为政治服务。

作为兰克史学衍化的普鲁士学派表面上强调历史屈从于政治,实际上这一学派基本上还是秉承了以兰克史学为代表的客观主义史学原则,突出了史料考证的重要性与必要性,这都是历史研究专业化的体现。

---

① Heinrich Karl Ludolf von Sybel, "Preface: Historische Aeitschrift, History as An Academic Discipline", *The Varieties of History from Voltaire to the Present*, edited by Fritz Stern, New York, 1973, p. 172.

② 〔法〕安托万·基扬:《近代德国及其历史学家》,第153页。

③ 同上书,第154页。

六、尼布尔与兰克

尼布尔的《罗马史》以翔实的考证而著称。对于这位学术前辈，兰克在提及《拉丁与条顿民族史》时说，“我的著作不是建立在尼布尔基础之上的，事实上尼布尔的著作侧重于继承一种传统”①，表明他的主张与尼布尔的《罗马史》是截然不同的，但是他对尼布尔所取得的史学成就还是很认同的。兰克曾把尼布尔誉为“研究罗马历史无与伦比的专家”②，称赞他运用严谨的史料来论述罗马历史，将一段一直为人所误解的罗马历史的真相展现在世人面前。至于尼布尔的史料考证方法，兰克认为这种方法是“历史研究方法的典范”③。从这一点上来说，兰克对尼布尔的史学著作与方法还是比较了解的。

阿克顿曾在《德国历史学派》中明确指出，“兰克深受尼布尔的影响”④。这种影响主要体现在史学研究方法上。从尼布尔的史学方法来看，他对吉本在《罗马帝国衰亡史》中“对罗马历史的野蛮处理和过分处理”不满，提出“我们必须试图杜绝虚构和伪造，控制住我们的想象力，以认知那隐藏在这些外壳之下的历史真实”⑤。在尼布尔看来，撰写历史著作只能严谨地依据确信的史料，而不能借助一些未经证实、甚至是无法证实的材料来捏造历史，更不能将自身的主观因素加入到历史撰述之中。这些观点和后来兰克的“说明事情的本来面目”的史学追求可谓有异曲同工之妙。

尼布尔说自己的著作是“一本声称是一本科学的而不是一本艺术性的著作”⑥。但是实现这一写作目标并不是很容易的事情。尼布尔自己也很清楚“古代的这些知识是模糊不清的、令人困惑的，甚至事件自身也是伪造

---

① Leopold von Ranke, “Autobiographical Dictation”, *The Secret of World History*, edited by Roger Wines, Fordham University Press, New York, 1981, p. 40.

② Leopold von Ranke, *Neue Briefe von Leopold von Ranke*, Gesammelt und bearbeitet von Bernhard Hoeft. Hrsg. von Hans Herzfeld, Hamburg, 1949, p. 697.

③ Leopold von Ranke, *Das Briefwerk von Leopold von Ranke*, Hrsg. von W. P. Fuchs, Hamburg, 1949, pp. 229,296.

④ Lord Acton, “German Historical Schools”, *English Historical Review*, Vol. 1, No. 1 (Jan., 1886), p. 13.

⑤ Barthold Georg Niebuhr, “Preface to the First Edition: History of Rome”, *The Varieties of History from Voltaire to the Present*, Edited, Selected, and Introduced by Fritz Stern, Random House, Inc., New York, 1972, p. 48.

⑥ Ibid., p. 49.

的、虚假的"[①]。这样一来,历史学家的首要任务就是要考证史料,"历史学家的任务是将古人的宣言陈述与实际事物结合起来,将证据与那尽管是相对立的证据结合起来"[②]。尼布尔在《罗马史》的撰写中彻底地贯彻了这一原则。他充分运用语言学[③]、考古学等方面的知识,对相关史料进行了全面而细致的考证,从而写出了信而有征的史学巨著。他在史料考证方面的突出贡献,使得后人在接触盛行于19世纪欧洲史坛的德国语文考据学时,不由自主地想到了这位开拓者的功劳[④]。也可以这样说,史料考证是尼布尔史学的最大特色。很显然,兰克的史料考证方法与之不无联系。

虽然尼布尔表示,"我的目标是尽最大可能地使用完整的证据,得出完整的结论"[⑤],但是他认为这种"精细的研究"并不等同于史学研究本身。对历史学家来说,如果只是否定一个个假设,确定一个个事实,还是远远不够的。因为这"只是收集关于那个时代(李维的著作所没有论及的时代)的一些无生命的碎片"[⑥]。从严格意义上的历史研究来说,这几乎什么也不是。因此,尼布尔指出,历史学家研究历史除了要严格地依据史料考证方法考订史料之外,还需依据考订出来的史料作进一步的研究——"至少他必须揭示那事件之间的一般的可能的联系"[⑦]。这些观念与后来兰克对历史研究的特点以及历史学家的任务所提出的要求是何等相似。由此,我们很难说,兰克没有从史学大师尼布尔这些观念中汲取一些精华。

---

① Barthold Georg Niebuhr, "Preface to the First Edition: History of Rome", *The Varieties of History from Voltaire to the Present*, Edited, Selected, and Introduced by Fritz Stern, Random House, Inc., New York, 1972, p. 48.

② Ibid., p. 50.

③ 据有关研究表明,尼布尔在开始撰写《罗马史》之前,至少精通二十几种文字。参见 Barthold Georg Niebuhr, Preface to the Second Edition: History of Rome, *The Varieties of History from Voltaire to the Present*, Edited, Selected, and Introduced by Fritz Stern, Random House, Inc., New York, 1972, p. 47。

④ 1908年6月《学报》上刊载了日本史家濑川秀雄《西洋通史》第四编中关于德国史家的相关论述。其中提到尼布尔时说,"德国史学界,最初以科学的研究法号召一世者,当推牛布尔(Niebuhr,即尼布尔)……故氏之著书也,首在利用其博学寡闻,广征史料,凡断简残编,苟稍有研究之价值者,靡不毕备。既得之逡,则以其炯眼巨识,鉴别此等史料之真伪,而确定一中正不偏之史实"。参见〔日〕濑川秀雄:《百年来西洋学术之回顾》,仲遥译:《学报》,11号(1908年6月26日)。

⑤ Barthold Georg Niebuhr, "Preface to the Second Edition: History of Rome", *The Varieties of History from Voltaire to the Present*, Edited, Selected, and Introduced by Fritz Stern, Random House, Inc., New York, 1972, p. 52.

⑥ Ibid., p. 50.

⑦ Ibid., p. 48.

至于历史学家的个人主观性，尼布尔曾指出，“一个希望寻求真相的作者，以一种无党派性或无意引起争端的方式，所写的历史著作，应该可以引起人们的注意，并受到不考虑利益的方式而被检验、判断评价”①。这与兰克在晚年所提出来的“消灭自我”是完全一致的。

尼布尔与兰克两人的史学思想存在着诸多相似之处，应该说两人的思想是一种前后继承的关系。这一点从兰克的书信中也得到了证实。1830年1月13日，尚在意大利科学考察的兰克写信给朋友柯皮塔尔说，“尼布尔那精良的校勘法为我所用”。兰克曾运用这种史料考证方法来研究柯西尼私人图书馆里的大量文献材料。在获得了令人满意的研究成果后，兰克充分认识到了尼布尔史料考证方法的有效性②。1885年12月27日，兰克在给波恩大学校长以及校务委员会的一份信中提及尼布尔，曾说，“我自己也是尼布尔的信徒，深深为他所吸引”③。此时的兰克可谓是独步德国史坛，甚至是整个欧洲史坛，而他却极为谦虚地表示尊尼布尔为师。应该可以这样认为，尼布尔是兰克的精神导师之一，兰克的很多史学思想都是承袭尼布尔的一些史学观念而来的。

尼布尔除了其史学思想泽被后世之外，其品行也是当时知识界的楷模。哲学家狄尔泰就曾经说，“年轻人如不对这位伟大的学者的人格进行思索，以提升自己的道德精神水准，是不能进入大学学习的”④。这表明，19世纪的知识界对尼布尔推崇备至，而这也是尼布尔史学思想得以广为传播、影响到兰克等史家的原因之一。

---

① Barthold Georg Niebuhr, “Preface to the Second Edition: History of Rome”, *The Varieties of History from Voltaire to the Present*, Edited, Selected, and Introduced by Fritz Stern, Random House, Inc., New York, 1972, p. 49.

② Leopold von Ranke, *Neue Briefe von Leopold von Ranke*. Gesammelt und bearbeitet von Bernhard Hoeft. Hrsg. von Hans Herzfeld, Hamburg, 1949, p. 133.

③ Leopold von Ranke, *Neue Briefe von Leopold von Ranke*. Gesammelt und bearbeitet von Bernhard Hoeft. Hrsg. von Hans Herzfeld, Hamburg, 1949, p. 737。这封信是兰克邀请波恩大学校长以及校务委员会成员参加纪念他90岁诞辰的信函，信中提到了古典学者尼布尔（尼布尔曾在波恩大学任教）。

④ 转引自斯特恩为尼布尔《罗马史》前言所作的说明性文字。参见 Barthold Georg Niebuhr, “Preface to the First Edition: History of Rome”, *The Varieties of History from Voltaire to the Present*, Edited, Selected, and Introduced by Fritz Stern, Random House, Inc., New York, 1972, p. 47。

第五章　史学科学化与专业化

19 世纪西方史学在以兰克史学为代表的客观主义史学影响下，以科学为旗帜，启动了史学科学化与专业化的引擎。至此，整个西方史学都在“科学化”的名下，以“德国”为师，开始构建史学的科学化与专业化。

在这一世纪里，历史学发展为一门独立的学科，跃居人文科学之首。是时，由于历史学的专业化，历史研究的分工日益精细，历史学高级专业人才不断被培养出来，尤其在当时西方各国的国民教育中，历史课程的设置与教学，都被放到重要的位置。

此外，欧美各国普遍地创办了历史学会与历史杂志，如 1859 年德国创办的《历史杂志》，1876 年法国创办的《历史评论》，1886 年英国创办的《英国历史评论》，1895 年美国创办的《美国历史评论》等。这都昭示着 19 世纪史学的专业化。

一、兰克史学的薪火相传

19 世纪西方史学专业化的进程在 1824 年兰克宣称“如实直书”之后大大加快。以兰克为代表的客观主义史学在 19 世纪的西方曾被奉为“科学的历史学”的圭臬，并成了这一世纪资产阶级史学发展的主流。在英国，通过阿克顿创立的剑桥学派的宣传；在法国，通过摩诺创办《历史评论》的宣传；在美国，通过班克罗夫特的宣传，兰克为代表的客观主义史学快速传播。一时之间，兰克的“如实直书”理念、客观公正的精神以及史料研究的方法成为西方史学界公认的科学典范。

可以说，正是由于兰克及其传人的努力，历史学才得以迅速成长为一门独立的科学，故提到 19 世纪西方史学的专业化、科学化历程，就不得不再次提到兰克；而历史学的专业化与科学化在兰克及兰克传人这里得到了最充分的体现。

1. 兰克史学思想的传播

兰克确立“习明纳尔”教学研究方式，目的是培养从事史学研究的高级人才。他在教学中发现，对那些有志于从事历史研究的学生而言，仅仅只是通过课堂传授一些史料考证的初步知识，是远远不够的。培养这一类学生，必须使他们对历史研究的整个领域有一个总体的把握与了解，“以便今后在某项特殊研究中遇到细节时不至于不知所措”。兰克认为，向这些学生传授知识的最好方式是，“仔细介绍一位学者的实际工作和个人活动才是可取的”①。于是，自1833年起，兰克把他最亲近的几个弟子召集在书斋中，让其自由选择研究课题、集体讨论，其间时而穿插着兰克的评判。这便是对后世历史教学研究工作影响至深的“习明纳尔”专题研讨班的表现形式之一。

兰克本人讲课并不生动，他在课堂上的讲话没有多大生气，语速时快时慢，“一位受欢迎的演讲家的风度和魅力在他的身上一点也没有”②。他的学生对他在课堂上的表现评价并不高。这样一来，他的史学思想是很难通过这样乏味的课堂教学而传递开来的。或许，兰克自己也认识到了这方面的缺陷，于是他借用了其在莱比锡大学就读时所接触到的专题研讨班教学方式。这种寓教学、研究于一体的方式弥补了他在讲课方面存在的不足，成为他培养学生、传递史学思想的主要方式。

在专题研讨班上，兰克注重让学生自己动手从事具体的历史研究。他选取当时历史研究最为薄弱、也是最重要的中世纪史作为研讨班的主题，允许学生根据自己的专长与需要，选择不同的研究方向，然后所有的参与者聚在一起，共同讨论各个研究成果的得与失。兰克本人在整个过程中，主要是宣扬一些基本的研究方法与理念。他教导学生，历史研究的主要目的是弄清楚事实，而弄清楚事实的主要途径就是考证史料之后依据客观公正的原则来撰写历史。

兰克通过这种“习明纳尔”专题研讨班，将其史学理念散播开来。他的史学思想得到如此广泛的认可，除了其理论体系自身的原因之外，还和这种专题研讨班有着密切的联系。正是通过这种专题研讨班的形式，通过这种口耳相授的方式，兰克史学思想中的一些精髓为世人所知，其影响也与日

① 转引自〔美〕J·W·汤普森：《历史著作史》(下卷，第三分册)，第241、242页。
② 同上书，第240页。

俱增。

2. 兰克学派的形成与壮大

兰克这种寓教学、研究于一体的“习明纳尔”，其直接影响就是众多弟子脱颖而出，成为各自领域的佼佼者。如吉泽布雷希特、魏茨、聚贝尔、希尔施等。按照兰克的说法是，通过这一专题研讨班，“这些人业已为他们自己取得了很好的成就”①。其后，专题研讨班的成员们各自依据自己的专长选择研究方向。如，科普克对亨利一世时期的历史感兴趣；希尔施主要从事亨利二世皇帝的研究；魏茨潜心研究德意志的法制史；吉泽布雷希特对鄂图二世的研究等。这些卓有成效的研究成果和研讨班成员在学术上的成长，是兰克专题研讨班最大的成就。

兰克自己很清楚这种专题研讨班的巨大效应。他曾经表示，他很高兴看到那些有志于史学研究事业的“有才能有热情的青年参加研究。后来还逐步写出一些在学术上颇有意义的著作”②。学生们所取得的成就让这位老师感到分外骄傲，他把这些成就视为他教学研究成果之一③。

经兰克的这种专题研讨班培训出来的成员，基本上都成了独当一面的史学家。在兰克长达近半个世纪的教学研究期间，这种专题研讨班培养了众多的史学人才。众多出自兰克门下的专才秉承兰克治史理念，成为客观主义史学流派的支柱。最出名的是兰克的三大弟子，即魏茨(Georg Waitz，1813—1886 年)、吉泽布雷希特(Wilhelm von Giesebrecht，1814—1889 年)、聚贝尔(Heinrich von Sybel，1817—1895 年)。

其中，兰克最为欣赏的弟子是魏茨。1833 年，服膺尼布尔史料考证方法的魏茨进入兰克的研讨班，并很快展现出在收集编撰史料方面的特殊才能。在研讨班上，魏茨和希尔施共同证明了中世纪的《科维编年史》是杜撰的。在兰克的研讨班里，他还完成了《亨利一世年鉴》并获征文大奖。1836 年兰克介绍魏茨给正在编撰《德意志史料集成》的佩茨，使其才能得到充分体现。1841 年，魏茨发现了对研究基督教传入德国之前历史有着重要意义的《梅则堡咒文》，随后他整理出版了《伯廷年鉴》。尤其是《伯廷年鉴》的发现与整理，为研究公元 830—882 年之间法兰克王国的历史提供了重要的史

---

① Leopold von Ranke, “His old Students”, *The Secret of World History*, edited by Roger Wines, Fordham University Press, New York, 1981, p. 264.

②③ 〔美〕J・W・汤普森：《历史著作史》(下卷，第三分册)，第 242 页。

料来源。对此，兰克无比欣喜地称赞魏茨为“莫拉托里”[①]式的天才。

由于魏茨在中世纪研究方面的突出成就，年仅29岁就被聘为基尔大学历史学教授。在长达34年的学术生涯中，魏茨忠实地贯彻兰克所倡导的“如实直书”。1844年魏茨主编《撒克逊人统治下德意志帝国年鉴》第一卷出版时，他在献辞中写道，“这本书是我对您的忠诚与敬爱的一个证明”。虽然在编写的过程中困难重重，但是魏茨依然坚守兰克的信条，“我只是整理史料，而对史料不加任何解释或对其进行评价……因为这会对历史真实造成伤害……我没有接受片面的史料，更不会容纳虚假的史料，我所追求的是真正准确无误的史料”[②]。在其代表作《德意志宪政史》中，魏茨表示这一著述凝结了兰克所传授的“严格的历史研究方法”，他声称自己如同兰克一般研究历史，其著作中“没有解释也没有评判”；对于自己的工作，魏茨很自信地向兰克表示，“您知道，我只是如实记录而已”。难得的是，魏茨这一著作充分汲取了前人研究的成果，他自己也表示，“我关注所有与此研究主题有关的研究成果……我们站在我们前人的肩膀之上，故而能比其看得更深远，也比他们更强大，但是我们不要忘记我们的研究受惠于前人”[③]。这说明作为专业历史研究者的魏茨已经能充分认识到历史研究并非单个个人的一时兴趣所致，而是在充分了解前人研究成果的基础上主动去求真、争取更大的进步。这不仅仅是一种严谨科学的治学态度，而且还是史学专业化过程中史学家对史学研究认知深化的结果。

不仅如此，魏茨还通过历史研讨班——“习明纳尔”将兰克史学的精神传递给徒子徒孙。1867年，魏茨无比虔敬地对兰克说：

> 三十四年来，您，这位最让人敬畏的师长、最尊崇的友人告诉我一句最让人愉悦也最让人无比骄傲的话——“你的学生也是我的学生”。多年来，我一直贯彻我从您那儿学到的科学研究的原则及观点，特别是

① 路德维克·安东尼奥·莫拉托里(1672—1750年)，意大利近代史学的先驱。他曾经花费15年的时间专心编校《意大利史学家汇览》，这部著作是6 15世纪意大利诸史学家著作的汇总。其后，他出版了这部书的补编《意大利古事记》，主要是记述中世纪意大利的政治、制度、军事、经济和社会等方面历史的诸多文献的汇总。兰克把魏茨比作是莫拉托里，这是对魏茨在史料整理方面工作的高度评价。

② Georg Waitz, *Die Formeln der deutschen Königs-und der römischen Kaiser-Krönung vom zehnten bis zum zwölften Jahrhundert*, Kiel, 1872, S. 1 - 2.

③ Georg Waitz, *Deutsche Verfassungsgeschichte*, Band. 1, Kiel, 1856, Ⅳ-Ⅷ.

> 当年我们聚集在您的周围所作的历史专业训练、学习与他人就其研究所长进行交流与请教。……你喜欢常说的历史著作的基本要求,即,历史学家的职责是:批判、精确、敏锐的洞察,其著作应当是所有时代的榜样与典范。①

魏茨一再表示"习明纳尔"这种培养史学高级研究人员的方法让人知道什么是真正历史研究,专业的历史研究者的基本素养有哪些以及如何使历史著作成为科学的典范②。在历史教学中,魏茨忠实地将兰克史学原则灌输给学生,其历史研讨班在培养史学人才方面甚至比兰克更为出名。

但兰克这位忠实的弟子从不居功自傲,而是时刻将自己所取得的成就全部归功于兰克。魏茨指出,正是因为兰克的努力,"科学的严肃性与信仰的虔诚性"在历史研究中得以结合;正是因为兰克的号召与领导,"各个领域学有专长的专业历史学家、政治学及哲学教师、政治家们都投身历史学这一独立而影响深远的活动之中"。《德意志帝国年鉴》、《德意志史年鉴》等大部头著述得以完成③,也正是兰克习明纳尔的成功推广,历史研究人员的培养"有了正式的地位与必要的资金来源",使历史研究有了原则与规范,促使投身历史研究的专业人士日见增多,并为"德国历史学带来广泛的荣誉与影响"④。

魏茨骄傲地对兰克说,参与德国史料整理工作的专业人士都声称自己是兰克的弟子,并且都认为过去的史学训练成就了他们的研究⑤。这其中就不得不提到兰克钟爱的另一位弟子——吉泽布雷希特。

这位以《德意志帝国史》而闻名的史学家一生致力于中世纪史的研究。在《德意志帝国史》第三卷中,吉泽布雷希特再三声明这一著作中的"史料经过严格的检验,而源自德意志、意大利图书馆与档案馆的档案史料给这一研究工作带来令人期望的结果"⑥。吉泽布雷希特严格依据兰克所传授的撰

① Georg Waitz, *Die historischen Übungen zu Göttingen: Glückwunschschreiben an Leopold von Ranke*, Kiel, 1867, S. 3.

② Ibid., S. 6.

③ Ibid., S. 4.

④ Ibid., S. 6-8.

⑤ Ibid., S. 5.

⑥ Wilhelm von Giesebrecht, *Geschichte der deutschen Kaiserzeit*, Band. 3, Braunschweig, 1869, VI.

史原则研究历史，其著作中充斥着大量的档案史料以及对史料的批判研究；他对史料的考证精益求精，以至于《德意志帝国史》写了四十余年依然还只写到12世纪。

在论及中世纪的政教争端时，吉泽布雷希特认为历史学家只有“冷静而公正地看待”才能获得正确的认知，并且历史学家越是坚持公正、淡漠地看待对立的双方，就越能不偏不倚对政教双方作出评判，就越能深入对立矛盾中而了解研究的对象。吉泽布雷希特认为，在历史研究中，研究者要面对的最大困难不是研究对象如何复杂，而是其自身的主观性，即，“他是与自己打一场艰苦的硬仗”。与兰克学派其他成员不同的是，这位历史学家认识到“没有人能自夸可以掌握全部真理，但是历史学家应当有意识地追求确信无误的知识——倘使历史学家能提供史料证据，那么他就可以超越个人的局限、超越世界历史研究中的纯粹直觉”①。从这一点来看，这位兰克历史研讨班上的佼佼者深得兰克史学精髓，并在兰克史学基础之上，既强调历史研究者个人主观性对研究的影响，又进一步深化了史料批判研究对于历史研究的重大意义。

此外，吉泽布雷希特还曾任巴伐利亚历史委员会秘书、巴伐利亚教育会议成员以及《德意志史料集成》协作者②，积极为历史学的专业化作贡献。特别是1862年吉泽布雷希特接任聚贝尔担任慕尼黑大学历史学教授一职之后，他在慕尼黑大学设立的历史研讨班为培养专业历史学家作出了杰出的贡献。

除此之外，经过兰克史学研讨班训练的学生，而后在史学界获得较高学术地位的就有三十多位，例如，威廉·沃顿巴哈、卡尔·阿道夫·康奈琉斯、鲁道夫·德尔布吕克、尉尔曼斯·罗哲尔、齐格弗里德·希尔施等。这些兰克门徒几乎把持了德国各大高校的历史学，甚至美国、英国历史学界也是如此③。

这些曾经受惠于兰克专题研讨班的成员们，将兰克的专题研讨班进一

① Wilhelm von Giesebrecht, *Geschichte der deutschen Kaiserzeit*, Band. 3, Braunschweig, 1869, VIII.

② 〔美〕汤普森：《历史著作史》(下卷，第三分册)，第264页。

③ 当时“兰克有30多名学生作为历史学家已获崇高声誉”。参见〔美〕汤普森：《历史著作史》(下卷，第三分册)，第258—275、424页。〔美〕汤普森：《历史著作史》(下卷，第四分册)，第580—587页。

步发扬光大。他们也采用这种教学研究模式，恪守兰克所倡导的史学研究基本原则，培养了无数兰克的徒子徒孙。这些人数众多的兰克门徒将兰克史学的影响推向了极至。一时之间，宣扬兰克的史学思想蔚然成风，兰克学派成为19世纪最显赫的史学流派。

这种专题研讨班除传递兰克的重要史学思想之外，还促成一种协作研究。兰克注重培养学生的实际研究能力，他的研讨班一项重要内容就经常把各具专长的学生召集在一起，共同从事研究。这一教学研究方式，不仅是鼓励学生按照自己的才能发展专长，而且还有助于形成一种协作研究①。

在兰克的主持下，专题研讨班的成员一起编写了《萨克森朝德意志编年史》。兰克认为，集合一群志同道合的学者从事这一编撰工作，或许在学术研究水平上，很难赶上劳麦的《霍亨斯陶芬王朝》和斯腾策尔的《舍拉朝诸帝传》。兰克也看到了这种研究的长处与优点。他认为，“我的研究方法为我们的研究工作确立了方向”②。严格地按照他的史料考证方法而进行的这种协作研究，虽然进展比较缓慢，但是在史料确证性上价值是更高的。

其后，兰克率专题研讨班的成员所完成的《萨克森朝德意志编年史》，以及后来兰克弟子们所主持编写的《德意志史料集成》等被视为研究德国史的重要史料来源，其中一个很重要的原因就是，依据兰克的史料考证方法而展开的协作研究在史料确证性方面，取得了很好的成就。兰克很欣慰地看到了这种研究的发展盛况，他骄傲地称，“当时我们静悄悄地开始撒下那些种子，现在已经长成参天大树了，树下栖息着来自天上的飞鸟”③。

这种协作研究带来了巨大成效，历史学科的专业化进程大大加快：大型史料整理工程取得举世瞩目的成绩；历史学家有意识地组建各种专业研究协会、创办专业研究人员交流的学术刊物；历史研究者培养中师承、学派的影响力度加大等。这些无不昭示着19世纪西方历史学的进步与专业化。

兰克这种专题研讨班所带来的史学人才的茁壮成长、集体协作研究的发展等影响，对历史学成为一门科学有着至关重要的意义。历史学要成为一门科学，除了需要科学的理论与研究方法之外，还需要大量的专门人才从

①③ Leopold von Ranke, His old Students, *The Secret of World History*, edited by Roger Wines, Fordham University Press, New York, 1981, p. 263.

② Ibid., p. 264.

事最基础的研究工作。只有这样才能促进历史研究的进步与发展，历史学才有可能在丰富、确证的史料基础之上，成为一门摆脱了虚构、臆想的科学。兰克的专题研讨班为历史学的科学化培养了大量专门人才，这是历史学科学化不可缺失的前提与条件。事实上，当时德国、英国、美国等国的历史学家大多都是兰克的弟子或再传弟子、私淑弟子。正是兰克的这些门徒们为历史学的科学化作出了巨大的贡献。从这个意义上来说，称兰克为“科学史学之父”也无不可。

二、英国史学专业化

19 世纪英国从事历史写作有两类人：一类是文人雅士，将历史研究视为怡情养性，他们撰写的历史著作大多面对市民阶层，以取悦于读者、获得市场认可为准；另一种则属于受过历史专业训练的学院派。19 世纪中后期，在史学科学化、专业化的潮流下，学院派重视运用专业手段进行研究，积极向欧洲大陆历史研究的先进水平靠拢。其中，牛津学派与剑桥学派的出现标志着历史学作为一门独立的学科在英国建立起来了。

1. 牛津学派与剑桥学派

牛津学派与剑桥学派的出现是 19 世纪英国职业历史学走向成熟的标志。然而牛津学派与剑桥学派并非是德国、法国那种史学学派，或是 20 世纪英国出现的那些史学学派；牛津学派与剑桥学派自身并没有什么独特的史学思想和治史原则。之所以称其为学派，是因为这些学派的历史学家们在思想上更接近欧洲大陆的历史研究潮流；与英国那种传统文人雅士的历史写作风格相比，其历史研著述更为科学、更为客观，体现了英国史学专业化程度①。

其中，牛津学派的主要成员是斯塔布斯（William Stubbs，1825—1901 年）、弗里曼（Edward Augustus Freeman，1823—1892 年）和格林（John Richard Green，1837—1883 年）；剑桥学派的代表人物有威廉·斯麦斯（Wiliam Smyth，1765—1849 年）、詹姆士·斯蒂芬（Sir. James Stephen，1789—1859 年）、查尔斯·金斯利（Charlse Kingsley，1819—1875 年）、西莱（John Robert Seeley，1834—1895 年）等。

① 此处文字参考张广智主著：《西方史学史》（第三版），第 187—189 页。

斯塔布斯对英国历史学的主要贡献是他倡导历史研究应当严谨而规范。其《亨利二世、理查德一世御位时期编年史》、《英国宪政史》等众多著述均是建立在翔实、确信的史料基础之上的史学名著。特别是在撰写《英国宪政史》时,斯塔布斯征引了当时条件下所能找到的所有史料,其著作史料之翔实、论述之精深令人赞叹不已,故时人称斯塔布斯“激起人们对史学的信心,而这种信心源自斯塔布斯那渊博而可信的知识、实诚的批判、精确的判断及其对人与事的深刻体验”①。虽然斯塔布斯的研究大多带有浓厚的政治色彩②,但他认为自己既不是哲学家,也不是政治家,而只是一位史学工作者。1866 年在牛津大学钦定教授就职典礼上,斯塔布斯明确表示,他期望自己能在英国历史学派建立中起到一点作用,为缩小英国史学与德法等欧洲大陆国家的史学之间的差距而作贡献;他认为英国历史学派“应当建立在系统广泛收集、编排原始史料的基础之上”③。为此,他将德国的治学方法介绍给英国人,以期牛津培养出一些扎扎实实的专业历史研究者。在担任牛津大学近代史钦定教授期间,斯塔布斯一直为这一目标不断努力。虽然斯塔布斯最终并未彻底改变当时英国历史教育中的固有传统,但他强调历史教育的最终目的就是“培育道德、社会以及政治生活中的判断”④以及对科学历史研究的不断追求,给英国历史学界的年轻后辈留下了深刻的印象⑤,促使他们致力于严谨科学的历史研究,从而推动了英国史学的专业化。

斯塔布斯不但热衷于德国史学研究方法,而且还特别推崇当时德国盛行的政治军事史传统。他主张历史研究要关注“那些在历史上留下难以磨灭痕迹的人,这些历史伟人具备的特性值得对其进行最细致的研究”,他强调历史专业的学生应关注时代伟大历史人物,而那些无足轻重的事件与人物对整个历史过程而言是可以忽视的,而研究这样不重要的历史现象是无法实现历史研究垂训功能的⑥。

---

① Charlse Petit-Dutaillis, Georges Lefebvre, *Studies and notes supplementary to Stubbs' Constitutional History*, Vol. 1, Manchester University Press, 1930, Ⅴ.

② William Stubbs, "Preface", *Select charters and other illustrations of English consititutional History*, Oxford, 1870, Ⅴ-Ⅵ.

③ William Stubbs, *An Address Delivered by way of Inaugural Lecture*, Oxford, 1867, p. 19.

④ William Stubbs, *An Address Delivered by way of a Last Statutory Public Lecture*, Oxford, 1884, p. 2.

⑤ Ibid, p. 16.

⑥ William Stubbs, *Chronicle of the reigns of Henry II and Richard I*, Vol. Ⅱ, London, 1867, Ⅶ-Ⅷ.

这一思想经斯塔布斯的挚友——弗里曼进一步倡导而成为影响英国19世纪后期史学发展的重要因素。弗里曼最为出名的一句话就是“历史是过去的政治，政治是未来的历史”①。在他看来，历史就是要研究政治军事事件，而当下的社会政治现象必将成为历史研究的对象。进言之，研究过去的政治就是为了指导现在的政治。在史学实践中，弗里曼关注影响历史进程的大人物，围绕政治军事主题展开历史叙述；其代表作《诺曼征英史》、《诺曼底与缅因记行》、《自远古以来英国宪政发展史》、《美国印象》、《西西里史》等完全是政治性的论述。弗里曼认为，历史发展中起关键作用的都是政治家们，而普通民众的行为微不足道，因此不必纳入历史叙述。

就英国19世纪后期史学专业化进程而言，弗里曼的史学贡献主要体现在两个方面：一是，弗里曼突出了历史的连续性与统一性。在《西西里史》等一系列著述中，弗里曼指出从希腊到罗马，再到中世纪和近代欧洲，历史的发展从无间断。弗里曼强调历史发展的统一性，他认为历史不应被“横亘中间的墙分割开来”，他甚至反对将历史分割成“近代史”、“古代史”②。二是，他主张在原始史料基础上研究历史，坚信历史研究的科学性。弗里曼也像斯塔布斯一样强调史料研究的重要性，他主张“彻底地、细致地从原始史料中挖掘过去的时代”。在牛津大学讲堂上，弗里曼多次向学生讲述历史学与自然科学的异同，强调研究历史需要运用“纯粹历史的精神与纯粹历史的方法”③。进言之，弗里曼认为历史学是有着自身精神、研究方法的独立学科。虽然弗里曼强调历史研究的独立性与特殊性，但他并不是将历史学与其他学科隔离开来，他在历史教学以及具体的史学实践中总是不遗余力地倡导历史研究可以借鉴其他学科的成就，如语言学、地理学等。弗里曼还认识到，了解历史事件发生地的地理环境有助于再现历史事实④。在这种史学旨趣的引导下，弗里曼热衷于历史地理的研究，并著有《近代欧洲历史地理》一书。

与弗里曼正好相反，格林认为人民的历史才是真正值得书写的。格林最初是关注政教精英人物，曾写过一部关于安茹王朝时期的历史著作。而后随着对历史研究的深入，格林逐渐意识到关注“‘人’以及‘人’的生活”成

---

① Edward Augustus Freeman, *The Methods of Historical Study*, London, 1886, p. 44.

② Ibid., p. 22.

③ Ibid., p. 71.

④ Ibid., pp. 296 - 329.

了他生活的主要乐趣[1]。格林认为,"人民"才是历史真正的英雄。在《英国人民简史》中,格林阐释人民创造的文化,赞美其创作的杰作,讴歌民众不懈追求自由的精神。在这部饱含激情著作中,格林将人民视作历史真正的主角,人民从此在英国历史中有了应有的地位。这样一来,格林将普通民众当作历史叙述的重点,以与英国史学传统中围绕历史精英人物展现历史叙述区分开来。这是格林著作最为显著的特征,亦是其史学思想中最大亮色。

另外,《英国人民简史》这部著作在结构安排上也是颇具特色的。格林抛开以朝代或王朝划分历史的传统做法,而以历史时代主要特征来划分各个历史时期。他在总结各个时代特征以及划分历史时期上所展示出来的独特才华,让弗里曼大为赞赏[2]。在这部"具有传记式的生动趣味与史诗般的连贯剧情"[3]的《简史》中,格林还突出了历史的连续性观念。作为弗里曼的忘年交,格林也和弗里曼一样主张历史的连续性。他曾批评斯塔布斯过于关注古典社会与中世纪之间的差别,不注重历史的连续性,未能阐明中世纪由何而来[4]。

格林及其《英国人民简史》对 19 世纪英国史学发展产生了巨大影响。古奇曾说,"1874 年《简史》的问世是历史学上一件划时代的大事,因为英语世界第一次获得了一部关于自己过去世代的系统连贯而又令人满意的记载"[5]。这部著作流传甚广,在当年就售出 32 000 余本,超过了麦考莱所写的文辞考究、情节跌宕的《詹姆士二世以来的英格兰史》[6]。这表明英国史学正逐步脱掉风雅趣事的外衣,史学家们开始关注历史中真正的主角——人民,这也在一定程度上表明了英国史学的专业化程度。

此外,格林还对《英国历史评论》这一历史专业期刊杂志的创办作出了重要的贡献。早在 1866 年,格林在看到德法史学发展的迅猛势头后,就曾与众多友人一起商谈创办历史专业学术杂志,并希望以此来改变英国史学的落后面貌,推动英国史学的发展。后因众人意见分歧过大而创刊计划搁浅。十年之后,格林再度向布莱斯、麦克米兰等友人提议创办一份像德国、

---

① John Richard Green, *A Short History of English People*, New York, 1894, Ⅶ.
② Leslie Stephen, *Letters of John Richard Green*, New York, 1901, p. 63.
③ 〔英〕古奇:《十九世纪历史学与历史学家》(下),第 569 页。
④ Leslie Stephen, *Letters of John Richard Green*, New York, 1901, p. 176.
⑤ 〔英〕古奇:《十九世纪历史学与历史学家》(下),第 568 页。
⑥ Anthony Brundage, *The People's historian: John Richard Green and the writing of history in Victorian England*, Greenwood Press, 1994, p. 1.

法国那样的历史专业期刊[①],希望通过创办"关于历史批评与历史知识方法的纯粹学术刊物,促进国内外历史研究的发展"。为此,格林还细致地为期刊规划了具体的内容设置,包括"对目前正在发生事件的评述"、"刊载当代知名人物的传记"、"绍叙文学史、科学史等史学论著"、"由通晓政治、懂科学的时贤评论欧洲每季度发生的重大事件"[②]。格林一心想将这一刊物办成"属于人民大众的历史评论刊物"[③]。虽然格林这一愿望直到其去世后三年才由阿克顿等人实现,但格林为此而作出的贡献不容忽视。

在牛津学派之外,剑桥学派也为英国史学的专业化作出了重要贡献,其中最杰出的代表是西莱。西莱对史学最大的贡献是他所倡导的历史教育。西莱继查尔斯·金斯利之后担任剑桥近代史讲座教授后,曾大力推动近代史的教学与研究。他意图将剑桥大学变成培养政治家的园地,而丰富的历史知识能够使人们对政治作出合乎理性的判断。因此,西莱将历史教学看作是培养政治外交人才的专业。在史学实践中,西莱强调历史应当为现实服务,特别是为现实政治服务。在《英国的扩张》、《英国政策的形成》等著作中,西莱指出英国在印度的殖民政策符合印度利益的最大化,而英国扩张政策亦是合情合理的。而西莱代表著作——《斯泰因的生活与时代,或拿破仑时代的德意志与普鲁士》也是一部政治史。虽然西莱热衷于将史学与政治联姻,但他推崇德国史学,特别是以兰克为代表的客观主义史学[④],强调历史学是一门独立的学科。他曾依据德国大学培养历史研究人才的模式来建构英国史学人才培养体系,在剑桥创立了历史研究讨论班的教学方式,并设立了历史荣誉学位考试制度[⑤]。鉴于其对英国史学的杰出贡献,1897年剑桥大学历史图书馆改名为"西莱历史图书馆"以纪念这位伟大的历史教育家。

阿克顿(Lord Acton,1834—1902年)是剑桥学派另外一名重要代表人物。19世纪后期,随着近代史研究的开展,英国对欧洲大陆历史的了解越来越多,先进的研究方法、学术规范伴随学术交流引入了英国。曾在德国留学的阿克顿深受慕尼黑大学历史学家、神学家伊格纳兹·冯·都林格的影

---

①③ Anthony Brundage, *The People's historian: John Richard Green and the writing of history in Victorian England*, Greenwood Press, 1994, p. 116.

② Leslie Stephen, *Letters of John Richard Green*, New York, 1901, p. 433.

④ Deborah Wormell, *Sir John Seeley and the uses of History*, Cambridge, 1980, p. 76.

⑤ Ibid., p. 1.

响。在慕尼黑学习期间，阿克顿浸淫于以兰克为代表的客观主义史学中，逐渐摆脱英国式的撰史风格，而将历史看作是一门科学。他主张历史学家的职责就是通过收集尽可能多的史料，并对史料进行客观的评价。1895 年，在其就任剑桥近代史讲座教授不久，阿克顿受剑桥大学出版社之邀主编《剑桥近代史》。在其编辑计划中，阿克顿声称："我们将力避发挥不必要的议论或拥护某一立场。撰稿者必须懂得，我们所编写的滑铁卢战役必须使得不论法人、英人、德人与荷兰人阅后都能感到满意。"[①]在阿克顿看来，历史学的首要任务就是客观公正、不偏不倚。他甚至认为，英国史学改变落后地位，"应当学习的主要事情还不是如何收集材料的艺术，而是调查材料、分辨真伪、由疑得信的那种更高的艺术。正是由于考据的坚实，而不是由于学识广博，历史研究便强化了并扩展了我们的心灵"[②]。这实际上表明 19 世纪末英国史学家已经充分认识到史料批判的重要性，这也在一定程度上说明了英国史学在这一时期科学、专业化历程中所取得的进展。此外，阿克顿等史学家所编撰的《剑桥近代史》及其后来对西方史学界的影响意味着：在近代史研究方面，英国史学研究的水平已经和欧洲大陆的水平相当了。

2.《英国历史评论》

1886 年《英国历史评论》创刊。创立者包括阿克顿勋爵、鲍威尔等人。这是英国历史学发展历程中标志性的事件，它表明英国的历史学发展已经开始摆脱业余历史爱好者的个人休闲娱乐，而是成为一门独立的、严谨的、规范的科学了。可以说，这一杂志的创办意味着英国历史学的成熟，更为其进一步发展奠定了基础。

这份杂志的发刊词如此讲道：

> 随着英国从事历史研究的人数日见增多，尽管我们的历史研究在质量上或许还不能和德国相比，但是在数量上却超过了法国和意大利。尽管历史学派在我们的大学里形成很晚，英国的历史学家却不像其他国家的历史学家一样，有协会让大家一起交流……[③]

---

① 〔英〕古奇：《十九世纪历史学与历史学家》(下册)，第 617 页。

② 〔英〕阿克顿：《历史研究讲演录》，刘鑫译，见何兆武主编：《历史理论与史学理论——近现代西方史学著作选》，商务印书馆 1999 年版，第 353 页。

③ "History as An Academic Discipline", *The Varieties of History from Voltaire to the Present*, edited by Fritz Stern, New York, 1973, p. 174.

创办者的目的就是为了满足日益增长的历史研究人员的需要，提供一个机会给史学研究者交流；从更高层次上来说，创办这一刊物，能让英国的历史研究的水平快速与欧洲其他国家，特别是与德国齐平。

结合英国当时的实际，《英国历史评论》的定位是一种历史类学术刊物。在发刊词中，创刊者们也意识到在英国社会生活中实际上不少刊物杂志刊载历史类的文章。比如《爱丁堡评论》、伦敦《评论季刊》等都刊载了不少历史类的论文。但是创刊者认为，这些市民小报并不等同于学术刊物，特别是历史类学术刊物。是故，这一《英国历史评论》是有必要创立的。在创刊者们看来：

> 这一杂志的创立将使那些渴望知晓历史研究发展状况的人有一个组织，可供其与他的同事们交流。①

创刊者们认为，历史研究的进步离不开专业人员之间的交流，这种交流一是可以使信息互通有无，促进研究者了解最新研究动态，向一流水准的研究看齐；二是可以展示自己的研究成果，通过他人的评述而对自己的研究做准确的定位。这对于学术的发展而言，是非常重要的，也是很有必要的。

至于刊物的指导原则或主旨，创刊者们在发刊词中说：

> 创刊者的指导原则与以下几个问题有关：……第一个问题是与创刊者对历史的认识有关。英国历史评论这一刊物是只刊载政治史，或者从历史的角度来看待文明各个发展分枝，例如，宗教史和教会史，语言史，文学史以及艺术史，形而上学史和自然科学史？
>
> 这两个问题都与历史的研究范围有关，我们借用一名杰出的在世作家的话来说，就是“历史是过去的政治，政治是未来的历史”。这一传统自修昔底德以来最著名、最睿智的学者总是倡导研究政治史。②

创刊者倾向于将《英国历史评论》建设成政治军事史的交流场地。虽然

① “History as An Academic Discipline”, *The Varieties of History from Voltaire to the Present*, edited by Fritz Stern, New York, 1973, p. 174.

② Ibid, p. 175.

创刊者也认识到文明史能拓宽历史的范围,但是他们坚持认为,即便是以文明史为主,这种文明史实际上还是以政治军事史为主,因为在人类生活中最重要的还是政治军事内容。因此,“国家与政治将成为历史研究的主要内容”①。作为英国历史学界学术交流的最高层次,创刊者在发刊词中强调“历史就是发现事实,从事实出发”②。很显然,参与创刊的史学家大多是服膺于兰克史学,在史学旨趣上大体相同,我们姑且称之为“英国历史评论”派。

其中,詹姆士·布莱斯(James Bryce,1838—1922 年)早年就读于格拉斯哥大学、牛津大学,并留学德国。获文学学士和法学博士学位后的布莱斯转向史学研究。1864 年,年仅 26 岁的布莱斯出版了 500 多页的专著《神圣罗马帝国史》。此书以神圣罗马帝国的演变为中心,论述始自公元 2 世纪日耳曼诸部族向罗马帝国迁徙,止于 1871 年德意志帝国统一大业的完成。全书言简意赅,条理清晰,流传甚广。1888 年,布莱斯出版《美国的共和政体》一书,系统地介绍、分析了美国的民主制度。此书影响深远,至今仍被许多美国大学作为政治学教本。

《英国历史评论》最为重要的创立者——阿克顿是兰克的崇拜者,早年留学德国的阿克顿在《英国历史评论》第一期发表《德国历史学派》一文,专文论述兰克的史学思想及其史学成就。1895 年,阿克顿就任剑桥近代史讲座教授时发表《历史研究讲演录》就职演说,宣扬兰克学派的“客观公正”的治史原则及其严谨而科学的史料考证方法③。此外,还有继弗劳德之后任牛津大学皇家钦定教授弗雷德里克·约克·鲍威尔等人也不遗余力地倡导科学的历史研究。这些史学家借《英国历史评论》这一专业学术杂志大力推动英国史学的科学化、专业化进程。

三、兰克的法国信徒

19 世纪前期的法国史学家大多带着浓厚而强烈的情感从事历史研究;

---

① “History as An Academic Discipline”, The Varieties of History from Voltaire to the Present, edited by Fritz Stern, New York, 1973, p. 175.

② Ibid, p. 176.

③ 〔英〕阿克顿:《历史研究讲演录》,何兆武主编:《历史理论与史学理论》,商务印书馆 1999 年版,第 338—367 页。

随着19世纪中后期兰克史学在欧洲史坛独步天下，加之法国实证主义思潮兴起，法国史学史的专业化与科学化进程也大大加快。

1. 摩诺与法国《历史评论》

1876年1月摩诺(Gabriel Monod，1844—1912年)、古斯塔夫·法尼埃(Gustav Charlse Fagniez，1842—1927年)创办《历史评论》。其中摩诺在《16世纪以来法国历史研究的进步》中写道：

> 在我们这个时代，历史研究日益重要。在整个广阔的学术领域里，每天都有很多新的发现和新的探讨，要及时掌握这一切，即使是以历史为职业的学者，也日益感到困难。我们相信，我们创办《历史评论》这个刊物以利于探讨历史各个领域的有独创性作品的出版，并提供外国和法国历史研究动态方面准确而完整的报道，也就是为了满足学术界一大部分人的需要。……①

19世纪后期法国史学的发展，特别是实证主义史学的兴盛，使得法国史学一跃成为西方史学的前列，甚至大有超过德国史学的势头。在这一情况下，从事史学研究的人员增多，史学研究的要求亦水涨船高。摩诺等人所创办的《历史评论》正是在这一背景下诞生的，其刊物定位就是满足学术界专业研究人士学术交流的需要。只有历史研究专业程度达到一定层次才有这样的需求与诉求。

摩诺等创刊者们还对这样历史学术刊物所刊载文章的类型做了明确的规定：

> 因此，我们既不会出版争论性的作品，也不会出版粗鄙的东西；但是我们的《历史评论》也不是一种纯粹博学性的汇编，这个杂志仅仅刊登能使历史科学更加丰富的有创见的第一手作品或将成为这类作品的基础的一些研究，或是行将成为其结论的那些研究成果。然而，尽管我们向与我们合作的人提出了严格按科学办事的要求，肯定任何一件事都必须附有证据和参考资料以及引语，并严格排除空洞的概括、炫耀词

① Gabriel Monod, *Du progrès des ètude historiques en France depuis le XVIe siècle*, Revue Hisotrique, 1876, Tome. 1, p. 29.

> 句等，但在我们的《历史评论》里依然要把法国学者和读者们正确地给予很高评价的文艺性保持下来。①

《历史评论》将严格依据兰克为代表的客观主义史学治史原则审核要刊载的史学研究成果，强调论著的原创性与严谨性；除此之外，论著还要保留一点文艺性。在摩诺等人看来，历史研究的严谨客观与历史文辞的优美这两者之间并不矛盾，相反，这两者之间还能相互促进发展。

正是因为《历史评论》的创刊者们深受兰克史学的影响，强调史料批判，故而他们对这一史学刊物所涉及的历史时代有明确的规定：

> 我们这本杂志的范围并不排除历史研究的任何领域，但它以主要精力探讨的是从狄奥多西之死(395 年)到拿破仑一世倾覆(1815 年)这段时间的欧洲史。事实上，正是在这段时期，我们的档案馆和图书馆里保存着最大量的未经探索过的宝藏；我们还希望，尽可能避免当代的一切争论。②

摩诺等人认为，395—1815 年这一段历史时期档案文献材料丰足，研究这一段时期的历史因为有了确信的史料而能得到真实可信的、对过去的认知。在他们看来，有档案文献材料才有确信的历史研究。很显然，这是深受以兰克为代表的客观主义史学影响的体现，也是史学研究专业化的表征。

这一杂志虽然定位于为专业历史研究者服务、为学术服务，但创刊者们也希望更多的人关注这一学术杂志。在创刊词的最后，创刊者们表示，“我们希望《历史评论》杂志不仅仅满足那些从事特定历史研究的专业人士的需要，而且为所有那些关注精神事物之人所接受”。这是因为研究法国历史在当前已经上升到整个法兰西民族的高度，这与每一个法国人密切相关③。

总而言之，这一杂志的创办是 19 世纪法国历史学界一件大事。创办人摩诺本人受过德国史学方法的严格训练，他创办《历史评论》杂志的初衷在于用它来培养更多具有学术性的历史学家。兰克史学的研究方法显然正日

---

① Gabriel Monod, *Du progrès des ètude historiques en France depuis le XVIe siècle*, Revue Hisotrique, 1876, Tome. 1, p. 30.

② Ibid., p. 31.

③ Ibid., p. 32.

益深入法国史家的心中，而法国史学传统中对文学性的重视也依旧在历史著作的风格中占据重要的地位。新一代的历史学家们追求着使历史成为科学与艺术的完美结合，这种追求甚至到 20 世纪仍旧是法国史学的特征之一。

2.《历史研究导论》

1897 年 8 月巴黎大学历史学教授朗格诺瓦(Charlse Victor Langlois，1863—1929 年)、瑟诺博斯(Charles Seignobos，1854—1942 年)合著的《历史研究导论》一书出版。此书汇集了欧洲近代以来史学方法论研究成果，集中反映了 19 世纪法国，甚至整个欧洲史学的基本原则，标志着 19 世纪法国史学科学化达到了顶峰。

朗格诺瓦是法国著名的中世纪史专家、古文书学家，著有《菲利普三世时期史》、《法兰西历史古物》等。而瑟诺博斯年轻时曾在德国的哥廷根、柏林、慕尼黑、莱比锡等地游学，深受德国史学影响，推崇以兰克史学为代表的传统政治军事史，著有《当代欧洲政治史》等。

无论是朗格诺瓦还是瑟诺博斯都服膺德国史学，特别是兰克所倡导的科学历史学。《历史研究导论》一书围绕历史研究以可信的史料为基础这一中心内容展开，系统讲述了收集史料、鉴别史料、综合史料。全书除结论及两则附篇之外，还分为上、中、下三篇，分别为“初基智识”、“分析工作”、“综合工作”。

在书中，朗格诺瓦和瑟诺博斯多次提到史料对历史研究的重要意义。书开篇即提到“历史由史料构成……以缺乏史料之故，人类历史过去无量时期之历史，每成为不可知晓，盖以彼毫无史料之供给故，无史料斯无历史矣”①。朗格诺瓦和瑟诺博斯在总结近代以来欧洲史学，特别是德国史学方法论的基础上，提出任何一个历史研究者的研究工作都必须经历这样一个程式：收集史料、外证、内证，最后将史料置于更宽广的语境中进行综合理解。他们认为，在这一过程中，史料始终是最重要的。即，“历史之事仅在利用史料”②。朗格诺瓦、瑟诺博斯不但强调史料的重要意义，还进一步强化了获取精确史料的意义与价值。他们彻底否定了弗劳德式的史料处理方

① 〔法〕朗格诺瓦、瑟诺博司：《历史研究导论》，李思纯译，中国人民大学出版社 2011 年版，第 3 页。

② 同上书，第 179 页。

法,指出克服弗劳德式弊病的唯一方法就是校雠考证①。

虽然朗格诺瓦、瑟诺博斯推崇德国兰克式的历史研究方法,但他们也看到了当时德国史学“沦入于无关要旨之琐碎状况,其校对比照之徒,唯知以校对比照为乐,或以过度之审虑,仅建立一无价值之史料”②;指出历史研究不等同于琐碎繁冗的史料考证,历史研究最终是在确信史料的基础之上理解历史全部,并且“历史之为科学”是有其更高的追求与目的的。从这一点来看,朗格诺瓦与瑟诺博斯在总结前人研究的基础上,对历史研究方法论有了更为先进的认知,并在反思德国史学的基础上开始探索法国史学科学化、专业化的最佳途径。

值得一提的是,《历史研究导论》原书后附有朗格诺瓦、瑟诺博斯撰写的《法兰西中等历史教育》、《法兰西高等历史教育》两篇附录。在附录中,他们详细介绍了19世纪晚期法国中、高等历史教育的发展状况,这实际上也在一定程度上展现了当时法国历史研究专业化的程度与规模。

四、大洋彼岸的回应

美国史学虽然在19世纪发展较快,但终因起步晚而在西方史学史上的影响稍逊一筹。与西方其他国家史学相比,美国史学在19世纪主要是亦步亦趋在德国史学之后,信奉以兰克史学为代表的传统史学,注重史学的科学性,并在19世纪末加快发展步伐,力图与欧洲国家史学齐步。虽然此时的美国史学还有诸多不足,但正是因为19世纪美国史学的基础,才有20世纪美国史学的独领风骚③。

1. 源短而流不长

美国史学起步甚晚,从它的历史来看,不像欧洲诸国具有悠久的传统。追溯历史,美国史学当滥觞于殖民地时期④,这时出版了若干回忆录和早期的编年史,出现了美国历史上第一代的“清教徒史家”,他们的作品大多记录

① 〔法〕朗格诺瓦、瑟诺博司:《历史研究导论》,李思纯译,中国人民大学出版社2011年版,第59页。

② 同上书,第61页。

③ 第五章第四部分内容参考张广智主著的《西方史学史》(复旦大学出版社2010年版,第191—193页)。其后第七章第三、四部分以及结语部分亦参考同书。

④ 参见德门齐也夫等:《近代现代美国史学概论》,黄巨兴等译,生活·读书·新知三联书店1962年版,第3页。

欧洲殖民者对大西洋沿岸的开拓情况，用基督教观点来阐述殖民地化的经过。独立战争的胜利，开创了美国史学发展的新阶段，这时不仅出版了众多新的历史作品，而且企图用理性主义的观点去解释历史，以取代从前在神学史观支配下所造成的谬误。这时的历史学家还不是专业史家，他们多出身贵族家庭，是一些政界人物、种植园主、商人、律师、医生等，人称"贵族史家"。政治家本杰明·富兰克林、托马斯·杰斐逊以及大法官约翰·马歇尔等人都写有历史著作。

美国作为一个移民国家，在它的史学发展过程中，充满了移民的特色。在19世纪，美国史学依然比较落后，赴欧洲尤其是德国留学是当时的时尚。随着最初一批历史学家的学成归国，欧洲史学家的治史理论与方法也"移居"过来。浪漫主义和实证主义思潮蔓延，英国赫伯特·斯宾塞的学说在美国得到了广泛传播，社会达尔文主义颇受美国学者重视，尤其是德国兰克学派的治史理论与方法对美国史学产生了重大的影响。1836年，约翰·霍布金斯大学建立了培养研究生的研究机构。1839年，斯巴克士在哈佛大学首次开设历史课程，1884年美国历史学会成立，1895年《美国历史评论》创刊，历史学终于由非专业史家让位于专业史家，历史学作为一门专业在美国已经确立。此后，美国史学迅速成长起来。

在整个19世纪，美国主要有以下三个历史学派。

第一，浪漫主义学派，或称美国"早期学派"。

这一学派统治19世纪上半叶的美国史坛，约有半个世纪之久。就其思想倾向而言，班克罗夫特大体可以归入西方浪漫主义史学中的资产阶级自由派。他们宣扬资产阶级的民主自由精神，崇仰爱国主义思想，注重以优美的文笔去感染读者。代表人物有乔治·班克罗夫特、普列斯科特和摩特莱等人，其中以班克罗夫特最为著名。

班克罗夫特(George Bancroft，1800—1891年)是美国史学的奠基者。他出生在一个有文化教养的家庭里，其父也是历史学家。在父亲的影响下，班克罗夫特自小就爱好历史。哈佛大学毕业后，他前往德国留学，先后就读于海德堡大学、哥廷根大学和柏林大学，深得近世德国史学之精髓，归国后返回母校任教。而后他在任驻英、德公使期间，又受到英国史家麦考莱和德国史家兰克的影响。

班克罗夫特是在德国获得史学博士学位的第一位美国人，严格秉承以兰克史学为代表的"如实直书"。受兰克等人的影响，在德留学期间，班克罗夫特竭尽全力收集原始史料并进行考订，倾其所有去购买手稿，进行科学考察①。1867年，班克罗夫特第一次将德文词“Wissenschaft”与英文词“Objectivity”对应起来，强调历史学的“科学性”，并把兰克的科学历史学引入美国历史学界。

班克罗夫特的代表作是10卷本的《美国史》。这是一部叙述近代美国历史的名著。全书文笔优美，观点鲜明，史料丰澹，洋溢着浓厚的爱国激情。他之撰史以传后世，意在说明：美国是继往开来者，它是世界走向自由的标志，它对人类的前途负有特殊的历史使命。当时有学者指责其著作是用“民主的观点写作历史”。对这一指责，班克罗夫特断然否定，反驳说，“如果历史中有民主，那就不是主观的，而是他们这里所说的客观性”②。在他看来，历史的主观性已经通过史料考证消除了，史学著作中的情感是自然而然的事情，是一种客观性的事物。

虽然班克罗夫特的《美国史》难免有夸张失实之憾③，但其著作中对兰克史学原则的贯彻，以及所表现出来的民主自由主义，使得这一著述成为美国史学史上标志性作品。兰克就曾盛赞其为“民主派的最伟大的历史学家”④。也正因为班克罗夫特的努力，历史研究者专业化程度加深，业余历史研究者逐渐转型或退出历史研究，故“自班克罗夫特的著作出版以来的半个世纪里，历史学科已成了专业人士的研究领域”⑤。这都说明了兰克史学思想在大洋彼岸得到了全面的回应，美国历史学家虽然起步晚但很快就踏上了历史研究科学化、专业化的征途。

班克罗夫特的书写到独立战争为止，而后有詹姆士·斯库勒续写的《美国史》六卷，从独立战争一直写到内战结束。他虽追随班克罗夫特的撰史传统，但这个学派到他的时代已日趋衰落，不再引起公众的注意了。

第二，废奴派。

19世纪中叶，奴隶制问题已成为当时美国政治生活中最突出的问题。

---

① 〔美〕彼得·诺维克：《那高尚的梦想——“客观性问题与美国历史学界”》，杨豫译，生活·读书·新知三联书店2009年版，第60页。

② 同上书，第33页。

③ 参见苏格：《美国史学纵横》，中国留美历史学会编：《当代欧美史学评析》，人民出版社1990年版，第47页。

④ Georg G. Iggers, “The Image of Ranke in American and German Historical Thought”, *History & Theory*, Iss: 2, 1962, p. 18.

⑤ Raymond Martin, Progress in Historical Studies, *History and Theory*, 37 (February 1998), p. 17.

南方奴隶主与北方各阶层的人士，就奴隶制的存废问题，有过激烈的争论。北方的资产阶级联合各阶层人士，发动了声势浩大的“废奴运动”，这一运动在史学上也有反映，其代表人物是希尔德累斯。南北战争前，在美国有两部谴责奴隶制、歌颂奴隶争取自由解放的著名小说《汤姆叔叔的小屋》①和《奴隶》。前者由斯托夫人所著，于 1851 年问世，后者即是希尔德累斯的作品。他比斯托夫人的小说要早 15 年行世（1836 年），称得上是美国文学史上最早的一部反奴隶制的小说。这两部小说在当时的“废奴运动”中，都起过制造舆论、鼓舞斗志的进步作用。

希尔德累斯是一位激进的资产阶级民主主义者。他从哈佛大学毕业后，曾从事过律师与新闻工作，并积极投身于当时如火如荼的“废奴运动”洪流中，后去南方目睹奴隶们的悲惨境遇，写成中篇小说《奴隶》②，它以主人公阿尔诺·摩尔的回忆展开全书情节，故又名《阿尔诺·摩尔回忆录》。作为一个“废奴派”史家，他于 1849—1856 年间写了名著《美国史》六卷，书中强烈地谴责南方的奴隶制，认为奴隶制与《独立宣言》所揭示的“人人生而平等”的原则是不相容的，这与他在小说中所表现的进步思想一脉相承。

在南北战争期间以及随后的“重建时期”（1865—1877 年），在史学上有“南派”与“北派”的激烈斗争，这是内战前“废奴运动”斗争的延续。贺拉斯·格里利撰《美国的冲突》和约翰·德拉帕撰《美国内战史》等，都揭露了黑奴制的罪恶，论证了南北战争对美国历史发展的进步意义等，无疑这是前一阶段“废奴派”史学的继续。

第三，盎格鲁撒克逊学派。

这个学派盛行于 19 世纪下半叶至 20 世纪初，该派代表人物颂扬盎格鲁撒克逊人的“高贵”与“优越”，说只有他们才能把个人主义与强大的国家政权结合起来，把地方自治与联邦制结合起来。为了从历史上说明日耳曼人与盎格鲁撒克逊人之间的渊源关系，他们认为是盎格鲁撒克逊人把“日耳曼人的政治遗产”的“生源”带到了 5 世纪的英国，后来英国的清教徒又把它传到了北美，最后体现在美国宪法中。他们还试图证明美国政治等级与古代日耳曼部落之间的联系，以寻找美国资产阶级民主政治的理论依据。这

① 此书问世半个世纪之后，于 1901 年间传入我国，由林纾和魏易合作译成中文，名曰《黑奴吁天录》。重译本名曰《汤姆大伯的小屋》，上海译文出版社 1982 年出版。

② 此书于 1852 年经作者扩充为长篇小说，易名《白奴》再版。在我国，此书的中译本曾于 1979 年重印。

就是美国文明的"欧来说"之一种——"生源论"。

盎格鲁撒克逊学派的中心在约翰·霍普金斯大学，而海伯特·亚当士是这个流派的主要鼓吹者。他把兰克学派的一套治史方法，移入美国，在"习明纳尔"班中宣传他的"生源论"。他在《美洲的萨克森什一税》、《新英格兰诸城镇的日耳曼起源》等著作中，把新英格兰的移民和塔西佗笔下的古代日耳曼人的政治制度与土地关系作了对比，并用史实说明美洲早期殖民地保留了农村公社的一些成分，以此得出结论说，美国新教徒和古代日耳曼人，因为"种族上的共同性"而具有"政治上的血统关系"，因此这支盎格鲁撒克逊人后裔的"特殊品质"造就了美国的民主制度。

约翰·费斯克也是一个典型的种族主义学派的代表人物。1863 年费斯克毕业于哈佛大学，而后又在法学院学习。1869—1879 年在哈佛大学任教，并常应美国各大学之聘，在各地讲学。1879 年和 1880 年先后在英国伦敦大学和皇家学会讲授美国史。1884 年任华盛顿大学美国史兼职教授。1895 年回哈佛大学任教，晚年任督学。主要著作有《宇宙进化论概述》、《从世界史的角度看美国的政治思想》、《美国革命史》、《美洲的发现》等。

费斯克是英国斯宾塞庸俗进化论的信奉者和宣扬者，力图用达尔文的进化论解释历史，宣扬种族主义理论。他在《从世界史的角度看美国的政治思想》中，鼓吹盎格鲁撒克逊人的血统高贵与特殊性；在《美国历史上的关键时期(1783—1789 年)》中，宣扬美国宪法是"人类头脑所能设想出来的最伟大的杰作"；在《美国革命史》中，认为美国独立战争是 1688 年英国"光荣革命"的延伸，它们都显示了盎格鲁撒克逊人尊重自由的精神；在《美洲的发现》中，指出英国人在北美殖民中最后战胜了对手西班牙人和法国人，由此可以反映出盎格鲁撒克逊人的"优越性"。

美国的种族主义史学派受到 19 世纪下半叶欧洲实证主义思想的影响，尤其是英国社会学家赫伯特·斯宾塞的庸俗进化论思想的影响，达尔文的"物竞天择，适者生存"也成了他们用来解释人类社会历史演进的信条，这显然是一种种族主义的谬见。此外，普鲁士学派，尤其是特赖齐克所鼓吹的"大日耳曼主义"，也对美国盎格鲁撒克逊学派的形成发生过重要的影响。

2. 边疆学派的兴起

1893 年，在芝加哥举行的美国历史学会的年会上，一个 30 余岁的青年——弗雷德里克·杰克逊·特纳(Frederick Jackson Turner，1861—1932 年)宣读了一篇著名的论文《边疆在美国历史上的重要性》，讲道："直到现在，一部美国史大部分可说是对于西部的拓殖史，一个自由土地区域的存在及其不断的收缩，以及美国向西的拓殖，就可以说明美国的发展。”①这篇论文包括了特纳关于美国历史的主要看法，他以后的论著无非是对该文所持论点的引申与补充，它的发表无疑是美国史学中的一个里程碑，引起了当时美国史学界极大的震动。

特纳在约翰·霍普金斯大学求学时，曾在海伯特·亚当士的指导下完成了博士学业。但他后来的史学思想却与其师相悖。他不满老师的“生源论”，企图另辟蹊径，摆脱当时统治史坛的“欧来说”，以西部环境为背景，寻找一种新的解释，来揭开近代美国文明与社会发展之谜，建立起他的“边疆论”。

一位历史学家用如下一段话概括了美国“西进运动”的历史意义：广袤无垠的西部对美国资本主义发展的意义十分巨大，美国西进运动是资本主义向广阔空间发展的一个典型。西部为美国资本主义发展提供了广大的国内市场和原料、粮食供给地。西部交通的发展，特别是铁路的延伸，便于资本和移民大军的长驱直入。一个国家以这么短的时间，开发了这么一片广大的土地，无疑是一篇壮丽的史诗。这种现象在历史上，虽不能说是绝后的，但可以说是空前的。马克思主义经典作家一再提到广阔土地、丰富资源、移民洪流、铁路运输等因素对于美国资本主义迅速发展的至关紧要的影响。西部土地对于美国资本主义发展的作用，无论用什么动听的字眼来形容，恐怕也都不能称作过分的②。

特纳的边疆理论，适逢其时，正是对美国历史上具有史诗般意义的西进运动在史学上的反映。他的理论已如论者所归纳的，有以下一些要点。

特纳认为，在19世纪末叶以前，美国西部存在着一条不断向西移动的边疆。关于“边疆”，特纳的解释是多义的。他或把边疆视为一条线，或称作“自由土地这一边的边缘”，有时又把它视作一种波浪。他把边疆的扩张视作“文明”的扩张，是“文明”对“野蛮”的讨伐。在他看来，美国历史在很大程度上就是一部不断向西部拓殖的历史。

特纳认为，西部自由土地是支配美国社会发展的力量。西部就是“机

① 特纳：《边疆在美国历史上的重要性》，见杨生茂编：《美国历史学家特纳及其学派》，商务印书馆1983年版，第3页。

② 参见杨生茂：《论弗雷德里克·杰克逊·特纳的边疆和区域说》，载《美国历史学家特纳及其学派》一书。

会”,它为“最机敏和最勇敢的人”敞开着。这种可以为美国居民所任意获取的自由土地,成了一个“安全阀”,人们不满于自己的境遇,便可以自由地向西部拓殖,使社会经常处于流动状态,通过自由竞争达到繁荣。

特纳认为,这条不断向西移动的边疆的存在,是产生民主主义、个人主义以及民族主义的主要因素和决定性因素,是美国不同于西欧国家的特点所在。他写道,美国的民主制度并不是从普利茅斯“五月花”号船上运来的,它“来自美国森林,而在同边疆的每一次接触中都获得了新的力量”,而不是来自欧洲文化和思想的移植。

特纳认为,美国文明是人与自然互相作用的结果,在边疆消失以后,地域间的冲突仍然存在。在特纳看来,地域是具有一定经济结构和居民心理气质的地理方位。他原本的出发点是承认区域间的多样性,但他却走向极端,夸大了地理环境的作用,认为是地理环境最终决定了各个不同区域的社会经济结构,认为地域冲突是始终存在的,这样,整个美国的历史就成了一部地域间的冲突史。他声称,“各个迅速扩大的地区”之间的斗争及其向西部的推进,就是18—19世纪美国史的内容。

特纳的边疆理论受到欧洲史学已经在运用的经济史观的影响(如德国史家兰普勒希特),也受到斯宾塞等人所宣扬的庸俗进化论的影响,受后者的影响更甚。如特纳宣称,一种新的自然环境可以产生一种新的“社会物种”,片面强调了地理环境的决定作用,抹杀了人的主观能动性,这是社会达尔文主义者的通病。

特纳的理论有其根本的缺陷,在许多方面并不能对美国历史作出完整的解释。他突出西进运动对美国历史的重要性,但贬低东部和来自欧洲的影响,失之片面,有狭隘地方主义的偏见。倘若追本溯源,美国的民主制度、个人主义等,归根结蒂还是欧洲和东部资本主义社会制度的产物。作为经济唯物论者,他固然也从经济观点去分析社会矛盾,但却把经济因素“地域化”了。他曾经夸耀美国国会能以调和与妥协的方式解决各州之间的利害冲突,但却忽视了阶级矛盾与阶级斗争。尽管如此,他的边疆理论在相当长一段时间内,为西方资产阶级历史学家所公认。1906年他的《新西部之兴起》问世,更系统地阐述了他的边疆论与区域论,声誉日盛,从此他的信者甚众,在20世纪初叶的美国,遂形成了一个力量雄厚的边疆学派。可以这样说,特纳史学在美国史学发展史上,具有继往开来的历史地位。前特纳时期,美国史学不仅还未完全形成一门独立的学科,而且史学思想多受欧洲史家的影响,正是从特纳开始,美国史学摆脱依附欧洲史学的附庸地位,逐渐形成自己的特色。特纳的边疆学派的理论,不管怎样,终究是美国本土生长的一个流派。

美国史学在经历亦步亦趋紧跟德国史学的步伐之后,至特纳这里,开始了全面创新,标志着美国史学进入一个新时期。19 世纪晚期美国著名的史家还有著有《墨西哥征服史》、《秘鲁征服史》、《菲力二世在位时期的西班牙史》等著作的普列斯科特,著有《美国史》、《美国的专制主义》、《政治理论》、《道德理论》等的希尔德累斯,著有《荷兰共和国的兴起》、《荷兰共和国史》历史学家和外交家莫特里,著有《加利福尼亚和俄勒冈的足迹》、《半个世纪的冲突》和《美国和法国在北美》的巴克曼,著有《美国人民史》、《作为文学家的本杰明·富兰克林》、《我们的祖先——美国史研究〉、《门罗主义的起源、意义与应用》、《美国史教科书》、《美国小学教科书》等的麦克马斯忒,著有《制海权对历史的影响》、《制海权对法国大革命和帝国的影响》、《制海权与1812 年战争的关系》、《海军战略》等的马汉等。这些史家及史著都表明美国史学逐渐摆脱对欧洲史学的依附,特别是依附德国史学的尴尬地位,展示了美国史学的发展与繁荣,体现了美国史学的专业化,昭示着新的史学中心正在形成。

第六章　实证主义与史学

19世纪中叶，自然科学的进步，科学实验和抽象规律的研究方法取得了巨大成就，使得人文科学不满西方古典哲学中那种传统的机械唯物主义和思辨唯心主义，渴望通过对自然科学的最新成果进行新的哲学概括与总结，从而摆脱近代西方哲学思维方式的影响，实现自身的科学化、确定化。西方思想界盛行的浪漫主义思潮此时虽然已经步入晚期，但这股思想狂潮的影响依旧是巨大而深远的。"宣扬激情，天马行空般的想象，追求自然化的艺术与个人生活"浪漫主义思潮波及史学界，导致浪漫主义史学盛行。受浪漫主义思潮的影响，人的主观意志在浪漫主义史学中得到充分体现，并且浪漫主义史家还在史著中倾注了强烈的个人情感。浪漫主义史家"把自我意识的实现看成理解历史的钥匙"①，他们摒弃理性分析，主张以心性、内省、情感去体验、感知和想象客观历史②。这与科学研究相差甚远，易导致一种臆测与虚构。

此外，以兰克为代表的客观主义史学方兴未艾，这种强调客观公正的科学史学，实际上更多是指一种符合科学精神的调查研究方法。一方面，兰克时常所强调的"历史学是一门科学"，更确切地说，兰克所要表达的意思是史学研究和自然科学研究一样是非常严谨而客观的，也能像自然科学研究一样完全不受人主观意志的左右，依据精密的研究方法探知"真理"。简言之，只要精于考证，史学的一切问题就迎刃而解，以兰克为代表的客观主义史学此时已经成为仅仅专注史料考证的史学了。另一方面，科学研究最终目的是认知"客观规律"、从而藉由这些规律从"一般"推导出"特殊"，而以兰克为

① 〔美〕B·A·哈多克：《历史思想导论》，王加丰译，华夏出版社1989年版，第125页。
② 李宏图：《社会转型时期的理论思索——德国浪漫主义思潮研究》，《史学理论研究》1999年第2期，第107页。

代表的客观主义史学研究目的是探求蕴含在纷繁复杂史料之中的“历史真相”而已，并不探寻历史之中的规律。这是一种以科学为名，实则并不同于自然科学的“科学”史学思潮，在科学进步所带来的强烈乐观情绪面前，它显得异常的冷静与落寞，远远无法满足时人迫切地想用自然科学方法解决一切问题的心愿。

此时，以孔德为代表的实证主义哲学在这样的历史条件下应运而生。他创造出“实证主义”一词，以阐明历史法则的科学地位。他认为一切科学的进步都和科学一样，要从对现象的直接观察中提出普遍法则。他相信人类社会走过神学阶段和玄学阶段，正在进入以科学定律解释事件的“实证”阶段。

实证主义哲学强调对社会现象的研究与自然科学一样，是在确定性知识的基础上进一步归纳出规律，这一点符合历史学家渴望历史学成为一门真正的科学的愿望，也适应了史学科学化的进步要求。于是，史学家自觉或不自觉地把实证主义思想引入到历史研究中，从而形成了实证主义史学。实证主义史家以实证主义哲学为依仗，借科学主义带来的乐观情绪，在19世纪西方史坛掀起了一股与浪漫主义史学、客观主义史学相异趣的史学浪潮。

一、孔德与实证主义史学

奥古斯特·孔德(Auguste Comte，1798—1857年)自幼天资聪慧，1812年考入巴黎综合技术学校(1814年入学)。1817年，孔德取代梯叶里成为法国空想主义者圣西门的秘书。1824年这一亦师亦友的搭档因各自观点逐渐分歧而分裂。1826年，孔德在住所开设“实证哲学讲座”。1829年孔德整理讲座内容，并以《实证哲学教程》第一卷于1830年出版①，而后孔德不断增补内容，到1842年为止《实证哲学教程》共出版六卷(其余五卷分别于1835年、1838年、1839年、1841年、1842年出版)。其后孔德陆续出版了《论实证精神》、《实证政治体系》、《实证主义教义问答》等书，分别阐明他对哲学、社会政治和宗教的一些看法，全方位阐释其实证主义哲学思想。其

① Mary Pickering, *Auguste Comte: an intellectual biography*, Vol. 1, Cambridge University Press, 1993, pp. 2 - 6.

中,1844年出版的《论实证精神》系统地阐述了他的实证哲学主要思想,标志着实证主义哲学的形成。

1. 孔德与实证主义哲学

孔德的实证主义是在对人类精神进行思辨考察的基础上建立起来的。孔德生活的年代,正是一个宣扬理性主义及科学思想的时代。在"科学万能"思想的冲击下,人们对形而上学产生怀疑,并逐渐以注重经验的科学方法来观察、研究事物,以求探索事实的本原和变化的现象。于是,孔德对人类整体发展过程进行深入细致的研究,提出了实证主义哲学体系。

他认为人类的精神都经历了三个不同的发展阶段,即神学或虚构阶段、形而上学或抽象阶段、科学或实证阶段。其中：神学阶段是临时性的和预备的阶段。神学阶段是"一切思维的第一次飞跃"的阶段①。在这一阶段,人的全部思维偏爱任何根本性探索的问题;这一阶段的人虽然连一些最基本的科学问题都无法回答,却贪婪地想要认知万物的起源。于是,人们就不得不凭借直觉来认识各种现象,采用一种"缺乏任何真实根据的思辨"的神学原则来认识现象,并自以为是地认为认知了一切,解决了一切问题。神学阶段又经历了拜物教、多神教和一神教三个阶段②。在这一过程中,理性的作用逐步增大,"理性越来越限制想象的先前支配地位,同时,视一切自然现象必然服从于不变规律的普遍感觉则逐步发展起来"③。

形而上学阶段,是过渡性的阶段。这一阶段把可观察的自然过程假设由来自非人的力量或神秘属性等产生,并且这种源自非人的力量或神秘属性的事物是无法把握和观察到的。在这一阶段,只是解体性的变化阶段,保留了神学体系的全部原则,同样倾向于解释万事万物的本质、起源以及现象的产生方式,但这一阶段不再采用超自然的因素来解释,而是以实体或者人格化的抽象事物来替代。人们在这一阶段,主要是运用推理来解释事物和现象,而不注重观察,因此,它"只能自发地进行精神方面尤其是社会方面的批判行动或摧毁行动,而绝不能建立任何属于自己的东西"④。

实证阶段是科学的阶段,是人类理性充分发展与展现的阶段,也是人类智慧最高体现得以实现的阶段。在这一阶段,人类抛弃了神学阶段的神学

---

①② 〔法〕孔德:《论实证精神》,黄建华译,商务印书馆1996年版,第2页。

③ 同上书,第3页。

④ 同上书,第7页。

原则以及形而上学阶段的虚幻解释，采用一种科学方法不断追索现象之间的联系，达到了思想完全的成熟，并最终“发现现象之间的实际规律”①。换言之，在实证阶段，人们不再借助凭空想象来追求所谓的绝对知识，而是集中力量进行真实的观察，只关心实证的事实。孔德认为：

> 实证哲学的基本性质，就是把一切现象看成服从不变的自然规律，精确地发现这些规律，并把它们的数目压缩到最低限度，乃是我们一切努力的目标，因为我们认为，探索那些所谓始因或目的因，对于我们来说，乃是绝对办不到的，也是毫无意义的。②

实证阶段把对现象不间断的观察看作是认识的重要方法。不间断的观察现象，就是要求掌握现象连续的变化，并在连续变化之中发现现象与现象之间的联系与内在本质。孔德认为，只有不间断地观察，才能察觉现象与现象之间以及现象前后相继的区别与联系，从而在这种观察的基础之上，掌握存在于现象之上的、持续的、长期的、可以重复的本质规律。从这个角度而言，科学就是实证，就是立足于实证的经验观察，就是实证观察之后把握现象的规律。

孔德认为，实证科学的事实必须通过合乎科学纪律的严格观察才能够被确定。只要运用实证科学的方法，就能通过对现象的观察，发现事物诸现象之间经常、重复出现的规律。所谓的“科学中的科学”——实证科学就是对实证科学的各种研究对象运用像化学、数学、天文学等一样的方法进行观察、研究、对比、分析，找出规律，最终进行预测。

从神学阶段以及形而上学阶段的情况来看，运用那种虚幻的、假设的方法，是无法探知存在于现象之间的规律的。科学的任务是发现被理解为诸现象之间经常的、重复出现的那些联系与规律，并且认识这种规律只能使用实证、科学的方法。孔德认为，不能靠神学原则式的想象、虚幻来代替对现象事实的研究，要把自然科学依据经验事实以及对现象观察而获得事物之间规律的方法，即“实证科学”的方法，应用于人类社会、人类历史的研究之

① 〔法〕孔德：《实证哲学教程》，载《西方现代资产阶级哲学论著选辑》(上)，商务印书馆 1993 年版，第 26 页。

② 同上书，第 30 页。

中，寻求其中的规律，并依据所获得的规律进行科学的、必要的预测。换言之，用实证主义科学来研究人类社会，即“社会物理学”或“社会学”，首先就是要确定事实，观察现象前后相继的联系，然后依据这种实证科学的方法寻找现象事物之间的内在联系，即发现规律。孔德认为，适用于自然科学的研究方法，必定能适用于社会学，而且还能以此得出社会现象的规律。

孔德指出，单纯的事实并不能构成科学，而只能是科学的材料；真正的科学，也绝不是仅仅凭观察就能完成；要认识科学，就需要构成实证精神主要特性的“合理的预测”的引导，“因为对已出现的现象的直接探索如果并不引导我们进行适当预测的话，是不足以令我们改变其现实的”。他曾说：

> 真正的科学，远非单凭观察而成，它总是趋向于尽可能避免直接探索，而代之以合理的预测，后者从各个方面来说都构成实证精神的主要特征……这样的预测，是不断发现现象之间的关系的必然结果，它绝不会把真正的科学与虚妄的博学混淆起来，后者机械地堆砌事实，却不想对此加以演绎推断……因为对已出现的现象的直接探索如果不引导我们进行适当预测的话，是不足以令我们改变其现实的。因此，真正的实证精神主要在于为了预测而观察，根据自然规律不变的普遍信条，研究现状以便推断未来。①

换言之，所谓实证哲学就是在实证精神的引导下，对单纯的事实进行观察，并在此基础上探寻其规律，然后依据所探求的规律对未来进行预测。这就是真正的科学，真正的实证精神。简言之，没有预测就对现实没有意义，也就不是真正的实证主义。

孔德关于人类思辨发展三个阶段的描述本身就表明了人类社会是不断发展、进步的。他曾明确指出：

> 实证精神，因其卓越的相对性，唯一能够适当地代表一切历史大时代，还体现同一基本演变的各个特定阶段；其中每一阶段，按不变的规律，从前一阶段而来，也为后一阶段作准备；按不变的规律，使之参与共同的进步，从而能始终前后一贯、不偏不倚地对所有任何协作作出正确

① 〔法〕孔德：《论实证精神》，第12页。

的哲学解释。[1]

换言之，实证精神就是代表着一种进步的精神。由此，孔德指明了前后相继变化之间的联系，突出了事物现象之间的联系，强调了现象变化所带来的进步，这是一种对人类发展史及历史规律的描述，体现了进步的观念。

2. 实证主义科学与历史科学

在孔德的实证哲学中，人类历史或者说人类社会是极具重要意义的。一方面，他的实证哲学是通过人类历史的反思而建立起来的一种认知体系；另一方面，孔德建立实证主义哲学的目的还是为了回到人类社会，回到历史，从而运用实证精神发现人类社会及人类历史之中的规律，从而预测其发展，指导其进步。

在他看来，人类五种基础科学中的前四种都已进入了实证阶段，只有社会学还停留在“观察单个个体生活”这一形而上学阶段[2]。这样一来，作为建立在所有现象上的实证科学就缺少了一个重要的组成部分。为了全面实现实证科学，孔德表示要“把社会现象作为不可避免地要遵循真正自然规律、并以此能进行合理预测的一种现象来看待”[3]，用自然科学的方法来分析说明人类社会、找出人类社会现象之间的规律，从而将社会学变成“一个积极的概念系统，涵盖所有自然现象的一种一般性的社会科学”，从而“重组我们的智力体系”[4]，最终成就真正意义上完整而科学的实证科学。

孔德认为，人与动物、社会与自然界之间并没有太大的区别。构成人类社会的人与动物都是构成世界纷繁复杂现象的组成部分，两者没有太多本质上的区别与差异[5]。具体来说，人只不过是存在于生物界中的一种类，是组成自然的众多种类之一而已，是和其他种类一样同样受制于自然的法则；而由人构成的人类社会、人类历史也因此不过只是自然界在人类世界的延伸，是自然的组成部分而已。是故，人类社会也像其他种类现象一样都受自然规律的制约。既然如此，那么能分析动物和植物的自然科学方法，同样也

---

① 〔法〕孔德：《论实证精神》，第 44 页。

② Auguste Comte, *The Positive Philosophy*, translated by Harriet Martineau, Vol. 2, New York, 1858, p. 46.

③ Ibid., p. 51.

④ Ibid., p. 346.

⑤ Ibid., p. 452.

可以被应用于研究人类以及人类社会、人类历史。像观察法、实验法、比较法都是可以用于人类社会研究的,此外还有社会学独有的研究方法——历史法。借用这些研究方法,人类历史、人类社会就“从根本上同决定着它的其他各种基本科学结合起来”,不再是处于“一种无用的孤立状况之中”。这种融合,一则可以帮助社会物理学尽早跨越形而上学阶段,进入实证科学阶段,二则可以通过实现社会物理学的实证科学化,而将所有的现象包含在这一新的体系之中,包括自然界也囊括进来,构成一个新的智力体系。

具体而言,要将社会物理学转变成为实证科学,孔德提出,“我们必须从根本上对社会现象进行科学的划分,从本质上来看,这种划分适用于任何现象,尤其适用于生命现象。它介于动态与静态之间。以生物学中对个体生命的研究为例,这种划分介于解剖学与生理学之间。从解剖学的观点来看,它又与组织学有关,从生理学的观点来看,它与生命现象有关。在社会学中,这种划分以同样的方式产生,它依据在社会中的生存状态以及运动的法则来划分任何形式的政治主体。这种划分在本质上将社会物理学划分为两个部分:一是社会静力学;二是社会动力学”①。

其中,社会静力学就是从横向上对组成社会系统的各种社会现象及其之间的相互关系、相互影响等进行研究,类似于社会解剖学。换言之,分析人类社会、人类历史时,所采用的方法与解剖动物没有什么区别。孔德认为,同一种属的动物在生理构成方面都是大致相同的,同样,也要把人类社会、人类历史中的同种属性的现象看作是大致相同的。比如,拥有不同信仰的各个个体,在孔德的眼中就是可以用社会静力学进行解剖的。这样一来,各民族各地区历史的多样性在他的“社会静力学”的要求下消失了,整个人类历史被看作一种结构,一种体系,是“没有个体的名字,甚至没有整个民族名字”的历史,即所谓“统一民族”的历史。

而社会动力学,则是将各种社会现象在纵向时间上的关系进行研究。社会动力学将每一种连续的社会现象都看作是以前现象的一种必然结果,也是以后现象的必然原因。这是一种连续性的、发展的观点。孔德曾说,“社会是连续变化的,但它总是服从于一个能够用人类的本性来解释的明确的顺序。这一顺序具有明显的固定性……一方面是不可否认其存在的社会

---

① Auguste Comte, *The Positive Philosophy*, translated by Harriet Martineau, Vol. 2, New York, 1858, p. 457.

运动，另一方面连续不断的社会现象之间的顺序是客观的，因此必须把这一连续性的现象看作是服从于自然法则的，只不过是比其他现象更为复杂一点而已”①。这一研究思路和发展历程与自然界的现象并无二致。

特别需要指出的是，在认知上，孔德的“心理学”是一种拒绝内省的心理学。孔德反对休谟的经验主义的论调，否认现象能准确将自身直接呈现于人的意识之中，反对把感知当作是一种纯粹的事实而加以分析研究，拒绝经验论者这种所谓的统一自我观念。

他认为人类可以观察分析、实证研究所有的现象，就是无法研究自己的内心。人如果试图从客观的角度来观察人的心理，那么将面对一个非常滑稽的现象：一方面，作为观察者需要与被研究的对象保持距离，即远离每一种情感，“最重要的是要避免一种理性的思考”。换言之，就是在实证分析自己的内心时，什么也不能做。但另一方面，分析自己的内心又需要研究内心中具体的心理活动，而此前已经要求研究者脑子里什么也不想以保持研究的客观性，这样一来所谓的“自省”面对的就是什么内容也没有的内心世界。这说明，所谓的经验主义者的统一自我观念是荒谬的。

他甚至认为，那种经验论者所谓统一的自我观念是一种纯粹的想象与虚构，在实证哲学上站不住脚。孔德指出，这种所谓的统一自我观念、所谓的“对自我的一般性知觉”只不过是动物的“统一性”，不是具有精神内容的人的“统一性”，是无法体现人类社会的精神实质的。在孔德看来，人的内在精神世界是一种多元化的集合体，是无法用动物的“统一性”实现所谓的统一自我观念的；这种内在多元的精神世界的平衡与统一是“一种痛苦的形成过程”②。

孔德以自然科学的规律模式来分析研究人类社会与人类历史。他认为一切科学的进步都和科学一样，要从对现象的直接观察中提出普遍法则。他相信人类社会走过神学阶段和形而上学阶段，正在进入以科学定律解释事件的“实证”阶段。他表示要重新建构一般观念体系以完成培根、笛卡儿、伽利略开创的巨大事业。他坚信，实证主义的福音会在巴黎圣母院大教堂被传唱。

---

① Auguste Comte, *The Positive Philosophy*, translated by Harriet Martineau, Vol. 2, New York, 1858, p. 458.

② Mary Pickering, *Auguste Comte: an intellectual biography*, Vol. 1, Cambridge University Press, 1993, p. 598.

3. “历史法”与“无人名的历史”

虽然孔德对历史学家的那一套历史研究方法并不感兴趣,但他还是为历史研究的改进开出了“药方”。他指出,历史研究的专门化倾向实际上把“历史降低到一大堆互不连贯的描述,此外什么都没有的地步,在这一大堆乱七八糟的描述中各种事件真正的来源全都不见了”。孔德认为这样的历史研究是没有任何意义的,也是不科学的。而要改变这一研究现状,则要让“想象系统地、直接地、持续不断地服从观察这个办法,从而使被观察到的实际情况去占领阵地”①。这样就可以发现人类社会的一般规律,而历史学家只要从得出的一般规律出发就可以推演出未来。他断言在社会科学和历史学领域内,也可以作出像几何学结论那样可靠的结论来②。

“历史法”　孔德认为,任何现象的规律都是离不开实证的观察,离不开一种历史性的考察的。他曾说:

> 这种哲学,由于通常不偏不倚,对每一种见解都更公正,更能宽容,而其反对者是无法做到这一点的。它坚持从历史的角度去衡量不同见解的各自影响、持续的条件以及衰落的缘由,绝不作任何绝对的否定,即便涉及与优秀民族中的人类理性现状极不相容的学说也是如此。③

实际上,它就是从历史的角度来考察现象。换句话说,要认识现象之间的规律,就必须使用一种历史性的观察。孔德把这称为“历史法”。他认为认识现象有观察法、实验法、比较法、历史法等。其中,历史法特别适用于人类社会现象,是社会学或社会物理学研究的特有方法。所谓的历史法,就是在观察社会事实的基础上,通过科学的综合、归纳,挖掘人类生活中各种现象在发展过程中的必然联系,从而推断其中的规律,并将寻找到的规律用于解释人类社会的现象。这种历史法,实际上是孔德在建构实证主义哲学体系、对社会现象与人类历史进行思辨反思时,对个体联系性的一种重视,也是其注重事物及现象发展过程的一种体现。

这种“历史法”是一种运用最为广泛的社会学方法,它的长处就是“发展

---

① Auguste Comte, *The Positive Philosophy*, translated by Harriet Martineau, New York, 1858, p. 441.

② 〔法〕孔德:《论实证精神》,第 50 页。

③ 同上书,第 30 页。

的社会观”。这种发展的社会观以连续性的方式来展示事件现象之间的内在联系。孔德认为，这种历史法对历史研究而言是非常重要的，因为它“融合了所有人类生活所共有的相同感受”；这种方法着眼点不是琐碎细致的个体，而是全部整体，即，孔德所说的“它并不是通过停留在描述性层面的、那种关注特殊性的历史个体而发展的，它是通过具有严密逻辑性的、积极的历史学而获得发展的”①。

这种有着严密逻辑性的“历史法”存在一个前提，即历史学并不是当时流行的那种注重史料考证的客观主义史学，也不是注重个体特性的浪漫主义史学。孔德认为，“历史学作为一门真正的科学，就是使人类所有的事务都处于相互关联之中，并以此来展示它们的顺序”②。具体而言，就是依据实证科学的方法，按照实证哲学的分类方式，将历史事实按先后顺序排列。在孔德看来，历史研究最终关注的不是饾饤学问、琐碎逸闻趣事或是单个历史事件与历史人物，而是要从对历史事实持续不断观察，寻找历史现象之间内在的联系与法则，以此来预测未来。孔德甚至认为：

> 现代，是以往所有时代智力发展以及相互作用的结果，只有用历史的方法才能分析时代，才能依据其所属的社会特性分析其中的每一个要素。③

在人类历史发展历程中，过去是现在的基础，现在是将来的基础。这三者之间是有着紧密本质联系的。因此，对于历史研究而言，要想了解现今，就必须向前追溯，从连续的时间流中去观察历史现象之间的区别与联系，从而找到其中的本质联系，即规律。

“无人名的历史” 孔德认为，从整体上把握历史现象，挖掘历史现象内在的规律，并且历史是“一个更为知名的关于人类整体的观念显示了人类不断朝着一个终极目标发展的进程”④。按照人类精神发展的三阶段论，历史也是突破神学阶段而进入形而上学阶段的；倘若历史能着眼于整体，运用实证方法研究历史现象，那么以人类社会为研究对象的历史学就会进入实证

①②④ Auguste Comte, *The Positive Philosophy*, translated by Harriet Martineau, Vol. 2, New York, 1858, p. 442.

③ Ibid., p. 443.

阶段。依据这一目标，历史是“以发现社会运行的真正法则为目的的研究”，而“那些例外的事件或暂时性的事件、那些猎奇者怀着永不知足之心而挖掘的奇闻轶事必须被认为是无足轻重并可以被忽略不计的”①。这是因为以发现社会运行法则为目的的历史研究，就和自然学科一样，从整体着眼，从“个体”中挖掘出“一般”规律，并要依据这种规律进行预测②；而一般规律之外的所谓“例外的事件或暂时性的事件”等对历史的这一重要研究目标是毫无益处的。

关于“历史法”，孔德还进一步指出：

> 历史方法以及所有其他方法最主要的缺陷就是，只有那些在一个社会处于最顶端的人才能利用其他科学的分析，而那些由于种种原因还没有达到这一文明发展水平的人就不能熟练运用它，除非那些辅助性的序列能够不得不局限于那些杰出人物之中，他们大多数是白种的欧洲人。在任何时代，不论其国籍如何，研究主要集中于这一优越民族的政治名流。③

这一“历史法”并非人人可用，只有处于社会最顶层的人才能使用。这就意味着，历史就是围绕精英人物而展开的历史，历史研究也就是精英人物的研究。孔德甚至说，“我们只有在决定了哪些是社会的精英人物之后，才能对那些或多或少处于落后状态的人进行规划”④。在孔德看来，历史研究的重点内容就是那些使历史得以充分体现的精英人物、优越民族，特别是欧洲、西欧民族，甚至就是法国，其余部分都只能算是“无足轻重”的内容而当作是“被规划”的对象。不仅如此，孔德认为在未来时代天才的人物、伟大民族会将“理论性力量的优势”与“实践性力量的优势”相结合⑤，从而形成一种新体系。孔德描述的未来社会构成是：

> 欧洲各民族尤其是其中五种最重要、最杰出的天才民族之间的相

①④ Auguste Comte, *The Positive Philosophy*, translated by Harriet Martineau, Vol. 2, New York, 1858, p. 542.

② Ibid., pp. 442 - 443.

③ Ibid., p. 541.

⑤ Ibid., p. 772.

> 互合作以形成一个容纳全部五种精神的新体系：法国精神中政治与哲学的霸主地位、英国精神中对真实性与实用性的偏好、德国精神中系统归纳的才能、意大利精神中艺术的天分以及西班牙精神中对个人尊严的尊重以及兄弟间的友悌之情。①

但是，孔德又认为，历史并不会为每一个民族、每一个人留名，至少不会为所谓“无足轻重的”现象留名。他曾说：

> 无论历史学的发展是多么的不可替代，无论它是如何指引着社会科学研究的方向，它自身必须保持抽象性。它必须是无人名的历史，甚至是没有民族的历史，人们必须避免从对名字——这些名字可能阐明对某个主题的解释甚至能够有助于巩固某种思想——的运用中得出不成熟的抽象，尤其是在社会科学研究的初级阶段更应该如此。②

历史学要抽象化，避免某些主观思想的影响；历史学必须从具体到抽象，很多历史现象的存在只不过是作为印证历史发展规律的、无足轻重的材料而存在，其价值与意义在历史的抽象化、整体化中被淡化。从这个意义上来看，历史是“无人名的历史”、“没有民族的历史”。

实证与史学 孔德非常自信地声称，实证精神已经发现了历史进程的方向，历史学家的责任就是把历史事件分门别类地放在“不同的坐标系之中”，从而使得人类历史呈现出“向着一个单一目标前进的过程”③。孔德认为一切现象的进步都和自然科学现象一样，要从对现象的直接观察中提出普遍法则。他相信人类社会走过神学阶段和形而上学阶段，正在进入以科学定律解释事件的“实证”阶段④。孔德这种进步观念充分表现了一种连续发展的递进关系。而这种关系正是深受自然科学所带来的乐观情绪影响、急切希望自身能实现科学化的社会学科所盼望已久的，特别是对历史学科而言。历史学科历经以兰克为代表的客观主义史学的洗礼，已经具有把握

---

① Auguste Comte, *The Positive Philosophy*, translated by Harriet Martineau, Vol. 2, New York, 1858, p. 838.

② Ibid., p. 543.

③ Ibid., p. 545.

④ Karl Lowith, *Meaning in History*, Chicago University Press, 1949, pp. 72,90.

具体历史事实真伪的能力;而依据孔德的观点,人类历史是不断向前发展的,也是有规律的,而且这种规律就是和自然科学的规律一样,是可以被认知的;历史学科通过对具体历史事实的考察就能像自然科学一样,揭示人类历史之中的规律。这样一来,历史学科就能像自然科学一样,不但有严谨的理论体系,还具有自身的发展规律,并且这种规律还可以通过对具体历史事实的研究而被认知。这是以孔德为代表的实证主义哲学对历史学科发展的启示与影响。

孔德的实证主义哲学中从个别到一般、从分析到综合的研究理路与史学研究方法吻合,这使史学与实证主义哲学易于融合。更为重要的是,与自然科学的方法一样,实证主义哲学强调要在确定性知识的基础上进一步归纳出规律,这一点符合历史学家渴望历史学成为一门真正的科学的愿望,也适应了史学科学化的进步要求。于是,史学家自觉或不自觉地把实证主义思想引入到历史研究中,在西方史学界逐渐形成了名噪一时的实证主义史学流派。大体而言,实证主义史家忽略了孔德哲学里的思辨部分,而专注于他所倡导的方法。他们强调历史研究者必须从文献与文献所揭示的事实入手,然后依据科学范型归纳出普遍性的结论。他们主张,谨慎收集文献,耐心研究比较,逐渐累积信息,这样就能揭示出决定历史发展的法则。

提到孔德,马克思作为同时代人曾这样说:

> 我现在在顺便研究孔德,因为对于这个家伙英国人和法国人都叫喊得很厉害。使他们受迷惑的是他的著作简直像百科全书,包罗万象。但是这和黑格尔比起来却非常可怜(虽然孔德作为专业的数学家和物理学家要比黑格尔强,就是说在细节上比他强,但是整个说来,黑格尔甚至在这方面也比他不知道伟大多少倍)。而且这种腐朽的实证主义是出现在 1832 年!①

由此可见,孔德对 19 世纪中后期的欧洲,特别是英法两国思想界影响之巨大。也正是有了孔德的实证主义,西方史学的面貌因而发生了一些变化。

孔德的实证主义哲学思想有效地清理了浪漫主义思潮之泛滥所带来的混乱局面,给史学家以极大的信心去面对浪漫主义史学所带来的弊端。并

---

① 〔德〕马克思:《致恩格斯(1866 年 7 月 7 日)》,《马克思恩格斯全集》(第 31 卷),第 236 页。

且，以孔德为代表的实证主义哲学反对形而上的思维方式，拒绝探讨世界观、本体论的问题，试图用“经验”、“感觉”、“要素”等取代传统哲学中思维与存在、物质与精神之间的对立，以中性哲学自居，回避对哲学基本问题作明确答复。在孔德看来，人类在实证阶段，“放弃了对宇宙起源和命运诸现象内在原因的探讨。它只是通过理性和观察的结合，使自己限于发现统治着诸现象的继承的和类似的实际规律”①。实证主义哲学思想把学说塑成单纯的方法论体系以回避本体论问题。受此种思想的影响，实证主义史学家为了在众多的学科中保持历史学得来不易的科学地位，也无心在本体论上进行渺无边际的探讨，而将全部精力投入到寻求方法论的科学突破上，将孔德的“人类的行为和人类的历史严格地受制于因果律”这一原理运用到史学研究当中。实证主义史学家巴克尔认为命运不能插入到历史的因果链子中，“神秘的或天命的干预说是不能成立的”，上帝只是信仰中的上帝，历史中没有上帝②。实证主义回避本体论问题的同时，实际上已将神秘的上帝排除在历史学本体之外，强调的是依据历史史实归纳出来的历史因果规律。这种史学在史学本体问题上实质是倾向于科学主义的。显然这是符合史学家们对科学历史学的期盼这一宏愿的。

实证主义史学最重要的代表是英国的巴克尔（Henry Thomas Buckle，1821—1862 年），法国的泰纳（Hippolyte Taine，1828—1893 年）、古朗治（Fustel de Coulanges，1830—1889 年）以及恩斯特·芮农（Ernest Renan，1823—1892 年），瑞士的布克哈特（Jacob Christoph Burckhardt，1818—1897 年），德国的兰普勒希特（Karl Lamprecht，1856—1915 年）等。

二、经验主义与实证主义的连理——巴克尔

孔德之后，英国实证主义哲学家约翰·穆勒以及斯宾塞在孔德实证主义哲学的基础上，结合英国经验主义哲学传统，对实证主义哲学进一步阐释。其中，斯宾塞则结合达尔文进化论，在实证主义哲学的基础上发展出一种社会进化论。他将世界上的一切都是为受进化规律支配的，即便是人类

① 〔法〕孔德：《实证哲学教程》，载《西方现代资产阶级哲学论著选辑》（上），商务印书馆 1993 年版，第 27 页。

② 〔英〕J·B·伯里：《思想自由史》，宋桂煌译，吉林人民出版社 1999 年版，第 99 页。

社会的事物也服从“物竞天择，适者生存”的法则。

英国实证主义哲学成就最大的是约翰·穆勒。这位思想家早年服膺孔德实证主义哲学，将孔德的“社会学”思想作为其《逻辑学体系》的指导思想。穆勒采用休谟式的怀疑论，结合实证主义的研究方法，将心理学方法用于解释物质的存在，将所有外部对象都看作是人的一种记忆、想象与联想，从而使得客观服从于主观，将人的主观性推向了极致。在此基础上，穆勒还将孔德实证主义哲学中的经验归纳法用于分析所有的社会事物，指出所有现象与事物(包括社会事物)都是可以通过这种经验归纳而被认知的，并且所有社会现象都有一种类似于自然事物的法则与规律；这种法则与规律是可以通过心理学方法而被认知的。但穆勒的这种心理学与孔德反对内省式心理学、反对统一自我观念是对立的。穆勒结合休谟的经验主义而强调，“在人类精神之中存在着一种一致性……而且每一种精神状态都有一种神经状态作为直接的动因”①。在《对詹姆士·穆勒心理学的诠释》一书中，穆勒系统而全面地将英国经验主义与心理学融合在一起，形成与孔德不同的实证主义哲学。

从这两位哲学家的思想来看，他们的哲学思想都是在孔德实证主义哲学基础上的一种衍发，是英国经验主义传统与孔德实证主义哲学相结合的一种产物。从根本上而言，他们是孔德实证主义的信徒，更是英国经验主义的捍卫者。

英国的巴克尔是19世纪第一位真正将实证主义精神引入历史研究的史学家。这位史学家在英国经验主义氛围中，以史学来展示英国经验主义传统与法国实证主义哲学的融合。

巴克尔博学多才，精通十余种语言，广泛涉猎自然科学和人文科学诸多领域；他两卷本的未竟之作——《英国文明史》被后人视为实证主义史学的宣言书。

1. 自然科学与人类历史

法国孔德将实证主义哲学应用于人类社会、人类历史研究的做法传到英国后，巴克尔率先将这一理论用于指导历史写作。

受这位“法国自笛卡儿以来最博学的思想家”②的影响，巴克尔认为，人

---

① John Staurt Mill, *A System of Logic*, London, 1967, p. 557.

② Henry Thomas Buckle, *The Miscellaneous and Posthumous Works of Henry Thomas Buckle*, edited by Grant Allen, Vol. 1, London, 1885, p. 79.

类社会也和自然世界一样有着一定的发展轨迹，具有特定的规律性；历史研究者应当看到这一点，并在史学实践中贯彻这一点；要认知历史发展中的规律，历史学家应当将历史看作自然科学，并借用自然科学的方法来研究历史、寻找历史规律。这一过程中，自然科学的思维与方法是历史学成为科学的关键，即“离开了自然科学，历史学也不成其为历史学了”①。

巴克尔赞同孔德的观点，主张将实证主义精神植入人类历史中，从社会历史中来验证实证主义理论；他反对历史哲学家的做法，认为那种“观察我们的心灵”而发现精神法则的想法是完全错误的，相反，它们需要在历史之中接受检验②。为此，巴克尔指出，对历史规律的认知，决不能像所谓的历史哲学家那样粗暴而任意地将历史削足适履，以符合某种所谓的规律。他认为，历史哲学家对历史规律的总结，并没有借鉴自然科学的研究成果来研究历史，而是凭借一些主观偏见与激情得出一些错误、漏洞百出的结论，只能说这些历史哲学家“勇气惊人”。

在他看来，真正从事历史研究，试图发掘历史之中规律的人，应当像研究自然科学一样：第一阶段的研究就是从具体、细小的事物出发，观察现象的具体情况；第二阶段的研究就是在观察的基础上，探求现象之间的内在联系。历史研究只要从观察、考证具体事物出发，必然会导向历史之中的必然性——规律。换言之，“观察应当在发现之前，收集了事实才能发现规律”③。

巴克尔认为社会历史现象也和自然界现象一样，现象之间存在着内在的联系。表面看起来，历史现象千变万化、凌乱而无头绪，各种现象之间似乎并没有什么规律性可言。巴克尔却认为，在一切历史现象之间都有内在的固定的联系，整个人类历史之中都隐藏着内在的规律。他在《英国文明史》前言中曾提到，“最随机、最无规则”的谋杀也是有规律性的，“如同潮汐、季节变化等特定的环境因素具有相关的一致性”④。在他看来，即便是谋杀这样的社会现象，也可以用孔德的“历史法”进行研究，找到其内在的各种联系。

巴克尔进一步指出，“当我们完成一项行动，我们实际上是在某些动机的驱动下去采取行动的，这些动机就是一些先行因素的结果，这样一来，倘

① Henry Thomas Buckle, *History of Civilization in England*, Vol. 1, London, 1870, p. 161.
② Ibid., p. 151.
③ Ibid., p. 23.
④ Ibid., pp. 17 - 18.

使我们了解所有的先在因素以及它们的动机法则，那么我们就能完全预测各个事件的结果”①；人类社会种种现象都可归于动机的驱使。是故，研究社会现象，就可以像研究自然现象一样，弄清楚产生这些现象的先行因素及相关的法则，就能预测最终的结果。这就是历史现象之中的规律，这种规律是依据孔德所说的社会动力学研究视角而挖掘出来，也是按照孔德所说的“历史法”而寻找到的现象之间长期固定存在的联系。

2. “智力法则”与历史进步

在涉及人类社会进步问题上，巴克尔与他的英国同胞——约翰·穆勒所主张的消极进步观②不同，巴克尔积极地看待历史之中的进步。

他认为，人类的行为体现了两种法则：一种是物理法则；另一种是精神法则；“道德与智力的双重运动是文明的本质，它包含精神进步的全部内容”③。人类文明就是在这两个法则的支配下实现进步的。巴克尔指出，存在于人类社会各种现象中的、稳固而长久的法则是一种精神法则；并且精神法则对于人类社会的影响程度要远远大于物理法则。特别是当下人类社会明显处于不断进步之时，精神法则几乎是人类社会唯一发挥作用的法则。

巴克尔认为，对这种精神法则，用孔德社会动力学进行研究，就会发现这种精神法则分为两个部分：一是道德法则；二是智力法则。比较这两个部分，可以看出：

> 智力法则压倒一切的优势，至此，我们可以这样说，人类文明的进步是以精神法则战胜物理法则、智力法则战胜道德法则为标志的。④

不仅如此，人类精神法则中的道德法则是一种少有变化的法则，几千年来其本质内涵几乎静止不变的⑤；而“智力法则不仅比道德法则更具有进步性，而且其结果也更为持久。智力成果……成为人类代代相传的遗产”。在人类历史发展过程中，“对知识的获得要优于道德感的形成”⑥。

---

① Henry Thomas Buckle, *History of Civilization in England*, Vol. 1, London, 1870, p. 13.

② 穆勒的消极进步观参看 John Staurt Mill, *An System of Logic*, London, 1967, pp. 596 - 606。

③④ Henry Thomas Buckle, *History of Civilization in England*, Vol. 1, London, 1870, pp. 164 - 165.

⑤ Ibid., p. 173.

⑥ Ibid., pp. 173 - 174.

在巴克尔看来，道德法则无法成为人类文明进步的推动力，在人类历史上道德品行纯洁无瑕而无知的人对人类文明的进步起不到积极的作用。比如，道德上圣洁虔诚、知识上愚昧的宗教迫害者。他们迫害追求知识真理的科学家，焚毁记录先进知识的书籍，把持思想文化，严重阻碍了人类文明的进步。也是从这个意义上，巴克尔大声疾呼，“消灭虔诚，就消灭了迫害”①。巴克尔认为，在人类历史进步的历程中，宗教这种阻碍文明进步的“不宽容”因素是不能靠道德法则来消除的。他指出：

> 不宽容的最大敌人不是人性，而是知识。毫无疑问，仅仅凭知识的传播，我们就可以使那些穷凶极恶的人在实施宗教迫害时无法继续作恶。②

巴克尔认为，知识就是力量，知识就是消除宗教迫害，推动文明进步的重要力量。

除了宗教迫害阻挡文明的进步，是一种罪恶之外，还有一种阻碍文明发展的罪恶，即战争。巴克尔在其《英国文明史》中花费大量笔墨描述英国在精神思想方面以及科学技术方面的成就，意在凸显知识对遏制阻碍文明进步的罪恶所起的作用。他认为，“人类智力的每一次提升都会沉重打击战争精神”③，人类知识的进步将从根本上消弭战争的隐患，遏制战争的爆发，为人类文明的进步扫清障碍。

在人类社会中，人类知识上的创造、智力法则的作用，使得人类文明不断向前发展。从这个意义上来说，巴克尔认为人类文明进步的动力就是知识进步、智力法则。

3. “历史学的钥匙与基础”

受实证主义哲学的影响，巴克尔将人类历史看作是与自然界一样有着内在法则规律的现象；他认为，对这种有着精神内容的现象进行研究的历史学家，则必须以发现历史现象之中的法则、规律为研究的最终目标。

巴克尔对当时流行的以兰克为代表的客观主义史学家极为不满，指责

---

① Henry Thomas Buckle, *History of Civilization in England*, Vol. 1, London, 1870, p. 135.

② Ibid., p. 136.

③ Ibid., p. 137.

他们是能力不足，无法堪当史学研究的任务。他在《英国文明史》中写道：

> 绝大多历史学家将最微不足道、最可恶的细节塞满他们的著作，他们关注国王王室的先祖、权臣们冗长陈说以及其他人对此的想法，他们对那些吸引他们注意力的战役、战争进行长篇大论，而不是给予我们关于知识进步的信息。他们所写的内容对我们来说完全无用的，因为他们既没有提供新的真理，也没有提供新的真理产生的方法……其结果是，无论谁想要对历史现象进行抽象概括，都必须收集事实。他必须不仅仅要设计大厦，而且还要开凿采石场。这双重的任务对哲学家来说是巨大的苦差，然而有限的生命显然是无法匹配这样大的工作量的。①

巴克尔并不认同将史学变成琐碎的逸闻趣事或者围绕政治军事展开的叙述，他指责这种做法没有提供任何有用的知识。并且依据这种做法，历史学家既要考订饾饤琐碎史料又要在此基础上进行抽象概括，研究者力有所不及。像这样的史学著作根本不能算是真正对历史的研究。在巴克尔看来，对历史的研究最重要的是寻求历史现象之间的内在联系，这是历史学家的首要任务。这也是衡量一部历史著作是否具有"原创性"、是否科学的标准。

通过对社会历史现象的分析，巴克尔看到了社会历史现象与自然现象的共同思想之处，即都是蕴含着内在规律。也因为如此，巴克尔期盼在社会领域、在人类历史领域也取得像自然科学一样的成就。他曾无比期待地说，"我希望在历史学或者其他类似的领域里也能取得同样的成功，而这些学科本身已经受到不同类型自然科学的深刻影响。

然而，在社会领域，特别是"在历史学领域，类似的规则不仅被认为是异想天开的，而且实际上被否定了，我们被告知，在事件中存在着某种神秘的、意外的因素，这些因素对于我们的研究来说显得非常独断专横，而且常常在我们面前隐匿其未来的行程。这种断言为人们所喜爱"②。巴克尔是坚决反对这种神秘主义倾向的；他坚持认为，人类历史，如同自然世界一样，具有

① Henry Thomas Buckle, *History of Civilization in England*, Vol. 1, London, 1870, pp. 166–167.

② Ibid., p. 14.

自身的法则与规律，这种规律是内在于人类的精神世界之中的，并不是异想天开、臆造的。

巴克尔指出，在研究历史时，历史学家的主观性会影响其对史料的选择和对历史的探索；而不能说话的史料、沉积了过去精神的史料也会对历史学家研究历史产生影响。这样一来，研究者不能只是从表面去考订史料，而是应当从史料的精神内容着手；另外，历史学家也是人类社会成员，深受社会历史法则的支配。历史研究的科学性与客观性在这种细琐的研究中就无法体现了。巴克尔提出，要实现对历史现象的科学研究，唯有将实证主义的方法引入历史研究中。

具体而言，历史学家要像自然科学家一样观察并收集一切数据，比如种族比例、结婚率、出生比例、就业情况、生活必需品的价格等数据。巴克尔认为，历史研究和自然科学研究一样，对研究对象观察得越仔细，材料收集得越丰富，那么对历史事物的认知就有可能越深入。此外，对所收集的材料，历史学家应当进行必要的鉴别，区分其真伪，务必保证材料的准确与精确。

但是，历史研究决不能只停留在确定事实这一阶段，历史著作也决不能仅仅限定在史料汇编这一层次上。巴克尔指出，"全部人类知识主宰着整个人类行为，这种知识表面看起来仅仅只是收集知识的证据，实际上，通过持续不断的抽象概括知识，从而探寻控制着文明进步的整个法则"①。历史知识是人类最高级别的知识，对这一知识进行研究的史家决不能把自己的任务仅仅限定在琐碎的材料收集、考证上。虽然"与自然科学相比，历史学科研究对象为那些显然是最毫无规则可言的事件，然而在这些反复无常的历史事件中蕴含着某种固定不变、普遍的规律"②。巴克尔非常乐观地告诉历史工作者，"具有巨大能力、无限潜能、取之不尽的思想的人，既然能将自然科学中的规律性寻找出来，那么也完全可以将历史中的规律挖掘出来——倘使依据自然科学的方式去研究人类事物，那么我们必然可以期待得到和自然科学一样的结果"③。

巴克尔坚信历史学是一门科学，历史学家能使历史著作成为自然科学

---

① Henry Thomas Buckle, *History of Civilization in England*, Vol. 1, London, 1870, p. 166.

② Ibid., p. 210.

③ Ibid., p. 166.

一样经得起时间考验的经典。为此，他广泛收集各种资料，从专著到论文，从档案到日记等，他在《英国文明史》第一卷中光是引用的材料目录就有20多页，正文之中附有大量注释，他用浩繁的注释对史料进行了考证和评论。

此外，巴克尔认为自然科学很多方法是完全可以运用在历史研究之中的。特别是统计学方法①。历史学家可以通过数据统计而了解诸如各类罪犯数量以及不同类型罪犯所占的比例以及他们各自的年龄、性别、喜好、教育程度等这些涉及人类道德的事物，这就如同自然科学记录气候变化、测量山脉的高度一样，都是同一性质的。在巴克尔看来，社会领域是自然领域的延伸，自然科学的方法同样适用于包括历史学在内的社会学科。巴克尔主张历史学的发展必须从其他自然学科和人文学科中不断汲取新知识、新方法。为此，他广泛涉猎地理学、生物学、数学、物理学、化学、医学、哲学、语言学、文字学、社会学、法学等几十门学科，大大扩展了其历史学研究的视野，促进了历史学与诸多学科的结合。

4. 英国历史与世界历史

巴克尔将孔德实证主义哲学引入历史学，强调历史研究就是为了探求历史之中的法则与规律，特别是影响人类文明进步最为重要的精神法则。巴克尔认为世界历史之中的精神法则主要是通过各个民族得以体现的，而且“这种民族史……将提供一种标准化的内在发展模式，它将显示在一种独立的状态下的进步法则，它将在事实上成为一种现成的实验，它将具有人为机制所具有的一切价值，而自然科学在这一点上已经获益良多”②。世界历史完全可以通过民族史而实现对内在精神法则的把握。但巴克尔也指出，“任何民族的历史，如果其进程不被外力所影响的话，它将仅仅因为自身的运动而变得更有价值。对于一个民族来说，每一种不得不忍受的外来的影响都将有损本质的发展，从而使我们所要研究的情况变得更为复杂”③。世界历史要研究的民族史以探知其中蕴含的内在精神法则，但是并不是所有的民族都应当被纳入世界历史的研究范畴，只有那些自身发展变化不受外力影响的民族才是世界历史研究的内容，才适合从中去探寻世界精神法则。

---

① Henry Thomas Buckle, *History of Civilization in England*, Vol. 1, London, 1870, p. 25.

② Ibid., p. 172.

③ Ibid., p. 169.

关于世界历史的内容，巴克尔在《英国文明史》中曾这样提到：

> 欧洲文明之外的所有文明是我们难以逾越的障碍，事实上，没有哪个民族曾战胜这些障碍。……而欧洲文明则不同……因此，作为一个整体的世界历史、一个其趋势能辨明的世界历史来说，在欧洲，是人征服自然；欧洲之外则是自然征服人。①

在巴克尔看来，虽然世界历史包括所有的文明，但欧洲文明之外的世界是无法使用实证方法去探求其中的规律的，那只是历史哲学研究的对象而已；欧洲文明之外文明的发展深受外界自然力量的影响，不适合从中去探索精神则作为探索精神法则。因此，世界历史最主要是研究欧洲的文明，并从中寻找精神法则。

不仅如此，巴克尔甚至认为只有英国民族史才是世界历史中最值得关注的内容。因为在所有欧洲国家之中，只有英国的统治"最为稳定，人民最为活跃。在英国，备受瞩目的自由建立在最为广泛的基础上，每个人都能自由自在地说他想说的，做他想做的事情……没有了宗教的束缚，人精神的展示与变化能很容易被观察到"②。这样的民族是非常适合作为观察研究世界精神法则的。

在他看来，与英国相比，欧洲其他国家方方面面都不如英国，比如法国。巴克尔认为，尽管英国在品位、言行等生活细节上受法国影响，但是并没有从法国输入任何本质性的事物，特别是英国的思想家们没有受法国知识分子的影响。相反，倒是法国从英国输入了不少有价值的政治制度等本质性的事物，甚至法国革命中的很多重要思想家都接受了英国思想的影响③。世界历史中还值得一提的德国、美国，在巴克尔眼中也是无法与英国相媲美的。巴克尔在《英国文明史》中将德国说成一种有着晦涩语言、缺乏实践知识以及由此导致知识传播不畅、文明无法远播的民族国家；而美国则是知识积累存在严重缺失的民族国家。

作为历史学家，巴克尔说，"历史学家的任务就是为他的特殊研究选择

---

① Henry Thomas Buckle, *History of Civilization in England*, Vol. 1, London, 1870, p. 109.

② Ibid., pp. 170 - 171.

③ Ibid., p. 171.

一个国家,这个国家将最大限度地满足上述条件。现在不仅我们而且一些有见识的外国人也能很容易地知道,英国在最近的三个世纪,最为满足上述条件"①。因而,就世界历史的研究重点而言,英国历史是当之无愧应当摆在首要位置的,甚至是理解世界历史中的精神法则最为关键的部分,也是理解世界其他文明的一把钥匙。很显然,巴克尔是一位提倡民族主义的史家,更确切地说,他是一名充满民族自豪感的英国实证主义史学家。

特别值得一提的是,巴克尔的《英国文明史》中对历史学的发展历程多有描述,他把从希腊到写作《英国文明史》之前的一些重要的历史学家与历史著作都做了简单的介绍,对近代以来史学家的述评则以英国、法国、德国三国史学家为主。巴克尔称这种历史学术史的回顾为"史学史"②。大体而言,巴克尔应该算是西方史学史上较早提及"史学史",关注"史学史"的史学家。

巴克尔在史学实践中也体现出诸多不足之处。其中最突出的是巴克尔将某一学科的理论生搬硬套在历史现象上,而提出某种解释,结果将复杂、生动的历史现象简单化和僵硬化。对此,有论者这样评道:巴克尔的"史学理论和方法混淆人类社会和自然界的区别,无视社会历史发展自身的特点,离开了人的社会实践来考察历史,因而导致了把社会历史现象简单化、公式化的流弊。他的史学体系是非科学的"③。就其原因,主要是19世纪自然科学的迅速发展而使社会中产生了盲目的乐观情绪,巴克尔的史学思想很明显地打上了这种盲目乐观主义的烙印,这也是当时实证主义史学思想时代局限性的最显著体现。

三、浪漫与实证的融合——法德实证主义史家

实证主义哲学诞生之后,很快便与史学结缘,形成名噪一时的实证主义史学。这种史学在英国是与经验主义融合,而在法国德国则与浪漫主义融合,形成一种带有浪漫主义色彩,弘扬实证主义史学精神的独特史学。这种史学影响下的史学家大多带有浪漫主义的情结,倾向于民族主义史学,突出

① Henry Thomas Buckle, *History of Civilization in England*, Vol. 1, London, 1870, pp. 170 - 171.
② Ibid., p. 210.
③ 谭英华:《试论博克尔的史学》,《历史研究》1980年第6期,第172—179页。

各个民族的民族精神，平等看待以往所有的时代，注重历史的个体文明与文化。与此同时，这些史家又有实证主义的风范，将实证精神引入史学研究，注重历史之中法则与规律的探寻。其中最突出的代表是法国的泰纳、古朗治、芮农以及瑞士的布克哈特①和德国的兰普勒希特等。

1. 泰纳

泰纳(Hippolyte Taine，1828—1893年)是实证主义哲学的信徒。他学识广博、多才多艺，既是史学家，又是哲学家、文艺理论家、美术史家，还精通心理学，知晓一些医药学、化学、古生物学等方面的知识，1878年当选为法国科学院院士。这位笔耕不辍的史学家勤于写作，留下的著作繁多，主要著作有《英国文学史》、《意大利：佛罗伦萨与威尼斯》、《意大利：罗马与那不勒斯》、《艺术哲学》②、《意大利游记》、《历史批判文集》、《法国19世纪哲学家》、《希腊艺术哲学》、《批判与历史》等。其中最为出名的是1875年至1890年分批出版的多卷本《当代法国之由来》(分为《旧制度》、《大革命》、《近代制度》)。

历史与因果律　受实证主义哲学的影响，泰纳将人类历史现象看作如同自然现象一样是具有规律的，从而认为历史学家必须像一个自然科学家，使自己摆脱一切因袭的偏见，而且要摆脱一切个人的偏好和一切道德标准。这些主张是几乎所有的实证主义史家所共有的思想。

泰纳是特别的，这种特别之处在于泰纳并不强调人的特殊性，他认为人类社会、人类历史与自然界一样都是因果关系作用的结果。在《英国文学史》前言中，他说：

> 不管事实是物理的还是精神的，它们全都有其各自的原因；野心、勇气、忠诚，都有各自的原因。这正如消化作用、肌肉运动、性冲动也都有各自的原因一样。善与恶就好像是糖与明矾一样都是结果；并且每一个复杂的现象都是源自它自身所依靠的另一种更简单的现象。既然如此，那么让我们像探寻物理特性的简单现象那样，去探求精神特性的简单现象吧。③

---

① 因瑞士史家布克哈特与德国史学的紧密联系，故一并在“法德”名下述及。

② 《艺术哲学》一书有傅雷翻译的中文版(参见〔法〕丹纳：《艺术哲学》，傅雷译，人民文学出版社1963年版)。

③ Hippolyte Taine, *Histoire de la Littérature anglaise*, Tome Premier, Paris, 1866, p. 6.

人类社会和自然界一样都是因果律作用的结果，对于历史学家而言，这就消除了研究人类历史运用自然科学方法的心理障碍——既然都受制于因果律的影响，那么就在本质上是一样的，方法上是互通的。泰纳告诫历史研究者：

> 呈现于每一时刻、每种情况、每个地方，并且总是起着作用的、破坏不了的，而且最后毫无疑问是决定一切的。因为阻碍它们的那些偶然事件是有限的和局部的，最终总是服从于这些普遍存在且持久不衰的原动力的凝滞呆板、一成不变的重复。在这样一种方式下，事物的一般结构和事件的主要特征，就是这些原因所做之功；而形形色色的宗教、哲学、诗歌、工业、社会、家庭的组织，在事实上都只不过是这些原因的标记而已。①

历史现象中表面的偶然性都是无足为惧的，也不是历史研究的目的。历史现象之中最重要的就是决定一切偶然性、支配一切偶然性的必然性，即法则与规律。这才是历史学家所要关注的，也是历史学研究与自然科学研究相似之处，它们都着眼于寻找现象之中的内在规律，都侧重于将特殊抽象化，上升到一般的规律与法则。在这一前提下，历史学家研究历史就如同自然科学研究自然现象一样，都从各个独特的个体开始，从现象个体之间的前后联系之中寻找因果律。在其《艺术哲学》导论中，泰纳说道：

> 我所遵循的而且已经为一切精神科学开始采用的现代方法，不过是把人类的事业……看作是事实和产品，指出它们的特征，探求它们的原因。本着这样的方式，科学既不解释什么，也不指责什么。植物学研究橘子树、棕榈树、松树、白桦树时，不持任何偏见；精神科学也必须采取这样的态度，它们就好像是一种实用植物学，只不过研究的对象不是植物，而是人的作品而已。②

历史学家所面对的历史现象、历史事实，是一种精神的结果；对于这样一种结果，研究者需要以一种植物学家对待无精神内容的植物一样，来研究

---

① Hippolyte Taine, *Histoire de la Littérature anglaise*, Tome Premier, Paris, 1866, p. 6.

② Hippolyte Taine, *Philosophie de l'art*, Tome Premier, Paris, 1865, p. 13.

这一人的作品。在这一过程中，历史学家需要做的是不能持任何偏见，必须客观公正地描述事实。换言之，历史学家在面对史料时，既不要去“解释什么”，也不要去“指责什么”，以保证史学研究的客观公正性。不仅如此，研究者还要坚信这其中蕴含着法则与规律，要坚信运用实证的方法定然能使“精神科学就能获得与自然科学同样可靠的基础、取得同样的进步”①，就能使研究人类精神内容的历史学获得如自然科学一样的发展与进步。

文献背后的人　具体的史学实践中，泰纳认为在历史现象之中寻找因果律，首先面对的就是记载着过去、凝集了过去精神内容的文字材料。这些文字材料是历史研究的基础，是历史研究真实性的保证。面对文字史料，泰纳强调的是，历史学家要考订史料，更要关注史料背后的人以及人的精神。

在《英国文学史》中，泰纳这样写道：

> 在翻阅一个年代久远的文件夹中发硬了的纸张时，在翻阅一份手稿（一首诗、一部法典、一份信仰声明）那发黄的纸张时，你首先想到的是什么？或许你会说，这并不是孤立的事物。它只不过是一个铸型而已，就好比一个化石外壳、一个印记，就像是那些在石头上浮现出来的一个曾经活过而又死去了的动物的化石。在这外壳下面有着一个动物，而在这文件背后则有一个人。如果不是为了向你自己描述这动物的话，你怎么会去研究这动物的外壳呢？同样，你之所以要研究这个文件，也仅仅是为了了解文件背后的那个人。②

历史学家面对史料首先想到的，史料并非是孤立的事物，而是过去历史在文字上的留存，代表着已经成为过去的历史现象。通过这些文字记载可以将已经成为过去的历史现象再现，并且这种再现就如同古生物学家看待化石一般。化石本身没有意义，有意义的是化石所体现的古生物。同样，历史学家将史料视为历史的全部是没有意义的，关键是史料所代表的人、曾经活生生存在的人。所以，泰纳说：

> 我们必须回到这种活生生的存在中去，努力地重塑、再现它。把文

① Hippolyte Taine, *Philosophie de l'art*, Tome Premier, Paris, 1865, p. 13.
② Hippolyte Taine, *Histoire de la Littérature anglaise*, Tome Premier, Paris, 1866, p. 1.

> 件当作仿佛是孤立的事物来研究，是错误的。这就会像是一个十足的书呆子，那也难怪陷入藏书癖的谬误之中。在这一切的背后，我们得到的既不是神话也不是各种语言，而只是创造这些词语和形象的人。……如果不是由于某些个别的人，那就什么东西都不会存在。我们必须去了解的正是这种人。①

史料的最大价值就在于它承载了过去的人，记录了曾经活生生存在的人。历史学家面对史料除了要客观公正之外，还需要通过不会说话的史料将曾经存在过的人找出来。进而言之，历史研究中最重要的客体就是人，活生生的人，而不是什么其他的事物。从这一点上来说，泰纳将自古典时代以来的人文主义传统从史学层面上再次予以强调。

对于史料中的人，泰纳指出，历史学家应当穿越时空的阻碍，将曾经鲜活的人再现出来，让他们在历史学家的笔下再度成为活生生的存在。泰纳曾说：

> 当我们确定了诸教义的起源、诗歌的类别、政体的演进、俗语的变化之后，我们仅仅只是清扫了地面而已——真正的历史只有当历史学家穿越时间的屏障开始解释活生生的人时才得以存在。这样的人是辛勤忙碌、充满热情的，牢牢地植根于其习俗之中。他的音容笑貌、姿态服饰，就好像我们刚刚在大街上与之告别的人一样轮廓清晰而鲜明，形象完整而鲜活。那么，让我们尽一切可能去努力消除这种时间上的巨大屏障吧，这种屏障使我们无法观瞻到那种人，无法亲眼看到那种人。……一种语言、一部法规、一本教义手册，无非只是一种抽象的事物：具体的事物乃是活生生的人、有形可见的人，是食五谷杂粮、朝起暮宿、辛勤劳作、舍身战斗着的人。②

历史学家研究史料时，应当客观公正，既不要去解释，也不要去指责。这只是历史研究的第一步，即“清扫地面”而已。重要的是后续研究，将曾经这活生生的人从时空阻隔中拉回到现实之中，再现其生活的一切方面，描绘

---

① Hippolyte Taine, *Histoire de la Littérature anglaise*, Tome Premier, Paris, 1866, p. 2.
② Ibid., pp. 2 - 3.

一个血肉丰满的人。而要做到这一点，泰纳认为最重要的是深入人的灵魂去认知人、深入历史之中的精神去认知历史。他指出：

> 当你以你的眼睛凝视有形的人时，你是在寻找什么呢？人是无形的。他的音容笑貌、举手投足、头部的动作、身上的服饰，各种各样看得见的动作和行为，这些都只是表现形式而已。在这些表现形式背后有某种东西显露出来，这就是一个灵魂。一个内在的人隐藏在那外在的人背后；外在的人不过是显露内在的人。……所有这些外部情况都只是通向一个中心的各个支路而已。你踏上这些支路就是为了达到这个中心；而这个中心就是真正的人。……这种底层世界是专属于历史学研究的新题材。①

历史之中最重要的是人，历史学家需要通过对史料的研究而再现过去存在过的人，最重要的是要再现人的灵魂，体现历史现象之中的精神实质。只有从精神入手，才能真正使已经成为过往的历史现象活转过来。

心理解剖学　泰纳对历史研究中人的重视、对人的精神的强调，以及他对实证方法的信仰，促使他将历史研究当作是一种"心理解剖学"。

受实证主义思潮的影响，泰纳把历史学看作是一个机械学问题，而历史研究则是"心理解剖学"。1863 年，在其代表作《英国文学史》导论中，他指出研究文学中"人的情感与思想，才使得人意识到他是万物之灵这一事实"，为了彻底了解文学中的情感与思想等灵魂方面的事物，就必须像"动物学那样找到它的解剖术"②，从所在地的土壤、气候、食物生产等方面逐一进行分析。只有这样，才能真正了解人的本性与精神。

对那种专注史料考证的传统史学，泰纳是不认同的。他认为，历史之中蕴含着法则规律，这种法则或规律就是经济和社会生活各个事物之间，或者在宗教、哲学和各种社会情况之间，存在的那种明确的关系。历史学的研究就是要通过对这种规律与法则的把握，实现从特殊到一般，然后再由一般到特殊，从而运用从历史现象中抽象出来的法则与规律来预测、来推导。而要认知这种规律，了解这种明确的关系，泰纳认为这就要运用生物学、地质学

---

① Hippolyte Taine, *Histoire de la Littérature anglaise*, Tome Premier, Paris, 1866, p. 4.

② Ibid., p. 17.

等自然科学的方式来看待历史、分析历史。泰纳认为:

> 只有当历史学家穿过流失的岁月,不费力地、充满激情地融入那些活生生的人之中,并且不改变他们的固有习惯——而那些人的言行举止、他的衣着都与我们所熟悉的人截然不同,真正的历史学才确立起来。①

要做到这一点,历史学家必须借助自然科学的研究态度与研究方法,对历史进行全面的解剖,以图通过解剖出来的规律而深化对历史的认知,依据这种观点,泰纳在 1876 年出版的《古代政体》中提到,"可以允许历史学家享有博物学家的特权:我观察我的研究对象就像人们观察昆虫蜕变那样"②。在这部著作中,泰纳将旧制度看作一种机械结构,他像解剖昆虫一样,把这种机械解剖成各种细小的零件,把古代政体描绘成一个有着严密衔接的统治机械,突出了古代政体各个部分之间的明确关系。这就向世人指明了一条看似便捷的历史科学化的道路——将历史研究看作是如自然科学的生物学、心理学所作的解析一样,弄清楚了其中事物之间确定的关系,即是找到了历史之中的规律。

泰纳在研究历史时,把社会历史看作是与自然世界一样的事物,依据自然科学家研究的思路——先有假设,而后用实验去验证假设,他把历史研究的过程变成了用搜集来的证据去验证某种历史假设。所不同的是,泰纳的假设是关于历史事物之间,特别是精神方面内容的某种明确的关系。简言之,在泰纳的看来,历史研究就是一种自然科学的解剖过程,运用心理解剖来分析人类的历史,最后寻求并验证历史之中的某种明确关系——规律。他曾在《智力论》中提到,历史学离不开心理学,历史研究中复杂事物的理解需要借助心理学的;从本质上说,"历史学就是应用心理学。历史学家记录和探索一个人的分子或一群人的分子所表现出来的变化,并根据他们的心理来说明变化"。不仅如此,历史学家在研究单个个人、某个时代、特定国家等时,"不可避免地要涉足个人的精神,或者整个人类的精神特征"③,因而

① Hippolyte Taine, *Histoire de la Littérature anglaise*, Tome Premier, Paris, 1866, p. 18.

② Hippolyte Taine, *The ancient régime*, Paris, 1910, p. 2.

③ Hippolyte Taine, *De l'intelligence*, Paris, 1888, p. 11.

要深入研究其中的一切，离不开心理学。

对于运用心理解剖学来研究历史的结果，泰纳也做了保守的估计。他并不认为有了实证精神，用了心理解剖学就能将全部发生在过去的历史现象完全再现，历史学家通过史料可以完全原封不动再现已经成为过去的现象，或者说历史学家可以通过对史料的研究，获得全面而精准的历史认知。泰纳在《英国文学史》中提到：

> 让我们使过去成为现在：为了判断一个事物，它就必须呈现在我们面前。对于一个不存在的事物，我们没有任何经验可言。毫无疑问，这种重建总是无法尽善尽美的，总是不完全的。因而它只能提供一种不完善、不完全的判断。但是我们必须使自己服从这种判断。具有不完善的知识总比具有无用或者错误的知识要好；而且要是我们逐渐了解其他时代的时间，也没有比逐渐地去观察其他时代的那些人更好的办法了。①

在他看来，人类社会、人类历史中的精神内容毕竟不同于自然界的自然现象。虽然历史学家可以期盼历史学如自然科学一样取得瞩目的成就，但是由于人类历史全是精神的内容，因果律的寻求远比自然现象的研究要复杂，历史研究很难保证通过对史料的研究而获得完善、完全的历史知识。即便这样，泰纳认为历史学家也不必沮丧，对过去的认知完整而完全只是历史研究的理想，理想之下，历史学家不断去接近历史真相，这才是历史学的本意。再者，历史认识如同对自然现象的认知一样，都是逐步深入的，每一个阶段的认知相对前一阶段认知而言都是一种进步，相对后一阶段的认知是一种基础；历史研究就是这样不断向前发展，最终无限地靠近历史真相，不断完善对过去现象的认知。这是泰纳最能体现孔德实证主义哲学思想的地方，也是泰纳史学思想与其他实证主义史家区分开的独有特色之一。

历史与民族　泰纳最大的史学贡献不在于他彻底在史学研究中贯穿了实证哲学，强调历史研究探究规律的认知目的，而在于他突破传统史学，特别是倡导政治军事史传统的兰克史学的影响，阐明了“历史关心的不只是政

① Hippolyte Taine, *Histoire de la Littérature anglaise*, Tome Premier, Paris, 1866, p. 3.

治史，而是各个民族整个的社会生活”①。

泰纳史学研究的范围从古希腊到当代，内容从艺术、文艺到政治、军事等，涉猎广泛。他曾说，一个民族特征的形成源自它所处地方的气候、土壤、食物以及与地域相关的所有其他事物，“这种民族特征是特定文化的某种精神的源泉，同时也对其是一种限制。……一方水土养一方人，淮南为橘，淮北为枳”②。在他看来，每一个历史个体都是其独特历史环境造就的，都是具有独特特色的存在，都是构成历史的重要组成部分。进言之，既然每一民族的精神灵魂都源于它所在地的自然地理、气候等这些无法更改的自然因素的影响，那么每一个民族及其精神在实质上是没有优劣区别的。这种对历史个体性的突出与强调，与浪漫主义思潮有着共同之处，也是泰纳史学思想中的闪光点之一。

泰纳这种浪漫主义情怀使得他对所有的历史个体均能做到一视同仁，平等对待所有的民族国家。虽然他以法兰西文化、法兰西民族为荣，但是他不像巴克尔那样将其他民族贬低，将本国文化与本民族无限拔高。在他的眼里，每一个历史个体创造的精神内容都是组成人类精神生活、世界历史不可或缺的部分，地位上都是平等。他对文明的评价源自文明本身的创造，而不以是否是本民族为依据进行评论。也正是依据这一思想，他对英国文明的认可程度甚至超过了对法国文明的评价。

不仅如此，他在具体的史学实践中还注重各个民族国家深层次的精神内容与文化现象。他认为，这些精神上内容是一个民族国家、一方水土的突出表现，要理解历史中的规律，要寻找历史事物发展中的某种确定关系，就必须从理解这些精神内容入手。即泰纳倡导用自然学科的方法解剖民族国家的历史，最终目的是为了找到各个民族国家内在精神方面的规律、确定性的关系。在史学实践上，泰纳也不遗余力地贯彻这一信条，他的《英国文学史》、《希腊艺术哲学讲座文集》、《意大利艺术哲学》、《艺术哲学》等著作都是侧重于从社会生活、精神心理世界的角度来描述民族的历史。

泰纳的这种民族主义情绪在其巨著《当代法国之由来》一书中体现得尤为突出。这是一部叙述法国大革命前后法国政治制变化改革的史学著作，

---

① 〔美〕D・W・汤普森：《历史著作史》(下卷，第四分册)，第618页。

② Hippolyte Taine, *La Fontaine et ses fables*, Paris, 1861, p. 8.

全书分为《旧制度》、《大革命》、《近代制度》三部分，于 1875—1890 年分批出版。

在政治观点方面，这位史学家是反对法国大革命的。他带着一种对英国自由的无比向往之情来看待法国革命，从而对革命充满了仇视与憎恶。在他的笔下，革命是乌合之众丧失理智后实施的暴行，革命中的一切现象都是荒谬而恐怖的；他反感法国革命对旧制度的破坏，认为"18 世纪末的法国，就像是正在蜕皮的昆虫，它脱胎演化。在这一过程中，它的组织消融了；它将最珍贵的组织丢掉了，并陷入极为痛苦的抽搐之中"①，他怀念 1789 年前的"旧制度"，否定法国革命以暴力推翻专制而建立所谓的自由秩序，指出革命本身没有带来自由。

但是，泰纳写作这部历史巨著目的并不只是为了批判法国革命，他的目的是为了弄清楚当代法国到底该走向何方。在全书卷头语中，泰纳这样写道："倘使我们想要成功地认知我们自己，那么唯一的方法就是通过研究我们自己，而我们对自己理解得越准确，我们就越能明白什么才是最适合我们的。"②在《英国文学史》中他反复强调一个观念，即每一个民族都有自身独特的个性，有自身的民族思维方式，而这种民族的思维方式是与民族所处的地理条件、气候环境甚至种族特征有关。这样一来，法兰西民族作为一个有着悠久历史的民族有自己的特性，要理解法兰西民族的问题就必须从本民族自身出发来研究它。从这一点上来说，泰纳在《当代法国之由来》中对法国革命的描述并不仅仅是为了反对法国革命，而是为了弄清楚当代法国是什么；而要了解"当代法国是什么？要回答这个问题，我们必须知道法国的由来"③。这才是泰纳写作的最真实的理由，这也体现了泰纳深厚的民族主义情节与浪漫主义情怀。

2. 古朗治与芮农

法国实证主义史家古朗治（Numa Denis Fustel de Coulanges，1830—1889 年）是研究中世纪史方面的专家，著有《古代城市》、《法国古代政治制度》、《法兰克王国史》、《日耳曼人入侵及帝国的终结》、《加洛林王朝时期的王位继承》、《历史学的问题》、《当代问题》、《法国文明的起源》等。

"历史是科学"　和泰纳相似的是，法国史家古朗治也是主张将历史看

①③　Hippolyte Taine, *The Ancient Regime*, translated by John Durand, New York, 1876, Ⅶ.
②　Ibid., Ⅵ.

作是自然科学一样的学科。早期的古朗治相信历史研究就和数学研究一样,认为只要把数学论证形式和逻辑原理运用到史料分析上,历史研究过程实际上就已完结了。在他看来,历史学家在研究历史时所要做的事情就是揭示,而不是去解释。因为只要研究历史的方法运用正确的话,历史文献是可以为自己说话的。古朗治对这种历史研究模式充满信心,1862 年他在斯特拉斯堡大学历史学的教授就职典礼上向世人宣称:“这不是我在讲话,而是历史通过我在讲话。”①

在这基础上,古朗治进一步指出,历史现象与自然现象一样,也有内在的法则与规律;而历史研究就是要通过对史料的研究,发掘历史现象之间本质的、长期的、固定的内在联系,展示这种内在法则与规律的作用。不仅如此,历史学家应当对寻求历史现象之间的内在法则与规律充满信心,要坚信历史研究中“长久而细致地研究各个个体是形成一般性认知的唯一途径”②。在他看来,历史学家面对的是琐碎的史料,要处理的是历史记忆的断片,研究的是一个个各具特性的个体;但是历史学家要坚信:在历史研究中,从特殊上升到一般,是必然的;而且是完全可能的。换言之,历史研究是从细节、特殊性的个体开始,到抽象的、一般性的法则与规律结束。进言之,历史研究完全可以揭示历史中的规律。

古朗治认为,历史所要研究的人类社会就好比精密、和谐的人体组织结构一样,其中蕴含着内在的规律,历史研究的目的之一就是寻求历史规律。要做到这一点就需要对其所有的组成部分都研究透彻,“应当通过对所有公众生活的各个方面进行寻根究底的研究”③。通过对全部历史现象的整体性把握,才能更好地认知历史现象的个体性;掌握了历史的整体性,实际上也就知晓了历史现象之间存在的必然性——法则与规律。在古朗治看来,这一历史研究过程毫无疑问表明,“历史远不止是过去的岁月而已,它所追求的也不仅仅是为了满足我们的好奇心或者是为了充实我们记忆的文件架而已”,“历史是,也必须是一门科学”④。

但是,他也看到了:

---

①④ N. D. Fustel de Coulanges, “The Ethos of a Scientific Historian”, In: *The Varieties of History from Voltaire to the Present*, edited by Fritz Stern, New York, 1973, p. 179.

② Fustel de Coulanges, *Histoire des institutions politiques de l'ancienne France*, Paris, 1875, p. 3.

③ Ibid., p. 2.

> 历史不是一门容易的科学，它的研究对象是无穷复杂的；人类社会就好像是人的身体一样，只有不断地、紧密地检验每一个组成人体的器官以及人的生活，才能真正理解人体的和谐与统一。……如果我们没有被我们研究任务的困难所带来的忧虑所击垮，那是因为我们相信对真理的不懈追求终将得到回报；倘使我们只是看到了我们以前所忽视的方面或者把注意力转到了那些晦涩的问题——除此之外，我们什么也没有做——我们也不会徒劳无功，并且我们也就可以问心无愧地说，我们对历史科学的进步以及人类知识的增长作出了贡献。①

古朗治相信，只要历史学家对历史真正不断地、不懈地追求，并不断去弥补以前研究的欠缺，或者是不断去挑战此前无从涉足的历史领域，那么历史研究的进步是可期待的，并且在这一过程中，由于被研究的历史个体逐渐增多，历史学家对历史整体性的把握一步步强化；也是在此过程中，特殊到一般的抽象历程完成了，历史现象之中的法则与规律触手可及。这一过程就是科学的历史研究，就是历史研究不断进步的过程。

古朗治强调历史是科学，并且是一门颇有难度的科学，是一门研究历史现象之间内在法则与规律的严谨的科学。他还认为，历史的科学性还在于其研究的严肃性。他曾说，“历史不是娱乐消遣，而是科学，历史的目的不是通过使我们熟悉过去的时光(这过去的时光段或许我们自己选择的)而获得愉悦，而是让我们彻底完全地了解人类曾经存在过的每一个阶段”②。古朗治指出，历史学家眼中的历史绝不是文人墨客所说的那种娱乐消遣式的故事传奇。此外，他还特别强调，历史学的严肃性还在于这一学科不同于政客们鼓吹的爱国主义，他指出，“爱国主义是美德，历史是科学，两者不可混为一谈”③。爱国主义与历史，前者属于道德领域的概念，后者则是探寻历史现象规律的科学，是根本不能混为一谈的。

历史是精神科学　古朗治认为，历史不仅是一门科学，而且它还是一门特殊的科学，即精神科学。他认为，“历史是，也应该是一门科学”，但“历史

① N. D. Fustel de Coulanges, *Histoire des institutions politiques de l'ancienne France*, Paris, 1875, p. 3.

② N. D. Fustel de Coulanges, “The Ethos of a Scientific Historian”, In: *The Varieties of History from Voltaire to the Present*, edited by Fritz Stern, New York, p. 181.

③ Ibid., p. 179.

并不是一门容易的科学”①,而是一门特殊的科学,这门科学所研究的对象是不断变化的人类自身。因为历史研究的对象是不断变化、无限复杂的。虽然历史现象与自然现象一样都蕴含着内在的法则与规律,但是历史学的研究对象与自然科学的研究对象则是完全不同性质的。他认为:

> 人的一切都是不断变化的。……所以研究人的科学——历史学不可能像植物学家研究植物或生理学家研究人的肉体一样。……但是人不一样,三千年前的人和现今的人绝不相同;人不会依据以前的模式思考,他也不是生活在以前时代的那个环境。因此,要想彻底了解人,就必须将这种不断变化的完美存在——人放到人类所生活的所有时期中去考察;其他事物的研究只需要通过简单的观察即可,而人只有在历史之中才能被全面认知。②

换言之,自然科学所研究的对象不会随着岁月的流逝而发生变化,只需要简单地观察记录即可;而历史学所面对的是在每个时期其所思所想都不一样的人,需要不断在历史长河中考察其精神变化与发展。古朗治在就职典礼上提到历史学时,这样说到:

> 历史是,也应该是一门科学。它的研究对象,确切地说它的最高目标是研究人,人类自身。众所周知,而研究人是需要多种学科的。生理学家研究他的肉体,心理学家和历史学家则研究其精神。其中,心理学家研究的是人永恒不变的一些方面(比如,人的本质,人的才能,人的智力,人的道德等),而历史学家研究的是人变化的一些方面,即人精神中不断变化的方面,诸如人的信仰,其观念的变化及其趋势,这种变化主要是随着人的法律、政治制度、艺术、科学等观念的变化而变化。③

历史研究的对象是不断变化的人以及人的精神,而历史研究的目的为

① N. D. Fustel de Coulanges, “The Ethos of a Scientific Historian”, In: *The Varieties of History from Voltaire to the Present*, edited by Fritz Stern, New York, p. 179.

② Ibid., pp. 180 - 181.

③ Ibid., p. 180.

“描述人类精神变化及人类的进步”①。古朗治认为，所谓的历史就是描述人类精神变化及进步的正统记录。

在具体的史学实践中，古朗治是一名以注重精神研究而著称的古典学者。他的著作《法国古代政治制度史》、《土地所有权的起源》、《希腊罗马古代社会研究》等都是强调从精神信仰等视角来阐释历史的。

历史理解与历史叙述 正是由于历史研究的对象是人的精神，作为对这一精神现象进行研究的历史学，必须是从史料出发。实证主义史家古朗治认为历史研究首要的问题是对所要论述题目的有关史料采取实证批判方法，对一切现成的历史认识，即使是被广泛认同的认识都应抱怀疑态度；并且史学家在研究历史时必须耐心地研究每个时代留下的文献资料，而不能过于相信后人的研究或其他第二手资料。通过这种科学、实证的态度，才能获取确实可靠的史料。

不仅如此，古朗治还从自己的史学实践中得出史料运用的经验。他指出史料不光是档案文献等官方记录，更重要的是神话、寓言等虚幻的事物。这一点对远古历史的研究特别值得关注。古朗治认为对没有文字记录的时期进行研究，一方面，需要借助已消失的语言，通过对这些语言形式以及它们每一字眼所代表的意义，不断地探究曾经使用它们的古人之思想；另一方面就必须使用神话和语言这些看似不真实虚幻的事物。他认为神话寓言是反映了古人生活及精神印记的一种细微痕迹，透过这些虚幻的事物可以接近历史真实。

但是仅仅凭史料考订以及运用语言、神话等新兴的研究手段，还不足以全面把握蕴含精神内容的历史现象。古朗治曾提到他对希腊罗马的研究，指出：

> 很快我就发现我们经常会误解希腊罗马的政治体制，原因在于我们根本没有从希腊罗马政治体制产生的具体环境去研究他们，更为重要的是我们忽视了产生这些政治制度的人的精神状态及信仰等问题。外在的、看得见的希腊罗马律法只是生发出我们人类精神之伦理道德事实的外在表现和迹象而已。②

---

① Fustel de Coulanges, *Histoire des institutions politiques de l'ancienne France*, Paris, 1875, p. 2.

② N. D. Fustel de Coulanges, “The Ethos of a Scientific Historian”, In *The Varieties of History from Voltaire to the Present*, edited by Fritz Stern, New York, 1973, p. 181.

对精神内容进行研究仅仅靠史料或者某些辅助学科的方法是无法实现对历史现象全面的认知的。要实现对蕴含精神内容的历史现象的认知,古朗治认为:

> 但是历史研究的内容并不是对个别时期进行非常细致的记述,或者说是一种杰出的传记,或者说是精选的,简单地说,就是历史事物之所以被叙述是因为它们最能取悦或感动我们。……哪里有人类生存,哪里就有他留下的、烙上其生活及精神印记的细微痕迹,哪里就有历史。历史既然是描述人类精神变化及进步的传统记录,那么它就应当涵盖所有的世纪。①

他认为,历史学研究的目的是研究人类的精神,要实现这一研究目标,就必须追根溯源,在整个历史长河中来考察历史事物。古朗治指出:

> 历史学家绝对有必要将其对历史考察的时间维度扩展开来。倘使他把研究限定在单个时期,那么他对历史的理解将陷入错误的境地,甚至就连他所研究的时期也将是错误百出的。②

进言之,历史研究“就应当涵盖所有的世纪”,“让我们彻底完全地了解人类曾经存在过的每一个阶段”③,从而在历史的整体中把握历史的个体,实现对个体全面的理解。

要获得对精神内容的理解,不但要在时间上延伸、从历史整体之中把握特殊的历史现象,还需要从横向方面拓展历史研究的范围。古朗治指出,“我们应当通过对所有公众生活的各个方面进行寻根究底的研究,以此来认知我们历史中每一个时期”④。历史现象不是单独存在的,除了在一定时间之内,还在一定空间之内,与其他历史现象交织在一起,故要将蕴含精神内容的历史现象认识清楚,必须将历史研究的范围横向拓宽。古朗治以自身具体的史学实践为例来说明对精神内容的理解需要横向拓宽:

---

① N. D. Fustel de Coulanges, “The Ethos of a Scientific Historian”, In *The Varieties of History from Voltaire to the Present*, edited by Fritz Stern, New York, 1973, p. 181.

②③④ N. D. Fustel de Coulanges, *Histoire des institutions politiques de l'ancienne France*, Paris, 1875, p. 2.

> 我特别关注古代希腊罗马人，其中的原因在于我认为这两群人对人类命运发展所起的作用比其他种族要大一些，因为他们是首创者，是真理的传播者。尽管如此，我的研究本质要求我对其他民族也给予关注……我甚至会将你们带到遥远的东方，特别是印度，实际上我们会发现印度是属于希腊罗马同一个人种的。①

历史现象之间无论距离相隔多遥远，都有可能彼此之间存在着精神的内在联系，因而要全面理解蕴含精神内容的历史现象，除了追根溯源之外，还需要横向拓宽研究的范围，从而在普遍联系中来理解历史现象个体。

此外，历史理解应当采取中立的立场。古朗治在《希腊罗马古代社会研究》中提到，“欲明悉古代人民的真确情状，最合理的方法，即研究时不要想到我们自己，认为他们完全是外人，与研究古代印度史或阿拉伯史一般的自由与无所顾忌”②。他认为，对古代历史的研究，不能以现代的思想观点去看待古代历史，更不能从现代的某些目的出发来研究古代社会。正确的做法就是采取一种客观公正的、超然的态度去研究历史。只有这样才能获得正确的认知。也正是出于这一考虑，古朗治在《法国古代政治制度》一书序言中提到，“撰写这部著作，我既不是称颂法国古代政治制度，也不是为了贬低法国古代政治制度。我只想描述法国古代政治制度，揭示其发展”③。依据古朗治的观点，历史学家在撰写历史著作时，需要把自己的主观因素排除出去，站在中立的立场，客观地叙述历史现象，切不能夹杂个人主观性的思想、观点、动机等。

实证主义史家古朗治的史学思想与泰纳大体相似，但前者的思想更科学一些——古朗治在长期的史学实践中已经摆脱了将实证主义教条化引入史学研究的做法。他承认历史学科是科学，但他也认为历史学的研究对象的特殊性，导致历史学研究方法不可能和自然科学一模一样。从这一点来说，古朗治的这一认知要比机械套用自然科学方法来研究历史的方法要先进得多。除此之外，与泰纳相比，古朗治更像是一名文化史家。泰纳将历史

① N. D. Fustel de Coulanges, The Ethos of a Scientific Historian, In *The Varieties of History from Voltaire to the Present*, edited by Fritz Stern, New York, 1973, p. 181.

② 〔法〕古郎士：《希腊罗马古代社会研究》，李玄伯译，中国政法大学出版社 2005 年版，第 2 页。

③ N. D. Fustel de Coulanges, *Histoire des institutions politiques de l'ancienne France*, Paris, 1875, p. 1.

研究从政治军事史传统中解救出来，并把布克哈特的《意大利文艺复兴时期的文化》介绍给法国读者，而古朗治则将全部的精力投入到了文化研究中，从理论上、实践上对人类文化研究的合理性与必要性做了比较全面的诠释。

法国史家恩斯特·芮农(Ernest Renan，1823—1892 年)也是实证主义的倡导者。他涉猎广泛，著作繁多，主要著作有《宗教史研究》、《语言的起源》、《道德论文及批判主义》、《诗歌之歌》、《基督生平》、《反基督教者》、《早期基督教史》、《以色列史》、《闪族语言铭文集成》等。

芮农是最早把德国浪漫主义思想介绍到法国的人之一[①]。在史学研究上，这位史家将浪漫主义与实证主义相结合，相信依据实证的方法就可以从纷繁芜杂的历史想象中找到历史的真相以及历史现象之间的内在法则和规律。

他的实证主义史学中弥漫着一股浓厚的浪漫主义思绪。在《精神与道德改革》一书中，芮农明确表示他写作的目的是为了“保卫法兰西的未来”[②]。他希望通过对过去法国精神领域变化的研究，说明现代法国到底是什么、什么才适合法兰西民族。他认为，只有对法兰西民族过去的历史进行追溯才能真正弄清楚法兰西民族内在的、固定的、长期起作用的法则与规律。而历史学家需要通过对历史现象的分析研究，找到历史现象中的法则和规律，以便对现今的人类社会中的现象以及未来社会中的现象作为判断。从本质上来看，芮农的史学与泰纳非常相似，都是带有浪漫主义民族情结的实证主义史学。

实际上，与泰纳相比，芮农的浪漫主义情节更为深厚。而在《世界史》中，芮农从最低等的物种、只有古地质学家才会关注的物种写起，将世界上所有的民族与时代都囊括进世界历史，包括中国、印度，甚至闪米特人等。他认为这些民族曾经在历史上创造了无数辉煌的精神成果；在世界历史漫长历程中，这些文明曾在长达三四千年的历史中成为世界文明的中心，并且而今这些民族国家依然对世界产生深远的影响。是故，这些民族都是历史学家研究的对象。古朗治对民族的评定，不以人的多寡，不以当下的政治目的等这些外在的因素为标准，而是从历史现象内在的精神内容来考察其发展历程。他对各个历史个体特性的强调，以及主张在整个世界历史的整体

① 〔美〕汤普森：《历史著作史》(第三分册)，第 229 页。

② Ernest Renan, *La Réforme intellectuelle et morale*, Paris, 1875, p. 3.

性中去理解单个个体的思想，都是具有浓厚浪漫主义情节的表现。从他的研究理路来看，他同浪漫主义史学之父赫尔德一样，从语言文字、诗歌等蕴含着人类精神内容与情感激情的历史个体为研究的起点。从这一点上来看，芮农是一位带有浪漫主义色彩的史家。

与浪漫主义史学家相比，他相信实证科学。在史学实践中，芮农用古犹太人、古希腊、古罗马的历史来说明历史中存在着自己精神法则。这一法则就是，在人类历史发展历程中，一些民族或者文明由于向整个人类文明作出贡献而被削弱，变得腐烂了，但是在这些腐烂的文明之内又生出有着无限生命的孢子，这些孢子发芽、生长、开花、结果，成为一种新的文明。在此，芮农将生物学上的方法运用于历史研究，他坚信历史是可以和自然科学一样找到内在的发展规律的。

提及这位以教会史研究出名的实证主义史家，恩格斯曾说：

> 勒南是一个异常肤浅的人，但是，作为一个非宗教人士，他比德国大学神学家的视野要广阔一些。可是，他的书简直是一部小说。他自己对菲洛斯特拉特的评语，也适用于他这本书：它可以作为历史资料来用，就像亚历山大·大仲马的小说可以用来研究弗伦特运动时期一样。在某些细节地方，我发现他有骇人听闻的错误，同时他还非常无耻地抄袭德国人的东西。①
>
> 在他的一切著作中，只有浸透着他的思想的美学的感伤情调和反映他的思想的枯燥文字，是属于他的。②

在史料上等细节方面，芮农确实有瑕疵，但这不影响他著作广为传诵，他优美的文笔与忧郁的感伤吸引了大批拥趸者；他思想中的浪漫主义情怀为其染上了一层浪漫主义的落日余晖，让他的实证主义思想变得动人而感人，他也因此成为19世纪中晚期实证主义史学杰出的代表之一。

3. 布克哈特与兰普勒希特

瑞士史家布克哈特（Jacob Burckhardt，1818－1897年）也是实证主义

---

① 〔德〕恩格斯：《致维·阿德勒》，《马克思恩格斯全集》（第38卷），第427页。其中“勒南”即“芮农”。

② 〔德〕恩格斯：《启示录》，《马克思恩格斯全集》（第21卷），第10页。

的信徒。他师从兰克,是兰克的爱徒之一,在史学旨趣上却与以兰克为代表的客观主义史学有很大的区别。以兰克史学为代表的传统史学注重政治军事,而布克哈特的著作,诸如《意大利文艺复兴时期的文化》、《建筑史》、《希腊文化史》、《奇切罗:意大利艺术鉴赏导论》、《君士坦丁大帝时代》、《奥特马赛姆教会》、《文艺复兴史》(主要研究建筑艺术)、《鲁本斯传》[①]等大都是从艺术、宗教、建筑等文化视角来展现人类精神的演变的,他本人也被誉为文化史家的代表。

布克哈特虽然是出自兰克门下,但他怀疑客观主义史学所倡导的"如实直书",甚至怀疑专注史料考证这一做法在史学研究上的价值。他认为,过去的历史已经"死亡",后人只凭遗留下的史料是难以再现曾经的历史的,"如实直书"的可能性是值得质疑的;并且历史研究仅仅是满足于"如实直书",那么就好比妄图挖穿"史学大山"一般。挖得越深并不意味着在史学上越有价值,相反,这种笨拙的做法无法给世人留下任何具有史学价值的东西,"唯一留下的便是挖洞时遗留在洞外的淤泥垃圾而已"[②]。在他看来,与其花费太多的精力在史料考证上,不如运用有限的材料去揭示更多的历史真实。

他甚至认为,历史学家在研究历史时,应当谨记自己不是"档案保管员、地方史研究者或者与此类似的人",而是研究历史现象内部规律的人;"我们的精力和我们的视力都是如此宝贵,不能够浪费在过去的外部事实的研究上",而应当"抛开那些纯粹的历史事实的垃圾"[③]。

在其著作中,布克哈特不太注重寻求或考证新材料,而是利用已有的材料去揭示人的精神以及人类社会的文化。在希腊文化的演说中,布克哈特强调研究文化史的重要性,反驳以兰克为代表的传统史学对史料考证的拔高:

> 研究文化史的一个最大的益处就是,与通常意义上的叙述事件的历史学相比,很多确定无疑的更为重要的事实凸现出来——那些事件通常是不确定的,自相矛盾的,被渲染过的,或者是希腊的天才们的谎

---

① 彼得·保罗·鲁本斯(Peter Paul Rubens, 1577－1640年),17世纪西欧绘画的代表。

② Jacob Burckhardt, *Force and Freedom*, New York, 1955, p.48.

③ 〔瑞〕雅各布·布克哈特:《希腊人和希腊文明》,王大庆译,世纪出版集团、上海人民出版社2008年版,第28页。

> 话，完全是想象和自娱的产物。与此相比，文化史却拥有一种根本上的确定性，它大部分是由一种无意的、超然的，甚至是偶然的方式传达的材料所组成的；它们在无意之中暴露了它们的秘密，甚至是通过看上去自相矛盾的虚假的装饰，这些装饰与它们试图记录和装点的材料的具体内容是完全没有关系，因而对文化史家来说具有双重意义。①

布克哈特强烈反对客观主义史学将史料考证当作史学研究的唯一目的。他认为历史研究的对象是人的精神及人类社会的文化，布克哈特指出：

> 这种历史研究的目标是已经逝去的人性的内核，描述他们的人生态度，他们的希望、思想、洞察力以及能够做什么。在这一过程中，它将达到那些持久的东西，最终这些持久的东西比那些短暂的东西要伟大和重要得多，品质比行动更伟大、更有意义；因为行动只是相关的内在能力的特殊表达，这种内在的能力总能复制出这样的行动。那么，欲求和臆想与事件同等重要，观念与所作所为同等重要；因为时机一到，这种观念就会以行动的方式表达出来……②

因而历史研究的目的绝对不是停留在史料考证层次，而是要在史料基础上抛开道德论断，去寻找蕴含在人的精神及人类社会文化之中的“一个更高的必然性”。在他看来，历史学家的任务就是去寻求历史之中的必然性；并且这种必然性就是人类历史发展中的稳固联系。具体而言，历史学家需要通过史实去“展现时代相似的方面，区分其细微的不同”③，以此逐步揭示这些外衣之下、世界历史之中的某种稳固联系。要做到这一点，最好的方式就是研究艺术、建筑、文化等内容。布克哈特认为通过这些与精神生活紧密相连的方面，可以更加真实地展现过去时代的精神世界，从而实现史学研究的目的。他本人在史学实践中也是彻底贯彻这一原则。

布克哈特信奉实证主义哲学，但他并不是要将历史学看作是与自然科学一样的学科。他曾说：“历史学科与自然科学并不是同一回事，它的产生、

---

① 〔瑞〕雅各布·布克哈特：《希腊人和希腊文明》，王大庆译，世纪出版集团、上海人民出版社2008年版，第49页。

② 同上书，第49—50页。

③ Jacob Burckhardt, *Force and Freedom*, New York, 1955, p. 75.

发展以及逐渐衰落都是以与自然科学不一样的方式进行的”[1]，历史研究主要是研究处于不断变化中的精神及人类社会的文化，而这些是无法用自然科学的方法进行解析的。在论及历史研究的任务时，布克哈特提出：

> 精神与物质一样处于变化之中，时间的流逝促使人的表面生活和精神生活不断呈现不同的外部表现形式；由于这个原因，历史这个题目表现出来两条完全一致的基本方向并以它们为出发点：首先，一切精神的东西，不管它们是在哪个领域感受到的，都具有历史的一面，它们表现为一种变化、一种受到制约的存在、一个转瞬即逝的因素，并且构成对于我们来说无法量度的巨大整体的一部分；其次，所有发生过的事情都具有精神的一面，这种精神的成分使得发生过的事情有可能永垂不朽。[2]

与自然界现象机械地存在延续相比，人类历史中的现象因为有了精神的内容而具有“多样性”。这种多样性要求历史，特别是世界历史，“在其有机的整体中设法让所有的人种、民族、习俗和宗教获得应有的待遇”。换言之，与自然界现象不同，人类历史现象每个个体都是独特的存在，这种多样性构成了世界历史的本质——“变化”[3]。对于历史学家来说，研究历史就需要从任何一个历史事实出发，将它们视为“普遍的和历史的知识有助于我们了解处于变化状态的人类精神；此外，如果我们掌握了这些分散的知识之间原来的有机联系，那么我们就掌握了这种永恒的人类精神的联系性”[4]。进言之，历史研究的方法是从特殊到一般，去探寻精神内容之间存在的有机联系，掌握这种永恒起作用的联系，即法则与规律。

此外，历史学科所追求的规律也不同于自然科学的机械规律，也不是历史哲学家所说的人类社会发展阶段式的规律，而是体现在一切历史现象之间的联系——这种联系只是一种因果关系。特别要指出的是，布克哈特对历史哲学家所谓人类历史不断向前发展是持怀疑态度的，他只承认历史变化及历史变化的因果关系，不认可历史时代有所谓优劣、先进与落后之分。在他看来，每个时代的精神生活都是值得赞美的，都是人类世界历史中的一部分。就此

---

① Jacob Burckhardt, *Force and Freedom*, New York, 1955, p. 91.

② 〔瑞〕雅各布·布克哈特：《世界历史沉思录》，金寿福译，北京大学出版社 2007 年版，第 5 页。

③ 同上书，第 22 页。

④ 同上书，第 14—15 页。

而言，布克哈特对历史所作的反思比当时盛行的历史哲学思想要更深刻一些。

在史学实践上，和大多数是实证主义史家一样，布克哈特很重视人的心理，他将心理学的研究方法充分运用到历史分析中，侧重从心理层次揭示人的精神与社会文化。

在这一点上，实证主义史家兰普勒希特(Carl Lamprecht，1865－1915年)走得更远一些。他声称“历史就是一门社会心理科学”，决定人类历史发展的就是社会群体心理(或者社会集体心理)，而不是个人①。他甚至认为只要依循社会全体心理发展的规律就能找到历史发展的轨迹。在其代表作《德国史》中，兰普勒希特从远古一直写到19世纪。他试图通过漫长的德国社会发展历程，来寻找其中的内在规律。他对历史学家的定位是一个解释者，而不仅仅是一位记录者或者史料考证者。在他看来，历史学家要从社会心理的角度来看待历史，将集中体现了社会心理的文化作为研究的重心，考察历史上各个不同的文化，以便了解各个时代不同的社会心理。大体而言，在历史研究上，兰普勒希特强调社会心理的作用，对历史规律的探寻，都表明他是一位坚定的实证主义史家；而从其对世界各个时代、各个民族文化的个体特征的重视，又体现出其思想中的浪漫主义情节。是故，这位史学家也是一位有着浪漫主义色彩的实证主义史家。

总体而言，实证主义史家们坚信历史学是一门科学，可以与自然科学并驾齐驱，而历史研究的目的除了考订史料之外，还需像自然科学一样寻求历史之中的规律；他们相信运用正确的方法，历史学家是可以将历史中的规律挖掘出来的。虽然，实证主义史学规律概念是人为想象的，而不是从历史科学的现实需要，(即首先应该注意发展的内部机制)中产生的②，他们不能正确地揭示历史发展的规律。但是实证主义史家这样一种乐观的研究精神与当时社会科学界对自然科学所取得的成就的欣羡结合在一起，使得实证主义史学迅速壮大，成为19世纪影响深远的史学流派。

四、实证主义史学特征

受孔德哲学思想的影响，西方史学界逐渐形成实证主义史学。实证主

① Carl Lamprech, *What is History*, New York, 1905, p. 3.

② 〔俄〕托波尔斯基：《历史学方法论》，张家哲等译，华夏出版社1990年版，第117页。

义史家忽略孔德哲学里的思辨部分，而专注于他所指示的方法。他们强调历史研究者必须从文献与文献所揭示的事实入手，然后依据科学范型归纳出普遍性的结论。他们主张，谨慎收集文献，耐心研究比较，逐渐累积信息，这样就能揭示出决定历史发展的法则。虽然实证主义史学有其历史局限性，但实证主义史学“无疑具有拓新的意义，它把史学从考核史实、记叙历史现象之学引向探索规律、研究历史本质之学。这是自文艺复兴迄19世纪中叶西方资产阶级史学所能提出的最接近于近代科学的概念”①。

1. 实证主义与客观主义

英国史学家巴勒克拉夫在《当代史学主要趋势》一书中也曾指出，20世纪的历史学有两大趋势：一是从研究个别和具体转向研究普遍规律，把历史学同社会科学作为最终以人类为研究对象的科学；二是历史学家的视野在时间和空间上的扩展。追根溯源，这都是以实证主义史学为理论源头的。

实证主义史学在19世纪西方史坛影响是深远的，与以兰克为代表的客观主义史学互为呼应，是历史学世纪里的双雄。在史学研究方法上，实证主义史学在很大程度上与客观主义史学很相似：两者都注重以史料为基础，从确信无疑的史料出发来研究历史。实证主义史家和客观主义史家都一样注重史料考证。比如，泰纳曾经说过：“最可靠的证据来自亲眼目睹事件的见证人，特别是那些名声好、专心留意的那些有学识之人，将当时当地现场经历的事情依据事实写下来。见证人记录下这些很显然只是为了保存或提供信息，他所留下的记录并不是出于某种原因的雄辩之词，或者是为了迎合公众的需要而编排的文字，而是合理而自然形成的记录，或是值得信赖的官方通讯，或是私人的信件，或是个人的回忆录等”②。这与兰克所宣扬的“如实直书”极为相近。特别是1898年法国史家朗格诺瓦和瑟诺博斯合著的《历史研究导论》的出版更加强化了两者的相似性。此书将实证主义史学方法概括为，考证史料的真实性之后，在历史事实连接起来形成一个事实整体，淡化了巴克尔、泰纳等实证主义史家所倡导的历史规律。从此，实证主义史学与客观主义史学两种史学流派经常被人混为一谈。意大利史学家克罗齐就曾经在《历史学的理论和实际》一书中将兰克及孔德、巴克尔等都归于实证主义史家一类。

---

① 吴于廑：《引远室之光，照古老史学之殿堂》，《世界历史》1986年第3期。

② Hippolyte Taine, *The French Revolution*, translated by John Durand, New York, 1881, p. 1.

至今，国内学术界对实证主义史学与客观主义史学的关系认识仍然有异，大致意见有三：其一，把西方的客观主义史学与实证主义史学区分为两个阶段或两种史学派别；其二，把兰克及其学派为代表的客观主义史学通称（或归入）为实证主义史学，把客观主义史学与实证主义史学等同起来；其三，兰克及其学派对原始史料的追求和客观主义的治史作风，反映了实证主义史学的精神，在史学影响方面，兰克及其客观主义史学体现了实证主义史学内涵。①

2. 实证主义史学的特色

实证主义史学最大的特色就是将哲学上的实证研究引入史学领域。实证主义哲学推崇人类知识的力量，强调运用实证科学特别是生物进化论的方法改造自然和社会，认为"所有的现象都服从于不可改变的自然规律"②，历史现象也不例外。依据这种观念，实证主义者认为，运用科学的实证的方法，对社会历史的研究可以像研究物理世界一样——通过确认事实、寻求规律，从而得到科学的结果。这种对人类知识力量的崇拜反映到史学研究上，就表现为实证主义史家确信史学同自然科学一样是一门科学，史学认识论目标是确认史实、寻求因果规律。

实证主义史家泰纳就将史学视为"一种类似生理学和动物学而不似几何学的科学"、"历史是一个机械学的问题"③。另一实证主义史家古朗治也坚信历史是一种客观的科学，历史研究者完全可以使用同自然科学一样的方法去探索历史的奥妙。在他看来，历史中的真理是容易获得的，只要史学研究者收集、解释并比较全部原文，并把数学论证形式和逻辑原理运用到史料的解释上，就能揭示真理。实证主义史家的杰出代表巴克尔认为对历史的整个广袤领域进行比较、归纳，并以此为坚实基础可以把历史从编纂转化为一种类似科学的东西，并且人类事务的过程中"渗透了一条光辉的原则，这就是普遍的、不离正规的有条不紊的原则"④。

既然历史是一门科学，又内含有规律，那么运用研究自然科学的方法来

---

① 参见蒋大椿、陈启能主编：《史学理论大辞典》，"西方实证主义史学"、"西方客观主义史学"条（张广智撰），安徽教育出版社2000年版，第566—569页。

② 〔法〕A·孔德：《实证哲学教程》，载《西方现代资产阶级哲学论著选辑》，商务印书馆1982年版，第27页。

③ 〔英〕古奇：《十九世纪历史学与历史学家》（上），第405页。

④ 〔英〕爱德华·霍列特·卡尔：《历史是什么？》，吴柱存译，商务印书馆1981年版，第60页。

研究人类社会历史活动,史家当然有权利期望取得和自然科学研究一样的成果。加上,人类的历史严格受制于因果律,所以在实证主义史家看来,“我们如能熟知前因的全部和它们所有的运动法则,我们就能确实无讹地预言它们的直接结果的全部”①。在坚信史学是科学这一前提下,实证主义史家丝毫不怀疑历史是可认知的,深信史学认识能与客观历史保持一致,并能实现揭示历史因果规律的认识论目标。

具体而言,与客观主义史学相比,实证主义史学具有如下特点:

第一,在历史研究目的上,注重对历史规律的探求。实证主义史学认为,历史研究应当包括两个阶段:确定事实,这仅仅是历史研究过程的第一阶段;第二阶段是发现规律。在实证主义史学家看来,作为一门科学的历史学,它不能止于客观描述已经发生过了的史实,还必须对客观历史进程中的因果规律进行探索,亦即历史的科学性在于阐明人类社会历史发展的规律性。实证主义史家深信人类历史像自然界一样有规律可循,借助自然科学的方法可以认识人类历史的规律。巴克尔认为人类事务的过程中“渗透了一条光辉的原则,这就是普遍的、不离正规的有条不紊的原则”②。

第二,在史学方法上,注重归纳、演绎等,并引入心理学、生物学等自然科学或社会科学的新方法。实证主义史学家认为史学研究当以史料为基础,广泛收集资料并进行严格的考证是历史研究必不可少的方法。除此之外,他们还强调在历史研究中应当运用归纳、概括和分析的方法,重视把自然科学和社会科学的一些新方法引入历史研究。比如,如心理学、统计学、社会学、经济学、地理学等。泰恩将史学视为“一种类似生理学和动物学而不似几何学的科学”、“历史是一个机械学的问题”。史学家必须认识到要抛弃一切不可知论和超自然因素,像自然科学家一样从内部精神、外部自然环境两个方面进行具体分析,借助观察、收集并经过考证的各类典型事实,“按照科学归纳的一切法则”,不但可以得到历史当中的规律,还将这些法则“应用于尚未观察到的其他事例”③。在实证主义史家看来,“我们如能熟知前因的全部和它们所有的运动法则,我们就能确实无讹地预言它们直接结果

① 〔英〕J·B·伯里:《思想自由史》,宋桂煌译,吉林人民出版社1999年版,第99页。

② 〔英〕爱德华·霍列特·卡尔:《历史是什么?》,第60页。

③ Hippolyte Taine, *Life and Letters of H. Taine*, translated by Mrs. R. L. Devonshire, Westminister, 1902, p. 186.

的全部”[1]。

第三，在史学研究对象上，他们主张史学应该从狭隘的政治事件中解脱出来，把社会作为一个整体当作史学的研究对象。泰恩认为，历史不只是政治，更重要的是各民族的社会生活。巴克尔主张史学家应当记述人类的全部活动，阐明“不同文明的创造和发展”。实证主义史家主张将历史研究必须扩展到所有的时代、所有的国家，应当具有世界历史观念。古朗治曾提出，“历史学，要完成其任务，就必须覆盖到所有的世纪”[2]。布克哈特曾指出，“最忠实的国家历史应该是将我们自己的国家置于和其他国家平等的地位，并且将其与整个世界历史以及世界历史的规律联系起来”。

第四，以人为中心撰写历史，重视普通大众在历史发展中的作用。巴克尔一再指出，人类、社会、民族及其文化是历史的主体。他在评价英国革命史时写道，“这是一次来自下面，来自基层，或如某些人说的来自社会底层的暴动”，“是民主精神的爆发”[3]，突出了普通大众在革命中的作用。布克哈特在论著中再三强调，历史研究应当“从那所有事物的最终中心——人出发来撰写历史，描绘人现在、过去、将来的痛苦、激动、行为等”。兰普勒希特则认为历史舞台的主角是群众，而不是英雄豪杰，主张以社会集体代替个人作为历史研究的中心。实证主义史学把普通群众而不是杰出人物看成是历史发展中起重大作用的力量，从而促使史学研究从杰出人物转向普通大众，史学研究的注意力集中到了社会大众在历史发展中的作用的方向上来了。

第五，反对形而上的历史哲学，强调实证研究。实证主义哲学反对形而上的思维方式，拒绝探讨世界观、本体论的问题，以中性哲学自居。在孔德看来，人类在实证阶段，“放弃了对宇宙起源和命运诸现象内在原因的探讨。它只是通过理性和观察的结合，使自己限于发现统治着诸现象的既成的和类似的实际规律”。受此种思想的影响，实证主义史学家为了在众多的学科中保持历史学得来不易的科学地位，也无心进行渺无边际的探讨，而将全部精力投入到寻求方法论的科学突破上，将孔德的“人类的行为和人类的历史严格地受制于因果律”这一原理，运用到史学研究当中。实证主义史学家讽刺历史哲学是“把过去的历史看作是我们当今时代的一个对照和整个人类

① 〔英〕J·B·伯里：《思想自由史》，第 99 页。

② N. D. Fustel de Coulanges, The Ethos of a Scientific Historian, In *The Varieties of History from Voltaire to the Present*, edited by Fritz Stern, New York, p. 181.

③ 谭英华：《试论博克尔的史学》，《历史研究》1980 年第 6 期，第 172—179 页。

发展最初的阶段。我们应当研究就好像我们时代的回音一样，能为我们所了解的那些不断出现的、经常性的、典型的事物”①。

第六，注重精神文化史。实证主义史家对人的精神及人类社会文化艺术尤有兴趣。他们认为一切历史现象中都蕴含着精神的内容，归根结底都是精神在起作用。因此，历史学家必须注重对精神的研究。而研究精神最好的视角就是各个时代的艺术、文化、政治制度、宗教习俗等。在他们看来，“精神如同其他事物一样，是不断变化的，而且时代的变更承载着无穷无尽的变化，并且这些变化是精神生活的物质外衣”，历史研究的任务就是通过事实去揭开这些外衣，展示精神的内容。无论是巴克尔、泰纳，还是古朗治、布克哈特、兰普勒希特，他们的著作都是围绕精神、文化等内容展开的。从这一点来说，绝大多数实证主义史家都可算作是文化史家。

在自然科学高歌猛进的19世纪，实证主义史家们将自然科学所带来的乐观气息注入历史学中，并在历史研究中引入自然科学的某些视角与方法，大大促进了史学的科学化。实证主义史学流派本身也以其鲜明的特点成为19世纪西方史坛的亮点之一，并为历史学的繁荣与进步作出了卓绝的贡献。

① Jacob Burckhardt, *Force and Freedom*, New York, 1955, pp. 91, 73 - 75.

第七章 历史主义与史学新趋势

19世纪以兰克史学为代表的德国史学独领风骚,西方各国纷纷在"史学科学化"的旗帜下,以德国为师,以兰克为师,以客观主义史学为师。实际上,19世纪德国史学中还有一股历史主义思潮。这一深刻影响了19世纪的德国史学及史学家的传统却从始至终只属于德国,其他国家因兰克史学的外在耀眼光辉而忽视了德国史学这一内在精神传统。实际上,这一重要的历史思维方式、一种重要的史学思潮,才是真正影响整个19世纪西方史学的史学精华。换言之,德国史学影响整个西方史学,而历史主义则控制着德国史学的根源。

19世纪西方史学经过一个世纪的积累与演变,历经史学科学化、专业化的发展,在史学领域方面出现了新情况、新趋势,这些新动向是19世纪西方史学发展的结果,也是19世纪西方史学的新成就,更昭示着20世纪史学发展的新方向。

一、历史主义、哲学与史学

"历史主义"(Historism或Historicism)在西方学术界是一个有着多重含义的名词。大体而言,西方学界所谓的"历史主义"有三种不同含义:

第一,"历史主义"特指波普尔所批判的、建立在决定论和整体论基础上的一种社会科学研究方法。波普尔在《历史主义的贫困》中,从黑格尔和马克思的观点出发,将"历史主义"视为一种对历史发展规律的探求和一种历史决定论。他鞭挞这种历史主义"假定历史预测是社会科学的主要目的,并且假定可以通过发现隐藏在历史演变下面的'节奏'或'模式','规律'或'倾向'来达到这个目的"①。

① 〔英〕波普尔:《历史主义的贫困》,何林译,中国社会科学出版社1998年版,第7页。

第二,“历史主义”是与理性主义相对的,是一种注重历史上具体的个别人类活动、力图通过探究过去事实真相而肯定过去价值的史学倾向,是一种重视历史性和历史观念的概念。起初,这种“历史主义”还属于中性词,在1884年卡尔·门格尔出版了《德国政治经济学中的历史主义谬误》之后,这种情况发生了变化。门格尔以“历史主义”指斥以古斯塔夫·施穆勒为代表的经济学派在研究中赋予历史过大的重要性,用经济史取代经济理论的做法。“历史主义”虽然成为一贬义词,但也因此扩大了影响,不再是偶尔、零星为人所使用的概念了。

第三,“历史主义”是一种唯心主义历史哲学,其核心思想是将历史看作是人类精神在每个特殊的个体上的体现。“历史主义”将人类活动视为历史研究的核心对象,强调人类与自然界的区别,要求对人类活动的历史研究,采取一种完全不同于自然科学的研究方法。不仅如此,“历史主义”在史学实践上不但要求史家竭尽所能寻求确信的材料去验证人类过去历史活动,而且还要求史家必须去体认历史背后的精神。

此外,“历史主义”一词在其他范围有不同的含义。在人类学上,“历史主义”表示人类或生物会适应当地的环境而发生变化,体现了“物竞天择、适者生存”这一原则。在神学上,一些基督教教派会以“历史主义”为名去解读圣经之中的预言,特别是在与教会发展有关的问题上,运用相关的历史作出有助于理解圣经的关联解释。

1. 历史主义传统

据当代美国历史学家伊格尔斯考证,“历史主义”一词的最早使用,可以追溯到弗里德里希·施莱格尔写于1797年的、有关语言学的笔记。在笔记中,施莱格尔指出温克尔曼所主张“古代文化的独一无二的性质”的这一观点,实际上是一种历史主义。施莱格尔所谓的“历史主义”是指“一种特别强调历史的哲学”,是与“理论的但非历史的态度……无视个别的人”的观点是相对立的。此外,德国史家迈纳克在《历史主义的兴起》一书中将“历史主义”这个概念的最早使用追溯到卡尔·维尔纳于1879年出版的《作为哲学和学术研究者的维科》。在书中,维尔纳曾经提到“维科哲学的历史主义”,指出维科将历史看作是循环进化的,但各个国家的观念、制度、价值观完全受其历史发展所决定。维尔纳认为维科这一观点揭示了历史背后人的意图。自此之后,“历史主义”一词强调历史与精神、价值等概念紧密相关。

从史学史的角度来看,“历史主义”实质上是一场与浪漫主义相伴随、盛兴于德国并扩展于欧洲的、关注“历史”的文化思潮；也是一种历史研究态度，是18世纪末西方近代史学从神学、哲学、文学中分离出来后逐步形成的一种历史研究的理论与方法。大体上，“历史主义”思潮强调的是历史研究注重事件描述和直观理解的方法；强调历史世界与自然世界之不同，突出历史研究的独特性；突出的是历史发展的连续性，这种连续性仅仅表示历史是处于一种动态运动的状态之中，并不是指历史发展是一种线性的进步过程。在具体的史学实践上，这种历史主义反对历史哲学家们对历史所作的先验设置，主张在整体中研究历史，并突出历史中的个体。

从历史主义的这一含义出发，西方近现代历史主义史学意识可以追溯到维科。维科认为人类社会与自然界是不同的——自然界属于上帝，人类社会是属于人类自己；与自然界有关的认知是一种“科学知识”，而与人类社会有关的是“实践智慧”。前者“寻求用一个原因来解释很多自然结果”，是依据推理、依据“事物应当如何”来判断事物的，但后者“寻求用尽可能多的原因来说明一个事功，以便通过归纳来达到真理”。维科认为，人类社会并不受理性的支配，而是“受命于任性或命运支配”。要揭示充满或然性的人类社会就必须从具体的历史个体出发，依据特殊到一般的理路，去探求历史背后的意图①。维科指出，历史背后的意图实际上是一种历史发展的连续性。“每个民族在时间上都要经历这种理想的永恒的历史，从兴起、发展、成熟以至于衰败和灭亡”②，在这种动态的运动之中，人类历史随着时间的变化而变化。在这过程中，每一个时代、每一个民族、每一个历史个体都是历史发展必然的一种体现。

2. 赫尔德

谈到历史主义，美国当代史学家伊格尔斯曾说：

> 18世纪历史主义观点的头两部重要著作，很可能是1725年首次出版的吉安巴蒂斯塔·维柯的《新科学》，以及约翰·戈特弗里德·赫尔德1774年发表的《另一种历史哲学》。……只有在赫尔德1774年的早期著作中，我们才发现了激进形式的历史主义主张：每一个时代都必须通过它自己当时的价值来考察的观点；历史中没有进步或者衰落，

① 〔意〕维柯：《维柯著作选》，陆晓禾译，商务印书馆1997年版，第75—77页。

② 〔意〕维柯：《新科学》，朱光潜译，商务印书馆1989年版，第128页。

有的只是充满价值的多样性。①

西方近现代历史主义真正意义上的开创者是赫尔德。赫尔德的历史主义观点和方法是受维科思想的影响，在温克尔曼、莱辛的美学论争的启发下，通过研究诗和语言的起源和发展而逐渐形成和系统化的。

早在1769年，赫尔德在《批评之林》(即《批评之林或根据最近发表的论文的尺度对美的科学和艺术的一些看法》)中评价温克尔曼的历史主义方法，认为温克尔曼的重大功绩就在于："从古代特别是从希腊出发产生了对美的一种历史的形而上学。"1774年赫尔德评论苏尔策的《美的艺术的普通理论》时指出，没有历史就不可能有美的艺术的哲学理论，而人的审美意识和艺术是随着历史不断变化发展的。他在《另一种历史哲学》和《论不同民族健康的审美趣味繁荣的原因》中指出，古希腊罗马艺术确实是完美无缺的，但这不可能是我们的最高的美，因为历史是在变化发展的、不断向更高阶段发展的，所以艺术也随着向更高阶段发展。在他看来，民族文化是民族根据自己的历史、时代精神、习俗、见解、语言、民族偏见、传统和爱好创造出来的，历史时代发生了变化，民族文化也应该相应进行变化，而了解民族文化更是要依据特定的历史来进行理解。在他看来，世界上一切都在变化，"各个时代的语言、习俗和族类都像秋天的叶子一样枯萎零落"，现在处于先进的事物，将来会被更先进的事物所取代，人类历史就是这样随着时代、民族、环境的变化发展而不断向前发展的。

赫尔德认为历史学家的作用在于从变化的历史中发现统一性，从而揭示出历史发展的连续性。关于人类历史的连续性，表面上来看，赫尔德是将社会历史与自然历史看作是直接相连、融成一片的。在《人类历史哲学观念》中，他描述了自然界发展的一个统一的、不断发展的过程，并把这种过程推广到人类社会。实际上，赫尔德把人类历史看作是不同于自然界、充满或然性的世界，在人类世界中，生机勃勃的人的力量是人类历史的推动力，而人性是可变的某种东西，民族与民族之间也是各不相同的，其产生变化、存在区别的根源在于各个时代、各个民族、各个历史个体的内在精神是不同的，自成一体的。因此，研究人类历史就要求在特殊事物中进行单独的调查

① 〔美〕格奥尔格·G·伊格尔斯：《德国的历史观》，彭刚、顾杭译，译林出版社2006年版，第36页。

研究。赫尔德这一观点"就是要清晰地思想出来自然和人类之间的区别这个问题：自然作为一个过程或许多过程的总合，是被盲目在服从着的规律所支配的，而人类作为一个过程或许多过程的总合则不单纯是被规律所支配，而且是被对规律的意识所支配"。这种区分的目的在于得到这一结论："历史乃是这第二种类型的一个过程，那就是说，人类的生活是一种历史性的生活，因为它是一种心灵的或精神的生活。"①

伊格尔斯曾说过，赫尔德对历史主义的主要贡献体现在两个基本观念上，即个体观念和乐观主义，前者是指价值和认识是个体的、历史的，历史不断运动变化，作为有机体的民族充满活力，民族精神是一切价值的源泉，而后者相信历史是有意义的进步过程②。其后，历史主义的观念经众多的学者表述，逐步成为19世纪影响深远的一股思潮。

3. 黑格尔

赫尔德奠定了历史主义的基本观念，而对历史主义作系统、全面的理论构建的是德国黑格尔。黑格尔在赫尔德基础上、以更完整的形式阐述了支配着人类社会辩证运动的历史必然性和合理性。

黑格尔认为，历史就是精神（或理念）充分实现并回复到自己的辩证过程。在黑格尔看来，历史的发展进程同绝对理念的逻辑展开是完全一致的，"世界历史无非是'自由'意识的进展"，无非是"世界精神"合理而必然的展开过程。这个过程是辩证的，更是连续的。他认为，自由意识的发展程度，代表了世界历史发展的三个不同阶段，即东方世界、希腊罗马世界、日耳曼世界。在第一阶段中，"'精神'汩没于'自然'之中"，只有一个人的自由；第二阶段，精神进展到它的自由意识，是故一部分人具有自由；第三阶段，精神的自由上升到纯粹的普遍性，提高到了精神性本质的自我意识和自我感觉，一切人都绝对自由了。在这个连续的过程中，整个世界历史实际上就是逐步展现出精神由不自由到自由、再到绝对自由的一个进程。不仅整个世界历史遵循连续性原则，而且世界历史之中的任何特定文明的历史亦是如此。黑格尔将任何特定文明的历史以及作为一个整体的文明的历史分解统统成四个阶段：诞生和最初成长阶段、成熟阶段、"老年"阶段，以及解体和死亡阶段。

---

① 〔英〕柯林武德：《历史的观念》，何兆武、张文杰译，商务印书馆2003年版，第145—146页。
② 〔美〕伊格尔斯：《德国的历史观》，第41—46页。

一方面，黑格尔通过对世界历史发展进程的先验构建，展现了人类历史的连续性；另一方面他也注重历史的个体性。他曾说："每一个阶段都和任何其他阶段不同，所以都有它一定的特殊原则。在历史当中，这种原则便是'精神'的特质——一种特别的'民族精神'。民族精神便是在这种特性的限度内，具体地表现了出来，表示它意识和意志的每一方面——它整个现实。民族的宗教、民族的政体、民族的伦理、民族的立法、民族的风俗，甚至民族的科学、艺术和机械技术，都具有民族精神的标记。这些特殊的特质要从那个共同的特质——即一个民族特殊的原则来了解，就像反过来要从历史上记载的事实细节来找出那种特殊性共同的东西一样。"每个历史个体都不一样，对历史学家而言，试图从历史中获取经验教训是不明智，因为"每个时代都有它特殊的环境，都具有一种个别的情况，使它的举动行事，不得不全由自己来考虑、自己决定"。历史学家所要做的就是尊重这种历史个体性，注重从"民族精神"层面上去把握历史的个体性，从经验上去求归纳，从历史上去求证明"民族精神"的要素①。

与赫尔德不同的是，黑格尔研究历史的起点不是自然界，也不是原始社会，而是出现国家之后的阶级社会；黑格尔也没有将人类社会视为自然界的延伸，而是很坚决地区分自然界和人类社会。他认为，人类社会的历史变化是与自然变化完全不同的：自然变化遵循着固有的法则，但是它自身对于其起源和目的并没有一个明确的意识，因此自然变化就不可能有自身的目的性，而是盲目的；自然界的变化仅仅是展示某些固定法则的永恒性和循环性而已。在黑格尔看来，不管自然界发生了什么变化，它反映的总是自然变化的同一准则。而人类历史的发展是从自然的黑暗状态中逐步趋向历史的光明，从受自然的束缚转向自我意识的自我决定领域。黑格尔强调的是，这一过程尽管不是处于人类的完全控制之中，但却并不是盲目的，而是自我意识发展的体现，它包含了人类对于其自身目标的不断改进，以及在理论和实践中如何来实现这些目标。为此，历史学家在研究中不能模仿自然科学的做法，去关注一个样式的重复的个体，而是应当注重新的、不同的个体。

黑格尔很多观点与赫尔德相似，但他在历史主义理论构建方面比赫尔德更加彻底一些。应当看到的是，赫尔德和黑格尔都不是专业历史学家，他们所关注的不是具体的历史事实，而是人类历史和文化演进的一般进程、规

---

① 〔德〕黑格尔：《历史哲学》，王造时译，上海书店出版社 1999 年版，第 66—67、6 页。

律以及意义等这些哲学范畴。虽然黑格尔也曾在《历史哲学》中描述了从早期文明到法国革命的这一漫长历史进程，总体而言，他所列举的历史事件不过是印证其历史哲学的材料而已，他的目的则是超越这些材料以揭示世界历史的意义；他的历史哲学就是关于历史的沉思，其本质上不是历史的，而是哲学的，是一种思辨的历史哲学。

黑格尔之后，德国历史主义出现了反对思辨历史哲学的倾向。这时的历史主义者大多是专业的历史学家和文化史学家。他们更多地注重历史而不是哲学，更多地关注具体的历史事实而不是抽象的历史意义。

马克思在谈到黑格尔时，曾这样说道：

> 黑格尔的思维方式不同于所有其他哲学家的地方，就是他的思维方式有巨大的历史感作基础。形式尽管是那么抽象和唯心，他的思想发展却总是与世界历史的发展紧紧地平行着，而后者按他的本意只是前者的验证。真正的关系因此颠倒了，头脚倒置了，可是实在的内容却到处渗透到哲学中……他是第一个想证明历史中有一种发展、有一种内在联系的人，尽管他的历史哲学中的许多东西现在在我们看来十分古怪，如果把他的前辈，甚至把那些在他以后敢于对历史作总的思考的人同他相比，他的基本观点的宏伟，就是在今天也还值得钦佩。在《现象学》、《美学》、《哲学史》中，到处贯穿着这种宏伟的历史观，到处是历史地、在同历史的一定的（虽然是抽象地歪曲了的）联系中来处理材料的。①

这是对黑格尔历史哲学中的历史主义精确的概括与评析。

4. 洪堡与伯克

当时德国史学界率先对历史主义的内涵进行表述的是洪堡（Carl Wilhelm von Humboldt，1767—1835 年）。洪堡是 19 世纪德国历史主义史学的奠基者，德国历史学家兰普勒希特称其为“最伟大的理念论理论家”②。其著作众多，如《希腊共和国的衰亡史》、《比较人类学纲要》、《论 18 世纪》、

---

① 〔德〕恩格斯：《卡尔·马克思〈政治经济学批判〉》，《马克思恩格斯选集》（第 2 卷），第 121 页。

② Georg G. Iggers and Konrad von Moltke, “The Idealist Theory of Historiography: Wilhelm von Humboldt's Classical Formulation”, in *The Theory and Practice of History: Leopod von Ranke*, The Bobbs-Merrill Company, INC. Indianapolis & New York, 1973, p. 3.

《关于语言及不同时期语言的比较研究》、《论史学家的任务》、《有关世界史的思考》、《论国家的作用》(全称为《有关尝试确定国家行动范围界限的一些观点》)、《语法形式的起源及其对精神发展的影响》、《席勒及其精神发展历程》等都是享誉一时的著作。洪堡的思想影响深远,在德国,他的思想几乎影响了整整一代人,其中也包括兰克、德罗伊森等。德国历史学家兰普勒希特曾称洪堡是"最伟大的理念论理论家",德罗伊森称为"历史学中的培根"。

洪堡认为,"这个世界种种事务的一种巨大、层叠混乱的状态,它部分是因为国家本质、人性,以及民族个体的特征所致;部分并无什么原因,就像从奇迹中创生,依赖的是朦胧感觉到,并且明显是由深植于人类灵魂中的永恒理念激发起来的力量——所有这一切组成了一种无限,精神不可能将它压缩为一种单一形式"。在他看来,人类历史现象包括两个方面的内容:一是纷繁复杂的表面现象;二是贯穿在现象之中的理念——人类的精神。其中后者是起决定性作用的。因此,历史学家如果仅仅只是将这些单个历史事实拼凑起来,并赋予它们一个统一的形式,这样的历史研究是没有意义的。不仅如此,这种单个历史事实"拼图"的根本一致性,仍然无法直接观察到。他指出,历史研究除了要对单个历史事实进行理解之外,还需对单个历史事实之间一般联系进行研究,即要研究单个历史事实"拼图"的根本一致性。所以,历史学家的任务绝不只是"简单描述""实际发生的事情",也不只是"仅仅是接受和复制历史",而是要"积极的、创造的自我",史学家必须努力"唤醒并刺激对于实在的敏感性"。

要实现这两个历史认识的目标,洪堡提出了两种同时并存、认知历史的方法:第一,是对事件作精确的、不偏不倚的、批判的研究;第二,连接所探究的事件,并且以直觉理解那些无法经由第一种手段达到的事件。第一种方法是历史批判方法的运用,也就是历史事实的建立。但单个历史事件仅能部分地被认知,历史研究者经由第一种方法所能获致的仅是历史的必要基础,是它的材料,而非历史自身;其余的部分必须经由直觉、推论与想象,历史学家必须运用"连接能力"将这些片段聚集成为一个整体。换言之,历史研究者运用史料考证方法只能认知历史事实的一部分而已,其余无法认知的部分,需要借用"直觉"的理解。由此,洪堡赋予历史研究的任务不仅仅是简单的描绘实在,而是了解历史观念,即了解单个历史事实之间的一般联系。①

---

① Carl Wilhelm von Humboldt, *Gesammelte Schriften*, Ⅳ, Berlin, 1903-1936, S. 37-46.

在洪堡整个历史主义思想中，有两点是其不断强调的：一是，历史的整体性与历史的个体性的统一。一方面，他指出，“作为一个整体的人类，只存在于永远不可能达到的所有个体——他们都是相继存在的——的总和之中”①，将历史中的个体看作历史研究的基础，正是各个散乱历史个体构成了历史本身。对历史个体的关注与重视，使得洪堡特别在意民族国家统一过程中，各个地区、各个小邦的命运。他担心所谓的统一会破坏历史个体的各自特点，从而影响到整个总体的完整性与特点。

另一方面，他也非常注重历史的整体性。他曾说，“一个人必须寻求主体在其所有不同活动中曾经达到的最好状态和最高水平。我们将这与一个整体联系在一起，我们认为这一整体构成了它的独特之处和基本特征。不能与这一特征相适应的任何一切，我们都视之为偶然的”②。在他看来，“每件事”都被显示为“整体中的一部分”，或者“每一件被描绘的事件”都显示出揭示了“历史形式本身”。

二是，通过直觉、推论及想象来理解理念，理解历史。洪堡认为，历史之中有居于领导地位的观念（或理念），所有的历史现象都是其内在精神理念的体现，因而只有理解了历史现象之中的精神理念，才能获得真正的历史知识。要认知这种精神理念，所有用因果联系（例如，浪漫主义者所倡导的、诗人式的“纯粹的幻想”，理性主义者及实证主义者所主张的直线式、机械式、生理学式及心理学式研究）来解释历史事实的做法，都是无法做到的。唯一的有效的认知方式就是史学家必须运用他的“直觉、推论及想象”，“通过充实和连接起直接观察到的那些脱节的碎片，以陈述揭示事件的真实性”，再由事件的真实性上升到事件内部及其之间的精神理念。

洪堡通过一系列论著，否定了理性主义史学的机械性与所宣扬的同一性，批判了浪漫主义史学对历史事实作主观情感式的表述，主张历史学家对历史的理解源自历史文献、并由对文献的理解上升到对世界的一种领悟。这样，通过直觉、想象、移情等方式来把握和理解历史对象，将个体置于变化过程中就其本身来进行考察，肯定个体的独特价值和意义，构成了历史主义思想传统中最为重要的内容。

伯克（Philipp August Boeckh，1785－1867年）继承了洪堡历史主义观

---

① Carl Wilhelm von Humboldt, *Gesammelte Schriften*, Ⅲ, Berlin, 1903－1936, S. 357.

② Carl Wilhelm von Humboldt, *Gesammelte Schriften*, Ⅱ, Berlin, 1903－1936, S. 98.

念,在史学实践中不断完善历史主义原则。他通过《雅典国家经济》、《古代度量衡》等著作,不断追求历史上种种“居于领导地位的观念”。他认为,“所有的事物都服从于精神力量”,“精神力量”绝对不是仅仅体现在艺术、诗歌等反映精神生活的事物之中,而是存在于一切历史现象之中。并且这种精神力量也绝对不是一种不管世事、自给自足的一种力量,而是贯穿于整个历史、并不断起作用的,它决定了所有人的外在行为,规定了所有人的行为动机,并且它是一个时代、一个国家、一个民族在世界历史中地位高低的决定性因素①。特别是在《雅典国家经济》中,伯克从人们日常生活中的经济现象入手分析雅典经济,他考察雅典人衣、食、住、行的价格,考察国家机构的公共性支出、战争时期的税收等,他将雅典当作一个有机体来对待,注意到各种因素之间的互动关系,第一次为近代读者展现了一幅古代国家经济生活的全貌。因此,历史学家在研究历史时,除了要仔细考证历史事实,还需要对历史事实中蕴含的精神力量进行研究。

大体上而言,伯克是沿袭了洪堡的一些观点,真正对洪堡的观点全面继承并发扬光大的是兰克。

5. 兰克

在洪堡学说的基础上,兰克指出历史应当是历史而不是哲学,历史学应当致力于历史事实的研究而不是思辨理论的构造。据此,他提出要以科学实证的精神和原则来建立客观的历史科学以取代思辨的历史哲学。他把重建历史作为历史研究的目的,提倡“如实直书”,主张批判史料,而后用翔实无误的史料,通过客观中立地撰史表现历史真实。这是兰克史学研究的目的之一。

兰克倡导“如实直书”一方面是为了对抗以黑格尔为代表的、重思辨轻史实的历史哲学;另一方面是为了进一步深入理解历史中的“居于领导地位的精神”。与洪堡含蓄表达历史中的内在精神不同,兰克旗帜鲜明地将历史与上帝联系在一起。他认为,在人类历史中,人的生活以及国家的生活等都是由精神与肉体两个部分组成的;并且“在精神、肉体这两者中,精神是高于肉体的”。即人的生活、国家生活实际上最终都取决于“精神”,甚至可以这样说,历史领域中的“每一事物都依赖于精神”。兰克进一步指出历史中的精神就是最高存在——上帝,并且上帝这种精神存在无处不在,无所不能,

① Philipp August Boeckh, *The Public Economy of the Athenians*, London, 1857, pp. 3 - 4.

决定了历史中的一切，而历史中的全部内容都是上帝意志的体现。因此，历史学家除了要“如实直书”之外，还需要体认这种“上帝之手”。

在兰克看来，最能证明上帝存在的是历史的伟大连续性。自远古以来，历史事物之间就存在着一种“伟大连续性”，这种连续性决定了“世界历史的进程”。在具体的历史现实中，任何历史事物都是前后相继的，彼此相联系、相辅相成、相互影响。表面看来，这种连续性意味着一种因果关联性。实际上，这种连续性是“源自对即将到来事件的快速而正确判断”，在这一过程中起作用的绝不是一种表面的因果关联性，而是“一种神圣的神秘力量”①。只有神圣的上帝才能在这一过程中起着决定性的作用。因为万事万物都是源自上帝，只有创造这一切的上帝才能对历史发展的这种“伟大连续性”作出快速而准确的判断。进言之，历史中的这种伟大连续性只能借助上帝来说明其合理性，这恰好说明了它是上帝存在、上帝神圣而伟大力量的体现。

依据这一观点，兰克反对一切将历史演进作线性化处理的做法。他认为历史发展的连续性与所谓的进步观念是有区别的。按照进步的观点，人类历史就成了线性的、机械的发展过程，人类在这样的历史发展过程中就变成了没有自己意志的、自觉的工具了。不仅如此，这一观点在史学上成立的话，人类就可以预测此后历史的发展。这在兰克看来是不可思议的，他认为只有创造出一切历史事物的上帝才有可能知晓整个历史发展的秘密，倘若人能够预知历史，那么人就和上帝没有区别了。

最后，兰克认为，所有的时代在上帝面前都具有平等价值，不存在前一时代比后一时代落后这样的情况；而强调时代的进步性，实际上就是认为后继的时代要比此前的时代先进。兰克认为，这种思想不是在否定上帝的安排，就是想表明人类就像上帝一样可以预知将来。无论是何者，这样的做法都是蔑神的，是对上帝不敬的表现，因而也是错误的。兰克一再说明进步的观点是错误的，是与上帝相违背的，只是想突出每一个时代的独有价值与意义。在他看来，历史连续性，即各个完全不同时代之间的前后相继，这一复杂而神奇的过程得以实现是上帝安排的结果，是上帝意志的体现。

但是，并不是所有的历史时代、所有的民族都会被纳入到世界历史中。虽然“世界历史要求对人类一般普遍的生活以及民族国家的特性进行考察

① Leopold von Ranke, *Deutsche Geschichte im Zeitalter der Reformation*, erster Band, Leipzig, 1924, S. 46.

与理解”,但这也不是要求平等地考察所有的民族国家。在兰克看来,世界历史首先应该考察“那些占据统治地位的民族国家”。他认为世界历史只研究那些将“所有的国家连接在一起,并掌控这些国家的命运”的伟大事件①。兰克在历史实践中,基本上围绕欧洲民族国家展开,特别是日耳曼民族国家。

至于如何通过历史研究来体认上帝的意志,兰克指出,“历史研究者的天分在于对历史本质的直接感知。而我是循着精神的轨迹研究下去……在这种知识论中,最主观的,同时也就是最接近一般真理的”②。历史研究者运用“直接感知”,是可以绕开表象世界的干扰,直接深入真理世界,触及上帝以及上帝意志这种精神存在,从而最大限度地接近一般真理。

而这种“直接感知”,也就是“直觉”,实际上是一种内在的感情。兰克曾经说过,“个人应从内在的感情去理解历史——这种感情是从对历史的确信到评判历史著作这一转变过程中产生的”。这种内在的感情实质上就是一种“移情”。在兰克看来,其他的理解历史的方法都是“有助于还原历史的本质与内容”,但是要最终认识和理解历史,甚至最终确保历史的正确,只能“依据同情、移情的方式来理解所有一切”。

兰克对历史主义理论最大的贡献是将历史主义核心内容之一——“居于领导之地位的精神”直接与上帝联系在一起,使历史研究成为一种历史神学,并在此基础上,将历史的整体性、个体的平等性融合在历史主义中。兰克认为,“上帝——因为在上帝面前不存在时间——是在人类整体中通观整个历史的人类,并且发现任何人都具有同样价值”,在上帝面前任何时代都是平等的。并且,“每个时代都直接与上帝联系在一起,它的价值并不在于它创造了什么,而在于它自身的存在,在于其自身”。如此一来,历史之中的个体都是由其自身的内在精神所决定的,都是各具特色的,并且共同统一于上帝意志这一旗帜之下,另外,依据兰克的观点,由于每一个时代都各有其价值,都是平等,那么看来都是值得纳入历史研究范畴去考察的③。

---

① Leopold von Ranke, *Weltgeschichte*, Band. 1, Verlag von Duncker & Humblot: München & Leipzig, 1922, S. 4－5.

② Leopold von Ranke, *Das Briefwerk von Leopold von Ranke*, Hrsg. von W. P. Fuchs, Hamburg, 1949, S. 18,58－59,108,252.

③ Leopold von Ranke, *The Secret of World History*, edited by Roger Wines, New York, Fordham University Press, 1981, pp. 112,40,157,158,44,38,259,159.

其次，兰克将史学研究中的主观倾向性与“如实直书”结合在一起，为历史主义史学的政治倾向性奠定了基础。其后的德罗伊森等普鲁士学派大体上是沿着这一理论继续走下去的，这也是德国历史主义史学传统的一大特色。

兰克的这些历史主义观点是对洪堡史学思想的发扬，也是对以黑格尔为代表的历史哲学的批判继承。至此，西方史学流派中的历史主义史学不再是重哲学轻史实了，历史主义者们主张：历史世界就是由各个个体构成的，个人、民族、国家、时代都是这样的个体，它们各自都是精神的载体，都具有独特而不可替代的价值和意义；世界上并没有什么永恒不变的普遍真理和价值。一切思想和价值都是在某一特定的社会历史条件下产生的，都是某一变化过程中的一个环节；只有在不断变化的历史中对个体进行个别化的把握，才能正确理解世界历史；自然现象与历史现象之间有着根本性的区别，历史学科研究的对象是不断变化的，其研究方法本质上不同于自然科学方法；历史学的研究则以个别的和个性化的个体为目的，为了深入探索和理解历史现象，历史学家所采用的研究方式就不可能像自然科学家那样，将自己与研究对象对立起来，而只能是力图通过直觉、移情等去把握历史事件中精神之所在。

6. *德罗伊森*

如果说兰克是德国历史主义史学的集大成者，那么德罗伊森(Johann Gustav Droysen, 1808－1884年)则在洪堡、兰克的基础上，将历史主义史学再向前推进了一大步。兰克对历史主义的论述大多散见于各种论文及演说中，德罗伊森在1857年以后再版的《历史知识理论》、1861年对博克尔《英国史》的评论以及1868年出版的《历史学纲要》，将兰克那些散落的历史主义作了更细致的表述。

德罗伊森认为，历史研究的对象是“此时此地，还没有完全逝去的过去”。与现今世界是否有联系，成为历史现象是否是历史研究对象的衡量标准。这是因为历史演变是连续的，任何历史现象都是历史的演变结果，历史研究的价值与意义都系于历史的连续性上，即没有历史的连续性，就无历史研究的必要性与可能性了。因此，只有历史这种连续性依然存在，并延续到现今的生活，历史研究才有意义；历史现象只有融化于现在中，才能被纳入到历史研究的范畴。换言之，历史学家所研究的历史，实际上是与现实有着千丝万缕联系的过去。不仅如此，在德罗伊森看来，是否与现实有关联，完全取决于历史学家个人的兴趣与知识能力等主观性因素。德罗伊森将历史的连续性以这样一种绝对的方式纳入到历史主义史学原则中，这成为后世柯林武德、克罗齐等人的绝对历史主义的思想先导之一。

德罗伊森对历史研究对象的限定，突出的是历史研究者的主体性，而在具体的历史研究过程中，他又进一步突出历史学家认知历史的乐观情绪。他提出，历史研究要成为一门科学，就要求“历史研究工作所追寻的是真的”。作为历史学家，丝毫不用担心无法把握历史中的“真”，因为“没有任何真的事物——与思想相和的事物——不能被我们的心智掌握。也没有任何真的思想，没有道出它所关注的事物的本质”。是故，理解历史，就是寻求历史中的思想与精神，历史学家完全有信心认知历史中的“真”，从而保证历史学的科学性。

要实现求“真”的史学目的，德罗伊森提出首先批判考订史料，在大量确信的材料基础上，才有可能认识历史真实；其次，他认为历史研究还需要认知史实内在的思想以及历史中的一致性。但要做到这一点，历史学家是不能运用自然科学的演绎或归纳方法的，而要像他所说的“人所能达到的认识的最完善形式”——“理解”。这是因为：

一则，历史学所研究的对象不同于自然科学，人类历史是无休止的进步，是无法像自然事物一样定期重复的，这样一来，自然科学的方法在历史学领域无用武之地。

二则，“事物的真理性质必须就证于思想，而思想的真理性质也必须就证于事物”，思想的真理性本身是事物的题中之意，因而对事物真理性的认知是再容易不过的一件事情了。

三则，“理解”这一方法意味着高度主观的、个人的活动，而历史研究的对象体现着一系列意义与思想。于是，由“理解”而深入历史研究对象，这“正好像一个心灵潜入到另一个心灵一样……具有无限的创造力”。借助“理解”是能揭开历史中的“真”。

四则，历史个体与历史整体是相辅相成的。不但整个历史演进过程是充满连续性的，而且单个历史个体也是整个历史连续性的一种体现与组成部分。德罗伊森认为，“人性只是所有这些道德的力量和形式构成的整体，而每一单个的人只在这些道德力量的连续性和共同性中存在”，历史学家可以从众多历史个体表现出来的整体性去重构个别，也可以根据历史个体在其中表达的特殊性去重构整体。即，由对单个的历史个体的“理解”完全可以上升到对整个历史的认知，反之亦然。

五则，德罗伊森认为，“我们相信在任何事物中，哪怕是最细微的细节中，上帝的永恒指引都强有力地、引人注目地发挥着作用。人及其自由意志、自然法则及其中断、偶然性的看似专断的作用……所有这一切都只是我们信仰的伟大和普遍的必然性的工具。追寻这一必然性的痕迹、与它和谐相处、谦卑地服从它是我们知识的唯一有价值内容，也是我们行动的唯一坚实基础”。① 他将历史研究求真的最后保证放到了上帝手中，由万能的上帝保证理解方法的成功。

值得注意的是，无论是兰克还是德罗伊森，他们都相信历史研究的目的是为了感知历史现象背后的神意。德罗伊森借用无所不能的神意，将历史的整体性、连续性以及个体性等历史主义原则都纳入一个完整的理论整体，从而将历史主义史学向前推进。

德罗伊森之后，普鲁士学派在历史主义史学道路上走得更远，他们将兰克史学中的政治意图发挥到了极致，甚至伤害到了历史真实本身；历史主义中的保守倾向与主观主义思想经普鲁士学派倡导而逐步深化。

总而言之，德国历史主义是与启蒙运动、法国大革命以后与浪漫主义的兴起相伴随而产生的。这种历史主义和浪漫主义一道反对启蒙的进步史观，但它并不反对进步史观中蕴含的乐观主义。无论是赫尔德、黑格尔，还是洪堡、兰克、德罗伊森等都对历史研究目标的实现充满了乐观情绪。这正如伊格尔斯所分析的那样：历史主义否认历史是单线前进或依照某一方向发展的，但在另一意义上，历史主义者甚至比那些信奉古典进步思想的人更加乐观。可以说，乐观主义是德国历史主义的特征之一。

其次，个体性、个别性或个性化的原则是历史主义思想传统的另一个重要原则。历史主义史家们认为每一个体都是独特、不可重复而又具有内在价值的，而历史世界就是由这样的个体所构成，历史理解因而必须是就个体事物本身来理解它们，精神之体现于个体就构成了历史的意义之所在。迈纳克曾在《历史主义的起源》中提到，“无论如何，个性和个别的发展这两个互相联系的基本观念，最好地表明了所谓历史主义看待历史的态度”。

再次，历史主义史学家都是主张历史发展的连续性，主张在特定历史环

---

① 〔德〕德罗伊森：《历史知识理论》，胡昌智译，北京大学出版社2006年版，第9、3、18、2、10、11、20、22、27、28、417、14、325、328、203页。

境中解读历史事物，将历史认知置于历史语境中进行考察。

最后，德国历史主义的产生和发展，是与从反对拿破仑入侵、争取民族独立的解放战争，一直到普法战争和普鲁士统一德国的一系列政治事件相伴随的。它带有浓厚的民族主义色彩。德国历史主义史学虽然在基本思路上与黑格尔哲学有所不同，却又依然在很大程度上带有黑格尔哲学的色彩。黑格尔哲学把国家抬高到了前所未有的地位，在他看来国家代表了道德与文明的最高成就，是伦理价值的最高体现，个人的伦理价值只有在国家中才能真正得到实现，这些思想在德国历史主义史学中都可以看到。可以说，历史著作叙述国家、政权和强力等事物，也是德国历史主义学派的传统之一。

19 世纪末 20 世纪初，德国历史主义史学逐步传播到欧美各地，众多史学家深受其影响。对此，伊格尔斯曾说："在德国，19 世纪末以前历史主义的观点一直深植于各种社会和文化科学之上，德国以外的地区，当学术研究逐渐职业化，并集中到大学时，历史主义的理论和方法也被学者所采用。"①可以这样说，19 世纪的历史主义史学极大丰富了西方史学思想，其史学原则至今仍是西方史学思想中的宝贵财富。

二、古典文明史的新成就

19 世纪西方史学在希腊罗马古典文明研究方面的研究有了巨大进展，取得了惊人的成就。这首推德国史家蒙森、法国史家杜罗伊、英国史家格罗特三人的成就最大②。

1. 蒙森

古典文明研究方面影响最大的史学家当属德国的蒙森（Theodor Mommsen，1817—1903 年）。出生于石勒苏益格的蒙森从小接受了严格的古典知识教育，1839 年在基尔大学攻读法律。在基尔大学期间，蒙森专注于古罗马律法，并深受奥托·雅恩的影响而对古典世界产生浓厚的兴趣。1843 年获得法学博士学位的蒙森因《论古罗马民社的起源》一文在德国学术界崭露头角，并获得柏林科学院以及丹麦王室提供的奖学金。由此，蒙森于 1843—1847 年在意大利进行科学旅行。在此期间，蒙森游览名都大邑收

---

① 〔美〕伊格尔斯：《历史主义》，《新历史主义与文学批评》，北京大学出版社 1993 年版，第 291 页。
② 第七章第二部分内容参考张广智主著：《西方史学史》，第 169—171 页。

集各种铭文，并撰写 90 余篇文章。归国后的蒙森曾一度担任《石勒苏益格-荷尔斯泰因报》报社编辑，并通过专业专栏文章倡导自由派的政治原则。因其出色的学术成就，蒙森于 1851 年被聘为莱比锡大学罗马法教授。同年因参与自由派政治运动而被解聘，随后被驱逐出德国，被迫流亡苏黎世。其后，蒙森先后在苏黎世大学、布雷斯劳大学任教。

蒙森是当时少有的博学之士，他在法学、考古学、语言学、碑铭学、钱币学、历史学等众多领域均取得不俗的成就。在其长达 60 余年的学术生涯中，蒙森留下了《罗马史》、《罗马皇帝史》、《拉丁铭文集》、《罗马公法》、《罗马帝国行省》等诸多大部头著作以及 1 500 余篇论文。其中影响最大的是《罗马史》。

最初蒙森只是潜心研究罗马法。1850 年柏林书商邀请蒙森写一部罗马史，蒙森应邀撰写罗马史，其目的是“想把古典时代的知识以生动活泼的形式呈献给更广泛的读者”①。1854 年尚流亡在外的蒙森完成《罗马史》的第一卷，此书一经出版立刻引发轰动。一时之间，蒙森成为受人瞩目的学术明星，可以说，此书所带来的巨大影响使蒙森站到了第一流学者之列。

这部记述古罗马历史的专著现共出版四卷(即一、二、三、五卷)。其中，第 1—3 卷 1854—1856 年出版，第 4 卷未写，第 5 卷 1885 年出版。前 3 卷记载自远古到罗马共和国末期塔普萨斯战役(前 46 年)的罗马史。第 5 卷则描写从奥古斯都时代(前 27—公元 14 年)到戴克里先时代(184—305 年)罗马各行省的史事，是全书的精华所在。这部 3 卷本的著作较为全面地概括了罗马共和国的历史。在此书中，蒙森不但将其研究范围扩大到罗马帝国全境，而且旁征博引，使用了许多不为一般人所知的冷僻材料，来说明罗马人是如何统治地跨欧、亚、非三洲的大帝国的。这部巨著的主体建立在作者搜集的铭文资料的基础之上，使得全书史料翔实可靠，几近完美无缺。加上蒙森扎实的资料基础、富有感情的描述与解释，一个活灵活现的罗马共和国就呈现在读者面前，于是《罗马史》很快传遍了欧洲，成为这一领域的权威之作。此书于 1902 年获诺贝尔文学奖，至今仍被公认为西方罗马史研究的最高权威。

从蒙森的史学成就来看，他注重史料考证、强调扎实的史料收集整理。他曾在一篇文章中指出：“历史学说到底只不过是实际事件的清晰知识，它

---

① 〔美〕汤普森：《历史著作史》(第四分册)，第 690 页。

一方面发现和检验可获得的证据，另一方面依据对造成事件起主要作用的人和当时环境的理解把这些证据编写成叙事文。”[①]这样一来，对蒙森而言，进行历史研究的首要任务便是发现和检验可获得的证据。1852 年，蒙森出版了《那不勒斯王国铭文集》，随后开始主编出版《拉丁铭文集成》。这部铭文集从 1863 年开始出版，蒙森历时近 50 余年共完成 15 卷，分为 36 册出版发行。在蒙森生前出版的 20 册当中，除了主编外，一半以上是他亲自编订的。可以说，这一卷帙浩繁的铭文集充分体现了蒙森对史料收集整理工作的重视。

在《罗马史》中，蒙森坚持严谨的治史态度，强调在确切史料的基础上描述历史现象、分析历史问题。比如关于罗马建城的传说。蒙森指出，“这些故事自命为历史，其实只是不甚聪明的粗草解释，历史的首要任务恰恰在于排斥它们”[②]。对于这些臆造而毫无根据的传说，蒙森在撰写历史著作时是不予采纳的。不仅如此，蒙森在论及古罗马历史事件时，总是以是否“有依据”或“有史料”这一标准衡量其真伪。他曾从语言学、社会学、文化人类学等多学科角度对拉丁远古征战进行分析。蒙森曾感慨，“关于拉丁人远古时征战的史实，我们已感到难以详加考察，关于这些征讨活动的法律性质和法律后果，我们尤其深感缺乏精确材料”。经过认真细致的分析，蒙森一针见血地指出，“所谓罗马立足于阿纽河畔和阿尔巴山上的同时，后来称霸于邻近八个地方的普雷内斯特以及提布尔等其他拉丁民社也正从事开拓疆土，奠定以后颇为强大的权势，此说纯属臆测”[③]。

蒙森撰写史著的严谨性不但表现为强调在确切史料基础上撰写历史、分析历史现象；而且其在写作修订《罗马史》时不断将最新的研究成果纳入书中。在第二版前言中，蒙森曾提到，“一系列新的研究，如关于罗马臣民的国家法地位，关于创作艺术和造型艺术的发展，已按其成果之大小纳入整个版本”[④]。而第三版至第九版前言中，蒙森表示，“像本书这样一部著作的作者必须为自己的新版本而利用，亦即重复在此期间出现的专门研究的每一成果。在此期间，即是从第二版问世以来，在别人或自己的研究成果中，凡

① 〔德〕蒙森：《谈谈如何培养历史学者》(文名系译者所加)，程钢译，见何兆武主编：《历史理论与史学理论——近现代西方史学著作选》，商务印书馆 1999 年版，第 292 页。

② 〔德〕特奥多尔・蒙森：《罗马史》(第一卷)，李稼年译，商务印书馆 2004 年版，第 43 页。

③ 同上书，第 89 页。

④ 同上书，第 1 页。

是作者认为是弄错或失误的，均已如实作了陈述”①。这种精益求精的治史态度是蒙森史学的最大特点，亦是其获得崇高学术地位的重要原因。

蒙森的著作除了以客观严谨为特征之外，还以情感的丰富性以及生动活泼的文笔而著称。作为历史学家，蒙森并不是一味地认为只要有了确切的史料就可以再现历史真实。在他看来，历史史料如同一堆枯叶；历史研究者试图通过已经枯死的树叶再现已经成为过去的绿叶，那么他们会发现“我们难以认识其昔日青葱的状态”②。蒙森将史料与历史真实之间的区别比做是枯叶与绿叶之间的差距。

要通过枯叶还原绿叶的风华，要通过史料再现历史的真实，蒙森开具的药方就是热烈的情感与直觉理解。特别是在研究史料匮乏的远古时代时，这种浪漫主义式的情感理解是非常重要的一种方式。蒙森指出：

> 民族生活极其纷繁复杂，仅历史本身无法将它叙述清楚；历史只能满足于表述它的总的发展。个人的行事处世和思维创造，无论它们多么受民族精神的倾向所约束，都不属于历史范围。即使是笼统地勾画出这些状况的轮廓的尝试对于那个在历史上几近于湮没无闻的最远古的时代来说，似乎是必要的，因为那个把我们的思想感情同古老文明的民族截然分开的深邃鸿沟在这个领域本身多少可以令人感知③。

在蒙森看来，思想感情可以弥补史料匮乏所带来的理解困难。他甚至认为，“直觉判断的可靠性，通常被看作是杰出历史学家的标志，十之八九只不过是把这一条规无意识地应用到复杂问题上而已。……历史学家与艺术家比对学者更亲近”④。情感、直觉对于历史学家而言，是非常重要的研究方法。就历史研究而言，蒙森认为，“实际的历史写作只配由对历史中诸种最重要组成要素有清晰概念的人来完成”⑤。而要获得对众多重要因素的清晰轮廓，从整体上把握历史现象，仅仅靠史料考证是远远不够的；唯有将情感的直觉引入历史研究，才能使历史研究者获得对历史现象的整体全面

① 〔德〕特奥多尔·蒙森：《罗马史》(第一卷)，李稼年译，商务印书馆2004年版，第3页。

②③ 同上书，第134页。

④ 〔德〕蒙森：《谈谈如何培养历史学者》(文名系译者所加)，程钢译，见何兆武主编：《历史理论与史学理论——近现代西方史学著作选》，商务印书馆1999年版，第293页。

⑤ 同上书，第295页。

的认知，才能解决史料不足所引发的历史理解上的困难。对这种情感式的直觉理解，蒙森认为这种研究方法是只可意会、不可言传的。是故，他声称，"要是历史学教授相信能用训练文献学家和数学家同样的方法最有把握地来训练历史学家，这更是危险而且有害的幻觉。可以说，历史学家不是训练出来的，而是天生的，不是教育出来的，而是自我教育出来的，这话对历史学家比对数学家或文献学家更为合理"①。蒙森在撰写《罗马史》时，一方面严格依据确切的史料进行写作，另一方面充分发挥想象去直觉理解历史现象与历史人物。他对苏拉、西塞罗、恺撒等人的刻画，对各大战争场景的描述，无不是借助了情感式的想象、直觉的理解。"但历史或许还会采取进一步的步骤，先忖量当地的特殊情形，不谈该城如何肇始，而专就其日趋繁荣的惊人迅速发展以及它在拉丁姆所处的特殊地位提出一个积极的假设"②。

与兰克相比，蒙森在著作中有意识地进行历史解释的痕迹更为明显，他的性格毫无保留地表现在《罗马史》之中。他在书中尽情地谴责庞培、西塞罗等人，而将皮罗斯、苏拉、恺撒、汉尼拔等历史人物理想化。蒙森毫不掩饰其在历史著作中流露出来的感情以及所表现的倾向性，他说道："凡是像我一样从历史事件生活过来的人都开始看到历史的编写或创造不是没有爱憎感的。"③

在论及对历史的理解中的主观性时，蒙森指出：

> 不加批评的态度既盛行于古史，也多少盛行于有史时代的描写，叙述确都带有强烈的偏袒色彩，无一例外……然而在这里，我们应怀疑而不应责备。要期望与汉尼拔同时的罗马人对于其仇敌有公正的判断，实有几分可笑；可是首创罗马史的人，尚未经证明有故意误述事实之罪，所有的只是激于天真的爱国心而不能免的误述而已。④

蒙森将主观性与倾向性看作并非有意曲解事实，而是源自各自的立场

① 〔德〕蒙森：《谈谈如何培养历史学者》(文名系译者所加)，程钢译，见何兆武主编：《历史理论与史学理论——近现代西方史学著作选》，商务印书馆 1999 年版，第 293 页。

② 〔德〕特奥多尔·蒙森：《罗马史》(第一卷)，李稼年译，商务印书馆 2004 年版，第 43 页。

③ 〔英〕乔治·皮博迪·古奇：《十九世纪历史学与历史学家》(下册)，耿淡如译，商务印书馆 1997 年版，第 768 页。

④ 〔德〕特奥多尔·蒙森：《罗马史》(第三卷)，李稼年译，商务印书馆 2007 年版，第 406 页。

与情感。对此，蒙森认为，历史学家可以质疑这种历史理解中的这种倾向性与主观性，而不应去责备。因为其中包含的情感，特别是这种爱国心是连接历史现象与现实的纽带。

有论者评述蒙森说，“他之所以能写出如此生动和引人入胜的作品，那是因为他深爱着自己时代的激情和关切的影响，他比任何人都清楚地感受到自己民族需要什么，而且知道该用何种方式向其同胞们灌输。……在各种场合下他都在反复宣扬‘我们的时代是铁血时代’的论调；他的宣传让那一代人为未来的斗争做好了准备。……他的《罗马史》不是冰冷无味的学识堆砌，这样的书只有学者感兴趣，他写出来的是一部激情澎湃的历史，读者可以从书中发现他们的所有悲伤和希望”①。对于历史研究者而言，“史学研究者却有责任把各国人民如何陆续分化加以叙述，以便从尽可能早的时代起，追溯文明是如何从不完美逐渐进入完美，以及无力发展文化的或文化较不发达的民族如何为文化较高的民族所压制”②。历史与现实之间是紧密相连的，历史研究者应当关注历史与现实之间的联系，为现实的目的而研究历史，从历史的角度来看待现实问题。这是蒙森史学的特点，亦是体现了当时德意志地区独特政治环境对历史学家的影响。

此外，蒙森对罗马法律的研究也使他成为这一领域的权威。他撰写的《罗马公法》对罗马政治制度进行了专门而系统的研究。他单独研究每一个专题，却又根据罗马法的根本精神将它们构成一个罗马公法的有机体系，从总体上阐述它们的演进。他认为法律史的研究必须与历史学和语言学的研究相结合，这样才能相辅相成，否则，任何人都别想进入真正的罗马世界。《罗马史》证明了蒙森是一位杰出的历史学家，他对意大利古代方言的研究成果是《奥斯坎语言研究》和《意大利南方方言》，由此证明了他同时是一位优秀的语言学家。多学科的结合使《罗马公法》成为蒙森的得意之作，也令学术界对蒙森的成就惊叹不已。然而，蒙森的成就不止于此，他的著作还在另外两个重要领域中具有里程碑式的价值。

蒙森的《年代学》引起了学界对共和时期年代学问题的广泛争论，其重要性在于这部著作具有筚路蓝缕之功，开拓了一个新领域。1860 年蒙森的

① 〔法〕安托万·基扬：《近代德国及其历史学家》，黄艳红译，北京大学出版社 2010 年版，第 113 页。

② 〔德〕特奥多尔·蒙森：《罗马史》（第一卷），第 7 页。

《罗马货币史》出版，这部著作分析了币制的发展，货币的流通、使用，铸币权以及由此引发的贸易、财政问题。他将钱币学置于历史学的基础上，从而一方面奠定了钱币学研究的历史学基础，另一方面又用历代货币丰富了历史学研究的资料来源。

在古典文明研究方面，蒙森卓越的史才与漂亮的文笔非常自然地结合在一起，这使他与兰克等史学大师共同陈列在 19 世纪德国史学的光荣榜上，一起傲然屹立于 19 世纪西方史学的巅峰。

2. *杜罗伊*

19 世纪后半叶的法国史家中，杜罗伊(Victor Duruy，1811—1894 年)为法国史学的繁荣作出了巨大的贡献。这位历史学家出身工人家庭，经过自己的刻苦努力而考入高等师范学院，师从于米什莱等人，并深受其影响而对历史产生了浓厚的兴趣。杜罗伊勤于写作，著有《罗马史》、《希腊史》、《蛮族入侵之前的罗马史》、《古代希腊史》、《法国史》、《法国人民史》、《法国当代史》、《1453—1789 年期间的法国近代史》等。

杜罗伊在史学方面最突出的成绩就是为历史教育的推广作出了杰出的贡献。最初杜罗伊是迫于生计而编写罗马史、希腊史以及地理学等方面课本教材，他一生编写的教材多达 74 种，其中将近 60 多种是涉及古典历史的[①]。这些教材惠及了大批法国人。1861 年，杜罗伊担任法国教育部部长，着手进行教育制度改革，创建免费自治村学校，实行义务教育制，并提高教师待遇。对历史学科而言，最重要的举措，一是杜罗伊将历史课设定为义务教育中的基础课之一，这就有效地提高了历史学科在社会中的地位；二是 1868 年经其不懈努力争取，法国政府设立高等研究学校。这一高等研究学校的成立以及相关的课程设置，促进了法兰西学术的复兴，鼓舞了法兰西学院和古文书学院所从事的科学历史研究。

其次，杜罗伊在古典知识普及方面做出不少努力。杜罗伊善于编写教材，其教材尤以古典时期知识为主；他不但通过编写教材推广古典知识，而且还潜心撰写了《罗马史》、《希腊史》等古典著作。杜罗伊文笔优美而洗练，文辞浅显易懂，常用对比手法来展示古典世界的特质。在他的笔下，古代罗马是“冷漠、静谧而又严肃的”，而希腊世界则是“充满生活情绪、轻快而又美

---

① 〔美〕J·W·汤普森：《历史著作史》(下卷，第三分册)，第 360 页。

丽的"[①]；罗马的"伟大"不体现在其外在的印象，而是体现在精神上的内敛、长期以来尚武而沉稳的个性特征等。大体而言，杜罗伊的古典历史研究类似于古典知识通俗读本，并无太多创见，主要是依据已有的研究成果而编辑的一种简易读本，其最大特点就是条理清晰、文字生动吸引人。杜罗伊这些著作虽然缺少个人的独创性，却很好地体现出了那一时期历史学家们在这些研究领域中的成就，因而具有很高的参考价值。也正是由于杜罗伊不辞辛劳地编写古典知识读本、推广古典历史教育，法国历史研究的专业化进程才得以在短时间内取得重大进展。19 世纪法国史学史上大事件——《历史评论》的创刊，就与杜罗伊有着千丝万缕的联系。可以说，作为历史教育家的杜罗伊在法国整个 19 世纪都是让人无法忽视的史学巨擘。

3. 格罗特

古典文化研究在英国始终是作为一门正规的学问得到对待，提尔华尔、格罗特对希腊史的研究，亚诺尔、梅里韦尔对罗马史的研究都堪称楷模。其中，尤其以格罗特的贡献最大，他将 19 世纪的英国史学研究推上最高峰，成为 19 世纪英国成就最大的历史学家。[②]

格罗特(George Grote，1794—1871 年)生在富贵人家，但在历史学研究方面并非科班出身，而完全凭借其卓越的自学能力踏进学术界。格罗特成名之时，他在希腊史方面的成就可与蒙森对罗马史研究的贡献比肩而论。

格罗特从小受到母亲的教育，学会了拉丁文，并大量阅读古典作家的著作。到 16 岁那年，他便到父亲开的银行中实习。然而，格罗特从小养成了对古典文化的爱好，他利用一切业余时间来读书，学习各种语言，并自学了历史、哲学和政治经济学。这位博学的学者通晓了希腊文、德文、法文、意大利文等多种欧洲古典、现代语言，这为他研究古典文化奠定了良好的基础。从 1822 年开始，格罗特步入希腊史领域，开始了系统的研究。在经过了 24 年的辛勤研究之后，1846 年他的巨著《希腊史》头两卷出版，该书立刻获得广泛的认同，格罗特也由此奠定了他在学术界的地位。到 1856 年，《希腊史》最后一卷第 12 卷出版，希腊史研究上的这座丰碑终于完成了。另外，格罗特还著有《议会改革问题探讨》、《议会改革要义》、《亚里士多德》、《柏拉图和苏格拉底的其他伙伴》等。

---

① Victor Duruy, *Histoire romaine*, Paris, 1848, p. 1.

② 此部分文字参见张广智主著：《西方史学史》，第 189—190 页。

格罗特的代表作《希腊史》史料翔实、结构严谨，起自传说时期，止于马其顿王亚历山大的军事扩张，取材宏富、条理清楚。格罗特落笔前曾搜集了大量的资料，借鉴了前人的成果，构思 20 余年。这部巨著分 12 大卷，历时 10 年才出版完毕。格罗特继承启蒙时期欧洲史学家的优秀传统，把“理性主义”的精神贯彻在历史研究中，坚持历史著述必须是纪实，以公元前 776 年所举行的第一次奥林匹克竞技会作为希腊信史的开端。约翰·穆勒在评价此部著作时曾说：“在他未重新作出论断以前，希腊历史上有许多重大的事都是暧昧不明的；而在这以后，一部希腊史便完全可以理解了”。此著的不足之处在于详于政事，略于社会经济；详于雅典，略于希腊其他各邦。但它仍以丰赡的材料、精审的议论成为近代西方史学名著之一。

《希腊史》的成功首先在于广泛搜集各种有关希腊文化的材料，严格区分信史与希腊神话、传说。对神话与传说持怀疑态度是 19 世纪西方史家在古代史研究中取得进展的重要因素，格罗特正是如此，而且他最初开始研究希腊史时便认识到这一点。在 1823 年，他就运用比较的方法，将希腊早期历史中类似的文献摆在一起，分析哪些可能是胡编乱造的，哪些是有史实依据的。经过对希腊神话与传说的考证，格罗特否认了它们在过去长期被认为是信史的地位。不过，格罗特也承认它们虽不能作为证据使用，格罗特却也是当时希腊思想的反映。于是，格罗特提出希腊神话与传说应被当作艺术品来研究。

在《希腊史》中，格罗特关于雅典民主政治的论述也是这部著作获得成功的重要原因之一。格罗特歌颂了雅典社会中主权在民的观念，它已经明确地提出法律面前人人平等，通过一个拥有主权的公民大会来执行法律，代替暴力，对待僭主政治和寡头政治，格罗特则大力批判。格罗特指出，希腊文化虽然在文学、哲学及其他人文艺术方面留下了众多不朽之作，然而它遗留给人类文明的最宝贵的东西却是政治自由。格罗特在他所处的现实中不断追求着政治的民主与自由，应该说，这正是他深入研究希腊史，并在研究中得出如此结论的重要的现实因素。当然，由于格罗特在史料方面有着扎实的工作，这就为他对雅典民主政治及其历史事件的解释提供了坚实的基础。在提尔华尔等同行看来，其最显著的特点就是让人觉得这部著作可信。从这一点上可以说，正是格罗特的出色成果，希腊史研究才首次以真实的面貌呈现在读者面前。尽管随后几十年中在希腊考古及文献整理方面取得了丰硕的成果，格罗特的研究从某种程度上仅存有历史价值，然而，格罗特的成就依然令后世学者钦佩，不会遗忘他在19世纪英国史学乃至世界史学上的重要地位。

三、史学的新专题研究

古奇指出："古代东方的复活是19世纪最动人视听的事件之一。现在我们才知道，希腊和罗马并不是接近有记录的历史的发轫点，而是一系列成熟的文明的继承者。我们的整个看法改变了。古代东方已经不仅仅是走向基督教欧洲的前厅，是按持续时间说占据有记录的历史的较大部分。"①古氏之论甚是。在19世纪的西方史学发展史上，西方学者对古史的研究，成绩斐然，这里不仅有德国考古学家施里曼、英国考古学家伊文思等人对特洛伊、迈锡尼和克里特岛等地区的考古发现，使爱琴文明得以重见天日，而且对古代东方文明研究也颇有建树，以至被古奇称之为"古代东方的复活"。的确，"古代东方的复活"，也应当作为"历史学世纪"的西方史学的一项重大成就。②

1. 埃及学

19世纪西方学者对古代东方文明的研究，由于埃及学与亚述学的建立，取得了突破性的进展③。早在公元前4000年，古代埃及人就发明了象形文字。公元4世纪，由于基督教势力日盛，旧日宗教信仰的动摇，神庙封闭，原来一些研究象形文字的祭司也慢慢绝迹了，后来竟无人能够识别这种古老的文字。至18世纪末，法国拿破仑军队入侵埃及，布萨尔在尼罗河口的罗塞达城郊发现一块石碑，上面刻有三种文字——象形文、俗体文和希腊文，是孟斐斯祭司于公元前195年呈献给托勒密五世的一篇颂词。这块石碑的发现，为译解古埃及象形文字提供了一把钥匙。

用这把钥匙揭开古埃及象形文字哑谜的是法国年轻的学者让·弗朗索瓦·商博良，他被公认为埃及学的奠基人。商博良谙熟多种语言，具有敏锐的洞察力，经过他的刻苦努力，终于在1822年读通这块石碑上的古埃及象形文字，这一年通常被认为是埃及学诞生的年代。

---

① 〔英〕古奇：《十九世纪历史学与历史学家》(下册)，第700页。

② 第七章第三部分内容参见张广智主著：《西方史学史》，第244—250页。

③ 本节所述，除参见古奇的《十九世纪历史学与历史学家》(下册)之外，另参见孙秉莹：《欧洲近代史学史》第十三章，湖南人民出版社1984年版。

商博良去世后,领导这门新学科的是德国著名学者卡尔·列卜修司。他的贡献在于把批判的分析方法引入到埃及学的领域中。30岁时,列卜修司奉命领导一支考古队赴埃及访问。过去商博良赴埃及,主要是做发掘工作,而列卜修司领导的考古队,主要是从事研究。他详尽而细致地研究了每一件出土文物,并按照历史年代顺序进行整理。他在埃及考察了三年,运回了大量文物,编成了12卷本的《埃及与埃塞俄比亚的纪念物》,并附有图片1 000余幅。1866年,他第二次到埃及访问,在塔尼斯遗迹中发现了被称为"第二块罗塞达石"的卡诺帕斯城的台桌。他的研究成果证明了商博良的方法是正确的,从而为埃及学的发展作出了巨大贡献。

在埃及古迹的发掘方面,德国考古学家奥古斯特·马列特有更多的发现:在塞累匹昂发掘出神牛64个,还有更多的铭文;在吉萨发掘出一座巨大的神庙;在塔尼斯神庙中发掘出狮身人面像;在孟斐斯发掘出300多个长方形的建筑物;在阿卑多斯发掘出第19王朝锡提一世的神庙并发现了"诸王表";1867年,他送给当时国际博览会的许多著名的雕像及宝石,都赢得了人们的赞赏。马列特卒于开罗的工作岗位上,他死后被埋葬在吉萨附近的布拉克博物馆的花园内,他为埃及学付出了毕生的心血。

马列特之后,在埃及继续进行考古发掘的是法国的加斯顿·马斯伯乐。他最重大的考古收获是在萨卡拉发现了古王国时期金字塔铭文,搜集到第五、第六王朝的遗物,其中4 000多件文物具有重要的价值;在第伊尔·厄尔·巴里,他发现了新王国法老的木乃伊地窖。此外,马斯伯乐还改变了前任对文物的疏忽态度,采取有力的措施,保护全埃及的文物古迹。他在埃及主持的研究所,对各国学者都开放。在他的努力下,埃及学获得了进一步的普及与发展。

马斯伯乐1867年在《考古学评论》杂志上发表题为《幻想的墓碑》的埃及学论文,同年出版《论刻有法老名字的阿比达斯大墓碑与法老王朝的全盛时期》。1869年获得高等研究学校的埃及语和考古学教授的职位。1871年发表《古埃及语中的通俗文字与哥普特文的动词变化形式》和《论古埃及人的尺牍体》。1874年在法兰西学院担任埃及语言学和考古学教授。1880年率团前往埃及考察。1881年主持埃及古物管理所,从事考古工作,在萨卡拉等地发现古王国金字塔铭文和新王国法老木乃伊,并在开罗创建法国东方考古学院。在1875年写成一本综合研究东方各族人民史纲要,后来他把此书定名为《东方各族人民史》。1895—1897年他又出版了《东方诸民族古代史》(3卷),向读者展示了一幅从远古直至亚历山大征服时期的整个近东地区历史发展的全面图景,提出了古代东方合国存在着封建生产关系,同时又使用奴隶劳动的看法。1914年担任法兰西历史和考古科学院的常务秘书。

此外,亨利·罗林逊的弟弟乔治·罗林逊也写有《五大君主国》一书,包括迦勒底、亚述、巴比伦、米堤和波斯等地区的历史、地理、宗教、习俗、艺术、建筑等多方面的内容,还附有许多插图和照片。此书后来为《第六大东方君主国》(帕提亚)和《第七大东方君主国》(新波斯)所补充,更为完备。

虽然还有谬说,还有当时西方人观察东方文明时所常有的偏见,还有不少历史的奥秘等待进一步的发现,但是与前人相比,这时人们对东方古代文明的了解与认识,毕竟是前进了一大步。

2. 亚述学

亚述学产生于19世纪上半叶,此前法国学者J·察尔丁、丹麦学者尼布尔等发表过一些楔形文字材料,但无人释读。1802年,德国人G·F·格罗特芬德释读了部分文字。1835—1837年,英国人H·C·罗林逊抄录了贝希斯顿铭文中的古波斯文和部分埃兰文,并成功地译出了古波斯文书的开头部分。此后,法国人P·E·博塔在豪尔萨巴德、英国人A·H·莱亚德在尼姆鲁德、尼尼微等地又发现了一批新的楔形文字材料。1857年,英国的罗林逊等破译阿卡德语成功,不久又释读了苏美尔语。从此,亚述学研究进入了一个新阶段。20世纪后,东西方学者在乌尔(见乌尔城)、豪尔萨巴德、埃利都、马里等地发掘,又使一大批亚述学的文字、文物材料呈现于世。

欧洲学者释读楔形文字的尝试始于两河流域大规模的考古以前,但多数人进展不大。1802年,德国的格罗特芬德根据古代西亚铭文通常的模式进行推理,成功地释读了古波斯语的楔形文字部分符号。1835年,英国的罗林逊在公务之余,临摹了著名的贝希斯顿铭文,在对格罗特芬德等人的成果几乎一无所知的情况下,采用与格罗特芬德相同的方法,成功地释读了贝希斯顿铭文中的古波斯语楔形文字符号。在古波斯语楔形文字成功释读的基础上,埃兰语楔形文字也被成功释读。古波斯语楔形文字和埃兰语楔形文字释读成功后,学者们逐渐把目光转移到阿卡德语上。罗林逊和爱尔兰学者兴克斯不但认出了阿卡德语的楔形文字符号,而且发现了阿卡德语的基本规律,但是他们的研究成果并没有马上为公众所承认。1857年,英国业余亚述学家托尔巴特译出一篇刚刚发现的亚述铭文，将译文寄给“皇家亚洲学会”，同时建议学会邀请罗林逊和兴克斯各自独立翻译此铭文，以便进行比较。此时法国学者欧佩尔也在伦敦，学会也向他发出了邀请。“皇家亚洲学会”组织专门委员会对四篇译文进行鉴定，结果表明上述四家的译文大致相同。从此以后，楔形文字释读者的成果得到社会承认，一门新兴的学科——亚述学诞生了。由于早期的考古发掘主要集中在亚述地区，发掘的楔形文字被称为“亚述语”(今称阿卡德语，主要包括亚述和巴比伦两种方言)，因此这门科学被称为亚述学。尽管亚述学现在研究的空间范围远远超过亚述地区，包括整个两河流域和楔形文字有关地区，但学术界仍习惯沿用旧称。19 世纪末，苏美尔城市遗址和楔形文字文书被发现。在释读苏美尔楔形文字的基础上，亚述学产生了一个重要分支——苏美尔学。20 世纪以来，随着赫梯语、埃布拉语和乌伽里特语等楔形文字文献的成功释读，亚述学又出现了赫梯学、埃布拉学和乌伽里特学等分支。

3. 宗教学

近代尤其是 19 世纪自然科学的巨大进展，加深了神学与科学的冲突，而史学家运用批判原则与方法的成熟，也使宗教恢复了它同其他世俗学问一样的平等地位。正因为如此，西方学者对古代东方文明的研究不只是反映在考古发掘或译解古文字上，而且也体现在宗教以及对宗教典籍的研究方面。另外，19 世纪产生了一种新的学科——比较宗教学。研究进一步表明，宗教的基本观念和实践，在很大程度上是一致的，这就促使学者们要用历史的方法去解决宗教学上所面临的一系列问题①。

进一步揭示古代东方文明的真实面貌，在很大程度上依赖于对《旧约全书》的批判研究。这种系统性的研究开始于 19 世纪中叶。以非宗教态度检视《圣经》的“圣经学”起源于法国的让·阿斯特吕克，他在《摩西据以编著〈创世纪〉之初本考》一书中，首先以确凿的证据指出《圣经》的矛盾抵牾之处。经韦特、胡普费尔、格拉夫等学者的考证，《圣经》重现它的“六经皆史”的真相。19 世纪中叶，在西方形成了《圣经》考证学派。美国东方学会主席、著名圣经学者穆尔指出：这个学派是“历史学家把用在古籍研究上的批判的原则和方法，用到了圣经上来，并把属于近代史学基本概念的发展观点，应用于犹太教和基督教历史的研究上”。这种方法后来也扩大到《新约

① 参见穆尔：《基督教简史》，张会森等译，商务印书馆 1981 年版，第 301 页。

全书》的研究中。

就这样，在19世纪像耶稣基督在人们的心目中失却了神圣的灵光一样，这时的基督教一方面失去了昔日自封的在各宗教中的至上地位。另一方面，《圣经》也恢复了它同其他世俗历史资料受到科学检视的平等的地位，它不再是科学所不准涉猎的"禁区"了，它再也不能用那些据说是万古不易的教义，来使那些不信教的人们对它顶礼膜拜。这一意识形态领域中革命性的变化，的确要归功于19世纪下半叶西方一系列的科学发现。科学终于使人们认识到，《圣经》不过是一部世俗的（当然是珍贵的）历史文献罢了。波兰历史学家科西多夫斯基曾指出："圣经是世界文学宝库中的璀璨明珠，是人类文化的一份珍贵遗产。它是一部洋溢着鲜明的生活气息，充满现实主义精神的伟大作品。这样一部千变万化，造型优美，色泽绚丽，人物形象鲜明生动的作品，出现在那样遥远的古代，并且一直流传到今，这简直是不可思议的，因而也更加显示出它的非凡魅力和崇高价值。"①这段话，从把《圣经》视为世俗的文学作品这一立场出发，高度地评价了圣经的文学价值，用来评价《圣经》的历史价值也未尝不可。过去由于世人对《圣经》尊重太过，反使其失去真相，使之愈益神圣，而它与历史也相距愈远，倘若拨开它上面的神学迷雾，可以看到，它确是一部有魅力的文学作品，也是一部极有史料价值的历史作品。

需要顺便指出的是，对《圣经》的批判性研究，也推动了把犹太文明引到东方各国历史研究的领域中，以德国历史学家利奥波德·聪茨为代表的一批学者开始尝试用科学方法研究犹太民族史，法学家里塞尔创办了《犹太人》杂志，倡导以科学态度研究犹太民族的历史。19世纪末叶，尤利乌斯·韦尔豪森的《以色列史绪论》、亨利希·格莱茨的《犹太人史》等巨著相继出版。20世纪以来，由于在巴勒斯坦地区考古的新发现，各种珍贵的手抄本稿卷的出土（如"死海古卷"），不仅大大改变了犹太文明研究中文献单一的局面，也为犹太历史与文化的实证研究提供了重要的条件。

4. 汉学

汉学(Sinology)是研究中国历史、语言、文字和文化的学科。但实际上，对"汉学"的界定远非如此简单。首先，我们这里所说的"汉学"，不是指我国

---

① 〔波兰〕科西多夫斯基：《圣经故事集》，福建师范大学外语系编译室译，新华出版社1981年版，第2—3页。

的“古典汉学”,而是指外国学者对中国历史文化等的研究,称为“西方汉学”(或“国际汉学”),它大体兴起于欧洲启蒙运动所出现的第一次“中国热”时。指代汉学的 Sinology 一词最早出现在 18 世纪末,直至 1814 年 12 月 11 日,法国法兰西学院首次举办了第一个“汉学讲座”,自此开创了西方专业性的汉学研究。

大体说来,盛行于欧洲的汉学,以法国为中心,一般称之为“传统汉学”;而在 20 世纪特别是二战后在美国勃兴的“现代汉学”,以其强势与学术个性彰显其特点,现一般称之为“中国学”。论者认为,传统汉学以文献研究和古典研究为中心,包括哲学、宗教、历史、文学、语言等;而现代汉学(中国学)则以现实为中心,以实用为原则。但其发展趋势是两种汉学的交流与融通①。“汉学”一词,在这里其内涵应当包括上述两类学术形态。

汉学有其自身发生与发展的历史,于是出现了各种分期法,我们大体倾向于把汉学史分为以下三个阶段:游记汉学时期、传教士汉学时期、专业汉学时期。据莫东寅《汉学发达史》②一书所言,西人关于中国人之知识,最早可以追溯到西方“史学之父”希罗多德,当然那时是较为空泛的。直至 1500 年以前,西方关于中国的知识,半是传说,半是真实,多以游记的形式给西方人留下了最初的“中国印象”。在众多的游记作品中,其影响最著者当数 13 世纪末出现的《马可·波罗游记》,它奠定了西方这一时期“游记汉学”的基础,是为汉学的“萌芽”时期。

传教士汉学时期,大体可划定在 16 世纪至 19 世纪,对这一阶段,有论者作过这样的归纳:正是在 1500—1800 年这三百年的中国和西方文化交流中,欧洲人关于中国的认识开始大踏步地前进,在古老的欧洲东方学谱系中开始形成一门新的学问:汉学。这个时期欧洲汉学的主角是来华传教士③。在这一阶段,前面说到 18 世纪欧洲掀起的第一次“中国热”,标志着西方关于中国知识的进步,比如在法国启蒙思想家伏尔泰等人心目中,中国是一个由一群有理性的哲人治理的“模范国家”,当然,18 世纪西人关于“中国的印象”是经他们“改造”或“美化”过了的。

---

① 阎纯德:《汉学历史和学术形态》,《列国汉学史书系》序二,学苑出版社 2007 年版。

② 上海书店 1989 年影印本。又,如今研究汉学史的作品甚多,而莫东寅这本薄薄的《汉学发达史》是不可或缺的一种参考文献。

③ 张西平:《欧洲早期汉学史——中西文化交流与西方汉学的兴起》“导言”,中华书局 2009 年版,第 4 页。

关于传教士与中西文化，论者夥矣。他们与汉学当然有着密切的关系。自16世纪末利玛窦入华到19世纪末中国的“出洋留学”潮止，这三个世纪的中西文化的交往，其主要媒介传教士，自然也成了西方（欧洲）汉学的主角。这些人兼有传教使命与研究中国的双重身份，他们中有一些人披着宗教外衣在中国从事非学术活动，但也确有一些研究中国文化的“高僧”，这部分人成了西方汉学家阵营中的重要组成者。其实，上述这两者的“边界”不甚清楚，需要作具体分析，不能一概而论。在西方汉学先驱的名单中，像利玛窦、蒙多萨、柏应理、卫匡国、白晋、马若瑟等传教士汉学家都当名载史册，正是由于他们所提供的关于中国的知识，滋润了欧洲本土研究中国的第一批世俗汉学家，并使欧洲汉学逐步走出了“传教士汉学”的框架①。

专业汉学时期或可从1814年12月法国人雷穆沙在法兰西学院开设第一个汉学讲座开始，它与传教士汉学时期在时间上有交叉重叠。不过，有一点可以肯定，在整个19世纪，法国汉学始终“领跑”于西方汉学界，且成为拥有当时汉学家最多的国家，其中需要特别提到的是沙畹的汉学研究，他上承传教士汉学家钱德明，下启国际汉学研究一代宗师伯希和，成就卓著。沙畹的弟子除伯希和外，另有马伯乐、葛兰言、戴密微，通称为“四大弟子”，都为汉学研究，尤为汉学的“国际化”作出了各自的贡献。由于他们一代又一代人的努力，在西方终于诞生了现代东方学一个新的分支学科，可与西方的埃及学、亚述学等东方学分支学科比肩的一门新学科：汉学。

除了法国之外，在欧洲其他国家，也有不少优秀的汉学家。如英国的德庇士、马礼逊、麦都思、理雅各、伟烈亚力、毕尔、翟理思、慕阿德、李约瑟等，德国的卫礼贤、福兰阁、佛克尔、孔拉迪、屈曼尔、申德勒、鲍吾刚等，俄国的罗索欣、列昂季耶夫、比丘林、扎哈罗夫、瓦西里耶夫、格奥尔吉耶夫斯基、巴哈舍耶夫、戈尔斯基、卡缅斯基、克罗特科夫、奥沃多夫、季姆科夫斯基、波波夫、李富清等，荷兰创办第一份汉学专业刊物《通讯》的考狄、哥罗特、高罗佩、何四维、许理和等，瑞典的安特生、高本汉、马悦然、罗多弼等，以及意大利、西班牙、葡萄牙和东欧的汉学家。

19世纪20年代，汉学在美国悄然兴起。美国的汉学研究活动始自1830年东方学会的建立。美国东方学会从一开始是为美国国家利益服务，为美国对东方的扩张政策服务。美国最初的汉学著作有卫三畏于1848年

① 参见张西平：《欧洲早期汉学史——中西文化交流与西方汉学的兴起》“导言”，第5页。

出版的《中国总论：中华帝国的地理、政府、教育、社会、生活、艺术、宗教及其居民观》、卢公明的《中国人的社会生活》、麦都思的《中国：现状与前景》、明恩溥的《中国的特色》等。

到了20世纪，现代汉学在美国勃兴，并演变为中国学，世界汉学研究的中心，就此由欧洲的法国向美国转移。其开拓者与奠基人费正清功不可没，以他的名字命名的哈佛大学费正清东亚研究中心，不仅是世界东亚研究的王国，更是现代汉学(美国中国学)研究的大本营，比如其中的裴宜理、傅高义、孔飞力、柯文、麦克法夸尔等，都是国人耳熟能详的大家[①]。

此外，19世纪的拜占庭研究、教会史研究、犹太研究等都取得举世瞩目的成绩。还有巴霍芬、麦克伦南[②]、摩尔根[③]的民族学研究也是这一世纪学术研究史上重大事件，对史学的发展演变也是有着积极意义的学术成果。

特别要提到的是，在世界史学史上，19世纪40年代诞生的马克思主义史学，无疑是一件大事，因为这是一场历史学的革命，正如有论者所揭示的："马克思恩格斯首创唯物主义历史观，提出用唯物主义解释历史，是历史学的一次革命。[④]"在19世纪欧洲，正当西方资产阶级史学如日中天之时，马克思主义史学横空出世，不仅冲破了前者的一统天下，而且对后世也产生了持久而深远的影响。

马克思主义史学发端于欧洲，那是一个被历史学家称为"历史学世纪"的时代。是时，这颗在19世纪璀璨夺目的"科学皇后"(历史学)头上的宝石，不仅因有西方资产阶级史学的宏富为其增光，当然也有马克思主义史学的兴起为其添彩；不仅涌现出了像兰克那样的一批西方史学大师，也诞生了像具有天才的历史学家禀赋的马克思及其后来者。马克思主义史学在19世纪的诞生，不愧为"历史学世纪"的瑰宝、19世纪世界历史学的重大成果。

在人类文明史上，还没有哪一种思想能像以马克思命名的思想那样[⑤]，引导亿万人民的前行，不断地推动着时代与社会的进步。马克思不仅毕生致力于全人类的解放事业，而且还毕生致力于全人类精神文化遗产的批判、

① 参见朱政惠：《美国中国学史研究——海外中国学探索的理论与实践》，上海古籍出版社2004年版，第301—321页。

② 〔德〕恩格斯：《〈家庭、私有制和国家的起源〉第四版序言》，《马克思恩格斯选集》(第4卷)，人民出版社1995年版，第8—9页。

③ 〔德〕恩格斯：《〈反杜林论〉三版序言》，《马克思恩格斯选集》(第3卷)，第50页。

④ 黎澍：《马克思主义与中国历史学》，《历史研究》1983年第2期。

⑤ 参见陈先达：《走向历史的深处：马克思历史观研究》，上海人民出版社1987年版，第2—3页。

继承与创新。

在这一方面，最明显地表现在他对人类全部先行学说和学术成果的“剖析发丝”的研究与思考。马克思（1818—1883 年）的睿智与博识，亘古未有，这是人类思想史上的奇迹，迄今为止，在这位“千年第一思想家”面前，还有谁能望其项背？

对于这样重要的史学文化现象，需单列成书予以阐释，方才与其卓绝的地位相匹配。

结语　兰普勒希特与世纪大辩论

1900 年，亨利·乌塞在第一届国际历史学家大会上指出：

> 如果说 19 世纪是以歌德(Goethe)、拜伦勋爵(Lord Byron)、拉马丁(Lamartine)[①]和维克多·雨果(Victor Hugo)为开端，即以想象和诗歌为开端……那么，它则以巴斯德(Pasteur)[②]、泰纳(Taine)和蒙森(Mommsen)为结束，即以科学和历史学为结束。……我们所想的不过只是验证的假设，检验一无是处的体系，推演精辟而又令人迷惑的理论，以及践行多余的伦理。事实，事实，还是事实——事实本身孕育出其经验，形成其哲学。真理，各种各样的真理，除了真理，还是真理。[③]

是的，整个 19 世纪的西方历史学都沉醉在以兰克史学为代表的客观主义史学中，追求史学的科学化，关注史料考证，似乎这种思潮还将一直延续下去。

1891 年德国历史学家兰普勒希特的《德意志史》第 1 卷出版。这一事件标志着旧有格局即将打破，新的史学格局即将形成。

在此书中，兰普勒希特倡导一种与以兰克史学为代表的传统史学完全不同的文化史。由此，在西方史学界，兰普勒希特开始了一场与兰克学派长达 25 年的激烈论战，其焦点集中于文化史与政治史之争。随后兰普勒希特

---

① 拉马丁(1790—1869 年)，法国著名文学家、史学家，著有《吉伦特派史》。1820 年出版的《沉思集》标志着法国浪漫主义的新阶段。

② 巴斯德(1822—1895 年)，法国著名化学家。

③ Henri Houssaye, *Annales Internationales d' Histoire*, Congrés de Paris 1900, Premiére Section, Histoire Générale et Diplomatique, Paris, 1901, pp. 5 - 6. 中文译文可参见彼得·诺维克：《那高尚的梦想——"客观性问题与美国历史学界"》，第 50 页。

陆续发表《历史学中的新旧趋势》、《什么是文化史?》(1896 年)等一系列作品,对以兰克学派为代表的传统史学展开猛烈批判。其中尤以 1900 年发表的《文化史的方法论》攻击力度最大。

兰普勒希特在《文化史的方法论》中,从历史研究的对象、主题和方法等方面,与兰克学派展开了一场大争论。归纳起来,兰普勒希特与兰克学派有以下一些分歧。①

第一,兰普勒希特主张历史学要拓宽题材,扩大范围,不能束缚在政治史的狭隘的圈子里,而应扩大到经济、文化和民族等诸多方面。他不满于兰克史学中的英雄史观,认为历史舞台的主角不是少数豪杰,他要确立的一种新史学是要研究群众,而不是个别人物,它应当写人类集体的活动,而不是写名人的历史。因为在兰普勒希特看来,个人不能决定社会,但社会可以限制个人,历史学家应当把社会(人类的整体)看作自己著作的基本对象。

第二,兰普勒希特采取了一种不同于兰克学派的新方法。以兰克为代表的传统史学仅仅要求弄清"事实是怎样发生的",而他认为应当说明"事实是为何如此的"。兰克要解决的是记叙历史,而兰普勒希特则要探明事实发生与变化的理论依据,并声称应当用发生学的方法来取代叙述的方法。

第三,兰普勒希特企求以社会心理学的理论来重新铸造历史学。兰普勒希特的《文化史方法》的目的是建立一种以社会学法则为基础的历史科学。在《什么是历史?》一书中,他劈头就说道:"历史学是一门研究社会心理现象的科学。"他指斥兰克学派漠视社会心理学,把历史仅仅看作是少数领导人物的一种"神秘的先验精神力量"的表现。他认为,每一个历史时期都有一种占支配地位的"时代精神",历史学家应当用这种"时代精神"来标志各个历史时期的精神。譬如,在德意志,从原始时代到 10 世纪为第一时期,它的时代精神是象征主义;第二时期(中世纪早期)是类型主义;第三时期(从 13 世纪到 15 世纪)是因袭主义;第四时期(从 16 世纪到 18 世纪上半叶)是个人主义;第五时期(包括浪漫主义和工业革命时期)是主观主义;而最后一个是敏感或神经紧张的时期,这是指作者所生活的时代。兰普勒希特期望用一种心理学的方法,为历史提供一种真正解释的线索。这种企图与传统史学相比让人有耳目一新之感,在史学实践上也确实带给研究者解决历史理解一条有效的路径。

---

① 此部分文字参见张广智主著:《西方史学史》,第 265—266 页。

兰普勒希特为寻求支持者,发展他的新史学,力图建立一个"新型文化史学派",塑造一种新的史学。他于 1909 年 5 月开办了一所创办撒克逊皇家文化史和通史学院,开设课程相当广泛,有历史哲学、谱牒学、文献学、人种学、经济学、社会学、德国文化史以及外国文化史(含中国文化史)、儿童研究、朝廷礼仪、比较法律等,他自己亲自在学院中讲授文化史和历史方法论等课程。这个学院在兰普勒希特的领导下,一共出版了 40 部专著,总名为《兰普勒希特对文化史和世界史的贡献》。

兰普勒希特自称"在史学上完成了一次革命"。实际上,兰普勒希特及其挑起的论战的影响不仅限于德国,而且波及西欧一些国家乃至美国,吸引了众多历史学家加入,双方唇枪舌剑、著书立说,一时之间,史学异常繁荣。这场争论在史学史上意义重大。它意味着在世纪之交的西方史学面临一个转折关头:西方史学在即将到来的新世纪何去何从,以兰克史学为代表的传统史学在新世纪是否有作为、命运如何,新世纪史学到底将会如何发展,等等。这些问题从一个侧面反映了 20 世纪初西方史家对传统史学的不满情绪,以及力图摆脱兰克史学而获得新发展的强烈愿望。这场辩论也是西方史学对 19 世纪史学的总结,对 20 世纪史学的展望。因而此次辩论亦被称为"世纪大辩论"。

最后借用当代历史学家伊格尔斯的话来结束全书:

> 19 世纪的"科学"历史标志着历史学家勃勃野心的一种必要的退却……20 世纪的历史学家仍旧信奉 19 世纪科学学派坚持的对史料进行批判使用的观点,但与此同时,他们已认识到文献本身不会叙述自己的历史,认识到 19 世纪的历史学家在让过去发言时,他们一般来说对他们所构造历史发展线索的先决条件所知甚少。其结果是大大强调了理论、假设和概念化在历史分析与叙述中的作用。①

是的,19 世纪西方史学取得众人瞩目的进展,在此基础上,人们坚信 20 世纪的西方史学将会不断发展壮大,新的趋势蕴含着无限的生机而成就一种宏大的史学新气象,昭示着 20 世纪的西方史学即将开辟新的天地!

---

① 〔美〕格奥尔格・伊格尔斯:《欧洲史学新方向》,赵世玲、赵世瑜译,北京:华夏出版社 1989 年版,第 10 页。

参考书目

一、外文资料

Acton, Lord, "German Historical Schools", *English Historical Review*, Vol. 1, No. 1 (Jan. , 1886).

Berr, Henri, *La synthèse en histoire*, Paris, 1911.

Böhmer, Johann Friedrich, Johannes Janssen, Johann Friedrich Böhmer's leben, *Brief und kleinere Schriften*, Freiburg im Breisgau, 1869.

Breisach, Ernst, *Historiography*, The University of Chicago Press, Chicago & London, 1983.

Burckhardt, Jacob, *Force and Freedom*, New York, 1955.

Buckle, Henry Thomas, *The Miscellaneous and Posthumous Works of Henry Thomas Buckle*, edited by Grant Allen, Vol. 1, London, 1885.

Burckhardt, Jacob, *Jacob Burckhardt's Vorlesung über die Geschichte des Revolutionsyeitalters*, Vol. 13, reconstructed by Ernst Ziegler, Basel, 1974.

Buckle, Henry Thomas, *History of Civilization in England*, Vol. 1, London, 1870.

Burke, Edmund, *The Speeches of Edmund Burke: with memoir and historical introductions*, Dublin, 1854.

Carlyle, Thomas, *Collected Works*, Vol. 7, 1869, London.

Chateaubriand, *François-René de*, *Génie du Christianisme*, Tome. 1, Bruxelles, 1850.

Comte, Auguste, *The Positive Philosophy*, translated by Harriet Martineau, New York, 1858.

Coulanges, Fustel de, *Histoire des institutions politiques de l'ancienne France*, Paris, 1875.

Dietrich Hermann Hegewisch, *Histoire de l'Empereur Charle magne*, Paris,1805.

Giesebrecht, Wilhelm von, *Geschichte der deutschen Kaiserzeit*, Band. 3, Braunschweig, 1869.

Gilbert, Felix, *History: Politics or Culture? Reflections on Ranke and Burckhardt*, Princeton, N. J. , Princeton University Press, 1990.

Guizot, Francois, *Historical Essays and Lectures*, edited by Stanley Mellon, Chicago & London, 1972.

Hallam, Henry, *The View of the State of Europe during the Middle Ages*, Vol. 3, Philadelphia, 1821.

Hallam, Henry, *The Remains in Prose and Verse of Arthur Henry Hallam*, *with a Sketch of his Life*, London, 1863.

Hamann, Johann Georg, *Sämtliche Werker*, *herausgegeben von Josef Nadler*, Vienna Verlag Herder, 1949 - 1957.

Hamann, Johann Georg, Briefwechsel, herausgegeben von Walternative Ziesemer & Arthur Henkel, Wiesbaden & Frankfurt, 1955 - 1979.

Hegewisch, Dietrich Hermann, *Grundzüge der Weltgeschichte*, Hamburg, 1804.

Herder, Johann Gottfried, *Auch eine Philosophie der Geschichte zur Bildung der Menschheit*, Sämmtliche Werke V, Hrg. Bernhard Suphan, Berlin, 1877 - 1913.

Hippolyte Taine, *Life and Letters of Taine*, translated by R. L. Devonshire, London, 1902, Vol. 2.

Howard, Thomas Albert, *Religion and the Rise of Historicism: W. M. L. de Wette*, *Jacob Burckhart*, *and the Theological Origins of Nineteenth-Century Historical Consciousness*, Cambridge University Press, 2000.

Humboldt, *Carl Wilhelm von*, *Gesammelte Schriften*, Berlin, 1903 - 1936.

Iggers, Georg G. "The University of Göttingen 1760 - 1800 and the

Transformation of Historical Scholarship", *Historiographie*, No. 2, 1982.

Lamprech, Carl, *What is History*, New York, 1905.

Leo, Heinrich, *Lehrnuch der Universalgeschichte*, Bd. 1, Halle, 1835.

Luden, Heinrich, *Geschichte des teutschen Volkes*, Bd. 1, Gotha, 1825.

Lingard, John, *A history of England from the first invasion by the Romans*, Vol. 1, Boston, 1853.

Michelet, Jules, *The People*, Illinois, 1973.

Macaulay, Lord, *Historical Essays*, Oxford University Press, 1923.

Müller, Johannes von, *An Universal History in Twenty-Four Books*, Vol. 1, London, 1818.

Paul, Herbert, *The Life of Froude*, New York: Charles Scribner's Sons, 1906.

Ranke, Leopold von, *The History of the Popes*, translated by Mrs. Foster, edited by B. A. G. R. Dennis, London: G. Bell & Sons, Ltd., 1912, Vol. 1.

Ranke, Leopold von, *Das Briefwerk von Leopold von Ranke*, Hrsg. von W. P. Fuchs, Hamburg, 1949.

Ranke, Leopold von, *The Theory and Practice of History*, edited by Georg G. Iggers and Konrad von Moltke, The Bobbs-Merrill Company, INC. Indianapolis & New York, 1973.

Raumer, Friedrich Ludwig Georg von, *England in 1835*, London, 1836.

Schlegel, Friedrich von, *Philosophy of History*, *in a course of Lectures*, translated by James Burton Robertson, London, Vol. 1, 1835.

Schlegel, Friedrich von, *Philosphische Vorlesungen aus den Jahren 1804 bis 1806: Nebst Fragmenten*, Band. 2, Bonn, 1837.

Schlegel, Friedrich von, *Sämtliche Werke*, Band. 1, Vienna, 1846.

Schleiermacher, Friedrich Daniel Ernst, *Dialektik*, Hrg. Manfred Frank, Frankfurt am Main: Suhrkamp Verlag, 2001.

Schlosser, Friedrich Christoph, *History of the Eighteenth Century and of the Nineteenth till the overthrow of the French Emperior, with particular reference to mental cultivation and progress*, translated by

D. Davison, London, 1845.

Seeley, John Robert, *Life and Times of Stein*, Vol. 3, Cambridge University Press, 1878.

Stenzel, Gustav Adolf Harald, *Geschichte Deutschlands unter den fränkischen Kaisern*, Bd. 1, Leipzig, 1827.

Stern, Fritz, *The Varieties of History from Voltaire to the Present*, New York, 1973.

Strauss, David Friderich, Der Romantiker Auf Dem Throne Der Cäsaren, *Oder Julian Der Abtrünnige*, Mannheim, 1847.

Waitz, Georg, *Die Formeln der deutschen Königs- und der römischen Kaiser-Krönung vom zehnten bis zum zwölften Jahrhundert*, Kiel, 1872.

Waitz, Georg, *Deutsche Verfassungsgeschichte*, Band. 1, Kiel, 1856.

Waitz, Georg, *Die historischen Übungen zu Göttingen: Glückwunschschreiben an Leopold von Ranke*, Kiel, 1867.

二、中文资料

〔德〕德罗伊森:《历史知识理论》,胡昌智译,北京大学出版社 2006 年版。

〔德〕卡尔・施米特:《政治的浪漫派》,冯克利译,上海人民出版社 2004 年版。

〔德〕康德:《历史理性批判文集》,何兆武译,商务印书馆 1997 年版。

〔德〕施莱格尔:《〈雅典娜神殿〉断片集》,李伯杰译,生活・读书・新知三联书店 1996 年版。

〔德〕亨利希・海涅:《浪漫派》,薛华译,上海人民出版社 2003 年版。

〔德〕亨利希・海涅:《论德国宗教与哲学的历史》,海安译,商务印书馆 2000 年版。

〔德〕卡西勒:《启蒙哲学》,顾伟铭译,山东人民出版社 1988 年版。

〔德〕恩斯特・卡西尔:《人论》,甘阳译,上海世纪出版集团、上海译文出版社 2003 年版。

〔德〕黑格尔:《历史哲学》,王造时译,上海书店出版社 1999 年版。

〔德〕卡尔・曼海姆:《保守主义》,李朝晖、牟建君译,译林出版社 2002

年版。
〔德〕加达默尔：《真理与方法：哲学诠释学的基本特征》(上卷)，洪汉鼎译，上海译文出版社 1992 年版。
〔法〕乔治·勒费弗尔：《法国大革命的降临》，洪庆明译，格致出版社、上海人民出版社 2010 年版。
〔法〕勒费弗尔：《法国革命史》，顾良译，商务印书馆 1989 年版。
〔法〕基佐：《一六四〇年英国革命史》，伍光建译，商务印书馆 2007 年版。
〔法〕弗朗索瓦·基佐：《欧洲代议制政府的历史起源》，张清津、袁淑娟译，复旦大学出版社 2008 年版。
〔法〕托克维尔：《托克维尔回忆录》，董果良译，商务印书馆 2004 年版。
〔法〕托克维尔：《论美国的民主》(上卷)，董果良译，商务印书馆 1988 年版。
〔法〕托克维尔：《旧制度与大革命》，冯棠译，商务印书馆 1997 年版。
〔法〕孔德：《论实证精神》，黄建华译，商务印书馆 1996 年版。
〔法〕孔德：《实证哲学教程》，载《西方现代资产阶级哲学论著选辑》(上)，商务印书馆 1993 年版。
〔法〕古郎士：《希腊罗马古代社会研究》，李玄伯译，中国政法大学出版社 2005 年版。
〔美〕格奥尔格·伊格尔斯、王晴佳：《全球史学史》，杨豫译，北京大学出版社 2011 年版。
〔美〕格奥尔格·G·伊格尔斯：《德国的历史观》，彭刚、顾杭译，译林出版社 2006 年版。
〔美〕唐纳德·R·凯利：《多面的历史》，陈恒、宋立宏译，三联书店 2003 年版。
〔美〕格奥尔格·伊格尔斯：《欧洲史学新方向》，赵世玲、赵世瑜译，华夏出版社 1989 年版。
〔美〕B·A·哈多克：《历史思想导论》，王加丰译，华夏出版社 1989 年版。
〔美〕D·W·汤普森：《历史著作史》(下卷，第三分册)，孙秉莹、谢德风译，商务印书馆 1996 年版。
〔美〕詹姆斯·哈威·鲁滨孙：《新史学》，齐思和等译，商务印书馆 1997 年版。
〔美〕彼得·诺维克：《那高尚的梦想——“客观性问题与美国历史学界”》，杨豫译，生活·读书·新知三联书店 2009 年版。

〔瑞〕雅各布·布克哈特:《世界历史沉思录》,金寿福译,北京大学出版社2007年版。
〔瑞〕雅各布·布克哈特:《希腊人和希腊文明》,王大庆译,世纪出版集团、上海人民出版社2008年版。
〔意〕卡洛·安东尼:《历史主义》,黄艳红译,格致出版社、上海人民出版社2010年版。
〔英〕柯林武德:《历史的观念》,何兆武、张文杰译,商务印书馆2003年版。
〔英〕爱德华·霍列特·卡尔:《历史是什么》,吴柱存译,商务印书馆1981年版。
〔英〕以赛亚·伯林:《浪漫主义的根源》,亨利·哈代编,吕梁等译,译林出版社2008年版。
〔英〕罗素:《西方哲学史》(下卷),马元德译,商务印书馆1997年版。
〔英〕麦考莱:《论历史》,刘鑫译,见何兆武主编:《历史理论与史学理论——近现代西方史学著作选》,商务印书馆1999年版。
〔英〕卡莱尔:《论英雄、英雄崇拜与历史上的英雄业绩》,周祖达译,商务印书馆2005年版。
〔英〕卡莱尔:《文明的忧思》,宁小银译,中国档案出版社1999年版。
〔英〕J·B·伯里:《思想自由史》,宋桂煌译,吉林人民出版社1999年版。
〔英〕乔治·皮博迪·古奇:《十九世纪历史学与历史学家》(上册),耿淡如译,商务印书馆1997年版。
陈先达:《走向历史的深处:马克思历史观研究》,上海人民出版社1987年版。
何平:《西方历史编纂学史》,商务印书馆2010年版。
蒋大椿、陈启能主编:《史学理论大辞典》,安徽教育出版社2000年版。
谭英华:《试论博克尔的史学》,《历史研究》1980年第6期。
张广智主著:《西方史学史》(第三版),复旦大学出版社2010年版。
张广智:《克丽奥之路:历史长河中的西方史学》,复旦大学出版社1989年版。
周惠民:《兰克与"普鲁士中心论"的形成》,《辅仁历史学报》2005年第16期。
朱政惠:《美国中国学史研究——海外中国学探索的理论与实践》,上海古籍出版社2004年版。

图书在版编目(CIP)数据

西方史学通史 第五卷 近代时期(下)/张广智主编;易兰著.
—上海:复旦大学出版社, 2011.12
ISBN 978-7-309-08447-4

Ⅰ.西… Ⅱ.①张…②易… Ⅲ.史学史-西方国家-近代 Ⅳ.K091

中国版本图书馆 CIP 数据核字(2011)第 187619 号

西方史学通史 第五卷 近代时期(下)
张广智 主编 易 兰 著
责任编辑/关春巧

复旦大学出版社有限公司出版发行
上海市国权路 579 号 邮编:200433
网址:fupnet@fudanpress.com http://www.fudanpress.com
门市零售:86-21-65642857 团体订购:86-21-65118853
外埠邮购:86-21-65109143
上海浦东北联印刷厂

开本 787×960 1/16 印张 23.5 字数 387 千
2012 年 7 月第 1 版第 2 次印刷

ISBN 978-7-309-08447-4/K·354
定价: 46.00 元